OWN

独到的视角，独立的思想

HANDBOOK OF
EXPERIMENTAL
ECONOMIC
METHODOLOGY

OWN

实验经济学
方法手册

主编 〔加〕纪尧姆·弗雷谢特
（Guillaume R. Fréchette）

魏立佳 彭妍 —— 译 〔美〕安德鲁·肖特
（Andrew Schotter）

社会科学文献出版社
SOCIAL SCIENCES ACADEMIC PRESS (CHINA)

章节作者

奥马尔·奥拜德利（Omar Al-Ubaydli）：巴林战略、国际和能源研究中心，乔治梅森大学

戴维·阿莫迪奥（David M. Amodio）：纽约大学

科林·卡默勒（Colin F. Camerer）：加州理工学院

安德鲁·卡普林（Andrew Caplin）：纽约大学

加里·查尼斯（Gary Charness）：加州大学圣巴巴拉分校

马克·迪安（Mark Dean）：布朗大学

马丁·杜芬伯格（Martin Dufwenberg）：博科尼大学，亚利桑那大学，哥德堡大学

伊多·埃雷夫（Ido Erev）：以色列理工学院

纪尧姆·弗雷谢特（Guillaume R. Fréchette）：纽约大学

尤尔·格尼茨（Uri Gneezy）：加州大学圣迭戈分校拉迪管理学院，阿姆斯特丹经济学院

本·格雷纳（Ben Greiner）：新南威尔士大学

格伦·哈里森（Glenn W. Harrison）：佐治亚州立大学风险经济分析中心、鲁滨逊商学院

约翰·凯格尔（John H. Kagel）：俄亥俄州立大学

贾德·凯斯勒（Judd B. Kessler）：宾夕法尼亚大学沃顿商学院

莫滕·劳（Morten I. Lau）：哥本哈根商学院

戴维·莱文（David K. Levine）：欧洲大学研究所，圣路易斯华盛顿大学

史蒂文·莱维特（Steven D. Levitt）：芝加哥大学

约翰·利斯特（John A. List）：芝加哥大学经济系，美国国家经济研究局

基思·穆尼汉（J. Keith Murnighan）：西北大学凯洛格管理学院

缪里尔·尼德勒（Muriel Niederle）：斯坦福大学

西奥·奥弗曼（Theo Offerman）：阿姆斯特丹大学

戴维·瑞利（David Reiley）：谷歌公司

佩德罗·雷伊－比尔（Pedro Rey-Biel）：巴塞罗那自治大学，巴塞罗那 GSE

阿尔文·罗思（Alvin E. Roth）：哈佛大学商学院，斯坦福大学

伊丽莎白·鲁特斯特朗（E·Elisabet Rutström）：佐治亚州立大学鲁滨逊商学
　　院行为经济学实验室、安德鲁·杨政策研究学院

安德鲁·肖特（Andrew Schotter）：纽约大学

汤姆·泰勒（Tom R. Tyler）：耶鲁大学法学院

莉丝·维斯特兰德（Lise Vesterlund）：匹兹堡大学

里亚特·亚里夫（Leeat Yariv）：加州理工学院

郑捷（Jie Zheng）：清华大学经济管理学院

致　谢

在此要感谢许多人和组织，在他们的帮助下，我们完成了这本书。首先，要感谢埃里克·万纳和拉塞尔·塞奇基金会的财务支持，感谢纽约大学实验社会科学中心的支持。此外，我们还欠丹尼尔·马丁一个人情，他不辞辛苦地完成了书稿的排版和编辑工作，尼克·科泽尼亚斯卡则在最后阶段进行了修订。我们感谢牛津大学出版社的特里·沃恩鼓励我们完成这本书，同时还要感谢斯科特·帕里斯在后来接替了特里·沃恩的工作。最后，但同样重要的是，我们要感谢本书各章作者，他们不仅贡献了智慧，撰写了生动的章节内容，而且在等待本书最终出版的过程中给予了充分的耐心。

全书简介

像许多其他科学领域的研究人员一样，经济学家很少停下来回顾他们的研究方法。可能有人会误以为研究者只会脚踏实地地做研究，不认真做研究的人才喜欢对所谓的方法论问题高谈阔论。但这本著作是由本领域最有成就的学者撰写的，这些学者在实验经济学、行为经济学和理论经济学领域进行着交叉研究，同时对实验经济学的方法论进行了深入探讨。

我们认为现在是对实验经济学的方法论进行讨论和总结的良好时机，因为实验经济学已经不再是一门新兴的学科，而是一门已经融入研究生思维训练和课程训练的成熟学科。然而，任何成长中的学科都会面临一系列问题和挑战。例如，当实验研究试图检验理论时，会遇到一个问题：理论与实验在经济学研究中究竟是怎样的一种关系？又例如，实验结果还可以被用来指导政策制定，因此实验经济学的外部有效性问题（即研究成果能否被推广到现实环境）受到了重视。同时，实验经济学试图整合心理学和神经科学等其他学科的思想，这就出现了另一个问题，即这些学科的思想和内容在实验经济学的研究中处于何种地位？

本书分为四个部分，第二、第三和第四部分讨论了上述关键问题。本书第一部分由诺贝尔奖获得者阿尔文·罗思（Alvin Roth）撰写，他是一名经验丰富的实验经济学研究者。在这部分他所讨论的主题是，实验经济学是否实现了它对学术界所承诺的贡献。

希望本书能引导读者反思他们在日常工作中所使用的实验经济学方法，以及该学科未来的发展方向。有些章节呈现了本领域的学术争议，我们认为这是实验经济学领域充满活力和健康发展的标志，其他章节则阐述了作者如何看待学科未来的发展前景。从整体来看，本书讨论的内容是非常令人兴奋和有启发的，其主题对应了实验经济学方法论的核心内容。

我们希望可以囊括实验经济学方法论相关问题的互动讨论，基于此目的我们加入了对部分章节的评论。我们给评论者充分的自由，让他们不仅可以评论对应的章节，而且还可以跳出该章内容阐述个人意见。正如您将在书中看到的，评论者如我们所愿进行了发散性的讨论。

这篇简短的介绍，旨在对本书探讨的主题进行准确的概述。因此，我们绝不会试图对每一章进行总结，而是总结我们选择的焦点内容以及对应章节讨论这些焦点内容的方式。除了专为本书撰写的原创性章节之外，我们还收录了史蒂文·莱维特（Steven Levitt）和约翰·利斯特（John A. List）撰写的《实验室实验对社会偏好的测度对现实世界有意义吗》一文。这篇论文引发了关于实验室实验和实地实验优缺点的大讨论。基于这篇文章的观点，本书的许多章节评论了实验室实验和实地实验的异同，特此收录这篇论文以便于读者查阅。

第一部分　引言

本书以阿尔文·罗思的文章为起点，该文回答了实验经济学是否兑现了其学术承诺的问题。为了回答这个问题，罗思教授确立了三个衡量标准：实验经济学是否能够解释经济学理论、是否能够发现新问题、是否能够指导政策制定（他称之为"在王子的耳边私语"）。总的来说，答案是肯定的，罗思教授提供了一系列案例。在实验的帮助下，理论通过一种他称为"创造性解构"的过程进行更迭，该过程包括理论检验、发现旧理论无法预测的新规律、新理论建构和再检验。为了理解这个过程，人们只需要回顾讨价还价理论的进化历程。从罗思与其合作者第一次试图检验讨价还价问题中的均衡开始，到鲁宾斯坦（Rubinstein）讨价还价理论的出现，最后到费尔（Fehr）和施密特（Schmidt）以及博尔顿（Bolton）和奥森菲尔德（Ocenfelds）的不平等厌恶理论，讨价还价理论在进化历程中发现了新的问题——子博弈完美均衡在最后通牒博弈中并不能解释个体行为，还对鲁宾斯坦的重复分饼博弈提出了强有力的反驳证据。最后，在指导政策方面，市场设计的理论和应用在实验经济学的协助下取得了巨大进步，实验经济学家也能够"在王子的耳边私语"。

第二部分 经济学理论与实验经济学

本部分的前两章就理论与实验之间的关系提出了截然不同的看法。这两章评估了经济学理论究竟是不是实验经济学研究的必要条件，即经济实验是否能在没有理论预测的情况下得到结果。莱文（Levine）和郑捷（Jie Zheng）对于实验能否成功检验经济学理论持正面看法，并且表示这种检验已经获得了许多成功。当实验数据不能支持某种经济学理论时，莱文和郑捷提供了几个案例指出这些经济学理论本身并没有错误，而是对这些经济学理论的实验解释出现了问题。

在本书第 3 章，肖特（Schotter）教授以不同的视角看待经济学理论，他认为经济学理论是"强大而错误的"。它的强大之处在于它在许多情况下能够对行为进行精确预测，但经济学理论很少关注现实中人们的行为是否与其公理性的假设相一致。此外，从历史上看，衡量理论好坏的标准是它能否对现实进行高度抽象，而不是它预测现实行为的能力。并且，大多数经济学理论研究者并没有在构建理论时考虑如何验证的问题，这点与物理学理论研究者截然不同。因此，正如肖特教授所说，我们不应该把理论看作解释现实世界的工具，而应将其作为帮助我们追求真理的工具。现实世界与经济学理论中常见的系统性偏差是需要关注和解释的。

卡普林（Caplin）和迪安（Dean）撰写的章节提出要扩展实验中能够生成和分析的数据类型。虽然大多数理论对选择做出了均衡预测，但很少有人构建模型以解释均衡选择是如何演化和产生的。显然，如果要完全理解人们如何做出选择，必须能解释做出这些选择的过程。卡普林和迪安提供了使用非常巧妙的实验设计来完成选择过程研究的一个例子。本章提供了重要的研究案例与研究思路，即如何收集数据和保留有关选择过程的信息，以及如何将非常规的实验数据（选择过程的数据）纳入研究视野。

尼德勒（Niederle）撰写的章节不局限于考虑理论与实验之间的关系，而采取更实际的方法为在实验室中正确地检验理论提供了极其有用的指南。她试图回答一个问题：什么才是好的实验？她认为一个好的实验是"在控制其他无关影响因素的同时，可以实现对理论的主要效应的检验"。这有助于确保原假设能够被正确地检验，以及原理论没有被错误地证实。尼德勒建议使用简单直接的实验设计来检验理论，这种检验以鲜明的方式揭示了理论的性质，从而降低了对计量经济学推断的强烈需求。关于如何对理论进行直接检验，尼德勒为我们提供了许多巧妙的实验设计案例。

另一种看待理论与实验之间关系的视角是研究者视角，即从研究者的角度出发，考察理论经济学家和实验经济学家之间的合作，包括他们的工作关系和发表论文的情况。如果理论和实验正在逐步融合，我们应该看到理论与实验合作研究的比例在不断增加，而且看到更多的理论研究者在他们的研究中加入了实验检验。里亚特·亚里夫（Leeat Yariv）研究了这些数据。她发现，理论经济学家和实验经济学家之间存在实质性的合作关系，有更多的理论经济学家开始涉足实验研究，特别是年轻的理论经济学家。这是令人兴奋的现象。

马丁·杜芬伯格（Martin Dufwenberg）向实验经济学家提出了运行实验和以正确方法来发表论文的建议。他强调的事实是，实验论文的重要之处往往是实验设计和假设检验。判断论文的优劣应该基于提出的问题和用于回答问题的实验设计，而不是基于论文的结论是否显著。

最后，尤尔·格尼茨（Uri Gneezy）和佩德罗·雷伊－比尔（Pedro Rey-Biel）观察到，在经济学中，理论被认为是描绘现象的精确数学模型，而其他社会科学则完全不这么认为。因此，他们认为实验经济学家不应该仅限于检验模型。另外，经济学家也不需要局限于对经济模型或理论进行实验研究，而可以考虑运行其他社会科学领域的实验，以及与现实经济环境、经济政策更相关的实验，包括将实验室用作检验政策的"风洞"。然而，他们认为实验应该尽量简单，以便更好地理解被试的行为，因为从实验室中获得理论模型的参数大小其实并没有很大意义。相反，研究重点应放在实验的干预效应上，这有助于理解现象背后的原因及干预效应的影响方向。

第三部分　心理学和经济学：方法比较

由于实验经济学是实验性的，它与其他实验社会科学能够共享许多实验技术和前沿问题——特别是心理学。尽管研究方法上有一定的共性，但经济学和心理学的研究方法差异也是非常明显的，第三部分旨在探讨这些差异。

埃雷夫（Erev）和格雷纳（Greiner）主要对比了经济学和心理学这两个学科所采用方法的不同，并以此作为第三部分的开篇。经济学家提倡创建抽象的和一般化的模型，而心理学家倾向于在特定的场景下研究数据，并建立心理学模型来描述它们。心理学方法的问题在于，不清楚实验生成的数据都可以应用到哪些场景，因此作者在他们的论文中提到了"1-800"批评。这里"1-800"的含义是，作者提倡心理学论文应该附加一个"1-800"热线呼叫中心的电话号码，以便读者打电话咨询心理学的研究结果是如何应用到各种场景中。行为经济学家所采取的方法是以一般化的理性模型为基准，并据此寻找理性模型的反例。埃雷夫和格雷纳认为心理学的行为研究方法不可能成功，因为正如佩森多夫（Pesendorfer）所说，最先进的行为模型也不可能适用于所有的场景。因此，行为模型应该是一般化的，而不仅是用于解释一个特定的反例。否则，我们可以很容易地找到反例的反例，这会把研究带回起点。

基思·穆尼汉（Keith Murnighan）对经济学和社会心理学的实验方法进行了比较，他认为虽然经济学家具有使用精确数学模型的优势，但社会心理学家长期运用实验博弈方法，因此能使用更精确的方法进行实验。其中，最重要的是进行重复验证，并使用各种不同的研究工具（如实验室实验、实地实验、模拟实验等），针对不同的研究对象运用不同的工具，并提出不同类型的研究问题。他还呼吁进行所谓的"强推断"，比较几种不同的理论并在它们之间做出选择。最后，穆尼汉指出："我们往往不会关注或熟知多种研究方法，更别说多个学科了，这限制了我们提出重要的跨学科问题并以多种方式研究关键问题的能力。"

汤姆·泰勒（Tom Tyler）和戴维·阿莫迪奥（David Amodio）讨论了这样一个现象，即过去的经济学家和社会心理学家的研究对象有所不同。经济学家对行为特别感兴趣并用它来推断心理状态和个体偏好，但心理学家通常直接关注心理状态。然而，最近经济学家（至少是行为经济学家）已开始将注意力转向心理状态。这意味着经济学家必须面对和处理大量非常规的实验数据，例如自我报告，所有这些数据都是为了审视决策者的内心而不是他表面上的选择。此外，泰勒和阿莫迪奥还对经济学实验中的需求效应表示担忧，并敦促经济学家借鉴心理学中的经典实验技术来解决这一问题，例如使用静默和欺骗的方法以尽量减少这些影响。最后，他们讨论了结构有效性的问题，以及神经影像研究最近的普及趋势及其重要性。

加里·查尼斯（Gary Charness）同意穆尼汉的观点，即实验经济学需要的是各种各样的研究工具，而最好的工具取决于研究的问题，但没有一种工具适合所有研究的问题。特别是，他认为实验室实验更适合检验经济学理论和识别干预效应，而实地实验则适合研究更真实的经济行为。无论上述哪种实验，人们都需要一种理论来将研究结果传递给新的研究者或将其应用到新的适用场景中。

在对泰勒和阿莫迪奥文章的评论中，西奥·奥弗曼（Theo Offerman）质疑了该文章中的建议，即将欺骗作为经济学家避免需求效应的有用工具是否合适。一般来说，欺骗会在实验中建立一个诱饵性的研究主题，被试会认为实验研究主题是关于该诱饵主题的，并为研究者提供关于诱饵目标的行为结果。所以，被试意识不到真正的研究主题，从而在真实主题这方面会展现真实的行为。然而，奥弗曼指出，被试可能太过专注于诱饵主题，以至于未能足够关注实验的真实主题，从而产生误导性的数据结果。此外，奥弗曼并不相信被试能够确定实验的研究主题以及与之对应的均衡行为，因此不太可能根据它们进行选择。最后，奥弗曼认为经济学家现在采取的方式应该是正确的：让被试在进行实验时保持匿名、研究者与被试在实验中相互隔离、给予被试（高额）实验报酬。

第四部分　实验室实验和实地实验

近年来，莱维特和利斯特（Levitt and List，2007）的论文开启了关于实地实验和实验室实验作用的一系列讨论。实验室实验和实地实验哪个更好？这是一个很幼稚的问题。正如加里·查尼斯（Gary Charness）所指出的，这就像在问锤子和螺丝刀哪个更好一样。显然，答案取决于人们希望通过实验来实现的研究目标。因此对这个问题的讨论需要基于更加具体的研究目标。

在本书的第四部分，我们首先再版了莱维特和利斯特的论文，并通过邀请学者对该论文进行评论形成互动讨论。在第四部分的结尾，奥拜德利（Al-Ubaydli）和利斯特也对这些评论进行了回复。

本部分第二章是由科林·卡默勒（Colin Camerer）撰写的，他把莱维特和利斯特的批评归纳为：实验室的实验结果可能不能被推广到现实环境中。本章有三个要点。第一，作者对实验室结果的外部有效性进行了特别的分类。一方面，人们认为实验室实验的研究目标是将实验结果外推到特定的现实环境中，卡默勒教授称之为实验研究的"政策向视角"。另一方面是"科学向视角"，即通过实证、实验或其他方面的研究，为我们理解以下问题提供证据：①代理人行为；②激励结构的作用；③互动博弈的规律。第二，某些实验室实验的外部有效性可能比不上其他研究方法的外部有效性，或者说实验室的结论在实验室之外无法直接成立。然而，这并不是实验室实验所特有的问题，某些实地实验的结果也不太可能适用于其他现实环境。此外，实验室实验的特点并没有限制其外部有效性，不应一刀切地看待实验室实验的研究。第三，本章综述了将实地实验与实验室实验进行直接比较的研究，包括利斯特（List，2006）的论文。

本章反映了查尼斯在第 12 章的观点，即在确定实验的目标之前，不能判断实验室实验与实地实验的优劣。正如卡默勒所说，如果研究者的目标是政策评估，那么外部有效性是至关重要的，因为研究目标是将实验结论推广到相关的现实环境。然而，如果研究者的目标是理论模型，那么就应该将所有实验研究视为"为代理人特征、激励、规律、信息、禀赋和支付结构等影响经济行为的一般模型贡献证据"。因此，实验室实验与实地实验哪一个更好就只能依据具体情况而定了。

格伦·哈里森（Glenn W. Harrison）、莫滕·劳（Morten Lau）和伊丽莎白·鲁特斯特朗（E. Elisabet Rutström）提出了一个整体研究框架，在这一研究框架之下，理论模型、实验室结果、常识、实证数据和计量经济学都被集成到一个研究工具包中。正如他们所说，"实验产生的任何数据都需要用理论模型、常识、实证数据、计量经济学方法以及预期应用目标进行综合分析后再加以解释"。他们提出了一种研究方法，其中实地实验和实验室实验是互补的，并且还与理论模型和计量经济学相结合。他们通过介绍在丹麦进行的人为实地实验研究来说明这种方法。他们提出的意见是，在一些情况下，尤其是当某些重要的参数是相互关联时，对这些参数的联合估计有时比尝试设计更复杂的测度方法更有意义。在这项研究中，他们通过测度个体偏好来评估政策效果，对被试进行了基于人口分布的随机抽样，从而得出了代表人口总体情况的偏好数据。在他们的研究中，实验室实验是用来确定测度偏好的最佳工具。换句话说，所有研究方法都有明显的优势，哈里森、劳和鲁特斯特朗建议在适当的情况下综合使用多种研究方法。

凯格尔（Kagel）介绍了两个研究案例，分别是共同价值拍卖中的赢者诅咒问题和劳动力市场中的礼物交换问题。他展示了在理解现实世界时实验室实验和实地实验形成互补的研究模式。实地实验的结果可能会被误读，通过使用实验室实验和科研人员的研究成果，凯格尔对这些实地实验做了不同的解释，他具体强调了三点。第一，实验中的学习行为是针对具体情境的。这同样适用于使用直觉决策模式的专业人士，他们的行为已经在特定环境中获得成功。但这种直觉决策模式有时可能导致经济学理论被错误地验证，因为即使他们的行为在某些方面与模型预测的结果是一致的，驱动行为的机制与理论所假设的机制也并不一致。第二，实验产生的一组结果有时可以同时被不同理论解释。第三，即使实验室环境与实地环境的细节不同，如果实验室实验也设置了实地实验的决定性因素，它也可以提供对应目标应用的正确结果。

比较实验室实验与实地实验的一个中心问题是，标准实验被试库中的本科生被试和其他非标准被试（如专业人士或那些日常工作接近于实验任务设定的人士）的行为是否存在系统性差异。纪尧姆·弗雷谢特（Guillaume Fréchette）详细研究了这个问题，并使用标准学生被试和专业人员被试进行实验，来验证模型是否能得出类似的结论。如果一个模型在使用专业人员被试进行实验时被成功验证，而使用本科生被试实验时却失败了，这显然说明实验结果的外部有效性有问题。但这意味着使用本科生被试会有问题吗？模型在建立的时候并没有基于特定人群进行设定，这些模型只是构造了一种决策环境和一组代理人的激励模式，而这些环境和模式已经在实验中重建了。弗雷谢特在本章对将学生和专业人士作为被试的一系列论文做了综述，并比较了学生和专业人士的行为是否有所不同。这些综述中提到的论文必须满足以下标准：研究样本必须包括典型实验对象大学生和熟悉实验任务的专业人士；这些研究还必须遵循标准的实验室实验程序；这些论文必须以理论为基础，其目的是检验一个明确的理论。

在综述了 13 篇论文后，弗雷谢特发现与理论预测相比，学生和专业人员的行为之间只存在着微小的差异。而在其他几项研究中，学生的行为与理论模型的预测结果更为相近。因此，本章得出结论：在检验理论时，使用专业人士作为被试带来的好处并不明显，在实验中学生被试的行为结果也有很好的外部有效性。

贾德·凯斯勒（Judd Kessler）和莉丝·维斯特兰德（Lise Vesterlund）评论了莱维特、利斯特和卡默勒的论文。这些评论涉及了我们对社会科学研究的期许，还讨论了这些期许如何影响实验室实验与实地实验之间的关系。实际上，这基本上是在讨论我们对理论的期许，我们是否期待理论能进行精确的点预测，还是仅满足于理论能够在实地实验和实验室实验中进行比较静态预测呢？

　　凯斯勒和维斯特兰德指出，对实验室结果不具有外部有效性的批评主要是关于定量预测的，而实验应该关注的是定性预测，几乎所有学者都认为实验室实验的定性预测是具有外部有效性的。在构建（实证或理论）模型来对现实进行抽象时，研究者也仅仅关注方向性的定性预测，而不是具体的定量预测。另外，他们对卡默勒提出的实验不应以外部有效性为目标的观点存在异议。他们认为，即使实验在实验室之外没有特定的应用目标，但如果实验试图发现一般的行为规律，其结果就必须关联到实验室外具有相似典型特征的现实环境。最后，他们认为实验室的结果不是必须应用到现实中，也不是必须通过构建理论模型才能把实验室的定性结果推广到现实中。

　　这对所有社会科学的研究来说都是一个重要的观点。现实社会过于复杂，我们不能指望关于社会运行的理论能够做出精确的点预测。对所有政策问题而言，最重要的是比较静态和干预效应的问题。因此，如果理论能够给相关政策提供指导，定性预测当然应该被重视。

　　戴维·瑞利（David Reiley）同意凯格尔提出的许多观点，但其视角有所不同。由于环境对决策非常重要，因此研究专业人士在现实环境中的决策是有必要的。他认为实地实验的问题不只是缺乏控制，还因为自然发生的经济相互作用所涉及的因素远比经济模型所假设的更多。最后，他认为想明确特定实验的重要性，仅仅观察实验出现的理论反例是不够的。以哈里森、劳和鲁特斯特朗的论文为例，瑞利陈述了为什么不同意那些模糊的术语定义，如实地实验、实验室实验等。一方面，瑞利承认哈里森等人提出的度量和估计风险偏好的方法是对先前方法的重大改进；另一方面，他不确定这些度量方法是否能被复制推广到实验室之外的应用场景中。

　　本书的结尾部分是奥马尔·奥拜德利和约翰·利斯特撰写的评论。他们首先基于一系列早先的研究成果讨论了识别、选择和外部有效性的问题。然后，他们对本书所收录的针对莱维特和利斯特的评论做出了回应。

译者序

自丹尼尔·卡尼曼和弗农·史密斯教授因对实验经济学的开创性贡献获得 2002 年诺贝尔经济学奖已经过去了 20 年。在这 20 年里，实验经济学作为经济学的一个新兴分支逐渐传入中国，中国各高校和科研机构使用实验方法进行经济学研究的学者已经达到数百人。这些学者在国内外顶尖期刊如 *Econometrica*、*American Economic Review*、*Economic Journal*、*Journal of Public Economics*、《经济研究》、《管理世界》上发表了数量众多的研究论文，同时在国内频繁举办专门的学术会议和学术讲座，实验经济学逐渐进入了国内主流学术界的视野。以 2017 年国家自然科学基金委设立经济学子类"行为与实验经济学"为标志，实验经济学对国内经济学界的影响力与日俱增，星星之火已成燎原之势。

经济学有着强调逻辑关系和因果推断的优良传统，实验方法的出现进一步验证了人类行为可以被作为经济学逻辑的基础假设，同时加强了经济学在因果推断方面的科学性和可重复性，使得经济学更可以被称为一门真正的（社会）科学。

然而，对于大部分国内的政策制定者、学者和学生而言，实验经济学仍然是相对陌生的。在译者看来，实验经济学如果要在中国的主流学术界占有一席之地，至少还需要解决以下两个关键问题。

第一，在中国的发展环境中完成实验经济学方法论的验证和创新。

实验经济学者经常会被问到类似问题：在实验室中用学生做出来的实验结果真的有意义吗？实验中的经济行为与现实中的经济行为是相同的吗？本书系统性地回答了这些问题。本书的回答实际上代表了国际主流学术界的一致回答：从定性的角度来看，实验室中的经济行为与现实中的经济行为是非常接近的。当然，上述回答主要是基于国外的实验室实验和现实环境之间的相关性做出的，在中国背景下的可靠性还有待进一步验证。译者非常期待看到这样的研究成果，同时也对其可靠性的验证表示非常乐观。

此外，实验经济学作为新兴学科，其方法论还在不断完善之中，中国的实验经济学家也有义务为此贡献自己的力量：中国快速发展的移动互联网、数字经济是否能进一步推动实验经济学的发展？中国具有自上而下的政策执行模式、持续改革的空间与环境，是否有能力完善实验室实验、实地实验与改革政策的外部有效性验证？中国的民族、文化、宗教、地域具有多样性，这些多样性是否带来了经济行为方面的分化？

第二，以实验经济学的方法研究中国的重大现实问题。

2012 年诺贝尔经济学奖获得者阿尔文·罗思教授在本书第一章提出了实验经济学的三大任务：①检验经济学理论；②发现新的经济学问题；③进行政策的评估与检验（他称之为"在王子的耳边私语"）。在译者看来，实证经济学是进行政策事后评估的最佳工具，而实验经济学则是进行政策事前评估的最佳工具。我们举两个例子，第一个是关于实验室实验的例子。例如，政策制定者拟在股票市场实施熔断机制（熔断机制是指股指上涨或下跌一定幅度后，暂停或终止当天的交易），希望防止股市过快下跌。而实验经济学家则可以通过实验提前发现，熔断机制并不能阻止市场的价格偏离，反而会造成市场在接近熔断时加速交易（Ackert et al.，2001）。第二个则是关于实地实验的例子。例如，政策制定者拟向车主发送手机短信提醒，以降低交通违章的发生率。实验经济学家可以通过实验提前发现，发送"安全驾驶"提醒短信没有作用，而发送违章事实的短信能够有效降低违章率（Lu et al.，2016）。类似的实验经济学案例还有很多，在此不再赘述。

在中国，每天都有大量的改革措施和政策被提出，实验经济学能够在这些政策实施前做出最基本的检验和判断，有助于提前发现政策在经济学上的逻辑与行为陷阱。令人欣喜的是，在健康经济学、公共经济学、环境经济学、发展经济学、金融学等领域，中国的经济学家们已经开始积极行动，发挥实验经济学的政策"测试台"作用，为国家的经济建设献计献策。

《实验经济学方法手册》的作者是实验经济学领域最顶尖和最著名的学者，他们并没有拘泥于某个具体的实验设计或某个具体的科研问题，而是依据各自丰富的研究经验对实验经济学方法的过去、现在和未来进行深入讨论甚至激烈辩论，这样的讨论和辩论是对实验经济学诞生几十年后的反思与全面总结，无疑为我们指明了实验经济学在新时代的发展方向。翻译本书的目的在于进一步增强国内经济学界对实验方法的认同，加深相关领域研究人员对实验室实验和实地实验方法的理解，同时也期待国内学者为实验经济学方法做出显著的贡献！

　　谨以此译本献给所有为实验经济学发展而努力的国内研究者和同学们。

魏立佳

2022 年 2 月 5 日于武汉大学

参考文献

Ackert，L. F.，B. Church，and N. Jayaraman. 2001. An Experimental Study of Circuit Breakers：The Effects of Mandated Market Closures and Temporary Halts on Market Behavior. *Journal of Financial Markets* 4（2）：185 – 208.

Lu，F.，J. Zhang，and J. Perloff. 2016. General and Specific Information in Deterring Traffic Violations：Evidence from a Randomized Experiment. *Journal of Economic Behavior & Organization* 123（2）：97 – 107.

· 目 录 ·

第四部分　实验室实验和实地实验

附　录

第一部分

引　言

第 1 章

实验经济学是否实现了它的学术承诺？

阿尔文·罗思（Alvin E. Roth）

概　述

本章标题已经说明实验经济学是一门非常成熟的学科，因此我们可以评估它的学科发展。几十年前这个学科还处于萌芽阶段时，人们对实验经济学的发展有许多期待，现在则到了评估它是否实现了这些期待的时候。重新整理学者对实验经济学的期待，有助于评估它的学科发展现状。

回顾实验经济学（Roth，1987，1988）时，我将实验促进经济学发展的三个方面称为"与理论对话"、"发现事实"和"在王子的耳边私语"。"与理论对话"意味着检验理论的适用范围和内容（尤其是那些很难观察或控制某些重要变量的理论），特别是检验理论模型用于定量预测和定性预测（至少是近似有效的预测）的范围和准确性。"发现事实"是指探索现有理论不能预测的经验法则，这些新法则甚至可能与现有理论相悖，一旦通过实验发现了新的事实，便可为新知识、新理论的提出奠定基础。"在王子的耳边私语"意为通过实验提出可靠的政策建议，同时针对这些建议进行交流并为其提供相应的证据支持。

实验经济学是否能履行其学术承诺，实际上关乎实验经济学家是否能发展出一系列实验方法和知识，是否能建立一个积极的、能够自我维持的、有成效的学术团体，而且实验经济学的学术团体必须得到更广泛的经济学学术团体的重视。首先我将对最后一个问题做出回答。

实验经济学建立的学术团体

如今，全世界有许多实验经济学家和经济实验室。由蒙彼利埃大学（University of Montpelier）编制的名单包括 29 个国家的 170 多个实验室，其中法国 9 个、德国 20 个、意大利 13 个、西班牙 8 个、英国 11 个、美国 63 个。[1]还有一个实验经济学的专业学术协会，即经济科学协会（Economic Science Association）。该协会定期举办会议、发表论文，并且建立了活跃的网络社区（esa-discuss@ googlegroups. com）。网络社区允许参与者向协会成员咨询各种问题，包括关于以前研究工作的问题，以及与实验设计或分析等相关的问题。

为面向更广泛的经济学研究者，实验经济学的研究成果现已能够在一流的综合性期刊上定期发表，实验研究者可以进入一流大学的经济学系工作。自 1968 年经济科学协会成立以来，许多实验经济学家获得了诺贝尔奖，我们可以通过对部分诺贝尔奖得主的发掘管窥实验经济学领域的发展现状。

1988 年，莫里斯·阿莱（Maurice Allais，也译作"莫里斯·阿莱斯"）获得了诺贝尔经济学奖。尽管被称为"阿莱悖论"（Allais，1953）的假设选择实验使他闻名于世，但实验研究并不是莫里斯·阿莱长期研究工作的重点（诺贝尔基金会因为他在一般均衡理论方面取得的成就而授予其奖项）。莱因哈德·泽尔滕（Reinhard Selten）于 1994 年获得诺贝尔奖，实验研究是他长期研究工作的重要组成部分。事实上，泽尔滕是第一批做实验的人之一（Sauerman and Selten，1959；Selten and Chmura，2008）。虽然泽尔滕的实验工作与他获得诺贝尔奖并没有什么明显的关系，他获得诺贝尔奖是由于对完美均衡理论做出了学术贡献，但事实上该理论在实验中表现得并不尽如人意。丹尼尔·卡尼曼（Daniel Kahneman）和弗农·史密斯（Vernon Smith）共同获得了 2002 年的诺贝尔奖。他们获得诺贝尔奖的原因是其对实验经济学的贡献，他们的主要学术领域是实验经济学研究。埃莉诺·奥斯特罗姆（Elinor Ostrom）在 2009 年获得了诺贝尔经济学奖。经济学实验是其研究工作重要部分，但并非她获奖的主要原因。她的实验为其实证研究工作做了补充（Östrom，1998；Dietz et al.，2003）。[2] 2010 年的诺贝尔奖获得者也是类似的情况。

在某些方面，诺贝尔奖的颁发情况与实验经济学的发展趋势相类似。早期的经济学实验只是偶尔才会被使用。举例来说，囚徒困境博弈是社会科学领域最常用的一种实验,这种博弈实际上是 1950 年由兰德 (Rand) 公司设计出来的研究纳什均衡的实验,弗勒德 (Flood,1952,1958) 随后报告了相关的结果,但他没有继续做有关研究。对部分经济学家而言,实验变得越来越重要,它在经济学界的地位得到了更广泛的认可。如今,经济学实验蓬勃发展,部分原因是实验与其他类型的经济学研究能够互补。

实验经济学研究团队的发展仍然艰辛,其学科发展存在各方面的问题。其中,最主要的问题是大多数经济学院系都没有实验经济学相关的教师,更不用说专门的实验室了。这反映了该领域同时存在着供给少和需求少的情况,这种情况将如何变化还有待观察。也许更多的经济学家会以实验为主要研究方向,或者他们会在偶尔需要时进行实验研究。另外,虽然在期刊上发表的经济学实验做得相当不错,但实验经济学家在经济学系的就业情况仍然有待改善。

实验经济学与理论对话并寻找事实

再回到主要问题,实验经济学如何改变理论的提出,如何检验理论,如何改变理论研究?本章将实验与理论的关系称为创造性解构的 "循环算法",具体是指从理论验证到探索不可预测的行为规律,再到构建新理论,再回到理论验证的循环过程。那么,这一循环能够呈现和产生什么样的学术成果呢?

可以说,同样的 "循环算法" 适用于任何理论验证程序 (包括实证验证程序),但是实验可以加速这个程序。若要进行理论验证,就必须等着研究人员去收集那些不受研究者控制而自然生成的实证数据。在经济研究中,这种缓慢的过程有时需要几代人才能完成。但如果研究者认为某些理论或某些实验不可靠,或基于过于宽泛的假设,或其解释有误,那他很快就能设计出一种由新理论假设驱动的实验,相对来说,借助实验进行学术讨论会更方便和更有效,就我个人而言,这个过程是非常有成效的。我将通过两个实验项目的 "循环算法" 简短且高度概括地回顾个人选择理论和讨价还价理论的发展,以此来说明我的观点。

个人选择

本章不讨论效用理论的长期发展过程,也不讨论期望效用理论如何成为经济学中个人选择的经典模型,本章只对早期实验进行回顾。1738 年,伯努利（Bernoulli）做了关于圣彼得堡悖论的假设选择实验，瑟斯通（Thurstone）在1931年做了无差异曲线实验。这些实验经济学的早期历史可以参考罗思的论文（Roth，1993，1995a）。这两个实验在早期阶段引发了艾伦·沃尔和弗里德曼（Allen Wall and Friedman，1942）对经济学实验方法的批判。

之后，效用理论被应用于经济学的个人选择行为模型，并开始被实验验证，经济学期刊上也发表了早期相关实验研究的一些论文。20世纪70年代，这些实验引导并启发了心理学家和经济学家进行更深入、更严谨的研究。例如：关于阿莱悖论的早期研究（Allais，1953），后来被扩展并称为相同比率效应（Camerer，1995）；关于模糊厌恶的研究（Ellsberg，1961）；关于序数偏好不具有传递性的研究（May，1954）。

20世纪70年代，可重复实验发现很多结果与期望效用理论所预测的结果相违背，许多研究人员对某些新规律进行了更深层次的研究，其中以阿莫斯·特韦尔斯基（Amos Tversky）和丹尼尔·卡尼曼（Danny Kahneman）的研究最为著名。而前景理论（Kahneman and Tversky，1979）取代了原来的期望效用理论，它可以解释一些与期望效用理论有显著差异的现象，比如对小概率事件的过度估计等。前景理论的预测结果不一定与期望效用理论的预测结果相冲突。前景理论中的个人选择根据参考点的不同而有所不同，基于参考点的收益或损失会产生相应的"风险厌恶"或"损失厌恶"。在面对收益时，两个理论都认为个人决策是"风险厌恶"的。

由于理论的不断完善（Tversky and Kahneman，1992），在一些研究者看来，前景理论可以用来进行预测，它似乎是期望效用理论的替代品。换句话说，前景理论和期望效用理论有许多共同点（例如，都假设个人有偏好）。只是前景理论在期望效用理论的基础上加入了一些参数，以解释重复实验中观察到的某些行为特征，而这些行为无法通过经典的期望效用理论来解释。（我忽略了一些实验研究，它们提出的更多的是基本问题，包括在何种情况下个体可以被视为具有稳定偏好而进行建模。）

早期实验关注效用理论，而现代实验开始关注批判前景理论的某些问题。比如，前景理论的实验过程对实验结果影响很大。哈博、克劳斯和维斯特兰德（Harbaugh，Krause and Vesterlund，2010）发现了两种实验设计会得出完全不同的风险厌恶模式。这两种实验设计的任务分别是：①让被试提出他们愿意为一系列有不同收益和损失的彩票支付的价格；②让被试在一系列彩票和无风险收入之间做出选择。埃特和埃雷夫（Ert and Erev，2009）研究了这两个实验设计，并将两个实验设计下不同的风险规避模式解释为损失规避。在第一个实验设计中，被试被要求参加一个收益和损失概率各半的彩票博弈；在第二个实验中，被试可以选择有收益或有损失的彩票，或者选择价值确定为 0 的彩票。第一个实验所发现的损失厌恶没有出现在第二个实验中。

前景理论的另一类研究，如伊多·埃雷夫（Ido Erev）及其同事的系列论文（Barron and Erev, 2003；Erev and Barron, 2005；Hertwig et al., 2004）表明，被试对小概率的态度取决于他们如何感知这些小概率。[3] 例如特韦尔斯基和卡尼曼通过实验发现（作者基于这些实验提出了前景理论），当被试面对用数字概率来描述的彩票时，往往会高估小概率效应。然而，被试在通过大量的实验经验充分了解了彩票（但没有描述具体的概率大小）之后，往往会低估小概率的影响。

因此，前景理论对行为规律的解释能力与研究效用理论时所采用的实验方式之间的关系，可能比我们之前所理解的更密切。

怎样看待这些早期的实验研究？主流的行为经济学主要通过设计实验来发现和研究理性决策理论的反例，尤其是那些能证明期望效用理论会导致错误预测的例子。这导致人们将注意力集中在那些期望效用理论能做出明确、可证伪的预测的情形上。因此，实验设计应当准确地描述所有的收益、损失及其概率，从而使被试的信念非常明确。结果是，早期的实验研究没有关注到效用理论无法做出准确预测的环境中的一些因素（如信念）。在有些实验环境中，被试可以自由地形成自己的信念，因此任何决定都可能与效用理论相一致，因为信念无法在实验中被观察或控制。如果实验环境没有准确地描述概率，而是让被试从经验中获得概率再做出决定，这些都属于无法观察或控制信念的实验。

在验证效用理论时，如果创造性解构的部分实验循环效率较低，就不能称之为良好的实验设计。一个好的实验设计的基本特征是，实验中的每一个任务都能明确验证效用理论的预测结果。但是，这些不精确的实验设计可能会引出更多的实验，其中一些具有重要的经济意义。之前的实验对这些情况并没有太多关注，比如实验经验影响被试选择行为的途径。以被试经验为基础的彩票选择实验不能验证效用理论（因为被试对他们以前选择过的彩票并没有统一的信念），但这种设计可用于发现行为规律，而仅有数字概率的彩票实验无法发现这些行为规律（Erev and Roth, 2014）。

我们可以从这一选择实验中获得新的知识，然后解决有关如何取代或改进效用理论的争论。从某种意义上说，效用模型是一个有用的理论近似模型。通过实验我们可以知道，当选择使用小概率时，效用理论可能不够精确。（相对于客观概率来说，小概率事件中主观概率的估计值是否过高或过低，取决于这些概率的信息来源……）因此，我们已经越来越清楚什么情况下效用理论才更符合实际。

讨价还价

在许多学术课题上，理论研究和实验研究可以互相促进。我们通过对讨价还价理论的研究，最终发现了新理论，不仅可以用来解释讨价还价行为，而且可以用来解释更广泛的现象。

纳什（Nash）于 1950 年构建的纳什均衡模型是 20 世纪 70 年代经济学家研究讨价还价问题的一个经典模型。纳什均衡模型以及其他一些相关模型（Roth，1979）的中心假设是，谈判结果根据谈判双方所有潜在结果的预期收益来预测。具体而言，在其他条件对称时，纳什均衡模型预测讨价还价的结果只取决于风险厌恶程度。如果假设被试都是风险中性的并进行了实验验证，那么纳什模型的一些重要预测就可能被实验结果所否定，参见 1977 年拉波波特等（Rapoport et al.，1977）的研究报告。但是，这些实验并不能让经济学家信服，主要是因为他们认为，基于风险厌恶有差异这一基本设定的预测模型，不能通过假设风险厌恶无差异来进行充分检验。换句话说，理论预测取决于已知效用收益是什么，如果不对实验进行相关的控制，则无法用货币收益来识别效用收益。

为了在未观测到风险厌恶的情况下检验理论，罗思和马鲁夫（Roth and Malouf，1979）引入了二元彩票博弈方法，该方法已被广泛运用于检验期望效用理论，评估其对风险厌恶的模型解释能力。这些实验是以彩票形式（赢得彩票的概率）来确定支付的，并且彩票的结果是二元的，也就是说玩家总是会赢得两笔奖金之一（有时其中一笔奖金为零）。期望效用最大化者在这种博弈中是风险中性的，因为期望效用在概率上是线性的。因此，在使用二元彩票支付的实验中，线性的期望效用可以用实验收益来度量，所以可以对理论进行检验。

要注意的是，二元彩票的支付方式是用来控制待检验理论的预测结果，而不是用来控制实验的行为的。实验被试本身也许没有以理论预测的方式实现效用最大化，但是二元彩票支付方式使研究者能准确地了解理论预测结果，这样他们就能将实验结果与理论预测结果进行比较。值得注意的是，有充分的理由证明如果被试能理想地实现期望效用最大化，那么二元彩票的支付方式就不会影响被试的行为，因为二元彩票的实验设计依赖于理论对概率的线性处理，并且如上所述，被试似乎会以非线性方式处理小概率。

在此，我要谈一谈 30 多年前我们对实验经济学前景的看法。我和合著者将文章（Roth and Malouf, 1979）投到了《心理学评论》（*Psychological Review*）而不是经济学期刊，因为我们对经济学和心理学之间的互动发展存在误解。那时，我认为它们可能是一种劳动分工关系，经济学家从理论上进行研究，心理学家则通过实验进行研究。对于经济学家和心理学家可能有交集的领域，经济学家不赞同心理学家的实验研究，心理学家也不赞同经济学家的理论，这也许仅仅是因为他们彼此不太熟悉。所以我当时认为，如果我们在《心理学评论》上发表一篇实验经济学论文，向心理学家介绍经济学家实验设计中关于期望效用的理论检验成果，那么心理学家就会认同并应用它。而事实上，心理学家并没有兴趣去检验经济学理论，或者说，他们并不想运用那些经济学家在实验中认为合理的假设。结果表明，如果我们想要对经济学进行可靠的实验研究，就必须亲自进行实验。（尽管该论文最终被很多经济学家引用，但我不认为它对心理学家有任何吸引力。）

无论如何，这种关于讨价还价的实验以及随后发表在经济学期刊上的其他实验研究文章（Roth and Murnighan, 1982；Roth and Schoumaker, 1983）帮助了经济学家，让他们在研究讨价还价实验时不再将纳什均衡模型视为默认的模型。至少在一段时间内，鲁宾斯坦（Rubinstein, 1982）设计的关于重复分饼博弈的交替分配模型（也被称为讨价还价的完美均衡模型）成为最受欢迎的模型，急躁的（第一行动的）而非风险厌恶的假设在区分不同角色上发挥了主导作用。就像个人选择理论的情况一样，在进行实验设计时就不需要保证效用理论可以对每个实验任务进行精确预测。取而代之的是，讨价还价理论开始涉及对完美均衡的检验，该理论假设货币收益可以代表博弈者的序数偏好。

但完美均衡行为并没有在最后通牒的单次博弈中被观察到（Güth et al.,1982），也没有在讨价还价的重复博弈中被观察到（Binmore et al., 1985,1988），后期研究可参见尼林等（Neelin et al., 1988）的文章。奥克斯和罗思（Ochs and Roth, 1989）发现，在假设货币收益可以代表博弈者序数偏好的情况下，完美均衡模型的预测表现不佳，博弈者的偏好似乎也更复杂。特别是，在我们的实验和其他人报告的早期实验中，不平等的分配方案经常被拒绝，并会开启新一轮的讨价还价，导致双方总收益缩减。这将导致博弈者获得的货币收益较低，比早先分配方案的收益还低。这看上去像是表明了对平等性的偏好，甚至不惜以牺牲自己的货币收益为代价。

博尔顿（Bolton，1991）接着进行了一项关于讨价还价理论的实验，明确地将"公平"偏好纳入了讨价还价者的效用函数。更全面的偏好理论不仅能解释讨价还价博弈，而且还能解释在实验室运行的市场博弈，即使在市场博弈中"金钱"完美均衡（利己偏好）表现得更好（Roth et al.，1991）。这些新理论（Bolton and Ockenfels，2000；Fehr and Schmidt，1999）保持了完美均衡的假设，但用涉他偏好的效用函数取代了利己偏好的效用函数。这里的涉他偏好是指博弈者不仅关心自己的收益，还关心所有参与者之间的货币收益分配。另外一类研究用有限理性模型取代完美均衡模型来解释类似的实验结果，以保持参与者只关注自己收益的假设，这类模型被称为学习理论（Roth and Erev，1995）。

每一种理论都激励着新的实验和新的理论产生，例如具有更多不同参数的学习理论以及综合偏好理论。这些理论又需要进一步的实验来验证。因此，在讨价还价的研究领域，通过实验进行创造性解构循环的方法被持续运用。

实验经济学如何"在王子的耳边私语"？[4]

经济学家会给各种各样的政策制定者提出建议，因此我们需要在不同类型的王子耳边私语。在这方面，我主要关注的是市场设计。近年来，经济学家的角色已从最初的提出概念和进行市场设计转到参与建设乃至最终的实施。

实验是市场设计的一种自然延伸，准备开展实验时，实验者必须设计交易的方式，因此在实验室里市场设计是必要的。实验还可以应用于各种实际场景。除了可以用于检验理论外，实验还可以提供一个平台，用于初步了解实验室之外的市场设计，并为一些研究想法提供证明途径（Plott，1987）。

第一次在真实市场设计中进行实验时，我感觉几乎每一项实验研究都要论证一项特定的设计。近年来，实验作为对其他类型研究工作的补充，在将市场设计从概念引入实施方面很有效。

20 世纪七八十年代，人们提出了一个关于全国最繁忙的机场分配起飞权和着陆权的问题,这是一个具有创造性的、以市场设计为目标进行的早期实验。格雷瑟等(Grether et al.,1979)和拉森蒂等(Rassenti et al.,1982)对如何拍卖机场的起飞权和着陆权这一重要的设计问题进行了实验研究,这一实验受到了广泛关注。这两项研究到今天依然适用,早期的学术成果未能成功地说服决策者采用拍卖的方式来分配起飞权和着陆权,而且拍卖涉及的政治和其他问题至今仍未解决。

将实验结果直接转化为市场设计决策的另一项工作始于 20 世纪 90 年代初,当时美国国会通过立法,要求联邦通信委员会(Federal Communications Commission,FCC)设计并开展无线电频谱使用权的拍卖。美国联邦通信委员会呼吁征询公众意见,并进行相关讨论,许多经济学家被电信公司和联邦通信委员会雇用参与市场设计。这是经济学家参与最初设计并参与市场实施的成功案例之一。普洛特(Plott,1997)介绍了实验和实验经济学家在该过程中如何发挥作用,另外还可参见莱迪亚德等(Ledyard et al.,1997)的文章。但是,在这个过程中最有影响力的不是实验经济学家,而是像保罗·米尔格罗姆(Paul Milgrom)和罗伯特·威尔逊(Robert Wilson)这样的理论经济学家。

弗农·史密斯(Vernon Smith,2008)在研究联邦通信委员会频段拍卖的章节中认为,实验经济学家没有成功施加政策影响力应归咎于政策制定者以及其他经济学家"根深蒂固的抵制"(第 131 页)、"偶然的经验主义"(第 139 页)、"基本错误"(第 140 页)、"非常偶然的经验主义"(第 145 页),加上"早期的设计者都缺乏经验"(第 148 页),以及"用户和设计者都已经习惯了这样的幻想:策略性行为可以通过更复杂的规则来控制,而不会显著增加每个人的实施成本"(第 148 页)。

我认为史密斯教授可能低估了实验对联邦通信委员会拍卖设计的影响,但我完全赞同他没有采用实验经济学家提出的任何具体设计方案的做法。[5]

频段拍卖的设计是一个持续改进的过程(虽然拍卖设计的改进现在变得缓慢),并且实验持续在学术讨论环节发挥着重要作用。凯格尔等(Kagel et al.,2010)和布伦纳等(Brunner et al.,2010)对组合拍卖和同步升价拍卖进行对比的实验研究,现在已经变成了标准的频段拍卖设计。凯格尔等特地讨论了理论发展是如何帮助设计类似于组合拍卖这类实验的,因为即使是最简单的实验环境所创造的潜在组合和价值提升空间也远远大于盲目地探索。

总的来说,实验已经开始在帮助经济学家,让他们的市场设计在特定市场实践方面发挥更易于被接受且更有效的作用。我一直在研究医生就业、学校录取系统和肾脏移植等方面的市场设计。下文将集中于医疗劳动力市场设计的介绍，因为实验已经非常好地融入了这项工作中（Roth，2002，2008b）。实验已经在很多方面发挥了重要作用，特别是在诊断和理解市场失灵、市场成功，探索新市场设计以及向决策者传达学术成果等方面。

下文将简要介绍医疗劳动力市场的两个设计过程。第一个是为医学毕业生寻找首份工作重新设计劳动力市场，我们称之为国家医师匹配安置计划（National Resident Matching Program，NRMP），参见罗思和佩兰森（Roth and Peranson，1999）的研究；第二个是为资深的胃肠病科医生寻找新工作而重新设计劳动力市场，参见尼德勒和罗思（Niederle and Roth，2010）的研究。

为医生设计劳动力市场

医学毕业生的首次就业市场

我在 1995 年被要求重新设计指导大多数医生初次应聘的大型劳动力市场，这时这项国家医师匹配安置计划已经运作了近半个世纪。我从实证和理论的角度研究过它以及世界各地相关的劳动力市场。与重新设计国家医师匹配安置计划最相关的理论体系似乎是稳定匹配理论，参见罗思和索托马约尔（Roth and Sotomayor，1990）的综述。20 世纪 50 年代，我于 1984 年采用此理论得出了稳定的匹配结果，为国家医师匹配安置计划早期的成功奠定了基础，具体理论见盖尔和沙普利（Gale and Shapley，1962）的研究。随后的研究表明，结果的稳定性为其他劳动力市场的成功做出了重大贡献（Roth，1990，1991，2008a）。除了最后两行（这是我将在稍后讨论的实验室实验），表 1.1 显示了一些相关的实地观察结果。对于表中列出的每个劳动力市场，表格第一列显示是否产生了稳定的匹配结果，第二列显示劳动力市场是否成功并且是否仍在使用。

表 1.1　劳动力市场

市场	是否稳定	是否仍在使用（当前整理结果）
国家医师匹配安置计划	是	是（1998 年的新设计）
爱丁堡（1969）	是	是
卡迪夫	是	是

续表

市场	是否稳定	是否仍在使用（当前整理结果）
伯明翰	否	否
爱丁堡（1967）	否	否
纽卡斯尔	否	否
谢菲尔德	否	否
剑桥	否	是
伦敦医院	否	是
医学专业	是	是（约 30 个市场，1 个失败）
加拿大律师	是	是（阿尔伯塔），否（不列颠哥伦比亚、安大略）
牙科住院医师	是	是（5），否（2）
骨科医生（＜1994）	否	否
骨科医生（≥1994）	是	是
药剂师	是	是
改革派教士[a]	是	是
临床心理医生[b]	是	是
实验室实验	是	是
实验室实验	否	否

注：a 为 1997~1998 年首次使用；b 为 1999 年首次使用。

　　从实证观察结果来看，稳定性看起来像是集中式劳动力市场的一个重要特征。由于所涉及的集中式劳动力市场是通过计算机匹配的，匹配规则非常精确，相比于分散式的劳动力市场，稳定性问题更容易解答。当然这些经验证据还远远没有被完全研究清楚，究竟是因为这些市场的匹配机制有差别，还是因为这些市场本身有差别。[①] 例如，除了医学毕业生是否使用稳定的匹配机制进行匹配这一差异以外，苏格兰的爱丁堡和英格兰的纽卡斯尔之间还存在其他差异。

　　利用英国国家健康服务体系（Britain's National Health Service）寻找工作的医学毕业生所面临的市场，与在美国分散式市场寻求就业的新晋医生所面临的市场之间的差异甚至更大。美国医疗系统的管理人员非常清楚这些市场之间的差异，因此他们有理由质疑针对英国市场的实证研究是否对美国市场

――――――――――

　　① 由于市场环境存在巨大差异，基于实证数据的研究实际上是有困难的。——译者注

的重新设计有所帮助。一个成功的匹配机制是否必定会产生稳定的匹配结果？在这个问题上，我们的研究能发挥重要的政策影响。例如，关于是否可以通过重新设计匹配机制来解决农村医院年轻医生短缺的问题，我认为，在每组稳定的匹配中，那些人员不足的医院都将与同一组新医生相匹配（Roth，1986）。

因此，我们需要进行实验去研究匹配机制之间的差异是否可以解释劳动力市场已知的成功和失败之间的巨大差异。也就是说，实验能够排除不同区域之间的差异效应，然后检验这些不同的匹配机制。

凯格尔和罗思（Kagel and Roth，2000）进行了一项实验研究，该实验将爱丁堡和卡迪夫使用的稳定算法与纽卡斯尔使用的不稳定"优先"算法进行了比较，伯明翰和谢菲尔德的算法与纽卡斯尔相似但略有不同。当然，实验的重点不是重现实地环境，而是创建一个更简单、更好控制的环境，在这种环境中，可以在不改变其他任何内容的情况下更改匹配算法。

该实验研究了由 6 家公司和 6 名工人组成的实验室市场（一半是"高生产率"，另一半是"低生产率"）。如果与高生产率的合作伙伴相匹配，被试的收入大约为 15 美元，如果与低生产率的合作伙伴匹配，则收入为 5 美元左右。匹配可以在三回合以内完成，分别记为第负二、第负一和第零回合，第负二回合匹配的最后收益是匹配价值减去 2 美元，第负一回合匹配的最后收益是匹配价值减去 1 美元。也就是说，在第零回合之前提前进行匹配会产生一定的成本。

然而，实验市场最初只提供了分散式的匹配机制：如果公司尚未匹配，则其可以在任何时期发出工作邀约。工人最多可以接受一项工作邀约。这种分散式的匹配算法会导致邀约拥塞：在第零回合公司想发出比实际需求更多的邀约，因为如果等到最后一个回合公司只发放一个工作邀约，就会存在没有工人接受的风险，那样的话公司就不能匹配到工人了。因此，公司的经验告诉它们必须尽早发出工作邀约，哪怕这样做的成本很高。（在这个简单的实验中，前期的邀约发布成本只是实验者强加的罚款。）

被试经历过 10 个分散式的市场之后，在第零回合，实验设计换成了集中式的匹配市场（第负二回合和第负一回合的机制不变）。到第零回合时仍然无法匹配的参与者将按企业排名进行集中匹配。实验变量使匹配算法有两种可能性：纽卡斯尔的不稳定优先算法或爱丁堡的稳定匹配算法。

实验结果再现了我们在实地中看到的情况：稳定的匹配机制化解了工作邀约拥塞的情况，而不稳定的机制则没有。此外，该实验使我们观察到了比实证数据更多的细节。我们不仅可以看到谁与谁匹配，而且可以看到发出接受和拒绝工作邀约的模式，结果证明这是非常有启发性的。特别是，引入稳定的匹配机制扭转了拥塞局面，其解决方式并不是阻止公司在前期发出工作邀约，而是使工人拒绝工作变成一种更安全的行为。这一实验观察结果在随后的实地实验和实验室实验研究中得到了证实（Avery et al.，2001，2007；Haruvy et al.，2006），并在随后的胃肠病科医生劳动力市场设计中发挥了作用，我们将在下面的小节具体描述。

　　注意看这些实验室实验是如何体现表 1.1 中各类市场的，以及实验室实验是如何补全实地实验观察不到的各种匹配机制的。实验室的样本数量与表 1.1 中的数量相比是极小的，但却是这些市场中控制性最好的［这些市场的数量差距超过两个数量级，例如美国新晋医生大型劳动力市场每年有 20000 多个岗位，而最小的英国纽卡斯尔市场和美国认证医师市场（American Fellowship Markets）每年可填补的岗位不到 100 个］。实验室市场也会提供较少的金钱激励，远低于第一份医生工作所能带来的职业价值。

　　因此，实验室实验本身可能不会被视为美国医疗劳动力市场需要产生稳定匹配的有力证据。但是，实地观察的结果也没法表明各种市场的成败到底是受匹配机制稳定性的影响，还是受偶然因素支配。根据实地观察的结果，发生在英国市场的现象在某种程度上是因为英国医疗就业采用了与美国不同的复杂机制。

　　总的来说，实地证据加上实验室证据可以为理论验证提供更清晰的图像。在实验室实验中，稳定机制的成功以及不稳定机制的失败可以明确归因于两种机制之间的差异。因为在实验室中，市场的其他部分受到控制，机制差异是它们之间的唯一区别。因此，实验室结果为机制重要性的假设增加了筹码，即匹配机制的稳定性问题是在爱丁堡和纽卡斯尔得出相同市场结果的原因，尽管这两个城市之间存在其他差异。在简单的实验室环境中观察到的这种效应表明，机制的算法会产生显著的影响，而不仅是英国医疗市场的复杂性导致了差异性。基于稳定机制的大量理论知识，实验室实验和实地观察都为重新设计劳动力市场提出了指导意见，实验结果指出稳定性对于建立一个成功的劳动力市场是很重要的因素。目前美国的国家医师匹配安置计划采用了罗思和佩兰森（Roth and Peranson，1999）的稳定算法。

　　因此，实验室实验非常适合用于研究表 1.1 中的劳动力市场。与现实中的市场相比，实验室中的市场是最小但最一目了然的，实验室研究结果与通过表 1.1 中那些较大的、自然产生的劳动力市场观察到的结果相互印证，形成了完整的证据链条。[6]

胃肠病科认证医师

2006 年，我以类似的方式为新晋胃肠病科认证医师重新设计劳动力市场，需要同时进行实地和实验研究。

胃肠病科认证医师是胃肠病专业的入门级工作职称，医生需要完成 3 年内科住院医师的工作，在成为医师协会认证的内科医生后，才能担任这一职位。所以，当胃肠病科认证医师的劳动力市场在 20 世纪 80 年代开始运营时，胃肠病科医师已经熟悉劳动力市场的机制，因为他们都通过国家医师匹配安置计划完成了初次就业。胃肠病科认证医师计划于 1986 年开始实施，但在 1996 年该计划突然失败并迅速崩溃，之后市场开始在计划的匹配结果之外雇用医生。

关于失败的原因存在相当大的分歧，实地研究和实验研究相结合有助于厘清这一原因（Niederle and Roth，2003，2004；McKinney et al.，2005）。一系列导致劳动力市场失败的复杂历史事件共同作用形成了这一结果，且它们与许多理论假设一致。我们可以在实验室中进行调查，以期在相同情况下找到劳动力市场失败的原因。简单地说，1996 年发生的一系列事件是，认证医师职位数量的减少被广泛宣扬并成为预期事件，同时通过医师协会认证成为胃肠病科认证医师所需的时间从 2 年增加到了 3 年。随着职位数量的减少，申请这些职位的医生数量也大量减少。现在看来，劳动力市场的崩溃开始于认证医师计划向申请人提供了更早期的工作邀约（医院发现收到的申请数量少于预期），医师在没有等待匹配的情况下就接受了邀约。

当然，还有其他方法可以解释这段历史。麦金尼等（McKinney et al.，2005）在实验室研究中发现，市场双方都可以看到供需的预期变化，并不会导致匹配参与率下降。当存在未预料到的供需冲击时，市场双方的匹配参与率则会受到影响，特别是当这些冲击只被供给或需求一方知情时则更为明显。[7]我们特别研究了需求变化造成的影响，这些变化要么是企业和工人都能看到的，要么是企业一方可以看到的（企业知道自己需求的工人意外变少，但工人不知道）。两种不同类型的需求减少都会导致企业提前雇用工人。而如果工人知道他们处于市场的有利地位，他们更有可能拒绝这些提前的工作邀约。实验结果不同有多种原因：企业在系统匹配之前提前发出工作邀约，或者工人因不安全感而拒绝邀约并等待匹配，最终导致市场拥塞。实验结果还清晰地表明，在这样的冲击之后可以重新建立有效的新匹配。

这个实验，就像凯格尔和罗思（Kagel and Roth，2000）的实验一样，表明当没有太多人参与匹配时，市场会有压力，进而产生拥塞，而企业会越来越早地发出工作邀约。但这是一个明显被纳入实验设计的观察结果，几乎可以作为一种假设，因为在实验中发出早期工作邀约是仅有的几种策略选择之一。因此，实验本身并没有为胃肠病科认证医师劳动力市场面临的拥塞提供太多的证据。这一点取决于实证数据，包括雇主调查和就业数据。这些数据表明，在匹配计划崩溃 10 年后，劳动力市场继续拥塞，企业每年比上一年更早地发出大量工作邀约。所有企业不是都跟之前一样在同一时间招聘，而是比上年同期早几个月（Niederle et al.，2006）。这也导致以前的全国劳动力市场分裂为更多的本地区域市场。

总的来说，实地和实验证据令人信服地证明了，没有匹配机制对市场是有害的。而 1996 年之后的崩溃是由一系列特别的冲击造成的，并不能因此完全否定再次成功运作劳动力匹配市场的可能性。

但是，在重启劳动力市场匹配计划之前可能会出现一个问题。很多公司习惯于提前发出工作邀约，希望参加匹配的人力资源主管会担心，如果竞争对手提前发出工作邀约，那么申请人就会对新的劳动力匹配市场的有效性产生怀疑。申请人随后会接受这些提前邀约，因为这是旧式分散式市场的惯例。也就是说，在匹配开始的第一年，申请人可能不会觉得拒绝早期工作邀约并等待匹配是更安全的选择。因此，很多提防着竞争对手的人力资源主管可能更倾向于提前发出工作邀约。

一些分散式市场已经解决了争相提前发出邀约的问题，类似的政策建议可能被专业胃肠病学组织所采用。一个例子是博士研究生的录取机制，研究生院理事会（Council of Graduate Schools，CGS）（大多数大学采用）的政策规定，在每年 4 月 15 日之前，研究生录取和奖学金支持应保持开放状态。

具体而言，该部分政策说明：学生没有义务在 4 月 15 日之前对提供奖学金的录取通知做出回复。要求学生提前接受录取通知是违反政策的。若学生在 4 月 15 日之前接受录取而随后希望撤销录取，他可以在 4 月 15 日之前的任何时间以书面形式申请撤销。

这当然使得研究生院提前发放录取通知的收益更低。以下两个原因削弱了学校违反规则提前录取的动机。首先，提前录取的学生最后实际被录取的可能性降低了，因为提前录取并无法阻止学生随后接受更好的录取通知。其次，如果某个学校迫使学生接受提前录取，它也只有在录取通知被拒绝之后才能录取其他学生，此时市场上的大多数学生可能都已经签订了具有约束力的录取协议。对博士研究生录取市场上的学生们来说，这项政策有助于解决提前录取的问题。

但胃肠病学家很快指出，认证医师和博士研究生入学申请存在许多显著差异。基于这两个市场之间的许多复杂差异，研究生院理事会录取政策的有效性与医师就业市场会有所不同。因此，为了重建崩溃的劳动力市场，实验可以发挥重要的作用。在这里，实验室实验有助于消除两个不同市场之间的显著差异，即胃肠病科认证医师市场和博士研究生录取市场的差异。（回想一下之前我们对英国和美国新晋医生劳动力市场之间差异的讨论。）

尼德勒和罗思（Niederle and Roth，2009）在一个简单的实验室环境中控制了实地情况的差异，研究了类似研究生院理事会录取政策的效果，即授权学生可以在截止时间之前接受录取邀约，如果他们收到更喜欢的录取通知则可以改变结果。[8]在实验室中，当被试不能更改已接受的录取通知时，低效率的提前匹配是很常见的，但当允许改变录取结果的政策出现时，这些问题就消失了。而效率的提高并不是因为早期录取通知的发放、接受和拒绝，而是因为这种拒绝的可能性阻碍了各学校争相发放早期录取通知。我们在简单易懂的实验室环境中观察到的事实表明，该机制的优势是普适的，并不依赖于博士研究生录取过程的某种特殊性。

根据尼德勒等（Niederle et al.，2006）提出的政策，四个胃肠病学组织采用了该机制。2007年认证医师的匹配工作于2006年6月21日开始。它成功地吸引了154个符合条件的认证医师中的121个（79%），98%的工作岗位都是通过该机制匹配的。尼德勒等（Niederle et al.，2008）的研究表明，在新的集中式匹配开始的第二年，面试日期就被成功推迟了，现在的面试时间与已经使用多年的其他内科专科的集中式匹配机制相差无几。

总的来说，实验在实际市场设计中的作用就是，简单的实验可以帮助我们理解复杂的市场。政策实验可以控制类似市场实地研究中的系统性差异，因为一个复杂市场与另一个复杂市场经常被质疑是否具有可比性。例如，美国新晋医生的劳动力市场确实与英国医生的劳动力市场非常不同，胃肠病科认证医师市场与博士研究生录取市场也截然不同。

当然，实验市场也与医生就业等复杂市场有很大不同，但实验以简单化、透明化的方式构造了市场。因此，它们有时具有更强的普适性和代表性，现实世界的样本则更加复杂且特殊。出于同样的原因，完全从简单实验中得出的关于复杂市场的证据，也可能不如根据对不同现实市场的观察得出的结果更令人信服。

　　因此，当实验经济学变得不那么"英勇"和独立时，现实的市场设计才能变得更加有效和重要。实验（实验室实验或实地实验）与其他类型的实证和理论研究一起使用时影响力最大。

实验经济学如何建立富有成果的新研究领域

　　探讨实验经济学的现状面临一个很基础的问题，即它是否建立了新的研究领域。毫无疑问，实验经济学在过去几十年形成了重要的研究领域。例如，实验研究是高速发展的行为经济学［可能称之为"心理经济学"（Economics and Psychology，E&P）会更合适］领域的核心内容。这一系列工作不仅包括以卡尼曼和特韦尔斯基的研究范式对效用理论的检验研究，还包括对启发式问题和偏见问题的研究，甚至还包括一些非常新的部分，如实验经济学家和神经科学家进行交叉研究的"神经经济学"（Neuroeconomics）。[9]

　　简而言之，心理经济学的主要作用是更好地理解个人在做出选择时的思维过程。使用功能性磁共振成像（fMRI）仪器等相关工具的神经经济学的吸引力在于，它能找到大脑中与这些选择过程实时相关的区域。时间会告诉我们这种研究需要多久才能被称为主流的经济学研究（这是一个值得讨论的主题，我将在下一节简要介绍）。

　　我认为实验经济学健康发展的一个标志是与其相关但有差异的研究领域也在快速发展。其中一个相关的研究领域就是新兴的生物经济学（Economics and Biology，E&B）研究。它也有历史前因[10]，和心理经济学（严格意义上可能是生物经济学的一个子集）一样，它由很多研究领域组成，关注营养和疾病。为了对这两个研究领域进行区分，我们关注心理经济学和生物经济学共同的研究主题，即个人选择和偏好。两个领域的研究方法有一个区别，心理经济学非常强调人在做出选择时的思维过程，而生物经济学则将注意力集中在个人选择行动和偏好的长期决定因素上。

　　在人类社会层面，学界研究了不同性别（男性和女性）在经济环境中的行为方式。例如，格尼茨等（Gneezy et al.，2003）以及尼德勒和维斯特兰德

（Niederle and Vesterlund，2007）的实验研究解答了男性和女性在竞争环境中的表现是否存在不同，以及在参与竞争方面他们是不是会做出不同的选择。

被称为"内分泌经济学"（Endocrinological Economics）的一个小学术领域正在兴起，主要研究激素对行为的影响、风险态度和月经周期的关系，以及婴儿在子宫中的睾酮指数（例如，通过第二根和第四根手指的长度比例来测量）如何与成年男性和女性的风险态度相关。[11]一系列相关研究工作度量了诸如风险态度等偏好的遗传性——如通过对双胞胎的研究（Cesarini et al.，2009）。

我们可能需要一段时间才能评估逐渐丰富的文献对经济学、心理学和生物学的影响。但是，经济学家与其他类型科学家（如神经科学家、生物学家等）合作的兴趣越来越大，他们利用经济实验来深入了解人类的各个方面，这表明经济学实验室是多么有用和灵活。事实上，实验经济学有很多新的研究方向，这里只是举了几个例子来证明经济学实验研究的蓬勃发展。

对实验的评论与批判（来自内部和外部）

实验经济学即将成熟的一个最明显的标志是，我们最近看到了各种各样的评论和批判，有些来自那些做实验研究和推荐实验研究的学者，有些则来自那些没有做过实验也不推荐实验研究的学者，还有一些来自做过实验但不推荐或没做过实验但推荐的学者。此外，还有一些学者赞成一种实验类型但不赞成另一些实验类型。[12]直到最近，实验经济学才被广泛认可，它能接受各种反对的意见。[13]实验经济学的发展甚至到了衰退阶段，受到了许多科学哲学方法论的挑战（Guala，2005；Bardsley et al.，2010）。[14]

对实验经济学的批判基调从温和到激烈，从逻辑严密的争议到言辞激烈的论战，这种情况有时甚至出现在同一篇文章中。就像实验经济学论文的结论不能太宽泛一样，批评或赞美实验经济学的论文的结论太宽泛也不好，即使其包含了一些有效观点。然而，通过关注针对实验的批评和为其辩护提出的论点，总是有机会了解我们的方法及其在经济学中的地位。

大多数批评都涉及方法论和某一个研究主题。例如，伯恩海姆（Bernheim，2009）、居尔和佩森多夫（Gul and Pesendorfer，2008）、奇尼（Rustichini，2009）和索贝尔（Sobel，2009）对神经经济学的讨论，以及比摩尔和谢克德（Binmore and Shaked，2010a，2010b）、费尔和施密特（Fehr and Schmidt，

2010)、埃克尔和金迪斯（Eckel and Gintis，2010）对不公平厌恶和实验方法的讨论。

实验者受到的最具争议性的批评之一是实验室实验与实地实验相比谁更具有优势。莱维特和利斯特（Levitt and List，2007a，2007b）的论文大受研究者青睐，该文认为实验室实验从某个角度来说不如实地实验，尤其是实验室实验的代表性和适用性稍弱，也就是说它们的结论能否适用于现实生活是存在疑问的。我在之前关于市场设计的评论中已经明确表示不同意这种观点，虽然我确实认为实验室实验和实地实验（无论是不是实验性的）可以互补。[15]

值得注意的是，实地实验也受到了应用计量经济学家的批评，批评的声音大同小异。例如，迪顿（Deaton，2009）、赫克曼和乌尔苏亚（Heckman and Urzua，2010）、伊本斯（Imbens，2010）都讨论了局部平均干预效应的外延性，即随机实地实验的结果是否能从一个领域推广到另一个领域。在这方面，福尔克和赫克曼（Falk and Heckman，2009）的论文标题传递了其核心思想——"实验室实验是社会科学的主要知识来源"。该文的结论是我非常赞同的：

> 研究因果关系需要控制变量。近年来，社会科学家一直在热烈讨论哪种形式控制变量的信息量最大。讨论的成果很丰富并且这种讨论将会持续下去。在这种情况下，承认不同的经验方法和不同的数据来源是互补的（而非替代的）很重要。实证数据、调查数据和实验数据，包括实验室实验和实地实验，以及标准的计量经济学方法，都可以拓宽社会科学的知识边界。这些方法之间没有等级关系，结论的外部有效性问题在各种方法中都是普遍存在的。

这种问题本不需要反复讨论，我怀疑大家喜欢讨论的原因是，对这些方法论分歧的关注度比普通科学问题更高。争论有时会有指责的味道，好像那些不同意的人是故意忽视批判性证据的坏科学家。对此我感到困惑，我认为不管通过哪种数据来源得出结论都会有这样的外部有效性问题，当然如果是通过实验数据得出结论，则这种问题会更加突出。

我已经在实验经济学课程中详细阐述了这一点，并通过以下戏剧化方法来说明不同的人是如何看待相同的证据的。[16]

假设我向你展示了一副牌面全部朝下的扑克牌，并建议通过一张一张翻过来的方式研究一个原假设：没有任何一张牌是蓝色的。前 20 张牌是红心、梅花、黑桃或方块。在前 20 张牌都翻过来之后，我们认为没有牌是蓝色的信心增加了。第 21 张牌是 4 张森林牌之一，当然是绿色的。我认为，由于观测到有另一张非蓝色的牌，我对其中没有任何一张牌是蓝色的信心增加了。但如果说一副牌有 4 张森林牌，你会突然意识到它可能包含 6 张蓝色的天空牌。所以，基于相同的证据，即使到目前为止没有一张牌是蓝色的，你的无蓝色假设的信心也会减弱，因为你之前所相信的假设是有问题的，即这副扑克牌是只有红色和黑色的标准扑克牌。

基于相同证据得出不同结论的事实足以干扰未来的纸牌游戏，特别是当我们以不合理的信念或推理方式得出结论的时候。但幸运的是，有一种方法可以解决这种分歧，即收集更多的证据，包括设计和进行更多实验以获得证据。因此，最近的方法论争议可能对学科的长期发展有利。

结　语

实验经济学正在蓬勃发展。虽然很多结论需要在实验研究中逐步验证并应用，但它的确正在积极地实现其学术承诺。

实验正在与其他类型的经济学研究方法进行更好的整合，实验经济学家与理论经济学家进行热烈的学术交流，这些会不断激发新理论的产生，并对现有的理论进行检验。我们正在不断了解实验与其他类型的实证研究方法如何互补。与实地数据和理论模型一样，实验室具有独特优势，正如现代战争不能仅靠空中力量取胜，但任何将军都不会自愿放弃他的空军一样。单纯应用实验方法往往不足以完成全部研究，但科学研究没有实验也不行。当需要严格控制研究变量时，实验是必不可少的。

让我们庆祝实验经济学的成功，并从我们过往的经历中不断学习，但不要花太多时间回顾和内省，还有许多研究工作有待我们去完成。

注释

1. http://leem. lameta. univ-montp1. fr/index. php? page = liste_ labos&lang = eng，2014 年 9 月访问。

2. 与泽尔滕和豪尔绍尼（Harsanyi）共同获得 1994 年诺贝尔经济学奖的约翰·纳什以及与奥曼（Aumann）共同获得 2005 年诺贝尔经济学奖的托马斯·谢林（Thomas Schelling）也参与了一些重要的实验，尽管实验并没有在他们的职业生涯中发挥重要作用。但谢林（Schelling，1957，1958，1960）报告了重要的早期实验结论。

3. 2003 年和 2004 年的论文直接解决了这个问题，2005 年的论文侧重于学习模型。

4. 本节借鉴了我在即将出版的《实验经济学手册》第 2 卷中关于市场设计的章节，该书将会更详细地介绍。

5. 米尔格罗姆（Milgrom，2007）为在政策设计中如何使用实验的讨论增加了一个有趣的维度，他在一份咨询报告（Cybernomics，2000）中提出了一个基于实验的提案："关于网络经济学（Cybernomics）的研究报告已呈交联邦通信委员会，这份报告由两位备受推崇的实验经济学家的代表所做：弗农·史密斯和戴维·波特。该报告的细节不完善，不足以对网络经济学进行满意的评估。联邦通信委员会并未要求将详细的实验数据交给研究基金提供方。但当联邦通信委员会和我后来要求研究者提供数据时，我们被告知数据已经丢失并且无法恢复。"

6. 其他实验发现了一些异常结果——例如，关于伦敦医院和剑桥医学院的单一市场（Ünver，2001，2005）。

7. 工人被试和企业被试做了以下工作：首先，参与 15 次三回合的带有拥塞现象的匹配（每回合一次录取机会），进入提前进行成本匹配的分散式市场；其次，参与具有相同数量的企业和工人的次市场匹配 15 次，但在这些市场中那些最后一回合仍然无法匹配的工人和企业将使用集中式匹配机制；最后，参与企业或工人数量发生变化的市场匹配 15 次，企业能够观察到这种变化，但工人只有在特定实验设置下才能看到市场中的变化。

8. 每个市场涉及 5 家企业和 6 位申请人，企业有 9 个回合可以发出工作邀约。（因此，这个分散式市场并不拥挤；也就是说，企业有足够的时间来发出所有邀约。）企业和申请人都有不同资质，而匹配公司和申请人的收益根据双方的资质决定。公司的资质（1、2、3、4 和 5）是公共知识，但申请人的资质随着时间的推移随机确定：在第 1、第 4 和第 7 回合，每个申请人都会收到 1~10 的整数信号，信号服从均匀分布且独立同分布。每个申请人的资质在第 7 回合通过其三个信号总和的相对排名确定：总和最高的申请人资质为 6，第二高的资质为 5，最低的资质为 1（如果相同则被随机排序）。所以，只有当申请人的资质由第 7 回合的最终信号确定时，再匹配的结果才是有效的（有效是指申请人和公司的资质按顺序相匹配）。但是，低资质的公司倾向于提前做出匹配，因为这使它们有机会匹配到更高资质的工人。

9. 随着新主题重要性的展现以及进行实验的新可能性出现，实验的新机会也出现了。比如，神经经济学既对研究大脑感兴趣，也从侧面提升了度量大脑活动的工具的可用性。未来会出现越来越多其他新的可能性，并将为实验所用，无处不在的互联网必定会催生出越来越多的互联网实验。

10. 例如，威廉·斯坦利·杰文斯（William Stanley Jevons）以 1876 年出版的《货币与交换机制》（*Money and the Mechanism of Exchange*）一书闻名于世。他于 1870 年在《自然》（*Nature*）杂志上发表了关于肌肉有效举起和投掷的三个实验研究，我在巴德斯利等（Bardsley et al.，2010）的研究中首次了解到这一点。当然，当时很多经济活动都是以肌肉为动力的。

11. 实验社区充满活力的一个体现是，2009 年 8 月伯克哈德·希珀（Burkhard Schipper）教授向 ESA 讨论组发送了内分泌经济学方面的约稿信，并在该月晚些时候列出了他收到的论文目录，包括自 2002 年以来发表的约 30 篇经济学论文，标题包含 "睾丸激素" "催产素" "多巴胺" "第二与第四位指比率"……这些引人注目的论文主要有：Apicella et al.（2008），Baumgartner et al.（2008），Burnham（2007），Caplin and Dean（2008），Chen et al.（2009），Coates et al.（2009），Pearson and Schipper（2009）。

12. 沃利斯和弗里德曼（Wallis and Friedman，1942）对经济学实验的方法论批评并不是全新的。但是，当对实验经济学的研究不多时，分析、批评或辩论自然就不会太多。20 世纪 90 年代，有一些针对方法论和研究目标的内部讨论。例如，我认为在较大的实验设计中需要明确不同场次的具体设计，否则会导致实验报告的不规则性（Roth，1994）。当下，提供整个实验设计的原则似乎得到了更广泛的遵循。另外，也有一些关于 "实验" 经济学和 "行为" 经济学研究的讨论（Binmore，1999；Loewenstein，1999）。

13. 不久前，对实验经济学的批评几乎没有；相反，只有 "经济学不是实验科学" 的声明。（如果你在谷歌搜索引擎上搜索那个短语，仍然可以找到一些例子，其中大约一半表达的是原始含义，另一半是实验经济学家表述其学术观点变化的。）

14. 最近一些经济学哲学（涉及科学哲学家时这样表述）文章和方法论（涉及经济学家时这样表述）由杰出的实验经济学家撰写，例如《经济行为与组织期刊》上题为《实验经济学方法论》的特刊（Rosser and Eckel，2010）。从史密斯（Smith，2010）2010 年的文章开始，随后是许多回复和文章，以克罗森和加希特（Croson and Gächter，2010）2010 年的文章结尾。另外，巴德斯利等（Bardsley et al.，2010）和斯塔默（Starmer，1999）对实验研究与理论模型研究产生争鸣的作用进行了哲学性研究，还可参见苏格登（Sugden，2009）、玛吉（Mäki，2005）等的文章。我是一个对科学哲学经常失望的消费者，但我偶尔会希望它能教会我如何更好地做研究。我经常想起已故的理查德·费曼（Richard Feynman）说过的讽刺性的话——科学哲学对科学家的用处，就像鸟类学对鸟类一样（毫无用处）。毋庸置疑，他的意思是如果鸟类遵循鸟类学的建议就会被误导；虽然鸟类学对鸟类没那么有用，但鸟类学本身却很有趣。从这方面来说，这是实验经济学进步的另一个标志，它的发展现在引起了经济学家群体本身的注意。

15. 另见班纳吉和杜弗洛（Banerjee and Duflo，2008）的研究以及科恩和伊斯特利的研究（Cohen and Easterly，2009）。

16. 我怀疑这可能是一个古老的科学哲学难题，尽管已经出现了许多相关例子来说明证据解释外部有效性方面的困难，但专注于"检验理论"及相关问题的哲学家尚未找到问题的根源。

参考文献

Allais, M. 1953. Le Comportement de L'Homme Rationnel Devant le Risque: Critique des Postulats et Axiomes de L'Ecole Americane. *Econometrica* 21: 503 – 546.

Apicella, C. L. , A. Dreber, B. Campbell, P. B. Gray, M. Hoffman, and A. C. Little. 2008. Testosterone and Financial Risk Preferences. *Evolution and Human Behavior* 29: 384 – 390.

Avery, C. , C. Jolls, R. A. Posner, and A. E. Roth. 2001. The Market for Federal Judicial Law Clerks. *University of Chicago Law Review* 68: 793 – 902.

Avery, C. , C. Jolls, R. A. Posner, and A. E. Roth. 2007. The New Market for Federal Judicial Law Clerks. *University of Chicago Law Review* 74: 447 – 486.

Banerjee, A. V. and E. Duflo. 2008. The Experimental Approach to Development Economics. NBER Working Paper No. 14467.

Bardsley, N. , R. Cubitt, G. Loomes, P. Moffatt, C. Starmer, and R. Sugden. 2010. *Experimental Economics: Rethinking the Rules*. Princeton, NJ: Princeton University Press.

Barron, G. and I. Erev. 2003. Small Feedback-Based Decisions and Their Limited Correspondence to Description Based Decisions. *Journal of Behavioral Decision Making* 16: 215 – 233.

Baumgartner, T. , M. Heinrichs, A. Vonlanthen, U. Fischbacher, and E. Fehr. 2008. Oxytocin Shapes the Neural Circuitry of Trust and Trust Adaptation in Humans. *Neuron* 58: 639 – 650.

Bernheim, B. D. 2009. On the Potential of Neuroeconomics: A Critical (but Hopeful) Appraisal. *American Economic Journal: Microeconomics*, 1 (2): 1 – 41.

Bernoulli, D. 1738. Specimen Theoriae Novae de Mensura Sortis. *Commentarii Academiae Scientiarum Imperialis Petropolitanae* 5: 175 – 192.

Binmore, K. 1999. Why Experiment in Economics? *Economic Journal* 109, F16 – F24.

Binmore, K. and A. Shaked. 2010a. Experimental Economics: Where Next? *Journal of Economic Behavior and Organization* 73: 87 – 100.

Binmore, K. and A. Shaked. 2010b. Experimental Economics: Where Next? Rejoinder. *Journal of Economic Behavior and Organization* 73: 120 – 121.

Binmore, K. , A. Shaked, and J. Sutton. 1985. Testing Noncooperative Bargaining Theory: A Preliminary Study. *American Economic Review* 75: 1178 – 1180.

Binmore, K. , A. Shaked, and J. Sutton. 1988. A Further Test of Noncooperative Bargaining Theory: Reply. *American Economic Review* 78: 837 – 839.

Bolton, G. 1991. A Comparative Model of Bargaining: Theory and Evidence. *American Economic*

Review 81: 1096 – 1136.

Bolton, G. and A. Ockenfels. 2000. ERC: A Theory of Equity, Reciprocity and Competition. *American Economic Review* 90: 166 – 193.

Brunner, C. , J. K. Goeree, C. A. Holt, and J. O. Ledyard. 2010. An Experimental Test of Flexible Combinatorial Spectrum Auction Formats. *American Economic Journal: Microeconomics* 2 (1): 39 – 57.

Burnham, T. C. 2007. High-Testosterone Men Reject Low Ultimatum Game Offers. *Proceedings of the Royal Society* 274: 2327 – 2330.

Camerer, C. 1995. Individual Decision Making. In *Handbook of Experimental Economics*, eds. J. H. Kagel and A. E. Roth. Princeton, NJ: Princeton University Press, pp. 587 – 703.

Caplin, A. and M. Dean. 2008. Dopamine, Reward Prediction Error, and Economics. *Quarterly Journal of Economics* 123: 663 – 701.

Cesarini, D. , C. T. Dawes, M. Johannesson, P. Lichtenstein, and B. Wallace. 2009. Genetic Variation in Preferences for Giving and Risk-Taking. *Quarterly Journal of Economics* 124: 809 – 842.

Chen, Y. , P. Katuscak, and E. Ozdenoren. 2009. Why Can't a Woman Bid More Like a Man? Unpublished.

Coates, J. M. , M. Gurnell, and A. Rustichini. 2009. Second-to-Fourth Digit Ratio Predict Success Among High-Frequency Financial Traders. *Proceedings of the National Academy of Sciences* 106: 623 – 628.

Cohen, J. and W. Easterly. 2009. *What Works in Development?: Thinking Big and Thinking Small*. Washington, DC: Brookings Institution Press.

Croson, R. and S. Gächter. 2010. The Science of Experimental Economics. *Journal of Economic Behavior and Organization* 73: 122 – 131.

Cybernomics, Inc. 2000. An Experimental Comparison of the Simultaneous Multi-Round Auction and the CRA Combinatorial Auction. Submitted to the Federal Communications Commission, http://wireless. fcc. gov/auctions/conferences/combin2000/releases/98540191. pdf.

Deaton, A. 2009. Instruments of Development: Randomization in the Tropics, and the Search for the Elusive Keys to Economic Development. NBER Working Paper No. 14690.

Dietz, T, E. Ostrom, and P. C. Stern. 2003. The Struggle to Govern the Commons. *Science* 302: 1907 – 1912.

Eckel, C. and H. Gintis. 2010. Blaming the Messenger: Notes on the Current State of Experimental Economics. *Journal of Economic Behavior and Organization* 73: 109 – 119.

Ellsberg, D. 1961. Risk, Ambiguity and the Savage Axioms. *Quarterly Journal of Economics* 75: 643 – 669.

Erev, I. and G. Barron. 2005. On Adaptation, Maximization, and Reinforcement Learning Among

Cognitive Strategies. *Psychological Review* 112 (4): 912 – 931.

Erev, I. and A. E. Roth. 2014. Maximization, Learning and Economic Behavior. *Proceedings of the National Academy of Science* 111 (3): 10818 – 10825.

Ert, E. and I. Erev. 2009. On the Descriptive Value of Loss Aversion in Decisions Under Risk. Unpublished.

Falk, A. and J. J. Heckman. 2009. Lab Experiments Are a Major Source of Knowledge in the Social Sciences. *Science* 326: 535 – 538.

Fehr, E. and K. M. Schmidt. 1999. A Theory of Fairness, Competition, and Cooperation. *Quarterly Journal of Economics* 114: 817 – 868.

Fehr, E. and K. M. Schmidt. 2010. On Inequity Aversion: A Reply to Binmore and Shaked. *Journal of Economic Behavior and Organization* 73: 101 – 108.

Flood, M. M. 1952. Some Experimental Games. Research Memorandum RM-789, RAND Corporation.

Flood, M. M. 1958. Some Experimental Games. *Management Science* 5: 5 – 26.

Gale, D. and L. Shapley. 1962. College Admissions and the Stability of Marriage. *American Mathematical Monthly* 69: 9 – 15.

Gneezy, U., M. Niederle, and A. Rustichini. 2003. Performance in Competitive Environments: Gender Differences. *Quarterly Journal of Economics* 118: 1049 – 1074.

Grether, D. M., R. M. Isaac, and C. R. Plott. 1979. Alternative Methods of Allocating Airport Slots: Performance and Evaluation, Prepared for Civil Aeronautics Board Contract Number 79-C-73, Polinomics Research Laboraories, Inc., Pasadena, CA.

Guala, F. 2005. *The Methodology of Experimental Economics*. New York: Cambridge University Press.

Gul, F. and W. Pesendorfer. 2008. The Case for Mindless Economics [paper]. *The Foundations of Positive and Normative Economics*, eds. Andrew Caplin and Andrew Shotter. Oxford University Press.

Güth, W., R. Schmittberger, and B. Schwarz. 1982. An Experimental Analysis of Ultimatum Bargaining. *Journal of Economic Behavior and Organization* 3: 367 – 388.

Harbaugh, W. T., K. Krause, and L. Vesterlund. 2010. The Fourfold Pattern of Risk Attitudes in Choice and Pricing Tasks. *Economic Journal* 120 (545): 569 – 611.

Haruvy, E., A. E. Roth, and M. U. Ünver. 2006. The Dynamics of Law Clerk Matching: An Experimental and Computational Investigation of Proposals for Reform of the Market. *Journal of Economic Dynamics and Control* 30: 457 – 486.

Heckman, J. and S. Urzua. 2010. Comparing IV with Structural Models: What Simple IV Can and Cannot Identify. *Journal of Econometrics* 156 (1): 27 – 37.

Hertwig, R. , Barron, G. , Weber, E. U. , and Erev, I. 2004. Decisions from Experience and the Effect of Rare Events in Risky Choice. *Psychological Science* 15: 534 – 539.

Imbens, G. W. 2010. Better Late than Nothing: Some Comments on Deaton (2009) and Heckman and Urzua (2009). *Journal of Economic Literature* 48 (2): 399 – 423.

Jevons, W. S. 1870. On the Natural Laws of Muscular Exertion. *Nature* 2: 158 – 160 (30 June 1870).

Kahneman, D. and A. Tversky. 1979. Prospect Theory: An Analysis of Decision Under Risk. *Econometrica* 47: 263 – 291.

Kagel, J. H. , Y. Lien, and P. Milgrom. 2010. Ascending Prices and Package Bidding: A Theoretical and Experimental Analysis. *American Economic Journal: Microeconomics* 2, August, 160 – 185.

Kagel, J. H. and A. E. Roth. 2000. The Dynamics of Reorganization in Matching Markets: A Laboratory Experiment Motivated by a Natural Experiment. *Quarterly Journal of Economics* 115: 201 – 235.

Ledyard, J. O. , D. Porter, and A. Rangel. 1997. Experiments Testing Multiobject Allocation Mechanisms. *Journal of Economics and Management Strategy* 6: 639 – 675.

Levitt, S. D. and J. A. List. 2007a. What Do Laboratory Experiments Measuring Social Preferences Tell Us About the Real World. *Journal of Economic Perspectives* 21 (2): 153 – 174.

Levitt, S. D. and J. A. List. 2007b. Viewpoint: On the Generalizability of Lab Behaviour to the Field. *Canadian Journal of Economics* 40 (2): 347 – 370.

Loewenstein, G. 1999. Experimental Economics from the Vantage-Point of Behavioural Economics. *Economic Journal* 109, F25 – F34.

Mäki, U. 2005. Models Are Experiments, Experiments Are Models. *Journal of Economic Methodology* 12: 303 – 315.

May, K. O. 1954. Intransitivity, Utility, and the Aggregation of Preference Patterns. *Econometrica* 22: 1 – 13.

McKinney, C. N. , M. Niederle, and A. E. Roth. 2005. The Collapse of a Medical Labor Clearinghouse (and Why Such Failures Are Rare). *American Economic Review* 95: 878 – 889.

Milgrom, P. 2007. Package Auctions and Exchanges. *Econometrica* 75: 935 – 965.

Nash, J. 1950. The Bargaining Problem. *Econometrica* 28: 155 – 162.

Neelin, J. , H. Sonnenschein, and M. Spiegel. 1988. A Further Test of Noncooperative Bargaining Theory: Comment. *American Economic Review* 78: 824 – 836.

Niederle, M. , D. D. Proctor, and A. E. Roth. 2006. What Will Be Needed for the New GI Fellowship Match to Succeed? *Gastroenterology* 130: 218 – 224.

Niederle, M. , D. D. Proctor, and A. E. Roth. 2008. The Gastroenterology Fellowship Match—The First Two Years. *Gastroenterology* 135, 2 (August): 344 – 346.

Niederle, M. and A. E. Roth. 2003. Unraveling Reduces Mobility in a Labor Market: Gastroenterology with and without a Centralized Match. *Journal of Political Economy* 111: 1342 – 1352.

Niederle, M. and A. E. Roth. 2004. The Gastroenterology Fellowship Match: How It Failed, and Why It Could Succeed Once Again. *Gastroenterology* 127: 658 – 666.

Niederle, M. and A. E. Roth. 2009. Market Culture: How Rules Governing Exploding Offers Affect Market Performance. *American Economic Journal: Microeconomics* 1: 199 – 219.

Niederle, M. and A. E. Roth. 2010. The Effects of a Central Clearinghouse on Job Placement, Wages, and Hiring Practices. In *Labor Market Intermediation*, ed. D. Autor. Chicago: The University of Chicago Press.

Niederle, M. and L. Vesterlund. 2007. Do Women Shy away from Competition? Do Men Compete Too Much? *Quarterly Journal of Economics* 122: 1067 – 1101.

Ochs, J. and A. E. Roth. 1989. An Experimental Study of Sequential Bargaining. *American Economic Review* 79: 355 – 384.

Ostrom, E. 1998. A Behavioral Approach to the Rational Choice Theory of Collective Action. *American Political Science Review* 92: 1 – 22.

Pearson, M. and B. C. Schipper. 2009. The Visible Hand: Finger Ratio (2D: 4D) and Competitive Behavior. Unpublished.

Plott, C. R. 1987. Dimensions of Parallelism: Some Policy Applications of Experimental Methods. In *Laboratory Experimentation in Economics: Six Points of View*, ed. A. E. Roth. New York Cambridge University Press.

Plott, C. R. 1997. Laboratory Experimental Testbeds: Application to the PCS Auction. *Journal of Economics and Management Strategy* 6: 605 – 638.

Rapoport, A., O. Frenkel, and J. Perner. 1977. Experiments with Cooperative 2×2 Games. *Theory and Decision* 8: 67 – 92.

Rassenti, S. J., V. L. Smith, and R. L. Bulfin. 1982. A Combinatorial Auction Mechanism for Airport Time Slot Allocation. *Bell Journal of Economics* 13: 402 – 417.

Rosser, J. B., Jr. and C. Eckel. 2010. Introduction to JEBO Special Issue on 'Issues in the Methodology of Experimental Economics'. *Journal of Economic Behavior and Organization* 73: 1 – 2.

Roth, A. E. 1979. *Axiomatic Models of Bargaining*, *Lecture Notes in Economics and Mathematical Systems* #170. Berlin: Springer Verlag. http://kuznets. fas. harvard. edu/ ~ aroth/Axiomatic _ Models_ of _ Bargaining. pdf.

Roth, A. E. 1984. The Evolution of the Labor Market for Medical Interns and Residents: A Case Study in Game Theory. *Journal of Political Economy* 92: 991 – 1016.

Roth, A. E. 1986. On the Allocation of Residents to Rural Hospitals: A General Property of Two Sided Matching Markets. *Econometrica* 54: 425 – 427.

Roth, A. E. 1987. Laboratory Experimentation in Economics. *Advances in Economic Theory*, *Fifth*

World Congress, ed. Truman Bewley. New York: Cambridge University Press, pp. 269 – 299.

Roth, A. E. 1988. Laboratory Experimentation in Economics: A Methodological Overview. *Economic Journal* 98: 974 – 1031.

Roth, A. E. 1990. New Physicians: A Natural Experiment in Market Organization. *Science* 250: 1524 – 1528.

Roth, A. E. 1991. A Natural Experiment in the Organization of Entry Level Labor Markets: Regional Markets for New Physicians and Surgeons in the U. K. *American Economic Review* 81: 415 – 440.

Roth, A. E. 1993. On the Early History of Experimental Economics. *Journal of the History of Economic Thought* 15: 184 – 209.

Roth, A. E. 1994. Let's Keep the Con Out of Experimental Econ. : A Methodological Note. *Empirical Economics* 19: 279 – 289.

Roth, A. E. 1995a. Introduction to Experimental Economics. In *Handbook of Experimental Economics*, eds. J. Kagel and A. E. Roth. Princeton University Press, pp. 3 – 109.

Roth, A. E. 1995b. Bargaining Experiments. In *Handbook of Experimental Economics*, eds. J. Kagel and A. E. Roth. Princeton, NJ: Princeton University Press, pp. 253 – 348.

Roth, A. E. 2002. The Economist as Engineer: Game Theory, Experimental Economics and Computation as Tools of Design Economics. *Econometrica* 70: 1341 – 1378.

Roth, A. E. 2008a. Deferred Acceptance Algorithms: History, Theory, Practice, and Open Questions. *International Journal of Game Theory* 36: 537 – 569.

Roth, A. E. 2008b. What Have We Learned from Market Design? *Economic Journal* 118: 285 – 310.

Roth, A. E. Forthcoming. Market Design. In *Handbook of Experimental Economics*, Vol. 2, eds. J. Kagel and A. E. Roth. Princeton, NJ: Princeton University Press.

Roth, A. E. and I. Erev. 1995. Learning in Extensive-Form Games: Experimental Data and Simple Dynamic Models in the Intermediate Term. *Games and Economic Behavior* 8: 164 – 212.

Roth, A. E. and M. K. Malouf. 1979. Game Theoretic Models and the Role of Information in Bargaining. *Psychological Review* 86: 574 – 594.

Roth, A. E. and J. K. Murnighan. 1982. The Role of Information in Bargaining: An Experimental Study. *Econometrica* 50: 1123 – 1142.

Roth, A. E. and E. Peranson. 1999. The Redesign of the Matching Market for American Physicians: Some Engineering Aspects of Economic Design. *American Economic Review* 89: 748 – 780.

Roth, A. E. , V. Prasnikar, M. Okuno-Fujiwara, and S. Zamir. 1991. Bargaining and Market Behavior in Jerusalem, Ljubljana, Pittsburgh, and Tokyo: An Experimental Study. *American Economic Review* 81: 1068 – 1095.

Roth, A. E. and F. Schoumaker. 1983. Expectations and Reputations in Bargaining: An Experimental Study. *American Economic Review* 73: 362 – 372.

Roth, A. E. and M. Sotomayor. 1990. Two-Sided Matching: A Study in Game-Theoretic Modeling and Analysis. *Econometric Society Monograph Series*. New York: Cambridge University Press.

Rubinstein, A. 1982. Perfect Equilibrium in a Bargaining Model. *Econometrica* 50: 97 – 109.

Rustichini, Aldo. 2009. Is There a Method of Neuroeconomics? *American Economic Journal: Microeconomics* 1 (2): 48 – 59.

Sauermann, H. and R. Selten. 1959. Ein Oligolpolexperiment. *Zeitschrift fur die Gesamte Staatswissenschaft* 115: 427 – 471.

Schelling, T. C. 1957. Bargaining, Communication, and Limited War. *Journal of Conflict Resolution* 1: 19 – 36.

Schelling, T. C. 1958. The Strategy of Conflict: Prospectus for a Reorientation of Game Theory. *Journal of Conflict Resolution* 2: 203 – 264.

Schelling, T. C. 1960. *The Strategy of Conflict*. Cambridge: Harvard University Press.

Selten, R. and T. Chmura. 2008. Stationary Concepts for Experimental 2 × 2 Games. *American Economic Review* 98 (3): 938 – 966.

Smith, V. L. 2008. *Rationality in Economics: Constructivist and Ecological Forms*. New York: Cambridge University Press.

Smith, V. L. 2010. Theory and Experiment: What Are the Questions? *Journal of Economic Behavior and Organization* 73: 3 – 15.

Sobel, Joel. 2009. Neuroeconomics: A Comment on Bernheim. *American Economic Journal: Microeconomics* 1 (2): 60 – 67.

Starmer, C. 1999. Experiments in Economics: Should We Trust the Dismal Scientists in White Coats? *Journal of Economic Methodology* 6: 1 – 30.

Sugden, R. 2009. Credible Worlds, Capacities and Mechanisms. *Erkenntnis* 70: 3 – 27.

Thurstone, L. L. 1931. The Indifference Function. *Journal of Social Psychology* 2: 139 – 167.

Tversky, A. and D. Kahneman. 1992. Advances in Prospect Theory: Cumulative Representation of Uncertainty. *Journal of Risk and Uncertainty* 5: 297 – 323.

Ünver, M. U. 2001. Backward Unraveling over Time: The Evolution of Strategic Behavior in the Entry-Level British Medical Labor Markets. *Journal of Economic Dynamics and Control* 25: 1039 – 1080.

Ünver, M. U. 2005. On the Survival of Some Unstable Two-Sided Matching Mechanisms. *International Journal of Game Theory* 33: 239 – 254.

Wallis, W. A. and M. Friedman. 1942. The Empirical Derivation of Indifference Functions. In *Studies in Mathematical Economics and Econometrics*, eds. O. Lange, F. McIntyre, and T. O. Yntema. Chicago: University of Chicago Press, pp. 175 – 189.

第二部分

经济学理论与实验经济学

第 2 章
经济学理论与实验方法之间的关系

戴维·莱文（David K. Levine）

郑捷（Jie Zheng）

概　述

　　关于经济学理论与实验证据的关系问题，学术界一直存在争议。在阅读实验文献时，我们很容易产生经济学理论对解释实验结果意义不大的印象。本章认为这是一种严重的误解。经济学理论对很多问题都有很强的预测能力，而且在预测实验室行为方面通常非常精确。许多被认为失败的理论案例，其实都是理论应用上的失败，并非经济学理论无法解释证据。

　　虽然如此，我们仍须完善经济学理论，以便更好地解释实验数据。在许多应用场景中，经济学理论之所以是"正确"的，仅仅是因为它并没有做出什么预测。我们的问题应该是证明理论在某种情况下是否适用，而不是思考它们是绝对正确还是绝对不正确。在许多情况下，经济学理论不是很有用。在不适用的情况下，经济学理论可能无法准确预测个体在其不熟悉的情况下的表现。[1]在不理解个体偏好与特定环境之间关系的情况下，经济学理论是无法准确描述个体偏好的。当涉及风险和时间的偏好，以及当涉及与其他人有关的偏好，如利他、互害和公平时，理论的预测能力尤其低下。

　　相比之下，理论均衡对适度偏离利己与理性假设的行为，在很多情况下仍然可以做出稳健的预测。在这种情况下，作为理论上最简单形式的纳什均衡很好地解释了数据。此时，就像我们将要解释的那样，理论对总体行为的预测是非常精准的。对于个体行为，纳什均衡的扰动形式（现在被广泛称为随机响应均衡）则能够更好地进行预测。

有效的均衡理论

经济学均衡理论的核心是纳什均衡理论。下面来看一下纳什均衡理论在相对复杂的投票环境中的作用。该模型改编自帕尔弗雷和罗森塔尔（Palfrey and Rosenthal，1985）的论文。选民被分为两组，包括候选人 A 的支持者和候选人 B 的支持者。选民总数是奇数，可以被 3 整除，两组选民的总数目可能是 {3，9，27，51}。与帕尔弗雷和罗森塔尔使用的群体设置不同，这两个选民群体的规模不相同。也就是说，B 组的规模比 A 组大。在"一边倒"实验设置中，B 的成员数是 A 的两倍。在"势均力敌"实验设置中，B 组的选民比 A 组多一人。投票人可以选择他们喜欢的候选人，也可以弃权，而规则只是简单的少数服从多数原则。赢家组成员获得 105 分，输家组获得 5 分。若两个候选人得票相同，则得分相同，均为 55 分。投票选举是有成本的，成本是私有信息，是从 [0，55] 内独立且随机抽取的数值。选民将被公开告知实验规则，他们需要重复博弈 50 次。

计算这个博弈的纳什均衡是非常困难的，既难以人工计算，也无法证明有唯一均衡。然而，该均衡可以用数值计算的方式获得，而且通过这种方式只能得出一个均衡。均衡的关键是投票者成为关键人的概率：投票的收益取决于在选举中取得关键地位的概率。所以这个实验是对纳什均衡的一个很好的检验，它比较了投票者成为关键人（出现关键人时两名候选人的选票极其接近）的理论概率以及在实验室中观测到的经验概率。图 2.1 中的横轴是理论概率，纵轴是通过实验得出的经验概率。如果理论做出完美预测，那么数据点应该落在 45 度线附近，实际上也正是如此。尽管从理论上或者从 50 次重复实验数据中都并不容易推断出投票者成为关键人的概率，但该理论几乎完美地预测了实验结果。

值得强调的是，当我们提到"理论"时，我们指的是计算理论均衡的数值。当我们寻找纳什均衡中投票者成为关键人的概率时，我们没有对数据进行参数拟合或估计，而仅仅进行了简单的理论计算，并与实验数据进行比较，得到的拟合结果几乎是完美的。

除了纳什均衡之外，经济学中的另一个核心理论是市场的竞争均衡。在

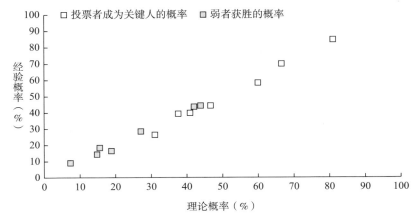

图 2.1 理论概率与经验概率之间的关系：莱文和帕尔弗雷的复杂投票案例

现代经济学理论中，这可以被视为一种交易机制的纳什均衡。其中，交易者向市场揭示偏好，然后确定均衡——市场出清机制的确切细节并不重要。竞争均衡实验通常采用实时双边报价拍卖机制，该实验曾经被重复多次，其历史至少可以追溯到史密斯 1962 年的工作。实验结果具有很强的稳健性：竞争均衡对竞争市场的预测非常精确，实验市场很快就收敛到竞争价格上。普洛特和史密斯（Plott and Smith，1978）在一次实验中的市场交易结果显示，交易价格收敛到了竞争均衡价格 0.6（见图 2.2）。另外需要注意的是，0.6 作为竞争均衡价格是通过纯理论模型计算出来的，而非通过数据估算出来的。

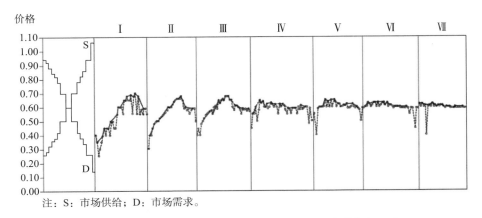

注：S：市场供给；D：市场需求。

图 2.2 普洛特和史密斯在实验 2（口头投标）中的投标历史

在各种各样的实验中，都会出现这种实验数据几乎完全符合理论模型的情况，所以认为实验结果总是会证明理论错误的观点其实非常奇怪。实际上，经济学理论在拟合带噪声的实证数据方面甚至比计量经济学模型的表现还要好。

均衡理论没有失败

除了预测准确的经典均衡理论，确实也有一系列理论均衡模型在实验中出现了失败的情况——尤其是子博弈完美均衡模型。其中一个例子是最后通牒讨价还价博弈。在这个实验中，一名玩家提出分配 10 美元硬币的方案，第二名玩家可以接受或拒绝该方案。如果第二名玩家接受该方案，那么这笔钱就按照约定分配。如果他拒绝该方案，则游戏结束，两名玩家都不会得到任何报酬。子博弈完美均衡模型预测第二位玩家会接受任何使自己的收益为正的分配方案，因此第一位玩家应该至少获得 9.95 美元。来自罗思等（Roth et al., 1991）的数据（见表 2.1）则表明几乎不会出现这种情况。所有人给第二位玩家的分配金额都超过 2.00 美元，大部分为 5.00 美元，这是第一位玩家通常能够获得的金额。在这个问题上，该实验的结果是对理论的一个极大的否定。此外，与竞争性市场博弈一样，最后通牒讨价还价博弈的结果在许多条件下被多次复制。

表 2.1　最后通牒讨价还价博弈的报价和拒绝概率

X（美元）	报价数量	拒绝概率（%）
2.00	1	100
3.25	2	50
4.00	7	14
4.25	1	0
4.50	2	100
4.75	1	0
5.00	13	0
	27	

注：10 美元赌注游戏，第 10 轮。
资料来源：Roth et al., 1991。

尽管出现了上述例子，但其他一些理论的预测结果与这些实验结果还是一致的。对理论的错误应用导致了检验结果的异常。首先，子博弈完美均衡的结果是基于玩家利己的假设，即他们只关心自己的货币收入。这种假设与均衡理论无关，仅仅是对玩家效用函数性质的假设，但这种假设显然被实验数据拒绝了。一个利己的玩家不会拒绝任何分配金额为正的方案。这种利己假设是计算子博弈完美均衡的基础。但是，数据清楚地表明，27 个分配为正的分配方案中有 5 个被拒绝。数据表明许多玩家认为低报价会让他们产生被侵犯的感觉，因为他们宁可什么都不要也不愿意接受不公平的少量分配金额。基于利己偏好假设的"理论"自然就不能够解释数据。纳什均衡或子博弈完美均衡要求理性的玩家有利己偏好，所以实验实际上没有证明理论是错误的，错误的是把这个理论运用到了不合适的场景中。

　　按照主流的市场竞争理论，经济学家通常认为人是利己的。这并非因为经济学家真的认为人是利己的，事实上我们也许连一个坚持利己主义的经济学家也找不到，而是因为在竞争市场上，人们是否利己无关紧要，因为他们没有机会做出恶意互害或利他主义行为。为了计算方便，我们可以把在竞争市场中的人简单模拟成利己的人。但这并不意味着理论工具可以应用于其他不合适的环境，比如讨价还价的环境。

　　出人意料的是，即使是基于利己偏好的理论也没有粗略的检验数据所显示的那么糟糕。与子博弈完美均衡相对，纳什均衡允许任何报价成为均衡：第一名玩家提议的金额被第二名玩家接受，而任何低于该提议的金额都以 100% 的概率被拒绝。纳什均衡忽视了两个不那么明显的数据特征，即忽视了报价的异质性，以及报价在均衡（如果玩家真的利己）中被拒绝的可能性。正是对理论的错误使用导致了结论与现实之间的巨大差异。所有的理论都是理想化的。建模者永远不会完全了解玩家的偏好、信念等。所以纳什均衡理论中唯一有意义的就是拉德纳（Radner，1980）提出的近似纳什均衡概念。该模型仅要求玩家获得的最大收益和最优解（玩家在实践中永远不会知道所谓的最优解）的差异小于某个数值 ε。运用实验数据来检验纳什均衡的应用程度，关键并不在于实验结果是否与纳什均衡相似，而在于被试相对于最佳收益的损失是否小于他们原本应该承受的损失。

　　换句话说，正确计算实验数据与理论的偏离程度，是为了确定在实验中玩家可以赚取多少收益，并与实际收益做对比。如果这个差异很大，我们得出结论认为该理论不适用。如果差异很小，我们的结论是理论非常适用。这与数据是否"看起来像"纳什均衡无关。关键点是在某些博弈中允许小误差（ε）可能导致均衡行为的巨大变化。这种巨大变化与均衡理论并不矛盾，因为它是由均衡理论预测的。

在最后通牒博弈研究中，弗得伯格和莱文（Fudenberg and Levine，1997）根据对手的真实策略，计算了玩家相比于采用最佳策略所遭受的损失。每博弈 10 美元，玩家每场平均损失 1.00 美元。

然而，这还没到故事的结尾。至少从目前的研究来看，纳什均衡是一种玩家理解其博弈环境的均衡，包括理解他们的对手将如何博弈。它应该是一个动态学习过程的结果。事实上，纳什均衡可以准确地描述为已经学无可学、无法再学的情景。这在那些理论能够解释的博弈中很重要。例如在投票实验中，玩家重复投票了 50 次，因此有很多经验。同样，在双边公开报价拍卖中，玩家参加了许多次拍卖，并且在获得经验后才会出现均衡。在最后通牒博弈中，玩家只能重复博弈 10 次。更重要的是，在一个扩展型博弈中，玩家只能了解结果而不能了解对手的策略，玩家必须参与代价高昂的互动学习才能达到纳什均衡，而没有大量的重复和足够的耐心，这是无法实现的。特别是在最后通牒讨价还价博弈中，第一位玩家只能在 10 次博弈中推测如果他索取更多会发生什么，相对来说，他没有什么动力或机会系统地尝试不同报价，看哪些会被拒绝而哪些会被接受。如果博弈已经进行了 100 次，那么尝试索取很多就是有意义的，这样可以确定对手是否愿意接受收益更低的报价。但在仅有 10 次的重复博弈中，这样的学习策略没有意义。

比纳什均衡理论更弱，但更适合最后通牒讨价还价博弈的理论是弗得伯格和莱文（Fudenberg and Levine，1993）提出的自我确认均衡理论。该理论认为给定关于均衡路径的正确信念，玩家能够实现收益最大化，但并不要求他们正确地知道在偏离均衡路径后的情况，因为他们不一定观测得到这种偏离。正因如此，该理论在计算玩家收益与最优解之间的差异方面不同于纳什均衡理论。正如我们在最后通牒讨价还价博弈中观察到的那样，如果第一位玩家在收益分配中要求更多，他们无法知道到底报价多少才会被接受。因此，第一位玩家设置一个很低的索取额并不是"已知"的错误，因为玩家无法知道它是不是错误的。这样，我们不仅可以计算出玩家收益与最优解相比的"损失"，还可以计算出玩家的"损失"中有多少是他明确知道的"已知损失"。自我确认均衡理论认为，对已知损失的预测应保持较低的水平，而对未知的损失则不可预测。

对于最后通牒博弈，弗得伯格和莱文（Fudenberg and Levine，1997）也计算了已知损失。平均而言，玩家平均每场博弈只损失 0.33 美元，而这完全是由于第二位玩家拒绝了正的报价。正如我们所指出的那样，这与均衡理论毫无关系。有趣的是，我们可以比较偏好（第二位玩家的互害拒绝）与学习（第一位玩家的错误报价）的影响。平均而言，由于偏好不是利己的，第二位玩家损失了 0.33 美元，而由于没有机会学习对手的策略，第一位玩家损失了 0.67 美元。由偏离利己行为偏好的假设而导致的损失远远小于由不完全的学习而导致的损失。

　　这里的讨论并不是强调经济学理论在最后通牒讨价还价博弈中做得多好。与其说经济学理论对最后通牒讨价还价博弈的解释是薄弱的，不如说在这个博弈中很少有数据会与理论不一致。与其说这是因为不恰当地应用了理论，得出这种理论是错误的结论，不如说该理论不能很好地解释现实。近期的研究强化了理论——主要是通过更好地对玩家的内生偏好进行建模（Levine，1998；Fehr and Schmidt，1999；Bolton and Ockenfels，2000；Gul and Pesendorfer，2004）。

　　我们可以在麦克尔维和帕尔弗雷的蜈蚣博弈（McKelvey and Palfrey，1992）中讲述一个类似的"拒绝理论"的故事。该博弈的扩展形式如图 2.3 所示。

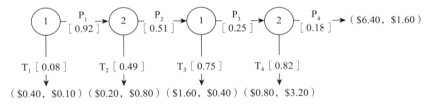

图 2.3　麦克尔维和帕尔弗雷的蜈蚣博弈

注：方括号中的数字对应于第 6～10 轮中每个信息集所观察到的条件概率。

　　有两名玩家，每人都可以在拿下 80% 的总奖金后结束整个博弈，或者不拿并让另一玩家做决策，每回合奖金池的总奖金加倍。逆向推导表明玩家 1 应该立刻拿钱结束博弈。事实上，只有 8% 的玩家 1 会这样做。正如最后通牒博弈，这些证据似乎否定了理论。然而与前面一样，仔细研究后可以发现事实并非如此。

　　从某种意义上说，这种蜈蚣博弈与最后通牒博弈是相反的。最后通牒博弈与理论的差异是，第二名玩家也许会恶意地用自己的少量损失换取对不友好的第一位玩家的惩罚。蜈蚣博弈偏离理论是因为利他主义，有一些玩家愿意遭受少量损失但为友好的对手玩家提供大量的回报。关键性的实验证据是有 18% 的玩家在最后一轮向对手赠送收益。请注意，这些人花费 1.60 美元即可让对手多获得价值 5.60 美元的收益。这些馈赠的收益完全改变了博弈的策略性。馈赠者的存在使每个玩家真正的最佳策略变成尽可能长时间地待在博弈中。如果你是第一名玩家，你可能会留在博弈中并期待在最后一轮幸运地得到馈赠。如果你是第二名玩家且有机会进入最后一轮，那你也可能继续留在博弈中。

蜈蚣博弈中的大部分损失实际上是由（顽固地使用了子博弈完美均衡策略的）玩家很快退出博弈造成的，因为他们没有意识到应该尽可能长时间地留在博弈中。由弗得伯格和莱文（Fudenberg and Levine，1997）计算的平均损失为每位玩家每场约 0.15 美元。但是，如果你太早退出，你永远不会发现在博弈结束时有玩家会馈赠收益，所以这部分损失是未知损失。唯一的已知损失是最后一回合中玩家馈赠对手给自己造成的损失。在博弈中每位玩家的已知损失只有 0.02 美元。请注意，与最后通牒博弈一样，失败的学习造成的未知损失远远大于利他偏好所造成的已知损失。

另一个重要的工作是在实验中找到近似纳什均衡的证据——只要一些玩家稍微偏离均衡策略，就可能会极大地改变其他玩家的激励——但纳什均衡不会失去预测能力。在这方面最重要的成果是麦克尔维和帕尔弗雷（McKelvey and Palfrey，1995）提出的随机响应均衡理论。随机响应均衡理论允许玩家在决策过程中以一定的概率犯错。具体来说，我们用玩家自己的纯策略 s_i 和其他对手的混合策略 σ_{-i} 来表示他获得的效用 $u_i(s_i, \sigma_{-i})$，并用 $\lambda_i > 0$ 表示一个行为参数，我们还定义了不同策略发挥作用的倾向：

$$p_i(s_i) = \exp[\lambda_i u_i(s_i, \sigma_{-i})]$$

随机响应均衡理论随后通过标准化过程将离散策略的概率加总归一，得出混合策略：

$$\sigma_i(s_i) = p_i(s_i) \Big/ \sum_{s_i'} p_i(s_i')$$

像纳什均衡一样，这个理论做出了强有力的预测。当 $\lambda_i \to \infty$ 时，随机响应均衡理论的预测结果实际上收敛于纳什均衡理论的预测结果。这种理论的一个重要优势在于它允许个体水平具有实质的异质性。这是十分重要的，因为实验数据通常非常杂乱，个体行为往往是不同的。

随机响应均衡模型的一个很好的例子是前文描述的莱文和帕尔弗雷（Levine and Palfrey，2007）的投票实验。理论的总体拟合情况非常好，但在个体层面理论的预测性很差。图 2.4 显示了在该论文中选民参与投票的实际概率即投票率和参与投票的损失的关系散点图。如果损失是正的，纳什均衡理论预测参与投票的概率应为零；如果损失是负的，参与投票的概率应为100%。图 2.4 中的加号表示的是个体数据，较暗的粗横线表示的是汇总数据，图 2.4 显示上述预测明显是错误的。当损失和收益很小时，参与的概率几乎是接近随机的 50%。随着参与投票的损失增加，参与的概率降低，但随着收益为 0（投票或者不投票无差异）的阈值被越过，参与投票的概率没有从 100% 直接跳到 0。我们看到的逐渐下降的参与概率正是随机响应均衡理论所预测的。随机响应均衡模型预测：当投票与否给玩家带来的收益差异很小时，他们会有效地随机参与投票。随着选择的正向和负向激励变得更强，他们的选择会变得更加理智。向下倾斜的曲线展示了最优拟合下的随机响应函数，其中 λ_i 是根据数据估计的。可以看出，该方法对个体数据拟合得很好。

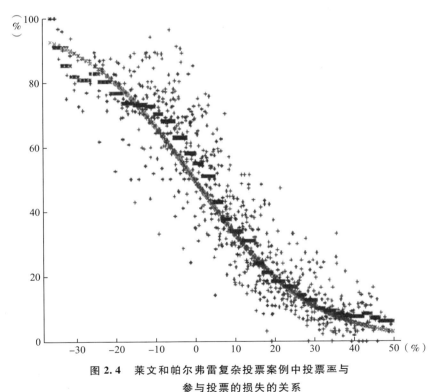

图 2.4　莱文和帕尔弗雷复杂投票案例中投票率与
参与投票的损失的关系

这里的一个关键思想是，总的来说，随机响应均衡对中等大小的 λ_i 值可能敏感也可能不敏感。在一些博弈如投票博弈中，λ_i 的大小几乎对总体行为没有什么影响，因为一些选民非理性的过度投票行为，会导致另一些选民理性地选择不投票。同样在市场博弈中，个体的错误决策在总体上并不重要。重要的是，我们总能计算出随机响应均衡，并确定均衡对 λ_i 变化的敏感程度。

戈里和霍尔特（Goeree and Holt，2001）描述的非对称硬币匹配博弈中的混合策略，是随机响应均衡的优点和潜在弱点的一个很好例证。[2]这是一个简单的同时博弈，行玩家在"上"和"下"之间选择，列玩家在"左"和"右"之间选择。当结果为（上，右）或（下，左）时，收益为（40，80）；当结果为（下，右）时，收益为（80，40）。如果结果（上，左）的收益是（80，40），那将是对称博弈。但在这里我们感兴趣的是（上，左）的收益为（320，40）的情况［简称为"（320，40）情况"］和（上，左）的收益为（44，40）的情况［简称为"（44，40）情况"］，这两种情况都是非对称博弈。戈里和霍尔特（Goeree and Holt，2001）的实验室实验数据显示，在（320，40）情况下，96%的行玩家选择"上"，16%的列玩家选择"左"，而在（44，40）情况下，这两个数据分别为 8% 和 80%。很明显，这些实验室结果与纳什均衡理论的预测结果完全不同，在这两种情况下，行玩家选择"上"的比例都应为 50%。

如果我们运用随机响应均衡理论解释这种混合策略博弈，则可以在很大程度上提高预测能力。我们依次使用两个备选假设中的其中一个来进行计算[3]：标准的利己偏好假设（$U_i = u_i$）和更现实的利他偏好假设［$U_i = \alpha u_i + (1-\alpha) u_{-i}$，其中 $\alpha \in [0,1]$］。在图 2.5 中，横轴表示选择"上"的行玩家

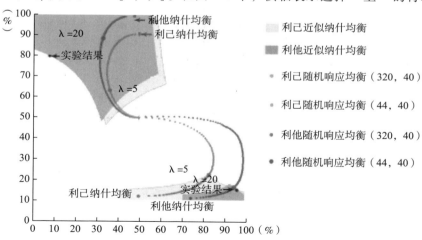

图 2.5　戈里和霍尔特的非对称随机响应均衡和近似纳什均衡硬币匹配博弈

比例，纵轴表示选择"左"的列玩家比例。图 2.5 显示了纳什均衡和随机响应均衡：对应于利己情况的纳什均衡和对应于利他主义偏好且参数 $\alpha = 0.91$ 的随机响应均衡。不同曲线对应于具有不同 λ 值的随机响应均衡。注意，玩家来自相同的群体，有 $\lambda_1 = \lambda_2 = \lambda$。

正如图 2.5 所示，通过允许玩家犯错，随机响应均衡理论会给出比近似纳什均衡理论更好的预测结果。在具有利他偏好假设（320，40）的情况下尤其如此：当 $\lambda = 20$ 时，随机响应均衡非常接近实验数据。从图 2.5 中还可以看出，单独应用随机响应均衡的结果更好，例如，在（320，40）情况下，均衡从（0.5，0.13）变为（0.82，0.22）。单独假设利他主义偏好的结果较差，例如，均衡从（0.50，0.13）变为（0.75，0.12）。仍然不能解释的是（44，40）情况，其实验结果很难用玩家犯错误或利他主义偏好来解释。

我们还可以在这个博弈中分析一下近似纳什均衡。在利己偏好假设下，实验室数据对应于（44，40）情况下每位玩家每回合 0.07 美元的价值和（320，40）情况下 0.06 美元的价值。在（44，40）情况下每回合博弈可获得的最大可能金额为 0.80 美元，在（320，40）情况下为 3.20 美元。在利他主义偏好假设下，ε 的值分别为 0.05 美元和 0.02 美元。在（44，40）情况下，可能的均衡集合很大：只要行玩家选择"上"的比例小于 50%，且列玩家选择"左"的比例大于 50%，几乎所有混合策略都是近似纳什均衡。从这个意义上说，实验室结果与利己偏好理性理论的预测结果相差甚远也就不足为奇了。有趣的是，这里使用收益的随机扰动来解释实验室结果，既没有用到随机响应，也没有用到利他主义。

在（320，40）情况下，可能的均衡集合并不大。近似纳什均衡对行玩家的预测并不精确，它只预测了行玩家以超过 50% 的概率选择"上"。相应地，纳什均衡预测行玩家正好以 50% 的概率选择"上"，而在实验室结果中却有96% 的行玩家选择了"上"，这两者当然都处于均衡集合之中。但是请注意，该理论对列玩家的选择有较高的预测精确度，其选择"左"的概率在 10% ～ 22% 的范围内。

实验教给我们什么

实验经济学确实教会了我们在哪些方面需要加强理论，以及如何解决一些长期存在的方法论问题。例如，关于"为什么我们应该期待纳什均衡"这个问题一直有两个答案。第一个答案是，玩家们会自行想象他们和另外的玩家都持有相同的信念，并且以类似的推断达到纳什均衡。这个理论解释存在概念性问题，特别是当存在多个均衡时。它也存在计算复杂的问题，例如，有大量证据表明，通勤者在高峰时段选择上班路线的博弈中处于均衡状态，尽管通勤者个体肯定不会计算出博弈的解决方案。虽然至少在更简单的博弈中，玩家原则上可以采用诸如豪尔绍尼和泽尔滕（Harsanyi and Selten，1988）的方式来寻找纳什均衡。然而，实验证据果断地否决了这样的假设，即首次参与博弈的玩家会设法达到纳什均衡。总的来说，现在的观点认为如果博弈能够达到均衡，那就是通过学习过程实现的（Fudenberg and Levine，1998）。从蒙德勒和沙普利（Monderer and Shapley，1996）所述高峰时段的交通博弈中也可以看到一种潜在的博弈。桑德霍尔姆（Sandholm，2001）也展示了类似的博弈，在这些博弈中都可以观察到纳什均衡在经历学习过程后能够收敛到稳定。

由于纳什均衡不能预测单次博弈的结果，理论研究的第一个领域是研究可以预测单次博弈的模型。最有前景的模型是斯塔尔和威尔逊（Stahl and Wilson，1995）的经典模型，在该模型中，假定玩家具有不同的策略复杂度。最低层次的玩家随机决策，高一层次的玩家以最优策略对抗最低层次玩家的随机决策。而且，更高层次的玩家可以用最优策略对抗低一层次玩家的最优策略。在实验研究中，科斯塔－戈梅斯等（Costa-Gomes et al.，2001）表明这些模型可以用于解释初次博弈，也可以解释玩家推理的细节。这种模型最大的缺陷是它还没有与学习理论紧密相关：现在有一个合理的初次博弈理论和一个合理的长期均衡理论，但中间没有严谨的学习理论。

第二个领域是关于人际偏好：利他主义和恶意互害。如上所述，各种各样的模型（Levine，1998；Fehr and Schmidt，1999；Bolton and Ockenfels，2000；Gul and Pesendorfer，2004）都试图解决这个问题，但目前还没有理论能完全解决这个问题。

实验研究有一个类似于"皇帝的新衣"的领域，涉及风险态度研究。博弈论的标准模型假定玩家的偏好可以通过一个基数效用函数来表示。拉宾悖论（Rabin，2000）强调了这一理论假设的不足之处。

假设我们知道一个一生总财富少于 35 万美元的厌恶风险的人会拒绝参加输掉 100 美元或赢得 105 美元概率各半的赌博，但我们对于他拥有

35 万美元以上财富时的风险厌恶程度一无所知。此外，如果此人的初始财富水平为 34 万美元，其将拒绝参加输掉 4000 美元或赢得 635670 美元概率各半的赌博。

这里要强调的是，在实验室中玩家通常会拒绝参与输掉 100 美元或获得 105 美元（甚至会赢更多）概率各半的赌博。然而，这不仅与现实中大金额的赌博行为不一致，而且相差三个数量级（1000 倍）。简单地说，实验室中收益与损失的金额很小，任何合理程度的风险厌恶都有可能在实验室中表现为风险中性，这与现实数据有比较大的矛盾。

从特韦尔斯基和卡尼曼（Tversky and Kahneman，1974）的前景理论到弗得伯格和莱文（Fudenberg and Levine，2006）的双重自我理论，有各种理论去修正这个问题，但可以说没有完整的理论对这个问题进行解释，目前这仍是一个重要的研究领域。

结　语

关于实验经济学以某种方式推翻了多年理论研究的想法是荒谬的。或许，结束本章的一个很好方式是回顾著名的囚徒困境博弈。无论是理论还是实践，没有任何博弈获得过如此多的研究关注。一些人可能会总结出如下普遍的观点：当理论预测人们不应该合作时，人们却在实验室中进行了合作。正确对待这种观点的态度可以在达尔波（Dal Bo，2015）的细致实验中找到。该论文的正确结论如下：在囚徒困境博弈中，针对利己玩家的标准纳什均衡理论能够良好地预测玩家在实验室中的博弈行为。

实验经济学能够非常有效地发现理论的局限性，不断改进理论和不断加强对实验结果的解释力之间存在重要的正反馈循环，随机响应均衡就是一个很好的例子。

注释

我们非常感谢 NSF 基金 SES－03－14713 的财务支持，感谢德鲁·弗得伯格（Drew Fudenberg）和汤姆·帕尔弗雷（Tom Palfrey）就此话题进行了多次交流，感谢科林·卡默勒（Colin Camerer）提供了有益的评论，感谢纪尧姆·弗雷谢特鼓励我们完成本章。
1. 即使玩家不熟悉正在参与的博弈，理论有时也可以做出良好的预测。有关示例，请参阅卡默勒（Camerer, 2003）一文。

2. 但请注意，玩家只能博弈一次，因此无法学习。

3. 我们也假设（1 – β）比例的个体有利他偏好，而其余［$\beta \epsilon (0,1)$］的个体具有利己偏好，假设 2 等同于设定 $\beta = 0$，但与之相比结果并没有改变多少。

参考文献

Bolton, G. E. and A. Ockenfels. 2000. ERC: A Theory of Equity, Reciprocity, and Competition. *American Economic Review* 90: 166 – 193.

Camerer, C. F. 2003. *Behavioral Game Theory: Experiments in Strategic Interaction*. Princeton, NJ: Princeton University Press.

Costa-Gomes, M., V. P. Crawford, and B. Broseta. 2001. Cognition and Behavior in Normal-Form Games: An Experimental Study. *Econometrica* 69 (5): 1193 – 1235.

Dal Bo, P. 2005. Cooperation under the Shadow of the Future: Experimental Evidence from Infinitely Repeated Games. *American Economic Review* 95 (5): 1591 – 1604.

Fehr, E. and K. M. Schmidt. 1999. A Theory Of Fairness, Competition, and Cooperation. *Quarterly Journal of Economics* 114 (3): 817 – 868.

Fudenberg, D. and D. K. Levine. 1993. Self-Confirming Equilibrium. *Econometrica* 61 (3): 523 – 545.

Fudenberg, D. and D. K. Levine. 1997. Measuring Players' Losses in Experimental Games. *Quarterly Journal of Economics* 112 (2): 507 – 536.

Fudenberg, D. and D. K. Levine. 1998. *The Theory of Learning in Games*, MIT Press.

Fudenberg, D. and D. K. Levine. 2006. A Dual Self Model of Impulse Control. *American Economic Review* 96 (5): 1449 – 1476.

Goeree, J. K and C. A. Holt. 2001. Ten Little Treasures of Game Theory and Ten Intuitive Contradictions. *American Economic Review* 91 (5): 1402 – 1422.

Gul, F. and W. Pesendorfer. 2004. The Canonical Type Space for Interdependent Preferences. Unpublished.

Harsanyi, J. C. and R. Selten. 1988. *A General Theory of Equilibrium Selection in Games*. Cambridge, MA: MIT Press.

Levine, D. K. 1998. Modeling Altruism and Spitefulness in Experiments. *Review of Economic Dynamics* 1 (3): 593 – 622.

Levine, D. K. and T. R. Palfrey. 2007. The Paradox of Voter Participation: A Laboratory Study. *American Political Science Review* 101: 143 – 158.

McKelvey, R. D. and T. R. Palfrey. 1992. An Experimental Study of the Centipede Game. *Econome-*

trica 60 （4）：803 – 836.

McKelvey, R. D. and T. R. Palfrey. 1995. Quantal Response Equilibria for Normal Form Games. *Games and Economic Behavior* 10：6 – 38.

Monderer, D. and L. S. Shapley. 1996. Potential Games. *Games and Economic Behavior* 14：124 – 143.

Palfrey, T. R. and H. Rosenthal. 1985. Voter Participation and Strategic Uncertainty. *American Political Science Review* 79 （1）：62 – 78.

Plott, C. R. and V. L. Smith. 1978. An Experimental Examination of Two Exchange Institutions. *Review of Economic Studies* 45：133 – 153.

Rabin, M. 2000. Risk Aversion and Expected-Utility Theory：A Calibration Theorem. *Econometrica* 68 （5）：1281 – 1292.

Radner, R. 1980. Collusive Behavior in Noncooperative Epsilon-Equilibria of Oligopolies with Long but Finite Lives. *Journal of Economic Theory* 22 （2）：136 – 154.

Roth, A. E., V. Prasnikar, M. Okuno-Fujiwara, and S. Zamir. 1991. Bargaining and Market Behavior in Jerusalem, Ljubljana, Pittsburgh, and Tokyo：An Experimental Study. *American Economic Review* 81 （5）：1068 – 1095.

Sandholm, W. H. 2001. Potential Games with Continuous Player Sets. *Journal of Economic Theory* 91：81 – 108.

Smith, V. L. 1962. An Experimental Study of Competitive Market Behavior. *Journal of Political Economy* 70 （2）：111 – 137.

Stahl, D. O. and P. W. Wilson. 1995. On Players' Models of Other Players：Theory and Experimental Evidence. *Games and Economic Behavior* 10：218 – 254.

Tversky, A. and D. Kahneman. 1974. Judgment under Uncertainty：Heuristics and Biases. *Science* 185：1124 – 1131.

第 3 章
论经济学理论与实验的关系

安德鲁·肖特 （Andrew Schotter）

概　述

首先，请允许我讲一个故事作为引子。不久前，我担任了所在大学教职晋升和常任轨委员会的委员，我们讨论过一个案例：年轻的科学家们是否能进入系里的常任轨系列。读到他们的论文时，我被某候选人一封信中的一句话深深感动了。信中说，如果将来能够通过实验来支持他的理论研究，那么他的研究一定会被视为一项重大成就。

这种说法给我留下了深刻的印象，不是因为实验对自然科学的意义，而是因为它对经济学，更具体地说是对经济学理论的意义。多年来，我与理论经济学家共事的时候，从来没听过他们中有人说过："我刚写了一篇理论论文，希望能通过实验证明它是正确的，否则我的一切努力都白费了。"以我对理论经济学家的了解，他们反而会说："我刚写了一篇理论论文，它的理论是否很优美？"历史上，理论经济学家并没有从实验经济学家那里寻求帮助以进行理论验证，因为他们要么认为验证是无关紧要的，要么不相信实验可以揭示真相（回想一下你的审稿报告，当你试图通过一个实验验证一个理论但失败后，你会认为实验失败了，而非理论失败了）。和数学家一样，大多数理论经济学家也是以优美与否来评价一个理论，而不是以其被经验或被实验证明的潜力来做出评价。

经济学与物理学对待实验的态度有很大不同。例如爱因斯坦和他的广义相对论，从相对论的历史来看，实验结果决定了理论的合理性。用爱因斯坦1920 年的话来说，就是："假如大质量恒星光谱中红移的观测结果与广义相对论定量计算的结果不一致，那么我的理论就没有价值了。"（Feyerabend，1993）

也许是因为我从来没有遇到过"专业"的理论经济学家，我从未听闻有著名的理论经济学家提出：理论只是美好的猜测，除非有证据支持它。

经济学理论为什么无须实验证据来支持，就能自发地繁荣兴旺，这一点尚不清楚。一个可能的解释是，历史上，理论经济学家都是哲学家，他们的理论仅仅是关于人性的推论；当这些理论最终被数学化时，哲学精神已植根于经济学理论的核心。另外一个可能的解释是，从经济学理论建立之初到 20世纪的数学模型化，人们一直认为经济学根本不是实验科学，所以试图通过实验来验证理论是毫无意义的。无论是什么原因，理论经济学家与实验经济学家始终难以共事，至少与自然科学相比是如此。这也不是说自然科学中的理论与实验的关系是理想的。从我所了解到的情况来看，它们之间的关系也不尽理想。例如，在自然科学中，实验研究者得到了所有的资金，而理论研究者得到了所有的学术声望。

本章将对经济学理论和实验之间的关系进行评价。我将对这一关系的性质提出一些见解，并且根据目前社会科学家所面临的机遇和挑战，阐明二者之间的关系应该如何改进。尽管二者的关系在过去是疏远和排斥的，但前景是光明的。然而，只有当理论经济学家和实验经济学家都认识到实验室检验社会科学理论的局限性，尤其是认识到实验经济学家能够回答的问题类型具有局限性时，经济学理论与实验才能更好地协同发展。为此，我想先讨论理论与实验的关系，以及如何正确地在实验室里检验理论。以下是讨论主题：

（1）实验研究需要理论吗？

（2）预测型理论和解释型理论之间有何差异？它们之间有等级高低之分吗？

（3）在实验室中"检验理论"意味着什么？

（4）我们应该使用什么级别的加总数据来检验理论？

（5）什么样的数据可以对理论进行适当的检验？

本章既不提供完美的解决方案，也不提供伟大的见解。我主要提出我对经济理论和实验之间关系的困惑，并抛出一些我认为有趣的问题。

理论与实验在经济学中的关系是怎样的？

强大而错误的理论：理论在实验中的作用

经济学被称为社会科学中的女王，因为它为经济问题提供了严谨的答案。这种严谨意味着经济学家希望明确各种理论表述成立的特定条件。例如，请阅读以下表述：

表述 1：当商品价格上涨时，需求下降。

这个表述如果用常识来检验可能是对的，但严格来说却不是正确的表述。物价上涨时，商品需求下降与否取决于当前物价水平的收入效应和替代效应。也就是说，这个表述是否正确取决于商品是否为吉芬商品。所以，经济学理论所做的就是为表述提供正确的前提条件。一般而言，经济学理论是为了保证有关经济或社会行为的表述在逻辑上正确。成功的理论经济学家会提出各种假设，以保证逻辑自洽。

按照这一定义，经济学理论与现实世界毫无关系。理论经济学家致力于寻找使这些理论表述逻辑正确的最低条件，但是他们很少关注这些条件在现实中是否存在，或者这些条件能否描述真实世界。在我看来，这种理论的建构方式是错误的。显而易见，满足在逻辑上正确的最低条件的理论表述并不一定能精确地预测人类行为。依我看，所有的理论只有经过验证，才能被认为是正确的。

那么，错误的理论又怎能被视为科学呢？为何要运用经济学理论指导实验研究？我在 2007 年发表的一篇文章（Schotter，2007）中指出，尽管经济学理论可能是"错误的"，但它也是"强大的"，因为假设是严格的，这使得它预测的正确性能被合理地评估。从某种意义上说，这也是一种很强大的预测能力，可以让经济学家进行点预测和区间预测。而其他社会科学无法做到这一点，因为它们的理论没有被模型化，其假设也没有那么规范。

"强大而错误的"经济学理论是有用的，我将用三个例子来说明这个问题：最后通牒博弈、期望效用理论和随机响应均衡理论。

最后通牒博弈

在满足利己偏好和子博弈完美的前提假设下，经济学理论可以预测最后通牒博弈将会发生什么。第一位玩家将向第二位玩家提供零收益或微薄的收益，并且肯定会被第二位玩家所接受。[1]其他社会科学并不能做出这类预测。我们之所以称经济学为"强大的"社会科学，是因为其理论有助于预测。就是这种力量，使其有别于其他社会科学。然而，在最后通牒博弈中，经济学理论的预测结果是错误的。对我来说，"强大而错误的"理论是有用的，因为它们为科学事业，尤其是为旧理论的证伪和更好的新理论的建立提供了一个学术讨论的基本框架。

最后通牒博弈的实验历史证明了这一点。古思等（Güth et al.，1982）作为最后通牒博弈实验研究的先驱，对被试是否能够按经济学理论的预测结果来进行逆向推导感兴趣。虽然被试被证明能够进行逆向推导，但古思发现第一位玩家往往会提出分配给第二位玩家正收益而非零收益。[2]这些"异常"（没有理论完全没有"异常"）常被认为是由被试不符合利己假设或子博弈完美假设造成的。最近，费尔和施密特（Fehr and Schmidt，1999）以及博尔顿和奥肯费尔斯（Bolton and Ockenfels，2000）的理论研究为这些异常现象提供了解释。虽然最后通牒博弈的经济学理论是错误的，但其规范的假设使我们能够做出预测，为系统性地研究理论错误的原因奠定了基础。[3]

期望效用理论

期望效用理论也证明了这种"强大而错误的"理论的有用性。冯·纽曼和摩根斯坦（Von Neumann and Morgenstern，1944）确定了一套公理，如果这些公理能够描述人们的思维方式，就能预测人们会按照期望效用理论的规律行事。而这些公理是否准确地描述了现实，是可以用实验进行检验的。阿莱（Allais，1953）、埃尔斯伯格（Ellsberg，1961）等的研究表明，该理论涉及的公理主要是独立性公理，并没有准确描述人类如何做出决策。卡尼曼和特韦尔斯基（Kahneman and Tversky，1979）基于前景理论和期望效用理论提出了一系列新的替代方案。如果没有期望效用理论作为研究基准，前景理论和其他非期望效用理论就不会建立。正是因为期望效用理论是错误的，或者说至少是能够被证伪的，这些证伪的过程才能传递出很多有趣的信息。

随机响应均衡理论

错误的理论会促进理论的进化，一个例子是随机响应均衡（Quantal Response Equilibrium，QRE）理论，它旨在弥补纳什均衡理论在比较静态和点预测上的不准确性。纳什均衡理论没有考虑到实验被试的行为不符合最优反应理论的现象；人类是随机地、带噪声地做出决策，同时他们也会考虑该决策相对于其他决策所能带来的收益。随机响应均衡理论解释了这类决策的结果，使理论可以更好地运用于定性和定量预测。与最后通牒博弈和期望效用理论一样，如果纳什均衡理论没有出现系统性的错误预测，随机响应均衡理论可能就不会被构建出来。

　　概括地说，我上面所说的应该被视为开展理论主导型实验研究的理由。以我的经验来看，社会科学设计实验研究最有效的方式是以理论为基准（如果你喜欢，可以称之为"工具人"）来评判实验数据。分析实验数据与理论预测结果的偏差有助于梳理出哪些理论假设是不成立的。从这一点来看，理论的作用并非提供对现实的有效解释，而是建立逻辑上一致的、易于理解的假设，以产生可检验的预测结果。尽管我希望看到自己的理论和我朋友的理论通过实验得到证实，但是我同样乐于发现实验中有趣的偏差。通过实验来验证理论是有价值的，因为它不仅能说明理论如何失败，同时也能揭示理论中到底缺少了什么样的人类行为要素。事实上，我认为经济学是通过分析理论的失败而不是成功取得了更多进步的。

预测型理论和解释型理论之间有何差异？
它们之间有等级高低之分吗？

　　我们应该从优秀的经济学理论中得到什么？据米尔顿·弗里德曼（Milton Friedman）所说，我们应该期待它们可以产生优秀的预测结果：

> 　　实证科学的最终目标是发展一种"理论"或"假设"，这种"理论"或"假设"可以对尚未观察到的现象做出有效且有意义的（非现实的）预测。（Friedman，1953）

　　弗里德曼强调，我们的理论应该可以事先预测"尚未观察到"的事件，而不是对已经观察到的现象进行事后合理化。这里的"尚未观察到"，并不是指严格意义上的未来事件：

> 　　检验理论假说是否有效，不一定要对尚未发生的事件进行预测，也就是说，不需要对未来事件进行预测，可以对已经发生但没有进行过预测或人们没有观测到的事件进行预测。（Friedman，1953）

换句话说，弗里德曼所说的预测性也包括"后验性"，即包括由未经检验的数据构成的过往观测值。

由于预测性至关重要，弗里德曼认为，理论的前提假设在经验上与现实一致并不是对其进行批判性评价的基础。我将通过下面的一系列推理反驳这种观点。考虑理论表述 X，其遵循前提假设 a、b 和 c。如果在使用真实数据进行检验时，表述 X 预测得很好，但是三个假设都不满足，那么该表述面临以下三个问题中的一个：①一个或多个假设是多余的；②两个或三个假设以某种数据关联的方式相互抵消；③数据与理论的一致性完全是虚假的。相反，如果模型的所有前提假设都是正确的，并且模型是完整的，那么理论的预测就必须得到证实。因此，可以看出模型的前提假设是多么重要——毕竟，前提假设也是理论的一部分。

与很多人一样，我认为弗里德曼所倡导的理论研究不是我们可以进行的唯一理论研究。我们经常发现与直觉或理论预设相矛盾的数据证据，这些数据证据需要通过构建新理论进行解释。虽然这种解释型理论的价值是显而易见的，但很明显弗里德曼认为它的价值不如预测型理论。我认为更准确的说法是，实验经济学家面临着预测和解释之间的权衡取舍。我们必须找到二者之间的平衡：①可以做出精确的事前预测的理论，可能无法事后有效地解释数据；②做出事前预测的能力较弱的理论，可能可以事后有效地解释数据。

预测型和解释型理论的例子

纳什均衡理论与随机响应均衡理论

我们用一个简单的 2×2 博弈来更详细地讨论纳什均衡理论和随机响应均衡理论之间的区别。这里考虑戈里等（Goeree et al.，2002）使用的博弈框架，在这一框架下，人们参与两个不同的 2×2 博弈，博弈的支付矩阵如下。

在博弈 1（见表 3.1）中，每列和每行的行动选项旁边的百分比表示被试的行为基本符合纳什均衡理论预测的比例。该理论预测每个行玩家和列玩家都将以 50% 的概率选择各个策略。这个结果就是被戈里等（Goeree et al.，2002）称为"宝藏"的结果，随机响应均衡理论可以很好地预测行为。请注意，在第一个博弈的支付结构下，随机响应均衡理论与纳什均衡理论有相同的预测结果，即两位玩家都以相同的概率选择行选项和列选项，而不管他们的最优选择能力如何（对于任意的 λ 皆如此）。对于第一个博弈，两种理论是一致的，并且都做出了精确、清晰的预测。

表 3.1　博弈 1：对称的硬币匹配博弈

		玩家 2	
		左（48%）	右（52%）
玩家 1	上（48%）	80，40	40，80
	下（52%）	40，80	80，40

现在考虑第二个博弈（见表 3.2）。

表 3.2　博弈 2：强非对称的硬币匹配博弈

		玩家 2	
		左（16%）	右（84%）
玩家 1	上（96%）	320，40	40，80
	下（4%）	40，80	80，40

在这种情况下，纳什均衡理论再次做出了一个点预测：行玩家选择"上"和"下"的概率分别为 50%，而列玩家选"左"和"右"的概率分别为 12.5% 和 87.5%[①]。然而，纳什均衡理论的预测结果是错误的。戈里等（Goeree et al.，2002）发现行玩家 96% 选"上"、4% 选"下"，而列玩家 16% 选"左"、84% 选"右"，这一比例与纳什均衡理论的预测结果不一致。

与纳什均衡理论相比，随机响应均衡理论不能对第二个博弈进行精确的点预测。要做出准确的预测，随机响应均衡理论需要明确哪个 λ 值能描述玩家的行为，但是它并不能做到这一点。换句话说，随机响应均衡理论主要是一种解释型理论。它可以事后解释数据，但不能事先做出预测，因为它必须设定特定的 λ 值，将理论与事后数据拟合。

从某种意义上说，随机响应均衡理论也是预测型的，因为它可以用来对模型的比较静态进行定性预测。例如，在戈里和霍尔特的博弈中，随机响应均衡理论的比较静态预测结果显著不同于纳什均衡理论（比较第一和第二个博弈时）。运用随机响应均衡理论进行预测，相对于第一个博弈，在第二个博

---

① 原文中列玩家选"左"和"右"的概率分别为 10% 和 90%，疑误，应为 12.5% 和 87.5%。——译者注

弈中，列玩家会更多地选择"右"，而行玩家会更多地选择"上"。随机响应均衡理论稳健地预测了这一结果，无论假设参数 λ 是什么，随机响应均衡理论都能正确预测玩家在第一个博弈和第二个博弈中选择方向上的变化。与此同时，纳什均衡理论则预测行玩家的选择在上述两个博弈之间不会发生变化。在这一方面，尽管不那么精确，但随机响应均衡理论做出了比纳什均衡理论更准确的预测。

　　层级思维理论

　　在收集实验数据之前，我们可以运用预测型理论进行预测，而解释型理论只能在收集数据后运用。层级思维理论（Level-k Theory）能够很好地反映这种差别（Stahl and Wilson，1995；Camerer et al.，2004；Costa-Gomes et al.，2004，2001）。在二人"捉迷藏"零和博弈中，克劳福德和伊里贝里（Crawford and Iriberri，2007）试图解释在非中性的位置框架下，实验数据与唯一混合策略均衡的系统性偏差，这个博弈的均衡点是不对称的。例如，在鲁宾斯坦、特韦尔斯基和赫勒（Rubinstein，Tversky and Heller，1993，1996）（以下称为 RTH）进行的博弈中，搜寻者博弈任务的说明如下：

　　　　你的对手将奖品藏在了排成一排的四个盒子中的一个里。这些盒子标记如下：A，B，A，A。你的目标当然是找到奖品。对手的目标是让你找不到它。你只能打开一个盒子，请问你要打开哪个？

　　通常认为藏奖品的玩家应该把奖品藏在最不可能的盒子里。但是如果玩家都一致同意某一个盒子是最不可能的，那么它就变成最有可能的，将奖品藏在那里就变成愚蠢的行为。凭直觉，B 盒子因为标签不同而成为焦点，放在两边的 A 盒子也可能是固有的焦点。这些直觉判断使得中间的 A 盒子成为唯一的最不起眼的盒子。虽然纳什均衡理论预测奖品将以 25% 的等概率被随机放入四个盒子，但在实验中藏奖品的玩家常会将奖品放在最不起眼的中间的 A 盒子中（37% 的概率），而 46% 的搜寻者都选择了中间的 A 盒子。

　　克劳福德和伊里贝里（Crawford and Iriberri，2007）尝试解决以下两个难题：

　　（1）为什么藏奖品者会让奖品以 32% 的概率被搜寻者找到？使用混合策略时这一概率本可以控制在 25%。

　　（2）为什么搜寻者比藏奖品者更频繁地选择中间的 A 盒子？

想在捉迷藏博弈中取得胜利，玩家必须了解他的对手，所以捉迷藏博弈的决策机制适用于层级思维理论分析。让这种分析更复杂且有趣的是非对称选项标签，以及中间 A 盒子的最不起眼的外观。

需要注意的是，如果没有数据，在这种情况下我们甚至不能构建分层响应模型。层级思维模型构建的关键在于构建 0 级玩家的行为模式，而这只有在得到实验数据后才能实现，因为没有任何理论可以预测 0 级玩家的行为。克劳福德和伊里贝里（Crawford and Iriberri，2007）通过两个假设来构建 0 级玩家的行为模式。第一，0 级玩家并不是真实存在的，只存在于 1 级或更高层级玩家的头脑中，它是高层级策略性思维的起点。比如，高层级玩家假定对手采用某种策略，但是使用这种策略的对手并不一定存在（或者对手不使用这种策略）。第二，假定藏奖品者和搜寻者的 0 级策略是相同的，也就是说，他们都使用了同样的混合策略，而且他们的混合策略更偏爱选择显眼的位置。在形式上，假定 0 级藏奖品者和搜寻者选择 A、B、A、A 的概率分别为 $p/2$、q、$(1-p-q)$ 和 $p/2$，其中 $p > \frac{1}{2}$，$q > \frac{1}{4}$，且 $p+q \leq 1$。由于从数据来看，选择两端的 A 的概率几乎相同，因此为了简单起见，克劳福德和伊里贝里把等级为 0（以及更高等级）的玩家选择两端盒子的概率设为相等。

但是要注意的是，只有在作者获得了他们想要解释的事实数据之后，即在他们看到了实验数据后，才能做出理论的前提假设。就像随机响应均衡理论需要数据来定义 λ 值一样，层级思维理论需要数据来定义 0 级玩家的策略。与随机响应均衡理论一样，层级思维理论也是一种解释型理论。因为这些模型所需的参数的数值在获得实验数据后才能确定。虽然预测能力较差，但这些模型是有价值的。克劳福德和伊里贝里的分析为运用层级思维理论解决问题提供了一个出色案例，但这并不是弗里德曼心目中的那种预测型理论。

使解释型理论具有预测型特点

解释型理论和预测型理论之间的差距并不像上述讨论所表明的那样大。许多解释型理论可以利用对以往数据集的参数估计建模，再对其他数据集上的样本进行预测。例如，克劳福德和伊里贝里分别为 RTH 的六种实验干预组估计了层级思维模型，然后使用估计的模型来"预测"其他实验干预组的选择概率，并获得了相当大的成功。

更具野心的是，克劳福德和伊里贝里也检验了他们的模型对其他独立运行的实验数据的预测能力。他们考虑了两个类似的实验，即奥尼尔（O'Neill，1987）的卡片匹配博弈以及拉波波特和波贝尔（Rapoport and Boebel，1992）的密切相关博弈。这些博弈与 RTH 的博弈存在类似的策略问题，但是有着更复杂的输赢模式、迥异的博弈框架，且密切相关博弈有 5 个选项。克劳福德和伊里贝里使用根据 RTH 的数据估计得到的模型，"预测"了被试对这些博弈的初始选择。何等（Ho et al.，2008）也进行了类似的研究，他们用 EWA 学习模型来预测样本外的其他数据集，以此来表明他们的数据没有过度拟合。

总而言之，我们的科研工作面临着两种类型的理论，即预测型和解释型理论。我没有把它们分出高低，而且我认为重要的是要知道我们正在使用哪种类型的理论，而不是将事前预测与事后解释混为一谈。解释得很好的理论可能无法做出精确的预测，而那些做出精确预测的理论可能会很难解释数据。弗里德曼鼓励我们把注意力集中在预测型理论上，但这并不意味着解释型理论是无用的。正如前文和后文将继续论证的那样，如果像随机响应均衡理论这样的解释型理论可用于有效的比较静态预测，那么这些理论可能会成为预测能力最强的社会科学理论。我也认为，数据解释能力较差的预测型理论，也可以用来梳理我们的思路，为以后的解释型理论提供依据。可以看出，纳什均衡理论的失败推动了随机响应均衡理论的建立，而期望效用理论的失败则推动了前景理论和其他基于不确定条件的决策理论的建立，这就是"强大而错误的"理论的价值所在。

在实验室中检验理论意味着什么？

我并不是在讨论实验是否需要理论，毋庸置疑，理论是不可或缺的。真正的问题是我们应该如何检验我们的理论或模型，而不是讨论这些理论或模型是否有用。以理论为主导的实验设计和分析有两种基本方法，我称之为结构化方法和比较静态方法。在本节中，我将讨论这两种方法。

下面我们来关注预测型理论，首先提出两个问题：①我们希望在实验室对理论的哪一方面进行检验？②我们应该如何去检验它？结构化方法是将不改变状态的原始模型进行实验室化处理，利用极大似然或其他方法对实验数据进行参数估计。比较静态方法对模型的要求较低，并试图进行验证：如果给定实验室中设定的参数值，理论的预测是否成立。在强形式的比较静态方法中，我们希望理论和它的点预测能够被证实，而对于弱形式的比较静态方法，我们只希望定性的方向预测能够被证实。第三种"准结构化"的方法，就是假设人群的行为类型是异质的，并且使用数据来预估行为类型的分布。由于"准结构化"建模者拥有定义行为类型的完全自由，所以这种模型更为特殊。因此，在这一节，我将重点讨论结构化方法和比较静态方法。

结构化方法

实验室实验中的结构化方法直接借鉴了应用计量经济学家运用实证数据时所采用的结构化方法。然而，结构模型研究者往往需要针对实验室中存在的特殊情况进行适当的修改。在结构化方法中，模型是神圣不可侵犯的，应能直接应用于原始数据。实验的作用不是验证模型的正确性，而是估计模型的参数。这些参数值既对实验样本有意义，又可以外延应用到样本外的类似情况上。

如上所示，这种方法的根本缺陷是，如果一个理论模型从结构上是错误的，那么运用它进行实证分析的假设检验就是没有意义的。在我看来，应该在进行校准或估计参数之前对理论进行一些经验验证。而结构化方法应该把理论正确作为一个零假设，再使用经验数据来估计模型的参数。那么，根据结构化方法的定义，其不能用于检验理论。

据我所知，没有一种自然科学以这种结构化方法来运用理论。在自然科学中，理论产生的是用于检验理论的假设（预测），而不是用于参数识别与估计的假设（前提）。如果数据代入的模型设定就是错误的，那么这种研究就算不是无用的，也是值得怀疑的。然而，解释型理论的结构化建模是一种不同的研究方法，如果以拟合优度来度量研究结果，则它们可能是有用的（见下文）。

正如肖特（Schotter, 2008）所讨论的那样，我们作为经济学家，面临的主要困境是：现实世界不允许我们观测到我们想要研究的变量。例如，场景的假设在许多经济理论中很重要，但它们是不可观测的。其他不可观测的变量包括成本、未就业工人的保留工资[1]等。这些都是我们希望能够直接观测却无法观测的变量。应用计量经济学的伟大成就是，它能通过统计推断来识别和估计这些不可观测的变量。在做出统计推断时，结构化方法

---

① 保留工资指能够吸引工人进入就业市场的最低工资。——译者注

使用理论均衡的结构来分析现实世界的数据，而不是使用简约型的回归方程来分析。这是一种"强大而错误的"方法，但考虑到数据的局限性，这种方法非常有意义。

然而，在实验室中，我们能够测量和控制许多在现实中无法观测到的变量。因此，做一些实验可以大幅减少统计推断的工作，幸运的话，我们甚至可以通过实验设计直接观察所有相关变量来完全避免统计推断。我们一般通过巧妙的实验干预组对需要的变量进行控制。实验经济学家应该问自己：既然实验室存在的全部理由是能够控制和测量现实中无法观测到的变量，为什么还要在实验中引入那些为信息匮乏的世界而设计的（结构化）技术呢？既然可以通过实验观察，为什么要用统计推断呢？

比较静态方法

在比较静态方法中，理论模型的预测结果要接受检验。模型的比较静态特性是通过可控的实验设计来检验和探索的。因为在实验设计中引入并设定了模型参数，所以几乎不需要对模型参数进行估计，相反，人们更多地关注理论的定量和定性预测结果。尽管理论的点预测也要经过检验，但实验主要是为了更弱的方向性检验，也就是说验证被试行为能否按照理论预测的方向响应模型参数的变化。

在我看来，比较静态方法比结构化方法更有意义。同时我相信，在可预见的将来，比较静态方法在科学上会更有成果。考虑到我们作为社会学家所面临的局限性，比较静态方法是一种可用来检验理论的最佳工具。在特定实验设计的狭窄范围之外，对有意义的参数值进行估计则是一项需要我们仔细思考其价值的研究活动。

差异的模型化[4]

如上文所述，实验经济学家使用结构化方法存在的一个问题是，缺乏对实验室可以直接控制的变量的认识。在研究实证数据时必须采用统计推断方法，而实验控制避免了复杂的统计推断方法。以下我们将对比计量经济学家和实验经济学家看待自己科学研究任务的方式。

v 表示代理人（实验被试）的环境向量。向量 v 的元素可以包括在价格、收入等方面定义的概率分布。假设 v 是空间 V 的子集。代理人具有目标函数、信息集、计算能力等特征，我们可以定义一个行为，它是环境 v 的函数。我们

用映射 b 来表示环境 v 和行为之间的关系 $b:V \to B$，其中 B 表示行为的空间。

$\{b, v\}$ 映射到结果 y，这可以是随机的。然后记映射 $\Gamma:B \times V \to Y$。这个 y 可以是代理人直接感兴趣的变量，例如收益或某种间接利益，它只能是 b 和 v 的函数。

结构计量经济学家通常只能获得 y 值的数据。在这种情况下，为了揭示 v，通常采用以下途径进行结构化分析。设定代理人的一组目标和信息集并且假设部分代理人具有无限的计算能力，可以通过分析得到最优策略。假设对于所有 $v \in V$ 都存在这样一个关于 v 的参数化策略，我们用 $b^*(v; \pi)$ 表示该策略规则，其中 π 是表征代理人偏好、信息集和计算能力的参数。

定义具有标准性质的距离函数 $D(m, n)$，然后计量经济学家估计参数 $\theta = (\pi, v)$ 如下：

$$\theta = \arg\min_{\theta \in \Theta} D\{y, \Gamma[b^*(v; \pi), v]\}$$

其中 Θ 表示 θ 的参数空间。θ 的估计允许计量经济学家以规则 b^* 为条件进行比较静态分析。

实验方法通常直接关注代理人的行为。结果的测量指标（上面讨论的 y）在实验分析中几乎没有作用。相反，实验经济学家或多或少都可以在环境变化时直接测度行为。而且，实验经济学家通过仔细的实验设计，可以诱导出被试的偏好集，并且直接控制被试的信息集和计算能力（即 π 的所有元素）。让我们想象一下 π 可以由实验经济学家完美控制的情形，实验经济学家可以通过改变 π 以及直接测量被试的行为来进行实验。在一个 π 始终取固定值 π^0 并且 $v \in \{v_1, \cdots, v_N\}$ 的实验中，以不同的 v 为特征的每个实验与观察到的行为 b_i 相关，$i = 1, \cdots, N$。通常，实验分析的目的是确定在 π^0 情况下最优行为的理论预测结果与实际观察结果之间的一致性。用 S 表示一个距离函数，如果

$$\sum_{i=1}^{N} S[b_i, b^*(v_i, \pi^0)]$$

的值很小，那么理论预测与观察到的行为是一致的。

这些差异对实验设计具有重要意义。如果结构化方法的目标是根据对 y 的观察来估计 θ，那么它需要实验研究者生成尽可能多的环境 v，为 θ 的有效估计所需要的变量提供足够的方差。此设计建议在许多不同的 v 值下对行为 b 进行极少的观察。执行此操作的最佳方法是随机生成要在实验中使用的 v。

比较静态方法的研究模式有所不同。在理论正确的零假设下，研究者会

在 V 中选择几个 v，其中被试的预测行为完全不同，然后在这些特定的预选 v 上产生很多观察值。如上所述，这种设计的缺点是我们只能在理论假定的一小部分环境中观察到该理论的预测性。

由此可以看出，将结构计量经济学方法运用到实验数据上，无法充分利用实验和实验室控制为实验人员提供的所有优势。在用 b^* 表征行为的假设不变的情况下，它将统计推断的焦点从 y 转移到 θ。实验经济学家不必采用这种方法，因为他可以直接验证被试是否遵循 b^* 的策略规则并用观察来代替统计推断。

协　调

至此，我们还没有解释结构化方法与比较静态方法之间的关系。如何使用它们来帮助我们更好地理解我们生活的世界？我在上一节介绍两种方法时表明，实验室是满足两种需求的理想选择：①检验理论；②在受控的情况下估计 b 与 $b^*(v;\pi)$ 的关系，以补充实验室外的实地结构模型研究。我将通过两个例子来说明这个问题。

一个例子是使用实证数据对拍卖模型的结构估计进行相关研究。这些结构估计模型要求估计投标人成本分布的参数，而这些成本是不可观测的。原假设是投标价服从严格单调的纳什均衡模型，该模型中投标价是成本的函数，计量经济学家可以估计投标人成本分布的参数。然而，如果投标人系统地偏离了纳什均衡行为，则根据原假设进行估计就是不准确的。

人们根据纳什均衡竞价函数进行报价的前提假设是可检验的，因此实验室实验在这种情况下是有帮助的。通过检验用实证数据进行结构估计时所依赖的行为假说，实验经济学家可以为计量经济学家的研究工作提供帮助。如果模型的前提假设通过了实验检验，那么计量经济学家可以继续使用那些假设并对实证数据进行估计。如果实验显示投标者系统性地偏离了纳什均衡行为，那么计量经济学家就会知道，遵循这些前提假设进行实证估计会导致错误的结果。在这种情况下，他不得不寻求一个更准确的行为假设，或许他可以利用实验室数据构建一个新的竞价函数，巴贾里和奥尔塔苏（Bajari and Hortacsu，2005）的研究是运用该方法的一个很好的案例。为了解决外部有效性问题，我们可以招募时常进行大金额投标的专业竞价人员进行实验。[5]

另一个例子见于布朗、弗林和肖特（Brown，Flinn and Schotter，2011）

的研究。布朗、弗林和肖特进行了一个实时工作搜寻实验，他们感兴趣的是被试的保留工资和工作搜寻时间，其中被试的工作搜寻成本随搜寻时间的增加而增加。由于这些实验设计试图重现一个静态的现实环境，所以个体的最佳保留工资随着时间的推移是保持不变的。这个实验设计受到了使用实证数据的相关研究的影响，诸如弗林和赫克曼（Flinn and Heckman，1982）的研究。在这些研究中，作者提出的原假设是，工作搜寻环境中不可观察的保留工资是恒定不变的——例如，找到工作机会（获取工资）的速率、工作机会及工资的分布参数等。然而，如果保留工资水平随时间而变化，那么弗林和赫克曼的估计就会出现偏差。在这种情况下，如果在实验室中用时变保留工资假设替换恒定保留工资假设，就可以做出更好的估计。

虽然布朗、弗林和肖特未尝试进行全面的重新估计，但他们确实使用实验室结果估计了 1997 年美国长期青年调查（1997 National Longitudinal Survey of Youth）中失业后再就业的风险函数形态。他们发现，基于实验室结果的再就业风险函数既有呈上升趋势的部分又有呈下降趋势的部分，这与基于恒定保留工资假设得出的结论不一致。在异质环境中，工作搜寻者的再就业风险增加与其恒定保留工资的假设矛盾，因此，布朗、弗林和肖特的发现表明某些个体的保留工资随时间的变化而变化。

如果没有实验室实验，这一发现是不可能的，因为只有在实验室中才能对工作搜寻者所处的环境施加足够的控制，以确保他们的保留工资可以随时间的变化而变化。因此，在实验室中观察到的保留工资应该被纳入未来的实证研究中。在此研究和其他经济学研究中，实验室是一个检验实证研究的前提假设的地方。我们不应直接假设投标人会使用纳什均衡竞价函数，或假设工人使用固定保留工资搜寻工作，而应将这些前提假设置于实验的检验之下。

我们可以从实验中学到什么？

最后，我们必须思考我们能从实验论文中学到什么，实验论文的产出到底是什么？如果采用比较静态方法，实验论文应该能够验证理论的有效性。在模型设定的参数空间中，我们可以观察理论模型是如何在一组精心选择的参数下运行的，并且可以看到当实验设计在参数空间中被改变时，被试的行为会发生什么变化。比较静态研究为我们提供了一种判断理论是否表现良好的方法。有了好的实验设计，人们就能不断地用实验数据来分析理论是否有效。若发现理论失败，则良好的实验设计将会提出一系列研究问题，从而带来新的见解和新的理论。

如果采用结构化方法，实验论文可以得到拟合优度（似然值）的结果，表明前提假设为真时模型与实验数据的拟合程度。结构化方法并不适用于检验理论，因为理论的真实性只是一个前提，结构化方法无法提供理论错误与否的信息（Roberts and Pashler，2000）。也就是说，只有当观察结果与理论不一致时，理论才有用。如果理论可以解释任何一组数据，那么它就是空洞的。

我们可以通过结构化分析得到拟合优度结果，而如果没有比较基准，其绝对值大小是难以解释的。在那些研究备择模型和似然值的论文中，备择模型很少像原模型那样精细。它们通常被当作"工具人"进行无意义的比较。此外，结构化方法假设没有所谓的"非均衡"行为。因此，结构化分析很少会产生意外或违反理论的结果，因为它在一开始就排除了这些情况。

尽管这听起来像是一种批评，但这只是对在实验室运用结构化方法检验理论的明显批评。在实证研究中，结构化方法主要是通过均衡模型来估计实证参数，以评价政策效果。换言之，开展结构化工作的主要原因从来不是检验理论，而是检验政策。

检验理论

一旦决定了要对理论进行检验，就会出现一些问题。第一个问题是如何对实验数据进行加总分析，第二个问题涉及要解释的数据的特征。让我们逐一讨论这些问题。

我们应该使用什么层次的加总数据来检验理论？

大多数被引入实验室的微观经济学模型都是建立在个人决策层面上的。这类理论关注的是个体选择行为，对个体选择行为做出理论上的预测。但在很多实验论文中，用来检验理论的数据却是随着时间推移或总体水平变化而变化的加总数据。之所以采用这种方法，通常是因为个体行为具有不稳定性和异质性，所以需要进行一些平滑处理来观察行为模式。个体数据的加总提供了这种平滑性。虽然这种处理通常是无害的，但在某些情况下，它会对被试的微观行为做出误导性的解释。以下通过米勒和肖特（Mueller and Schotter，2010）以及摩尔多瓦和西拉（Moldovanu and Sela，2001）关于竞赛设计的理论检验来说明这一点。

　　某家企业试图通过竞赛激励员工努力工作，摩尔多瓦和西拉试图研究最优奖品集是什么。在他们构建的企业模型中，他们假定工人是风险中性的期望效用最大化者，且拥有线性、凸性或凹性的努力函数，企业向这些工人发放的奖金金额是有限的，并且奖金会发放给产出最高的工人（假设企业产出与努力的关系是线性和非随机的，努力基本上等同于产出，且二者都是可观察的）。工人的能力不同，而能力是从一个分布函数中随机抽取的，该分布函数是公共知识。

　　摩尔多瓦和西拉的研究证明，对于具有线性或凹性努力函数的企业，最佳奖金结构是将全部奖金预算作为一个大奖进行分配，而对于具有凸性努力函数的企业，最佳奖金结构则是将奖金预算分成多笔进行分配。[6] 在摩尔多瓦和西拉的竞赛理论中，努力函数是关于工人能力的连续函数。然而，在实验室中，个人努力似乎是不连续的非线性函数，其中低能力的工人不努力或不太努力，而高能力的工人过度努力。

　　而当米勒和肖特将个体数据加总后，努力函数变成了连续的。之前观察到的个体努力程度的差异在加总水平上消失了。这就是一个数据加总水平结果扭曲个人层面观测结果的例子。

　　为了更清楚地看到这一点，请参考图 3.1。

　　图 3.1 显示了米勒和肖特（Mueller and Schotter，2010）提供的 8 个实验干预组下的数据，这些实验图汇总了所有被试在每种实验干预组下的所有实验回合。在该理论中，在任何一个给定的回合，被试的努力程度应该是其能力的函数。图 3.1 中的实线表示理论预测值，而每个点表示在该实验干预组中所有被试在给定能力水平下努力程度的均值。

　　注意，理论上均衡的努力程度随着被试能力的降低而不断降低。努力程度的降低与均衡理论并不矛盾，因为它是通过均衡理论预测的。努力函数似乎在能力水平上是连续的。因此，如果我们以这种方式加总数据，这个理论是得到数据支持的。

　　然而，这种加总方式掩盖了个体被试的实际行为与理论预测的实质性偏差。参考图 3.2，它展示了米勒和肖特论文中的努力函数样本。

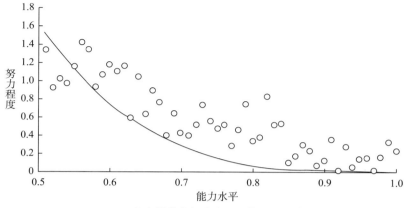

（a）线性成本干预组1，第1~25回合

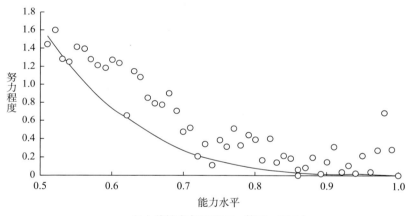

（b）线性成本干预组1，第26~50回合

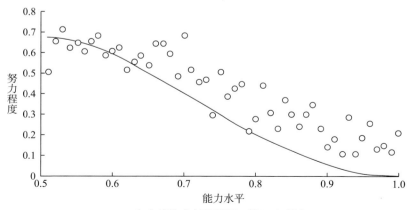

（c）线性成本干预组2，第1~25回合

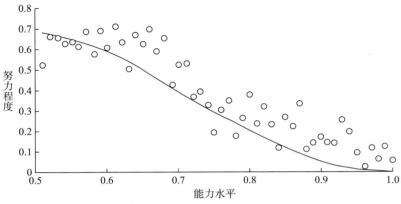

（d）线性成本干预组2，第26～50回合

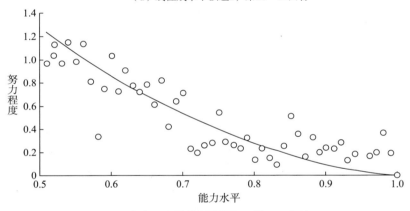

（e）二次型成本干预组1，第1～25回合

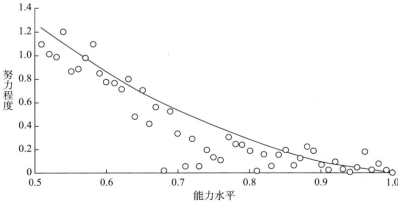

（f）二次型成本干预组1，第26～50回合

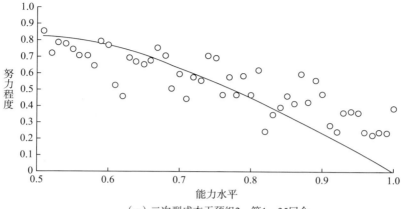

（g）二次型成本干预组2，第1～25回合

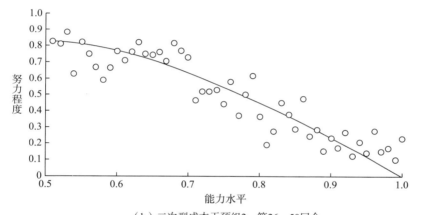

（h）二次型成本干预组2，第26～50回合

图 3.1　实验中观察到的努力函数

注：实线表示最佳努力函数，圆点表示平均努力函数。

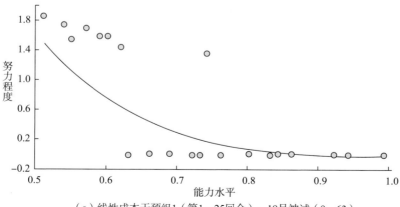

（a）线性成本干预组1（第1～25回合）：19号被试（0，63）

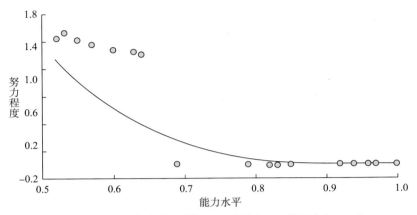

（b）线性成本干预组1（第26～50回合）：19号被试（0，67）

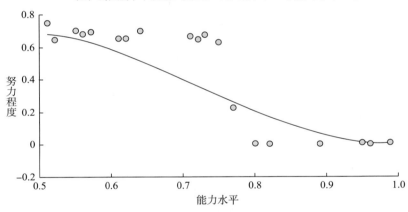

（c）线性成本干预组2（第1～25回合）：4号被试（0，77）

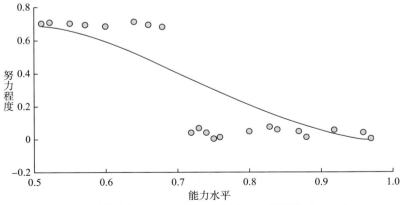

（d）线性成本干预组2（第1～25回合）：4号被试（0，70）

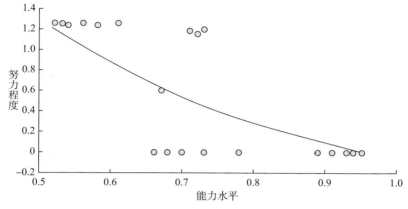

（e）二次型成本干预组1（第26~50回合）：19号被试 （0，64）

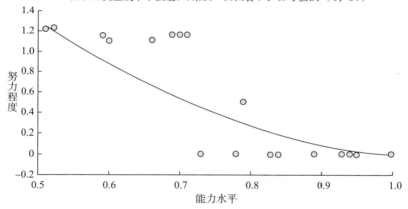

（f）二次型成本干预组1（第1~25回合）：19号被试 （0，73）

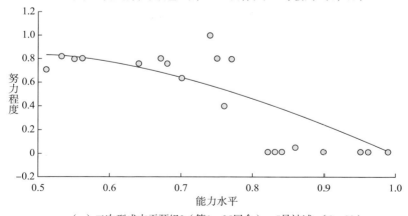

（g）二次型成本干预组2（第1~25回合）：5号被试 （0，82）

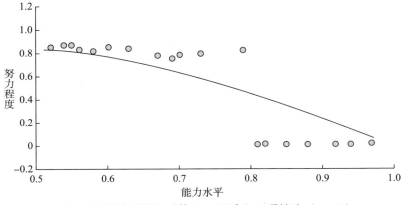

（h）二次型成本干预组2（第26～50回合）：5号被试 （0，80）

图 3.2 个体行为示例

注：括号中的数值表示临界水平。实线表示最佳努力函数，圆点表示平均努力函数。

在图 3.2 中，实线表示理论预测的最佳努力函数，而圆点依然表示给定能力水平时某个被试的平均努力函数。请注意，图 3.2 中个体的努力函数与图 3.1 中呈现的加总函数截然不同。很明显，被试的努力程度与能力水平的关系接近于阶梯函数。也就是说，能力水平产生了一个临界值。能力水平（用横轴上的数字表示）高于临界值的被试基本上都会付出很高的努力程度。而能力水平低于临界值的被试就会放弃努力。实验数据的加总模糊了个体行为的这种定性特征，加总效果使总体努力函数看起来是连续的。

可能有人会认为这种在加总和个人行为之间的差异并不具有实际意义，因为对组织设计来说重要的是组织行为（加总行为）是否与其设计所依据的理论相一致。风险中性的管理者只关心总努力和总产出，而不关心如何实现产出。然而，有两个理由可以证明这种说法是错误的。首先，米勒和肖特进行的检验没有研究不同竞赛参数下被试的比较静态行为。虽然该理论预测行为会在区间上不断变化，但如果在该理论支持下某些能力水平的被试不成比例地放弃努力，就会破坏组织的工作氛围。其次，米勒和肖特在实验中设定被试在每个回合都会面对一个新的随机的能力水平，这样某个回合内能力较低的被试可能会在下一个回合具备高能力。如果更接近真实世界一些，在整个实验中设定个人的能力不发生变化，那么低能力的被试就会永远放弃努力。这些低能力被试永久放弃努力还可能会导致高能力被试减少努力，从而导致潜在的总努力程度永久降低。

　　类似情况在学习模型文献中也出现过，各种模型都被设定成为描述个体的学习行为，而检验方式却是加总个体维度和时间维度的数据。例如，埃雷夫和罗思（Erev and Roth，1998）在个体层面定义了强化学习模型，但在检验它们时运用的是在时间维度上的加总数据；而卡默勒和何（Camerer and Ho，1999）的 EWA 模型也是在个体层面建立的，但检验是在总体层面进行的。如果这种数据加总掩盖了类似摩尔多瓦和西拉的实验中存在的问题，就必须重新评估这些研究得出的结论。

数据的哪些特征代表了对理论的正确检验？

　　以下将使用学习模型来说明什么时候应该和什么时候不应该使用实验数据来检验理论。

　　图 3.3 取自尼亚科和肖特（Nyarko and Schotter，2000）未发表的数据。

　　表 3.3 中的数据显示了博弈中个体被试的周期性选择。被试在两种策略间进行选择，分别用绿色和红色表示。

表 3.3　尼亚科 – 肖特博弈

	绿色	红色
绿色	6，2	3，5
红色	3，5	5，3

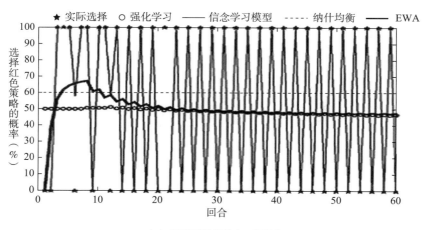

（a）模型预测实验 1，玩家 2

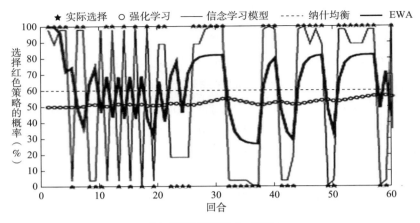

（b）模型预测实验 1，玩家 4

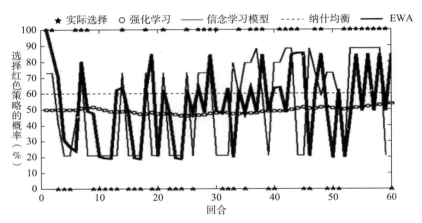

（c）模型预测实验 1，玩家 5

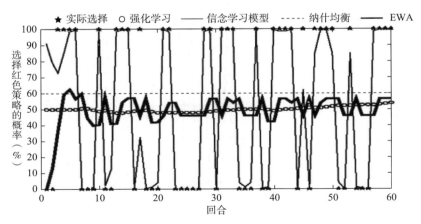

（d）模型预测实验 1，玩家 9

图 3.3　模型预测实验

在图 3.3 中，横轴表示实验回合数，纵轴表示选择红色策略的概率。星形标记表示在给定回合中的纯策略实际选择，而圆圈表示埃雷夫和罗思（Er-ev and Roth，1998）介绍的强化学习模型对每回合策略选择的预测。上下波动较小的粗实线表示 EWA 模型的预测，而上下波动较大的细实线表示尼亚科和肖特（Nyarko and Schotter，2000）介绍的信念学习模型的预测。平直虚线表示行玩家选择红色策略的静态均衡预测值。

图 3.3 呈现了纯策略实验中四个被试的结果，其中被试仅可使用纯策略。[7]这些图显示了 EWA 模型和强化学习模型都没有捕捉到的个体行为的逐回合变动，这让人震惊。从某种程度上说，EWA 模型和强化学习模型契合了数据，它们在剧烈变动的时间序列中使用线性平滑来最小化预测误差。此外，信念学习模型很好地捕捉了数据的定性变化。它能相当精确地预测数据中的突然变化，因为在某种意义上，信念的巨大变化导致了行为的变化。

从这些图中我们可以看到，每个理论都必须根据两个标准来判断。首先是均值水平，它表明该理论使用标准的拟合优度大小。其次是变化水平，它表明理论在多大程度上捕捉到了数据的定性特征——在这种情况下，理论考虑的是时间序列上的一阶差分。在大多数使用实验室数据的计量分析中，研究者都仅限于对均值进行校正，通过模型拟合选择均值的能力对模型进行评判，而忽略了模型对行为在不同回合之间变化的预测能力，忽略了对变动的检验，忽略了行为的关键特征即行为的波动性。很明显，这两个方面与模型有关，任何成功的理论都需要从这两个方面来解释。

这些实验数据提供了时间维度上被试的选择观察值，每个被试都可以在 60 个回合内进行选择。为了比较上述三种模型的结果，尼亚科和肖特（Nyar-ko and Schotter，2000）为每个玩家和每个理论构建了两个指数，这两个指数描述了理论如何在均值水平和变化水平上校正数据。我们的第一个衡量指标是实验中个体计算的平均 MSD 得分。换句话说，个体 i 和模型 j，$j = 1, 2, 3$ 的 MSD 得分是：

$$\text{MSD}_i^j = \left\{ \frac{1}{N} \sum \left[p_{pred}^j(\text{Red}) - p_{act}(\text{Red}) \right]^2 \right\}^{1/2}$$

其中，N 是个体 i 的观测个数，$p_{pred}^j(\text{Red})$ 是模型 j 预测选择红色的概率，而 $p_{act}(\text{Red})$ 是实际选择红色的概率。

此等式确定了标准偏差分数，并以此度量数据的拟合优度。然而，如图 3.3 所示，这种度量无法分析数据的变化水平。模型可以在均值水平上进行良好的预测，但这是通过对不断变化的个体时序行为进行平滑的时间序列建模来实现的良好拟合。为了解决这个问题，我们重新考虑每个被试实际选择的一阶差分和理论预测值的一阶差分。这些一阶差分分别表示被试在每个回合选择的实际变化以及理论预测的选择的变化。比较这两个时间序列，可以看出一个模型是否预测了被试行为的变化，而不是仅考虑均值。

令 a_{it} 表示被试 i 在第 t 回合参与实验时所选择的行动。在我们讨论的这种 2×2 实验中，a_{it} 表示选择红色策略的概率。$\Delta_{it}^{a} = a_{it} - a_{it-1}$ 表示被试 i 在 t 回合和 （$t-1$） 回合之间的选择变化。因为这里是纯策略实验，Δ_{it}^{a} 的取值范围是 $\{-1, 0, 1\}$。类似地，令 $a_{it}^{pred(j)}$ 表示利用学习模型 j 预测的选择红色策略的概率，$j = 1, 2, 3$。$\Delta_{it}^{pred(j)} = a_{it}^{pred(j)} - a_{it-1}^{pred(j)}$ 表示模型 j 预测的被试行为在 t 回合和 （$t-1$） 回合之间的变化。

为了比较学习模型是否能够准确地预测个体的行为变化，我们建议简单地在一阶差分数据上使用 MSD 度量，如下所示：

$$\text{MSD}_i^j = \left\{ \frac{1}{N} \sum \left[\Delta_{it}^{pred(j)} - \Delta_{it}^{a} \right]^2 \right\}^{1/2}$$

因此，对于任何个体和模型，我们都有两个拟合优度度量方式，一个度量均值水平，另一个度量变化水平。

使用尼亚科和肖特（Nyarko and Schotter，2002）实验 1 的数据，图 3.4 和图 3.5 显示了两种度量的分析结果。在这个实验中，被试与同一对手匹配 60 个回合。每个回合都诱导出了他们的信念，他们只能选择纯策略的选项。这里介绍了四种模型的预测：EWA 模型、强化学习模型和两种信念学习模型。每种学习模型使用不同信念定义的方法，包括虚构博弈（Fictitious Play，FP）、异质信念（Stated Beliefs，BS）（论文中介绍了三种学习模型，本章在此略过最后一种信念定义）。

正如我们所看到的，尼亚科和肖特介绍的异质信念模型在均值水平方面能最好地拟合数据。更重要的是，当我们考虑数据的一阶差分时它也能最好地拟合数据，因此它最能反映被试行为在不同回合之间的变化。这种变化校准很重要，因为如果一个理论通过相对平滑和不变的时间序列来消除和忽略回合之间变化的影响，这种理论就不应该被认为是正确的。异质信念模型可以捕捉这些变化，因为模型背后的信念序列本身就不是恒定的。当把异质信念与随机选择模型结合起来，它就能预测行为的波动性。EWA 模型和强化学习模型对变化的预测相对滞后，它们只是通过追踪均值的变化来尽量减少数据中的均方误差。

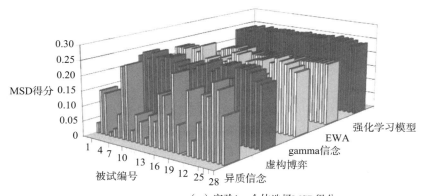

（a）实验1，个体选择MSD得分

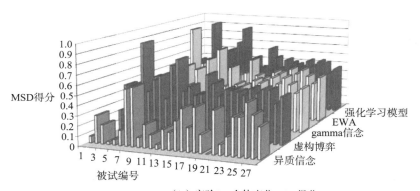

（b）实验1，个体变化MSD得分

图 3.4　尼亚科和肖特的个体 MSD 得分

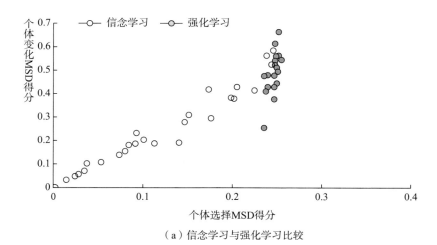

（a）信念学习与强化学习比较

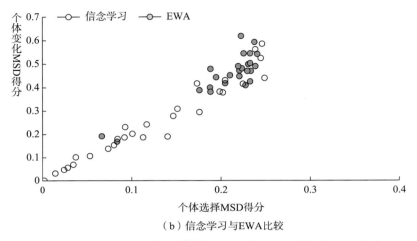

（b）信念学习与EWA比较

图 3.5　尼亚科和肖特的个体选择 MSD 得分和个体变化 MSD 得分

　　总之，如果要根据模型的拟合优度来检验理论，那么用什么标准来拟合数据就变得很重要。虽然大多数理论对应的是选择数据加总后的均值水平，但这样做可能会掩盖数据的其他重要特征，例如它们的波动性。而且，如果不考虑使用数据波动水平来拟合数据，则运用拟合似然值对理论进行验证就可能产生误导性的结果。

结　语

　　本章试图回答一些关于经济学理论与实验之间关系的简单问题。经济学理论作为实验的指导之所以有用，是因为它为研究人们在经济环境中的行为方式提供了框架。我认为实验应该验证原假设下理论是否能够证伪，但希望是以有意义的方式证伪——也就是说，我希望实验结果能启发我们对行为进行更全面的描述，而不是恰好符合理论。我愿意接受更新更好的理论，同时，本章讨论了预测型理论和解释型理论之间的差异，正如弗里德曼所阐述的那样，经济学理论研究的最初使命是产生可以先验定义的预测型理论，而不是解释型理论。也就是说，理论能在实验数据产生之前进行预测，而不是仅对已经产生的数据进行事后解释。最后，我认为，鉴于社会科学理论的局限性，实验室能够做的仅是检验理论的预测结果及理论的比较静态（定性）预测是否正确。

　　但有一点是很明确的：实验经济学是一门成熟而可靠的学科。它为经济学家提供了一种检验理论的工具，而不必进行像实证研究那样大量的估计。实验的美妙之处在于，它允许研究人员控制一些重要变量并观察那些需要观察的变量，从而简化了理论的检验过程。实验经济学研究用巧妙的实验干预组来控制其感兴趣的变量，这可以替代实证工作所需的复杂识别技术。

注释

1. 有关这些假设的讨论，参见莱文和郑捷（Levine and Zheng，本书第 2 章）的论文。另请参阅肖特和索弗（Schotter and Sopher，2007）的讨论，提议者提出大于零的非子博弈完美均衡可以作为最后通牒博弈的均衡解。

2. 古思的最初研究表明，被试完全有能力在更复杂的博弈中进行逆向归纳，这表明他们知道最后通牒博弈中的子博弈完美均衡，但基于其他因素拒绝使用这种策略。

3. 仅仅事后声称实验研究者错误地解释了一个理论是不够的，研究者允许其他偏好假设或其他均衡框架，理论就会重新生效。理论研究者必须在实验检验之前确定该理论的预测结果，而不是在产生实验数据之后。虽然现在我们可以检验最后通牒博弈的实验数据并批评幼稚的早期研究者，但我认为他们确实是在实验中检验了预测型理论的预测结果。

4. 我要感谢克里斯·弗林将其理论化。

5. 有关这种方法的注意事项，请参见弗雷谢特（Fréchette，本书第 18 章）的论文。

6. 哈布林和伊伦布希（Harbring and Irlenbusch，2003）报告了拉泽尔和罗森（Lazear and Rosen，1981）在竞赛实验中使用不同奖项结构的效果。除其他变量外，该研究表明平均努力程度随着奖金比例的增加提高。

7. 另外一组实验允许被试使用混合策略，但在这里我们不评论它们的结果。

参考文献

Allais，M. 1953. Le comportement de l'homme rationnel devant le risque: critique des postulats et axiomes de l'école Américaine. *Econometrica* 21: 503 – 546.

Baraji，P. and A. Hortaçsu. 2005. Are Structural Estimates of Auction Models Reasonable? Evidence from Experimental Data. *Journal of Political Economy* 113: 703 – 741.

Bolton，G. E. and A. Ockenfels. 2000. ERC: A Theory of Equity, Reciprocity, and Competition. *American Economic Review* 90 (1): 166 – 193.

Brown，M.，C. Flinn, and A. Schotter. 2011. Real-Time Search in the Laboratory and the Market. *American Economic Review* 101 (2): 948 – 974.

Camerer，C. F. and T. H. Ho. 1999. Experience-Weighted Attraction (EWA) Learning in Normal-Form Games. *Econometrica* 67: 827 – 874.

Camerer, C. F. , T. H. Ho, and J. K. Chong. 2004. A Cognitive Hierarchy Model of Games. *Quarterly Journal of Economics* 119 (3): 861 – 898.

Costa-Gomes, M. A. , V. P. Crawford, and B. Broseta. 2001. Cognition and Behavior in Normal-Form Games: An Experimental Study. *Econometrica* 69 (5): 1193 – 1235.

Crawford, V. P. and N. Iriberri. 2007. Fatal Attraction: Salience, Naivete, and Sophistication in Experimental "Hide-and-Seek" Games. *American Economic Review* 97: 1731 – 1750.

Ellsberg, D. 1961. Risk, Ambiguity, and the Savage Axioms. *Quarterly Journal of Economics* 75 (4): 643 – 669.

Erev, I. and A. Roth. 1998. Prediction How People Play Games: Reinforcement Learning in Games with Unique Strategy Equilibrium. *American Economic Review* 88: 848 – 881.

Feyerabend, P. 1993. *Against Method.* London: Humanities Press.

Fehr, E. and K. M. Schmidt. 1999. A Theory of Fairness, Competition, and Cooperation. *Quarterly Journal of Economics* 114 (3): 817 – 868.

Flinn, C. J. and J. J. Heckman. 1982. New Methods for Analyzing Structural Models of Labor Force Dynamics. *Journal of Econometrics* 18: 115 – 168.

Friedman, M. 1953. *Essays in Positive Economics.* Chicago: University of Chicago Press.

Goeree J. , C. Holt, and T. Palfrey. 2002. Quantal Response Equilibrium and Overbidding in Private-Value Auctions. *Journal of Economic Theory* 104 (1): 247 – 272.

Güth, W. , R. Schmittberger, and B. Schwarze. 1982. An Experimental Analysis of Ultimatum Bargaining. *Journal of Economic Behavior and Organization* 3 (4): 367 – 388.

Harbring, C. and B. Irlenbusch. 2003. An Experimental Study on Tournament Design. *Labour Economics* 10 (4): 443 – 464.

Ho, T. H. , X. Wang, and C. Camerer. 2008. Individual Differences in the EWA Learning with Partial Payoff Information. *Economic Journal* 118: 37 – 59.

Kahneman, D. and A. Tversky. 1979. Prospect Theory: An Analysis of Decision under Risk. *Econometrica* , XLVII: 263 – 291.

Lazear, E. P. and S. Rosen. 1981. Rank-Order Tournaments as Optimum Labor Contracts. *The Journal of Political Economy* 89 (5): 841 – 864.

Moldovanu, B. and A. Sela. 2001. The Optimal Allocation of Prizes in Contests. *American Economic Review* 91 (3): 542 – 558.

Mueller, W. and A. Schotter. 2010. Workaholics and Dropouts in Organizations. *Journal of the European Economic Association* 8 (4): 717 – 743.

O'Neill, B. 1987. Nonmetric Test of the Minimax Theory of Two-Person Zerosum Games. *Proceedings of the National Academy of Sciences* 84 (7): 2106 – 2019.

Nyarko, Y. and A. Schotter. 2000. Comparing Learning Models with Ideal Micro-Experimental Data

Sets. Mimeo, New York University.

Nyarko, Y. and A. Schotter. 2002. An Experimental Study of Belief Learning Using Elicited Beliefs. *Econometrica* 70: 971 – 1005.

Rapoport, A. and R. B. Boebel. 1992. Mixed Strategies in Strictly Competitive Games: A Further Test of the Minimax Hypothesis. *Games and Economic Behavior* 4 (2): 261 – 283.

Roberts, S. and H. Pashler. 2000. How Persuasive Is a Good Fit? A Comment on Theory Testing. *Psychological Review* 107: 358 – 367.

Rubinstein, A. and A. Tversky. 1993. Naïve Strategies in Zero-Sum Games. Sackler Institute of Economic Studies, Tel Aviv University Working Paper 17 – 93.

Rubinstein, A. , A. Tversky, and D. Heller. 1996. Naïve Strategies in Competitive Games. In *Understanding Strategic Interaction—Essays in Honor of Reinhard Selten*, ed. W. Albers, W. Güth, P. Hammerstein, B. Moldovanu, and E. van Damme, 394 – 402. Berlin: Springer-Verlag.

Schotter, A. 2007. Strong and Wrong: The Use of Rational Choice Theory in Experimental Economics. *Journal of Theoretical Politics*, 18 (4): 498 – 511.

Schotter, A. 2008. What's So Informative about Choice? In *The Foundations of Positive and Normative Economics: A Handbook*, eds. A. Caplin and A. Schotter. New York: Oxford University Press.

Schotter, A. and B. Sopher. 2007. Advice and Behavior in Intergenerational Ultimatum Games: An Experimental Approach. *Games and Economic Behavior* 58 (2): 365 – 393.

Stahl, D. O. and P. W. Wilson. 1995. On Players' Models of Other Players: Theory and Experimental Evidence. *Games and Economic Behavior* 10 (1): 218 – 254.

von Neumann, J. and O. Morgenstern. 1944. *Theory of Games and Economic Behavior*. Princeton, NJ: Princeton University Press.

第 4 章
增强型多项选择实验

安德鲁·卡普林 (Andrew Caplin)

马克·迪安 (Mark Dean)

概　述

在标准选择数据之外记录更多的实验数据可以增进我们对选择本身的理解。在本章中，我们通过一个例子来说明这种"增强型"数据的优势。我们设计了一个实验，除了记录被试做出的最终决定之外，还记录了做出决定前的选择过程数据。通过这些实验数据，我们可以了解人们是如何通过不同的选择过程来达成最终的结果的。而这又有助于我们理解决策过程和最终结果，这正是标准多项选择实验所关注的问题。

本实验是正在进行的研究项目的一部分，我们的目标是优化对搜寻行为的建模，同时保留显示性偏好理论中有关选择行为的理论假定。我们概述了卡普林和迪安 (Caplin and Dean, 2011) 以及卡普林、迪安和马丁 (Caplin, Dean and Martin, 2011) 的典型案例。卡普林和迪安引入了"选择过程"数据，该数据不仅包括决策制定者的最终选择，还包括他们在做出最终决策之前随着选择过程逐步改变的各项数据。卡普林、迪安和马丁介绍了一项旨在在实验室中收集选择过程数据的实验研究。

我们首先描述如何使用选择过程数据来对信息搜寻和选择模型进行检验。卡普林和迪安定义了序贯搜寻或基于可替代选项搜寻（"Alternative Based"

Search，ABS）模型，其中搜寻者在不同选项之间进行序贯搜寻，并且根据固定的效用函数在所有选项中选择最佳的那个。序贯搜寻模型是关于价格和工资搜寻的标准经济模型。序贯搜寻模型并没有描述人们如何停止搜寻，但是卡普林和迪安改进后的论文假定搜寻者搜寻到某个选项就会停止搜寻，只要该选项的效用达到固定的保留效用水平。我们称之为"基于保留效用水平的搜寻"（Reservation-based Search，RBS）。这一搜寻方式是利用心理搜寻成本实现最优序贯搜寻的简单模型。重点在于，ABS 模型和 RBS 模型都无法单纯使用标准选择数据进行检验，这意味着选择过程数据在此类检验中非常重要。

接下来，我们将介绍卡普林、迪安和马丁做的一组实验，该实验旨在评估 ABS 模型和 RBS 模型。为了简化评估过程，卡普林、迪安和马丁专注于已知偏好的情况，其决策的选项特别简单：在不同金额的现金中选择数额最大的一笔。为了防止选择问题变得过于简单，这些现金的数量以加减法代数式的形式表示（例如，7 + 3 − 2），因此增加了比较和选择的难度。虽然研究者总是知道哪个选项现金最多，但被试必须仔细评估每个选项。在这种环境中，很容易发现哪些选择是"错误"的，也就是被试在选择集之中并没有选择数额最大的一笔现金。

为了检验 ABS 模型和 RBS 模型，我们的实验提取了选择过程数据。我们使用一种特别的实验设计获得上述选择过程数据，即在被试未知的随机时间点记录其选择，并根据该选择支付被试的实验报酬，这会激励他们在任意时间点选择当前时间点的最优选项。因此，我们能够收集形成最终决策之前的选择序列，我们将其称为选择过程数据。这个基于选择的实验正是为了丰富我们对搜寻行为和不完全信息的认知而设计的。

这项研究有三个主要发现。

（1）有证据支持 ABS 模型。具体而言，绝大多数选项的更改都会增加效用，这表明所选选项已经过准确计算。

（2）有充分证据支持 RBS 模型。参与序贯搜寻的许多搜寻者在达到令人满意的保留效用水平后就会停止搜寻。这些保留效用水平是由搜寻环境决定的——随着选择集的大小和选项方案的复杂性而变化。

（3）在搜寻行为中有一些有趣的个体差异，这些差异会影响搜索选项的顺序。举例来说，对于那些倾向于从头到尾搜寻列表的人，如果最优选项排在列表下面，他就无法选择到最好的选项；对于那些倾向于先搜寻简单选项的人，即使最优选项排在列表上面，如果该选项比较复杂，他也无法选择到最优选项。

　　本章下文"纯选择实验"部分说明了选择过程数据对决策过程和选择质量的重要性。假如我们做同样的实验，却只是收集有关最终选择的信息，那么就不能推断出被试做出错误选择的真正原因，也不能得出研究选择过程数据所能得出的结论。在没有保留效用数据的情况下，我们的实验设计无法对 ABS 模型和 RBS 模型进行检验。

　　本章下文"方法"部分，评论了我们这次研究的基本动机和应用更广泛的方法论。这远不是研究决策过程行为的第一个实验，我们研究的特点是专注于在实验室中能够通过激励产生的其他类型数据。我们相信，标准选择理论的公理化方法是理解决策的最坚实的基础。在此基础上，本章所描述的工作与更广泛的方法论讨论相一致——引入"非标准"数据，但保留公理化建模的准则。卡普林和迪安（Caplin and Dean，2008）以及卡普林等（Caplin et al.，2010）的研究概述了这种方法的另一个独特应用，即同时提取标准选择数据和神经科学领域的多巴胺数据开展研究。

　　本章"结语"部分展望了方法论的未来发展。从长远来看，我们预计关于搜寻和选择之间关系的研究在谷歌等搜索工具中的重要性将日益增加，在政策"助推"时代的重要性也将日益提升。当复杂的选项以各种不同的方式呈现时，我们如何学习和选择是一个重要的学术问题，这个学术问题将在未来被越来越多学者深入研究，本章介绍的研究方法可能是研究这一问题的有效工具。

选择过程数据：理论

　　收集选择过程数据可以帮助我们深入研究产生错误选择结果的原因。选择过程数据不仅记录最终决策，还跟踪人们的选择如何在搜寻过程中逐步改变。因此，作为给定选择集的一个部分，选择过程数据以被观察到的搜寻序列的形式出现，而不是选择集的某个单一选项（该理论允许无差异的选择，因此可以同时选择来自一组的若干元素）。为了公式化，令 X 表示选项的集合，非空且元素个数有限，$\mathcal{X}$ 表示 X 的非空子集。令 Z 为来自 X 的所有无限序列的集合，其中通用元素 $Z = \{Z_t\}_{t=1}^{\infty}$，$Z_t \in X/\phi$，$\forall t \geq 1$。对于 $A \in \mathcal{X}$，定义 $Z \in Z_A \subset Z$，当且仅当 $Z_t \subset A$，$\forall t \geq 1$。

定义 4.1

一个选择过程 (X,C) 由一个有限集 X 和一个满足 $C(A) \in Z_A$，$\forall A \in X$ 的函数 $C:X \to Z$ 构成。

给定 $A \in X$，选择过程数据不仅包括最终选择（A 的一个子集），而且包括一系列其他选择，表示在开始搜寻的不同时间内搜寻者的选择。我们用 C_A 表示 $C(A)$，并且用 $C_A(t) \in A$ 表示 C_A 序列中的第 t 个元素，$C_A(t)$ 指的是在考虑了 A 的 t 周期之后的选择。选择过程数据的数学表达与标准选择数据的数学表达比较接近，从某种意义上说，尽管受时间限制，但所有观察结果都代表选择。

卡普林和迪安的第一个模型描述了可回溯的序列搜寻过程，其中搜寻者随时间评估一组不断扩展的选择项目，且始终选择所能确定的最佳选项。如果存在效用函数和每个选择集的非递减搜寻对应关系，则选择过程数据可以用 ABS 模型来表示，这意味着在任何时间所选择的选项在相应的搜寻集合中都是效用最大化的。

定义 4.2

如果存在效用函数 $u:X \to R$ 和搜寻对应关系 $S:X \to Z^{ND}$，其中 $S_A \in Z_A$，$\forall A \in X$，使得

$$C_A(t) = \arg \max_{x \in S_A(t)} u(x)$$

其中 $Z^{ND} \subset Z$，由 X 中的非递减序列构成，满足 $Z_t \subset Z_{t+1}$，$\forall t \geqslant 1$，则我们将选择过程 (X,C) 描绘为关于 (u,S) 的 ABS 搜寻模型。

由于 x 优于 y 的最终选择无法通过不完全搜寻揭示出来，因此 ABS 模型需要对显示性偏好概念进行拓展。为了解释拓展严格显示性偏好的必要性，我们考虑了与 ABS 模型相矛盾的行为模式。这样做时，使用符号 $C(A) = B_1$；B_2；$\cdots$；B_n！，其中 $B_i \in X \cap A$，$B_1,\cdots,B_n$ 是从集合 A 中序贯选择的，B_n 是最终选择。以下选择过程数据都与 ABS 模型相矛盾。

$C^{\alpha}(\{x,y\}) = x;y;x!$

$C^{\beta}(\{x,y\}) = x;\{x,y\};y!$

$C^{\gamma}(\{x,y\}) = y;x!;C^{\gamma}(\{x,y,z\}) = x;y!$

$C^\delta(\{x,y\}) = y;x!;C^\delta(\{y,z\}) = z;y!;C^\delta(\{x,z\}) = x;z!$

C^α 包含偏好反转：决策者首先从 x 切换到 y，表明 y 优于 x，随后又从 y 切换回 x，表示 x 优于 y。C^β 表示 y 首先被认定为与 x 无差异，因为 x 和 y 同时被选择。然后 y 被认定为严格优于 x，因为 x 被从选择集中删除。在 C^γ 中，x 和 y 之间的显示性偏好方向在两个元素和三个元素选择集之间有变化。C^δ 涉及间接循环，其中单独的双元素集显示 x 优于 y，y 优于 z，z 优于 x。

正如这些例子所示，在 ABS 模型中，严格显示性偏好的恰当概念是随着时间的推移在选择序列中替换选项的概念。从选择 y 切换到选择 x 的决策者在 ABS 模型中被解释为偏好 x 甚于偏好 y。同样，如果我们看到 x 和 y 同时被选中，那么两种选择对于决策者而言必然是无差异的。因此，我们在以下二元关系中捕获 ABS 模型隐含的显示性偏好信息。

定义 4.3

给定选择过程 (X,C)，如果存在 $A \in X$ 以及某个 $t \geq 1$ 使得 $\{x,y\} \subset C_A(t)$，我们可以定义集合 X 上对称的二元关系 $\sim$，此时有 $x \sim y$。如果存在 $A \in X$ 以及 $s,t \geq 1$ 使得 $y \in C_A(s)$，$x \in C_A(s+t)$ 但 $y \notin C_A(s+t)$，我们可以定义集合 X 上的二元关系 $>^c$，此时有 $x >^c y$。

对于 ABS 模型的搜寻过程，二元关系 $>^c$ 和 $\sim$ 所刻画的显示性偏好信息需要与序数效用保持一致，这是必要且充分的条件。因此，卡普林和迪安的 ABS 模型利用了引理 4.1，这是一个标准结果，它描述了不完备的二元关系可以潜在地被用来进行完备排序的条件。本质上，我们要求显示性偏好信息是非循环的。

引理 4.1

用 P 和 I 表示有限集 X 上的二元关系，其中 I 对称，定义 X 上的二元关系 PI 为 $P \cup I$。存在一个函数 $v:X \to R$ 表示二元关系 P 和 I：

$$xPy \Rightarrow v(x) > v(y)$$
$$xIy \Rightarrow v(x) = v(y)$$

当且仅当 P 和 I 满足 OWC（Only Weak Cycles，只有弱循环）时，给定 $x_1,x_2,x_3,\cdots,x_n \in X$，其中 $x = x_1 P I x_2 P I x_3 \cdots P I x_n = x$，不存在 k 使得

$x_k P x_{k+1}$ 。

有了这个结果，卡普林和迪安的论文表明 ABS 搜寻模型存在的关键是 $>^c$ 和 ~ 满足 OWC。

定理 4.1

选择过程 (X,C) 符合 ABS 模型，当且仅当 $>^c$ 和 ~ 满足 OWC 时。

这一条件与标准的显示性偏好强公理密切相关。正是这个条件简化了下文描述的实验中的检验条件。该组选择过程中 $>^c$ 和 ~ 满足 OWC 等价于以下两个条件：①效用函数 v 可以用集合 X 上的二元关系 $>^c$ 和 ~ 表示；②搜寻对应关系 S 至少包括在 $s \leqslant t$ 时从选项集合 A 中已选过的所有选项，其中未选中元素的效用严格低于已选中元素的效用。因此，在选择过程中各选项之间存在的转换越多，构成 ABS 模型的效用函数集受到的限制就越多。

由于 ABS 模型没有说明搜寻的停止规则，因此卡普林和迪安增加了一条简单的"保留效用"停止规则，在该规则中，直到发现一个选项的效用达到了保留效用水平，搜寻才会停止。该停止规则的关键在于，即使某些选项尚未被搜寻到，也可以推断其必然会被搜寻到。具体而言，当在某集合中最终选择的效用低于保留效用水平时，意味着该集合中的所有选项都会被搜寻一遍。因此，最终选择可能包含显示性偏好信息。RBS 模型体现了西蒙（Simon，1955）在其有限理性的开创性模型中引入的满足概念，其中他建议决策者不要搜寻最高的效用水平，而是搜寻"满意"（或保留）的效用水平。

直观来看，RBS 模型是 ABS 模型的一种特殊情况 (u,S)，在 RBS 模型中存在保留效用水平 ρ，高于保留效用选项的集合 $X_u^\rho = \{x \in X \mid u(x) \geqslant \rho\}$ 在搜寻过程中起着重要作用。具体而言，当且仅当高于保留效用选项的集合 X_u^ρ 中的某个选项被发现时，搜寻才会停止。为了更正式地表述这个概念，卡普林和迪安定义了 $C_A^L = \lim_{t \to \infty} C_A(t)$，作为决策者从集合 $A \in X$ 中做出的最终选择，还定义了限制搜寻集 $S_A^L \equiv \lim_{t \to \infty} S_A(t) \in X$。注意，对于有限的 X，ABS 模型的存在保证了这种限制能被很好地定义。

定义 4.4

如果 (u,S) 构成 ABS 模型代表性，且给定 $A \in X$，$\rho \in R$ 满足以下条

件，则我们称选择过程 (X,C) 具有 RBS 模型代表性 (u,S,ρ)：

R_1　　如果 $A \cap X_u^\rho = \phi$，则 $S_A^L = A$。

R_2　　如果 $A \cap X_u^\rho \neq \phi$，则：

（a）存在 $t \geq 1$ 使得 $C_A(t) \cap X_u^\rho \neq \phi$；

（b）$C_A(t) \cap X_u^\rho \neq \phi \Rightarrow S_A(t) = S_A(t+s)$，$\forall s \geq 0$。

条件 R_1 要求完全搜寻不包含任何高于保留效用选项的集合。条件 R_2（a）要求在某个时点上必须找到高于保留效用的某个元素（如果存在于可行集中）。条件 R_2（b）表示一旦实现保留效用，搜寻就会停止。

与 ABS 模型一样，RBS 模型的关键是理解显示性偏好的相应概念。由于 RBS 模型是对 ABS 模型的改进，因此在某些情况下，在 ABS 模型中表现出偏好的行为在 RBS 模型中也是如此。但是，如果集合中仅包含低于保留效用的选项，则 RBS 模型的某些显示性偏好的信息也可能来自最终选择。

满足 ABS 但不满足 RBS 的以下情况说明了必须排除的行为：

$$C^\alpha(\{x,y\}) = x;y!\ ;\ C^\alpha(\{x,z\}) = x!\ ;\ C^\alpha(\{y,z\}) = z!$$
$$C^\beta(\{x,y\}) = x;y!\ ;\ C^\beta(\{x,y,z\}) = x!$$

在第一种情况下，x 在 $\{x,y\}$ 中被 y 替换的事实表明 y 更受偏好，且 x 的效用低于保留效用（否则搜寻必须在找到 x 后立即停止）。因此，从 $\{x,z\}$ 中选择 x 的事实表明 z 被搜寻了，并因为比 x 更差而被拒绝，这也与从 $\{y,z\}$ 中选择 z 相矛盾。在第二种情况下，在 $\{x,y\}$ 下的搜寻过程中先选 x 再选 y 表明 y 比 x 更好，且 x 的效用低于保留效用。因此，在 $\{x,y,z\}$ 中的最终选择为 x 表明集合 $\{x,y,z\}$ 中没有高于保留效用的选项。这反过来暗示了必须完全搜寻该集合，这与另外一个事实相矛盾：我们知道 y 比 x 更符合偏好，而 x 却被选择。

在确保 RBS 模型的代表性方面，关键问题是如何识别所有被揭示自身效用低于保留效用的选项。如上所述，如果我们观察到决策者在找到某选项后仍继续搜寻，则该选项的效用一定低于保留效用。卡普林和迪安将这种选项称为非终止选项。此外，我们知道如果在某个选择集中，决策者最终选择的是一个直接的非终止选项，那么该选择集中肯定有一些选项的效用低于保留效用。卡普林和迪安将此类选项和非终止选项的并集定义为间接非终止集。

定义 4.5

给定选择过程 (X,C)，定义非终止集 $X^N \subset X$ 和间接非终止集 $X^{IN} \subset X$ 如下：

$$X^N = \{x \in X \mid \exists A \in X \ \ s.t. \ x \in C_A(t) \ \text{且} \ C_A(t) \neq C_A(t+s), s,t \geq 1\}$$
$$X^{IN} = X^N \cup \{x \in X \mid \exists A \in X, y \in X^N s.t. \ x,y \in A \ \text{且} \ y \in C_A^L\}$$

在 RBS 模型下，集合中最后选择的效用低于保留效用，这揭示了显示性偏好信息：当从两个选项 $x,y \in X$ 中进行选择时，如果其中任何一个是间接非终止选项，我们就可以确定最终的选项是决策者更偏好的。具体而言，假设 y 是间接非终止选项，因此其效用低于保留效用。在这种情况下，如果决策者最终选择了 y，x 一定是被搜寻之后拒绝了。相反，如果决策者最终选择了 x，则：要么 x 的效用高于保留效用，此时它相对于 y 受到严格偏好；要么 x 的效用低于保留效用，此时决策者已经搜寻了整个集合，依然显示 x 更受偏好。这促使了有关 X 的二元关系 $>^L$ 的引入，其与来自 $>^c$ 的信息结合后产生了与 RBS 情况相关的新二元关系 $>^R$。

定义 4.6

给定选择过程 (X,C)，有关 X 的二元关系 $>^L$ 定义如下：如果 $\{x \cup y\} \cap X^{IN} \neq \phi$，且存在 $A \in X$ 满足 $x,y \in A, x \in C_A^L$ 但 $y \notin C_A^L$，则有 $x >^L y$。二元关系 $>^R$ 被定义为 $>^L \cup >^c$。

等价于 RBS 模型的行为条件是，从 $>^R$ 和 $\sim$ 获得的显示偏好性信息与潜在效用函数一致。

定理 4.2

当且仅当 $>^R$ 和 $\sim$ 满足 OWC 时，选择过程 (X,C) 具有 RBS 模型代表性。

ABS 和 RBS 模型都将搜寻顺序视为不可观察的，但在某种程度上可通过选择过程数据观察搜寻顺序。这使得设定随机变量变得很自然，因为没有理由相信来自给定集合的搜寻会始终以相同的顺序发生。因此，卡普林和迪安将确定性模型加以扩展以纳入随机性。他们通过设定每个选择集映射到搜寻序列上的概率分布来实现此目的。由此产生的随机模型被证明是确定性模型的直接拓展，卡普林和迪安表明随机 RBS 模型可以描述异常的选择行为。

实　验

在建立了可以解释那些"错误"选择的信息搜寻理论之后，我们的下一个任务是提出一种实验方法，使我们能够检验这些模型。卡普林、迪安和马丁在其论文中介绍了这些实验。

卡普林、迪安和马丁对理论模型的主要简化，在于控制每位被试的效用函数相同且保证其可观察。为了实现这一点，每个选项对应的数字等于随后发放给被试的现金报酬数额。为了使选择问题变得不那么简单，每个选项的现金价值都表述为一个算术表达式，表达式包含加法和减法运算，计算结果的大小等于被试随后收到的现金金额。每个选项的现金价值都是从 $\lambda = 0.25$ 的指数分布中随机抽取出来的，最高不超过 35 美元（分布图显示在实验说明中）。[1] 一旦确定了每个选项的价值，就会根据设定好的分布随机产生一组算式选项。

每个轮次开始时的默认选择都是屏幕顶部的选项，该选项对应的价值为 0 美元，要低于其他选项。为了获得选择过程数据，实验允许被试随时从选择集中选中任意选项，也可以随时改变他们选中的选项。被试当前选择的选项会在屏幕顶端显示出来。如果被试在 120 秒以内完成了搜寻就可以点击发送按钮，表示完成了该轮次选择并且不需要剩余时间去改变原来的选择。通常情况下，被试会参加 2 轮练习和 40 轮正式实验，最后会从正式轮中随机抽取 2 轮的选择进行支付，另外再加上 10 美元的出场费。

这个实验设计的关键在于激励被试的方式。实验并不是简单地接受被试的最终选择，而是在实验过程中的某个随机时间点记录被试的选择。具体而言，被试在实验结束时被告知究竟哪个时间点才是最终选择的决定时间，该时间点是根据截断的 β 分布从 1 到 120 秒之间随机挑选出来的，分布的参数 $\alpha = 2$ 和 $\beta = 5$，在该时间点被试所选择的选项将被认为是他在该轮次的最终选择。[2] 任意给定时间下的选项都应该是被试当时认为的最佳选项，因为他们当时的选择有可能被记录为最终选择，所以他们需要实时更新搜寻到的最佳选项。因此，我们认为被试的选择序列就是他们搜寻的全过程数据。[3]

共有 6 种不同的实验干预组，根据选项的复杂性（每个选项进行 3 次或 7

次加减法运算）和选择集中选项的总数（10、20、40 个选项）而有所不同。图 4.1 显示了 10 个选项和 3 次运算的一种实验干预组的例子。

　　实验设计创造了一个环境，使被试的最终选择总是次优的。平均来说，所有实验干预组 44% 的被试无法在规定时间内做出最优的最终选择。失败率从设置 10 个选项、低复杂度（3 次运算）的 11.4% 到设置 40 个选项、高复杂度（7 次运算）的 80.9% 不等。在现金损失方面，无法做出最优选择的问题也是显著的，最大、最复杂的选择集（40 个选项，7 次运算）中的最终选择和实验设定的最优选择之间的平均差距超过 8 美元。

　　选择过程数据有助于我们理解上述现金损失的原因，因为在最终决定前，被试通常会被观察到多次更新自己的选择。大多数人都会随着时间的推移改变选择。这是选择过程数据比标准选择数据包含更多信息的必要条件。

第20～30回合	现在的选择：
	四加八减四

选择一个选项	
○	零
○	三加五减七
○	四加二加零
○	四加三减六
○	四加八减四
○	三减三加一
○	五加一减一
○	八加二减五
○	三加六减一
○	四减二减一
○	五加五减一

	完成

图 4.1　呈现给实验被试的屏幕示例

注：被试必须从屏幕上的 10 个选项中进行选择。每个选项的现金价值就是算式的总和。被试可以随时点击选择选项，并且他们可以根据自己的喜好多次改变自己的选择。

序贯搜寻

　　卡普林、迪安和马丁考虑的第一个问题是决策者在搜寻过程中选中的选项是否从较低值切换到较高值（这对应于 ABS 模型的一般特征）。以是否满足显示性偏好的一致性作为度量标准（称为"HM"指数，Houtman and Maks，1985），卡普林、迪安和马丁的论文基于随机选择的统计检验（Bronars，1987）表明，将所有人作为一个整体，ABS 模型在描述搜寻行为方面做得很好。他们还将每个被试的 HM 指数与该被试的 1000 次随机数据模拟的中值 HM 指数进行比较来识别"ABS 类型"，两个指数在每个回合具有完全相同的观察值数量。卡普林、迪安和马丁将那些 HM 指数高于其相关随机数据指数的 75% 的被试归类为"ABS 类型"。76 个被试中有 72 个都可以被归为"ABS 类型"。

ABS 类型占绝大多数，这表明对搜寻理论的简单解释可以帮助我们理解那些明显的错误选择。在大型选择集中，人们仍然可以识别较优的选项，并在遇到它们时选择它们。但是，他们的最终选择可能不是效用最大的，因为他们没有充足的时间搜寻到所有选项。

搜寻中的满足

卡普林、迪安和马丁利用选择过程数据揭示了搜寻中的满足行为。结果显示，RBS 模型在总体水平和个体水平上都能很好地描述实验数据。从整体来看，每一种实验干预组都有一个可能的保留效用值。平均而言，当已选择选项的效用低于该保留效用时，被试会继续搜寻，而当高于保留效用时，其会停止搜寻。以总搜寻次数衡量的数据同样如此。这就是说，每一种实验干预组下保留效用的大小可以被估计。保留效用的估计值还可以很好地描述个人水平上的数据：在所有实验设定中，约 77% 的实验观察值与这些保留效用值保持一致。

卡普林、迪安和马丁使用标准方法来估计每种实验干预组下保留效用值的大小。具体而言，假设给定选择环境中的所有个体都有相同的两个常数：保留效用值 $\bar{v}$ 和经验变异值 ε，基于此他们决定是否继续搜寻。此外，假设这种随机过程是可加的，并且可以独立同分布地从正态分布中抽取得到。为了使用选择过程数据来估计保留效用，卡普林、迪安和马丁将被试做出的每个选择视为一个决策节点。被试从当前选项切换到另一个选项被定义为继续搜寻行为。只有当被试没有进一步选择并按下提交按钮，并且他们选择的选项不是选择集中最高值的选项时，搜寻才会停留在某一个决策节点。我们通过对停止搜寻的决策数据的极大似然估计就可以估计出保留效用的大小。

　　估计的保留效用不仅可以很好地解释个体行为，而且可以阐明为什么不同实验干预组中被试存在不同数量的错误。卡普林、迪安和马丁发现保留效用在不同实验干预组中是有系统性差异的。随着选项的运算变得更加复杂，保留效用会降低。这解释了为什么被试在面对更复杂的选择集时，可能会犯更大的错误。保留效用随着选择集的变大而增加。这意味着虽然在绝对意义上，被试在面对较大的选择集时可能表现得更好，但保留效用的增加不足以完全抵消被试在面对较大的选择集时可能犯更大的错误。

　　RBS 模型的理论贡献是很清楚的，我们也可以说卡普林、迪安和马丁的实验结果为这种优秀的模型提供了更强大的支持。卡普林、迪安和马丁证明了保留效用策略在此模型中是最佳的。然而，该模型也与实验结果存在一定的矛盾。具体而言，在理论模型中最佳保留效用与选择集的大小无关，但在实验中最佳保留效用却随选择集的变大而增加。解释这一理论与实验的矛盾是目前研究的重点。

搜寻顺序

　　利用选择过程数据可以进一步研究人们的搜寻顺序，这有助于我们预测在特定的选择集中何时会出现糟糕的选择。在进一步的实验中，我们分析了两个可以决定搜寻顺序的因素：屏幕位置和选项复杂度。为了探讨这两个因素，我们设置了含有不同复杂程度的选项的实验干预组，进行了新的实验。这种实验干预组下的选择集包含 20 个选项，并且每组选项的复杂性在 1 到 9 个运算之间变化。我们对 21 名被试进行了新的实验，共计观察到 206 个选择集。

　　在这些实验中，我们发现搜寻行为具有普遍的模式。一般而言，被试从上到下搜寻屏幕上的选项，即搜寻中注视屏幕的位置越来越往下。我们还发现，被试倾向于按照从简单到复杂的顺序对选项进行搜寻。也许更令人惊讶的差异是个体搜寻模式的差异。一些被试的行为符合'上—下'搜寻行为，而其他被试的行为则与"简单—复杂"搜寻行为一致。前者是指被试的搜寻顺序是从屏幕的顶部到底部，而后者是指被试的搜寻顺序是从简单选项到复杂选项。

　　实验表明，搜寻顺序的差异会影响最终选择。在一轮中，最高价值的选项非常简单，并且放置在选项列表的最后，那么"上—下"搜寻者就要比"简单—复杂"搜寻者更难找到它。相反，当最高价值的选项非常复杂并且在列表的前面出现时，"上—下"搜寻者会比"简单—复杂"搜寻者更容易发现它。

纯选择实验

本章的主要观点是，增强型多项选择实验有助于我们以单纯使用多项选择实验无法实现的方式来理解选择行为。要证明这个观点，我们需要证明两点。首先，增强型多项选择实验的方法并没有扭曲被试的行为，这些行为在标准多项选择实验环境下是无法被了解的。其次，我们收集的额外数据确实增进了我们对选择问题的理解。

为了研究这两点，卡普林、迪安和马丁进行了一个纯选择实验，取消了在最终决策前记录选择的相关激励。标准多项选择实验与选择过程实验的基本实验干预组完全相同：选择集包含 10 个、20 个或 40 个选项，每个选项的复杂性为 3 次或 7 次运算。此外，在选择过程实验和标准多项选择实验中还使用了完全相同的选择集。纯选择实验中的被试参加的实验场次包含两个练习回合，以及 27～36 个正式回合，正式回合被设定为所有 6 个实验干预组中的某一组。在实验结束后，随机抽取两个正式实验回合的最终选项作为被试的报酬，此外还有 10 美元的出场费。每个场次大约需要一个小时，被试平均收入为 32 美元。我们总共观察了 22 名被试，共收集了 657 个选择结果数据。[4]

我们在纯选择实验和选择过程实验的环境中发现了类似的最终选择模式。纯选择实验中的错误有所减少：在纯选择实验干预组中，平均来看被试在 38% 的时间内未能选择出最优选择，而在选择过程实验中为 44%。然而，两种情况下的比较静态相似：在纯选择实验中，错误随着选择集的大小和选项的复杂性而增加，失败率从 10 个选项、低复杂度（3 次运算）设置下的 7% 变为 40 个选项、高复杂度（7 次运算）设置下的 65%。这些最优选择的错误对现金报酬的影响也是显著的，被试在 40 个选项且最复杂的选择集中的平均损失为 7.12 美元。纯选择实验和选择过程实验的错误模式也相似：当卡普林、迪安和马丁使用菲舍尔（Fisher）的精确检验方法比较两种实验干预组中最终选择的分布时，60 个选择集中只有 12 个具有在 5% 水平下显著不同的分布。

尽管在选择过程实验和纯选择实验中，最终的选择质量是不同的，但基本符合预期。继续搜寻的动机在纯选择实验中更为强烈，因为目前任何已确定的选择更改都将被最终执行。在选择过程实验中，当前任何已确定的选择更改都将以小于 1 的概率被视为最终选择，且 2 分钟后该概率就接近于 0 了。在这一点上，值得注意的是，由选择过程实验干预组引起的激励变化的影响是很有限的。

另一项证据表明，在使用激励措施的选择过程实验中，被试的决策过程与纯选择实验类似。纯选择实验的实验设计允许被试像在选择过程实验中一样，在最终决策之前选择某一个选项。唯一的区别是，在纯选择实验中，他们这样做没有任何现金激励。卡普林、迪安和马丁发现即使没有现金激励，被试仍然记录了他们自己的搜寻过程，搜寻过程普遍满足 ABS 模型和 RBS 模型，并且各实验干预组中的保留效用表现出与激励实验中不同干预组相同的定性关系模式。基本上，选择过程实验中所有关于搜寻和决策过程性质的结果都能够使用纯选择实验中最终决定前的选择数据得出，尽管在纯选择实验中并没有激励措施。

在信息搜寻和选择方面，如果我们仅仅观察纯选择，而忽视最终决策之前的过程，我们能够回答多少问题？很少，而且许多回答是错的。积极的一面是，我们会发现在更大、更复杂的决策中，人们做的决定更糟糕。从消极方面来说，我们无法对这些糟糕决策背后的各种原因进行解释。纯选择数据不能检验 ABS 模型或 RBS 模型，也不能对保留效用做出可靠推断。若观测的数据只有最终的选择，则任何数据集都可以通过保留零效用的模型得到完美的解释，而所选的任何选项都可被认定为进行搜寻的最优选择。所以估计保留效用并研究其随环境的变化情况是不可能的。在选择过程中获得的额外信息使我们了解了被试做出次优选择的原因，并估计了数据背后的保留效用参数。

选择过程数据的第二个好处是，它可以在被试进行不完全搜寻时揭示显示性偏好的信息，而纯选择实验数据不能做到这一点。在 ABS 模型假设下，从一种选择向另一种选择的转换的确能揭示人们的偏好信息，因为选择前一种选项的事实表明，决策者计算并理解了它的价值。

方　法

上文概述的研究是"神经经济学"领域中以方法为导向的研究计划的一部分。最近，关于这个领域的定义及其本质引起了很多争议。卡默勒等

（Camerer et al.，2005）发起了这一讨论，他们认为神经学数据会彻底改变我们对选择的理解。居尔和佩森多夫（Gul and Pesendorfer，2008）强烈反对非常规实验数据与经济学无关的说法，认为经济学只对选择行为本身感兴趣的说法是错误的。

在进行了激烈的学术讨论之后，关于神经经济学反复辩论的核心问题是，什么形式的非常规实验数据才能够更好地帮助我们理解选择问题，以及这些数据需要何种程度的模型化。有许多优秀的学术观点陆续出现。卡默勒（Camerer，2008）概述了一系列非常规实验数据，这些数据对于那些试图理解选择的研究者来说可能是有趣的。特别是，搜寻一直是心理数据发展的主要推动力。赫伯特·西蒙发展了"协议分析"，通过对决策过程进行高度结构化的语音描述来强化选择数据（Ericsson and Simon，1984），许多研究关注决策时间（Armel et al.，2006；Wilcox，1993），还有学者运用 Mouselab 来收集信息搜寻顺序的相关数据进行研究（Payne et al.，1993；Ho et al.，1998；Gabaix et al.，2006），以及使用眼球运动数据进行研究和使用神经科学方法进行研究（Wang et al.，2010；Reutskaja et al.，2011）。

我们参与的神经经济学研究计划，以及本章概述的工作所做出的学术贡献，都涉及非常规实验数据，这和经济学理论关系紧密。我们认为结构严谨的决策理论和大量新的心理数据之间的矛盾关系可能会损害研究机构的社会公信力，参见卡普林（Caplin，2008）的深入阐述。值得关注的是，诸如决策框架、心理账户和经验法则等开放式模型的结构足够灵活，以至于可以解释任何观测值，这些模型的主观性违反了定义的普遍性。我们认为，避免学术体系潜在崩溃的关键在于，内化萨缪尔森（Samuelson，1938）引入经济学的数据理论（"公理"）方法的优势。

具有讽刺意味的是，传统上认为公理化方法与从选择集中进行标准的选择是联系在一起的。实际上这种联系是完全没有必要的。事实上，我们认为，随着数据类型的扩大化，公理化方法变得越来越重要。公理化方法的应用能够确保通过开辟新的观察对象将新数据模型化。从原理上讲，公理化方法是将复杂心理的决策理论与实验经济学统一起来的理想方法。在方法论上，公理方法并不会最适用于某种特定的数据集（包括"标准"选择数据）。我们认为，选择数据和非选择数据之间没有很大的区别。在极端情况下，可以像对苹果或橘子的选择数据一样对非选择数据的人体脉搏进行建模。虽然脉搏可能受到物理定律的更严格约束，但这一点也是值得探索的。毕竟，选择理论的目标是尽可能对选择本身进行建模。

我们进行的标准选择数据和非常规实验数据联合研究的第一项工作涉及神经递质多巴胺。卡普林和迪安（Caplin and Dean，2008）确定了标准的理论模型，假定多巴胺提供了奖励预测误差信号，而卡普林等（Caplin et al.，2010）进行了相应的实验检验，结果基本与理论一致。目前的工作是第二个例子，在许多方面对方法论有更基础性的贡献。它充分利用了研究人员通过实验可以观察到非常规实验数据，并且存在一种与标准选择理论非常接近的现成理论等优点。一个非常完善的理论表明，搜寻是连续的且是在寻找最优结果，而搜寻的保留效用值是变化的。此外，对显示性偏好理论的违背与不完全搜寻有关，布洛克和马沙克（Block and Marschak，1960）早在其有关随机选择的开创性模型中就指出了这一点。

我们对选择过程数据的研究反映了对非常规实验数据的研究和选择理论的公理化方法自然而然地融合。有趣的是，坎贝尔（Campbell，1978）以前就为决策程序的早期模型发展了这种适合进行非常规数据研究的理论。事实上，它在很多方面都是理论家自然而然的需求，ABS 模型和 RBS 模型就是从有限理性决策模型中自然产生的。

结　语

在与选择过程相关的研究计划中，有几个方面的后续研究有待开展。其中一个是将选择过程数据与其他选择过程的观测数据相结合，包括鼠标移动数据、不同选项转换的时间数据、眼球运动数据和神经科学数据。我们希望看到眼球运动数据在帮助我们理解搜寻的本质方面具有特殊价值。虽然这类数据对标准选择行为研究的贡献较少，但在研究其他类型的搜寻模式时，这些丰富的观察数据可能非常重要，例如"基于不同特征的"选择过程会把选项在各个方面进行逐一比较。

关于应用，我们特别感兴趣的是把有关选择过程的模型和实验进行改造后，用来深入了解互联网上的财务决策。问题很明显，大多数人都无法做出完全明智的财务决策，而且这些财务选择信息的表达方式也很重要，会对我们的理解和选择产生重大影响。选择过程数据仅代表了进一步理解这些行为所需的各种观察数据的一个起点。

令人惊讶的是，经济学家几乎不关注如何理解特定决策环境中的不同选择。虽然现在已经有研究开始关注主观"选择集"严格小于客观选择集的决策环境，但尚没有任何理论能取代显示性偏好原理。[5] 因为正是这一原理的框架指导我们对个体的增强选择数据进行实验研究。

这个研究计划体现了实验室实验相对于实地实验的优势之一。在我们的实验中，的确需要一个能够进行"非自然"操作和观察的可控环境，而通过自然呈现的实地实验来操作或充分观察选择行为，即使不是完全不可能的，也会非常困难。

注释

感谢丹尼尔·马丁（Daniel Martin）为报告提供的研究合作，感谢玛丽娜·阿格拉诺夫（Marina Agranov）、森庚（Sen Geng）和克洛伊·泰格曼（Chloe Tergiman）对更广泛研究议程的兴趣和贡献。感谢马丁·杜芬伯格（Martin Dufwenberg）和CESS实验经济学方法会议参与者的宝贵建议。

1. 对于三个选择集，我们分别为其生成了12组值，这些值用于在低复杂度和高复杂度的实验中生成选项。
2. 该分布图显示在实验说明书中。选择 β 分布是为了"预先设定"在实验回合第一分钟内做出选择的概率，虽然大多数被试在120秒内做出选择。
3. 为了支持这种解释，许多被试在后续调查中表示他们总是选择他们最偏好的选项。
4. 一个区别是纯选择实验没有时间限制。当与选择过程数据进行比较时，卡普林、迪安和马丁只关注选择过程实验中的部分回合，在这些回合中被试在120秒结束之前按下提交按钮，因此没有受到时间的约束。
5. 鲁宾斯坦和萨兰特（Rubinstein and Salant, 2006）研究了以"列表"顺序呈现的选择集，可以有效地观察到搜寻顺序。马萨图利奥卢和中岛（Masatlioglu and Nakajima, 2013）描述了与每个选项关联的主观"选择集"，并对主观"选择集"进行迭代搜寻。他们关注的是最终选择与初始（外部可观察的）参考点之间的关联性。

参考文献

Armel, C., A. Beaumel, and A. Rangel. 2008. Biasing Simple Choices by Manipulating Relative Visual Attention. *Judgment and Decision Making* 3 (5): 396–403.

Block, H. D. and J. Marschak. 1960. Random Orderings and Stochastic Theories of Response. In *Contributions to Probability and Statistics*, ed. I. Olkin. Stanford, CA: Stanford University Press.

Bronars, S. 1987. The Power of Nonparametric Tests of Preference Maximization. *Econometrica* 55 (3): 693–698.

Camerer, C. 2008. The Case for Mindful Economics. In *The Foundations of Positive and Normative Economics: A Handbook*, eds. A. Caplin and A. Schotter. New York: Oxford University Press.

Camerer, C., G. Loewenstein, and D. Prelec. 2005. Neuroeconomics: How Neuroscience Can Inform Economics. *Journal of Economic Literature* 43: 9 – 64.

Campbell, D. 1978. Realization of Choice Functions. *Econometrica* 46: 171 – 180.

Caplin, A. 2008. Economic Theory and Psychological Data: Bridging the Divide. In *The Foundations of Positive and Normative Economics: A Handbook*, eds. A. Caplin and A. Schotter. New York: Oxford University Press.

Caplin, A. and M. Dean. 2008. Dopamine, Reward Prediction Error, and Economics. *Quarterly Journal of Economics* 123 (2): 663 – 701.

Caplin, A. and M. Dean. 2011. Search, Choice, and Revealed Preference. *Theoretical Economics* 6 (1): 19 – 48.

Caplin, A., M. Dean, P. Glimcher, and R. Rutledge. 2010. Measuring Beliefs and Rewards: A Neuroeconomic Approach. *Quarterly Journal of Economics* 125 (3): 923 – 960.

Caplin, A., M. Dean, and D. Martin. 2011. Search and Satisficing. *American Economic Review* 101 (7): 2899 – 2922.

Ericsson, K. and H. Simon. 1984. *Protocol Analysis*. Cambridge, MA: MIT Press.

Gabaix, X., D. Laibson, G. Moloche, and S. Weinberg. 2006. Costly Information Acquisition: Experimental Analysis of a Boundedly Rational Model. *American Economic Review* 96 (4): 1043 – 1068.

Gul, F. and W. Pesendorfer. 2008. The Case for Mindless Economics. In *The Foundations of Positive and Normative Economics: A Handbook*, eds. A. Caplin and A. Schotter. New York: Oxford University Press.

Ho, T. H., C. Camerer, and K. Weigelt. 1998. Iterated Dominance and Iterated Best Response in Experimental p-Beauty Contests. *American Economic Review* 88: 947 – 969.

Houtman, M. and J. A. H. Maks. 1985. Determining all Maximal Data Subsets Consistent with Revealed Preference. *Kwantitatieve Methoden* 19: 89 – 104.

Masatlioglu, Y. and D. Nakajima. 2013. Choice by Iterative Search. *Theoretical Economics* 8: 701 – 728.

Payne, J. W., J. R. Bettman, and E. J. Johnson. 1993. *The Adaptative Decision Maker*. Cambridge, MA: Cambridge University Press.

Reutskaja, E., R. Nagel, C. Camerer, and A. Rangel. 2011. Search Dynamics in Consumer Choice under Time Pressure: An Eye-Tracking Study. *American Economic Review* 101 (2): 900 – 926.

Rubinstein, A. and Y. Salant. 2006. A Model of Choice from Lists. *Theoretical Economics* 1 (1): 3 – 17.

Samuelson, P. 1938. A Note on the Pure Theory of Consumer's Behavior. *Economica* 5: 61 – 71.

Simon, H. 1955. A Behavioral Model of Rational Choice. *Quarterly Journal of Economics* 69 (1): 99 – 118.

Wang, J. , M. Spezio, and C. Camerer. 2010. Pinocchio's Pupil: Using Eyetracking and Pupil Dilation to Understand Truth Telling and Deception in Sender-Receiver Games. *American Economic Review* 100 (3): 984 – 1007.

Wilcox, N. T. 1993. Lottery Choice: Incentives, Complexity and Decision Time. *The Economic Journal* 103: 1397 – 1417.

第5章
巧妙的设计：干预驱动的实验

缪里尔·尼德勒 （Muriel Niederle）

概 述

当同事和朋友们进行实验经济学研究，或准备通过自己的实验来推翻现有实验的研究结论时，我经常会听到这样的问题："什么样的实验是好的实验？"我的第一反应是问我从事实证研究的同事："什么样的回归才是好的回归？"很明显，一个好的实验（或回归）应该是检验主要影响因素的实验（或回归），同时必须控制其他潜在的影响因素。这种控制有助于确保原假设得到正确的验证，以及理论不会被错误地证实。

相对于实证研究而言，实验设计可能在某些方面与理论联系得更紧密：在实验研究中，实验设计者负责设计产生数据的环境。所以，好的实验设计也需要满足理论论文所需的要求：实验环境应该使驱动结果的因素易于观察，并且实验环境应尽可能地保持简单；实验设计必须为待研究的问题提供良好的分析环境；理想的实验设计应像好的理论一样，其结果应能预测其他环境下的行为。

实验设计和实证方法之间存在一定的相互关系，因为良好的实验设计意味着其产生的数据可以更容易被分析。因此，良好的设计往往能够降低对复杂计量方法的需求，或使计量方法更加有效。它还意味着，实验设计必须清楚地表明它接受或拒绝原始理论或假设。

在进行实验设计时，基本没有固定的规则，但是经济学实验不允许使用欺骗手段。在许多实验室中，使用欺骗手段的实验无法进行，其结果也难以在经济期刊上发表。[1] 除此特殊情况，任何实验设计都可以采用。这种情况也使得设计和评估良好的实验变得更加困难。

本章是关于实验方法的，我将着重讨论实验设计和假设检验的相互影响。其中假设包括以理论为基础的假设和非标准的假设。具体而言，我想说明的是：在很多情况下，巧妙的实验设计可以使研究者只需进行直接的理论检验，而不需要依靠间接的证据分析。

在"基于信念的模型——直接检验"部分，我提到了一系列实验研究工作。这些实验研究对理论进行越来越严格的检验，对理论的有效性提出了新的怀疑。在"实验设计和假设检验"部分我提出了几种方法来检验理论。首先，我证明了实验可以直接检验假设而不依赖计量方法。其次，我探讨了通过实验检验理论的两种方法。一个被称为"双向"设计，另一个被称为"消除"设计。最后，我对比较多种理论时的相关实验问题进行了探讨。在"什么因素驱动了结果？干预驱动的实验"部分，我将展示在检验理论时尤其是在没有特定模型时，我们能够使用的实验方法。同时，我也将展示为什么实验能够发现驱动事件发生的重要因素。

当谈到理论及其与实验的关系时，一个不可避免的问题是：理论和实验结果之间的关系，什么时候才能被认为是"好"的？判断的主要标准是什么？我将在后面的章节讨论这些问题。

基于信念的模型——直接检验

我想深入研究的第一个例子是：如何在博弈中使用实验来发展和检验新的、非标准的行为理论。在本部分，我将介绍一系列检验理论的方法，以说明新实验设计如何使检验更加严格。

众所周知，标准贝叶斯纳什均衡对于个体理性有非常严格的假设。首先，被试必须形成对其他被试所用策略的信念，并基于这些信念做出最优反应。其次，在均衡情况下这些信念必须是正确的。一个简单的理论修正是放宽"信念是正确的"这一假设，同时保留"被试形成信念并基于信念做出最优反应"的假设。这种修正的一个经典版本是层级思维模型。

这个模型的构建以及流行源于被称作选美博弈（或猜谜博弈）的实验结

果。在这样的博弈中，几个被试必须从某个区间中选择一个数字。例如，在 0 到 100 之间选择一个数字。所选数字最接近所有被试选择数字平均值的 2/3 的被试将获得奖品。在选美博弈中，显然每个人选择 0 是纳什均衡，但一般来说选择 0 无法赢得博弈。在第一个实验中，内格尔（Nagel，1995）表明，大部分选择集中在 50 的 2/3，以及 50 的 2/3 又 2/3 附近（见图 5.1）。

我们可以通过以下方式进行建模。有些人选择 50 的 2/3，他们可能会认为其他的人只是在 0 到 100 之间随机选择一个数字，所以对他们来说，最好的反应就是选择其他所有人平均值 50 的 2/3。这些被试被称为第 1 层级被试（对应图 5.1 中的步骤 1），因为他们针对第 0 层级被试做出最优反应，这里第 0 层级被试指非策略被试，假设他们会随机选择一个数字。选择 50 的 2/3 又 2/3 的那些被试是针对完全由第 1 层级被试组成的环境采取最优反应的，因此他们被称为第 2 层级被试。一般来说，对于任何给定的第 0 层级策略，第 k 层级被试会基于自己的信念采取最优反应，而他们的信念是：其他所有被试都是第（$k-1$）层级被试（Stahl and Wilson，1995）。[2]

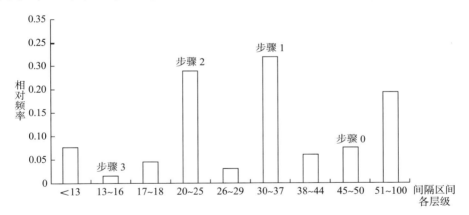

图 5.1　选美博弈首期选择相对频率——基于第 0 层级被试随机选择的 k 层级分级

资料来源：Nagel（1995）。

估计参数

许多基于信念模型的实验，如内格尔（Nagel，1995），都表明了层级思维模型在实验室和实地中解释行为现象方面的优势。[3] 利用行为数据进行估计可以得知被试使用了某个特定的第 k 层级的策略。这些被试会被识别为某个特定的第 k 层级被试。[4] 原则上，这种估计方法在选择第 0 层级策略时有很大的自由度，从而使得实际数据与第 k 层级策略的匹配变得容易。相关文献通常将第 0 层级策略设定为以相同概率随机采取行动（Camerer et al.，2004）。[5]
在具有私人信息的共同价值拍卖中，"幼稚"的策略也被提议作为自然的第 0
层级策略。幼稚策略通常是一种以天真的方式基于行为人的私人信息采取行
动的策略；我们通常假设采取幼稚策略的被试会直接按照他们的私人信息报
价（Crawford and Iriberri，2007）。

　　这一类实验不允许我们更直接地检验层级思维模型的比较静态预测是否
正确，甚至不允许我们更直接地检验基于信念的标准模型的核心假设，即被
试是否真正地形成了某种信念并基于它们做出最优反应。

　　通常，这类以估计参数为目的的实验仅能得出非常有限的结论。当研究
目标是估计特定参数时这可能不构成问题，例如，在估计风险厌恶系数时，
假设被试很好地形成对风险结果的偏好。当寻找某个证明理论错误的参数时，
这也不是一种限制。然而，当试图证明特定理论正确时，这就可能是个问题，
尤其是此时还没有相关学术讨论表明该理论可以解释某种潜在行为，以及某
些潜在行为会拒绝该理论（此时很难合理预期会出现怎样的行为）。

比较静态预测

　　对层级思维的比较静态实验超越了仅用于估计参数的实验，提供了比拟
合实验数据更严格的检验。

　　例如，科斯塔－戈梅斯和克劳福德（Costa-Gomes and Crawford，2006）检
验了被试在双人选美博弈中的表现是否会因对手使用的策略而有所不同。在
这种博弈中，被试可以知道他们自己猜测的数字的上限、下限和乘数。若某
位被试自己猜测的数字和他的乘数分别为 a 和 k，对手猜测的数字为 b，则该
被试得到的现金取决于 a 和 $k \times b$ 的接近程度（越接近，报酬越高）。这项研
究希望评估被试是否会对对手的策略做出反应。要做到这一点，有两种方法。
一个方法是收集被试认为对方会使用什么策略的数据。使用这一方法有以下
问题：收集关于信念的信息很困难，并且收集信念的过程或许会影响被试的
实际行为（Costa-Gomes and Weizsaecker，2008）。另一种方法是操纵被试关于
对手使用何种策略的信念。这也是科斯塔－戈梅斯和克劳福德（Costa-Gomes
and Crawford，2006）选择的方案。

　　具体地说，他们让每个被试都与由计算机执行的固定策略进行博弈，并
且每个被试都能知道由计算机执行的固定策略。举例来说，给定第 0 层级随
机选择，计算机按第 1 层级编制策略，计算机执行的固定策略可参见科斯

塔 - 戈梅斯和克劳福德（Costa-Gomes and Crawford，2006）的在线附录，http：//dss. ucsd. edu/ ~ vcrawfor/accessed January 14，2010。

　　计算机的规则基于这样的假设：您在一个区间内以相同的概率随机猜测一个数字，因此平均而言，您猜测的是区间上下限之间的中间值。计算机的规则是在假设您猜测上下限中间值的情况下，选择一个可以使自己获得尽可能多的积分的数字。

对第 2 层级的描述如下：

　　计算机的规则基于这样的假设：您假设计算机在一个区间内以相同的概率随机猜测一个数字，因此平均而言，它猜测的是下限和上限之间的中间值。
　　计算机的规则是，它认为您会假设计算机会选择下限和上限之间的中间值并据此做出最优反应，基于这样的想法，它会选择一个可以使自己获得尽可能多的积分的数字。

这些描述都表明被试在某种程度上确实能够做出最优反应。

针对被试会根据不同对手改变自己关于对手的信念，从而改变自己决策层级的假设，乔治娜等（Georganas et al.，2009）通过操纵被试关于对手能力的信念，提供了更直接的检验。他们让被试进行智商测试，以得出一个综合评分。被试进行了 10 个不同类型的博弈（普通的双人选美博弈和其他博弈），每个博弈类型玩三次，分别面对三个不同的对手，一次对阵一位随机匹配的对手，一次对阵综合评分最高的对手，还有一次对阵综合评分最低的对手。这个研究认为被试会依据对手的综合能力，调整自己对阵时使用的策略层级。他们发现相对于对阵随机抽取的对手，被试会使用稍高层级的策略来对阵综合评分最高的对手，但当对阵综合评分最低的对手时，策略层级却没有显著地向下变化。此外，他们发现在各种博弈中，被试之间的层级存在很大差异。这些差异不仅表现在绝对水平上，而且表现在推理层次上。

总的来说，层级思维模型比较静态检验的成功有其局限性。此外，在多个博弈之间，被试不一定会被描述为具有固定的层级 k。类似地，对于认知层级模型，层级 k 的泊松分布的参数估计在不同博弈之间产生了差异，尽管卡默勒等（Camerer et al.，2004）认为"被试平均处于第 1.5 层级，这一结论可以拟合许多类型的博弈数据"。剩下的两个悬而未决的问题是：对于什么类型的博弈，大量"理性"的行为会导致与层级思维模型不一致的结果？哪些博弈会导致层级思维模型不适用？如何理解"许多类型的博弈"？我将在下一节回答这个问题。

基本假设是否真的满足？

对层级思维模型最严肃的解释就是，其的确代表了许多被试的行为。这就是说，被试产生了其他参与者属于某一 k 级的信念，并且通过采用 $(k+1)$ 级的策略对这种信念做出了最优的反应。现在的检验包括，给定某个合适的第 0 层级，估计高比例的某类决策行为是否与某个 k 层级描述的被试决策行为相对应。对比较静态预测进行的更严格的测试是，检验当给出其他人的不同策略时，被试是否会调整自己的策略。但相关实验结果并不完全一致。

我们如何直接检验被试是否真正形成了信念并基于它们做出了最优反应？操纵信念而不是试图提取信念数据的方法似乎是正确的。然而，当使用科斯塔－戈梅斯和克劳福德（Costa-Gomes and Crawford，2006）的方法时，人们可能会担心通过描述计算机的第 1 层级策略，被试可能会被训练得去"思考"最优反应，因此会有更大的可能性变成第 2 层级的被试。为被试提供包含最优反应行为的描述可能会改变被试自己的思维过程。此外，乔治娜等（Georganas et al.，2009）的方法依赖于被试形成的信念是否与其智商测验的成绩相关。虽然智商或许与被试的推理深度相关，但是智商与被试对于他们的对手将使用何种推理水平的信念并无联系。因此，这种简单预测可能不会奏效。

在理想情况下，我们希望在不影响被试思维过程、理解策略或其他信息的前提下，了解被试关于对手将使用何种策略的信念。也就是说，我们想直接检验被试是否能基于自己对对手策略的信念做出最优反应。我们可以设计一个实验环境来实现这一点，在这种环境下，被试和实验经济学家都知道对手的策略，而被试得不到任何额外的信息。

我们用来直接检验层级思维模型的环境是共同价值拍卖中的过度报价，在这种环境下，被试往往会成为"赢者诅咒"的牺牲品。过度报价，即超出贝叶斯纳什均衡之上的报价，已被证明与层级思维一致，并且确实是关于该模型的成功的研究工作之一（Crawford and Iriberri，2007）。[6]

伊万诺夫等（Ivanov et al.，2010）提出了一个非常简单的双人共同价值拍卖模型。每个被试会接收到一个 0 到 10 之间的价值信号 k（离散值），其中物品的真正价值是同组两个被试所收到的价值信号的最大值。然后，以第二价格密封拍卖的形式对该物品进行拍卖。很容易看出，低于个人信号的报价是一个弱劣势策略，因为该物品至少值得被试以自己的价值信号进行报价。此外，迭代删除弱劣势策略的第二轮会剔除所有严格大于个人价值信号的报价。事实上，以自己的信号进行报价是唯一的对称贝叶斯纳什均衡报价函数。

在共同价值拍卖中，常常可以发现"赢者诅咒"的现象。这就是说，玩家高于贝叶斯纳什均衡的报价通常会导致拍卖的赢家支付的金额超过了物品的真正价值。这个简单环境中的层级思维模型是如何导致"赢者诅咒"的？从随机报价的第 0 层级玩家开始，第 1 层级玩家对第 0 层级玩家策略的最优反应就会产生过度报价。在这种情况下，第 1 层级玩家会基于另一位玩家采取随机报价的策略而进行报价，拍卖方式为第二价格拍卖。此时，针对随机报价策略的最优反应是将物品的条件期望价值（玩家基于自己收到的价值信号计算的物品期望价值）作为投标价格报价。除了价格信号为 10 的情况之外，第 1 层级玩家的最优反应都是报出严格高于其接收到的价值信号的价格。因此，相对于对称的贝叶斯纳什均衡（直接报出自己接收到的价值信号），第 1 层级玩家将会过度报价。这意味着当两个第 1 层级玩家互相竞价时，我们一定会得到"赢者诅咒"的标准结果。

我们的设置有一个很好的特点，针对第 1 层级报价者（或任何高于其信号报价的报价者）策略的最优反应是以其个人价值信号的大小进行报价。一般来说，对过度报价策略的最优反应必然是报一个比过度报价更低的价格。这允许对包括最优反应行为的任何模型进行非常准确的预测。因此，如果我们操纵一些被试的信念，即让他们相信对手会以高于自己的信号报价，我们就有一个非常简单的比较静态预测结果。但是，我们的目标是在不向被试提供任何有关可能策略集信息的情况下实现这一点，以免影响被试的思维过程。

在实验中，被试首先与 11 位不同的对手依次进行 1 轮共计 11 轮双人共同价值第二价格密封拍卖，其中每个被试接受集合 $\{0, 1, 2, \cdots, 10\}$ 中的 11 个信号各一次。因此，我们基本上可以得到被试的竞价函数。正如在文献中常见的那样，为了不扭曲被试关于博弈的信息，被试不会收到任何反馈，也不会有关于他们是否赢得拍卖的信息，或者有关该物品实际价值的信息。

图 5.2 显示了针对信号报价的四种类别的频率，我们允许小的误差存在，信号周围的误差频带为 0.25。请注意，报价满足 $b(x) < x - 0.25$ 和 $b(x) >$

10.25的只能是第0层级被试的报价，报价满足 $x+0.25<b(x)\leqslant10.25$ 的可被归类为第1层级被试的报价（给定第0层级随机报价），报价满足 $b(x)\sim x$ 的可以被归类为第2层级报价。

请注意，对于每个信号 x，所有严格低于 x 的报价都是弱劣势的，因为该物品的价值至少是 x。同样，严格高于10的报价也是弱劣势的。图5.2显示，对于每个价值信号，假定第0层级采取随机报价，大多数报价可以归类为第1层级针对这种第0层级的最优报价策略，因为这些被试报价高于其信号但不高于10。相当大一部分报价与对称的贝叶斯纳什均衡报价一致，并且可以被认为是第2层级被试的报价。

表5.1依据报价者的几次报价（11次报价中的6次）对其进行分类。[7]在第一阶段，许多报价者以符合层级思维的方式对大部分报价进行了选择。虽然报价高于10的10位报价者以及5位过低报价者显然不具有层级思维的合理性，但总共有25位被试可被归类为第1层级报价者，9位被试可以被归类为第2层级（或更高层级）报价者。

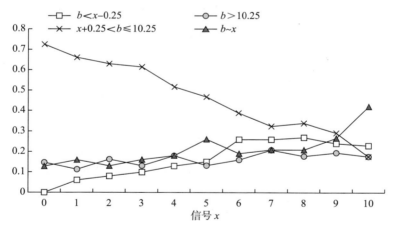

图5.2　基于信号报价的不同报价类别的比率（一）

表5.1　基准干预组第一阶段的被试分类

单位：人

	第一阶段人数
过低报价者	5
价值报价者	9
过度报价者	25

续表

	第一阶段人数
报价高于 10 的报价者	10
不确定类型	13

到目前为止，实验结果提供了另一个关于层级思维模型的"成功"案例。大多数报价者及其报价可以被分类为第 1 层级或第 2 层级报价者。而现在，我们将考虑对层级思维模型进行更直接的检验。

在实验的第二阶段，主要干预组中的被试再次参加 11 轮双人共同价值第二价格密封拍卖，并再一次收到每个价值信号各一次。但这一次，他们将与计算机对战。计算机在接收到价值信号 y 时，将使用被试在第一阶段接收到该信号时的报价。也就是说，计算机会使用被试先前在第一阶段的报价函数进行报价。因此，在第二阶段，被试会与自己用过的旧报价函数竞争投标。这种方法可以让我们完全控制被试对其他被试策略的信念，因为它只是被试自己过去的策略。此外，我们在没有任何干扰的情况下实现了这一点，因为我们没有提供任何可能改变被试心理模式的新信息。虽然我展示的这一干预组并没有提醒被试他们在第一阶段的报价函数，但我们有另一个干预组，那个干预组提示了被试之前的报价函数，我们发现结果几乎相同。

任何最优反应模型（包括层级思维模型）都预测被试会基于之前的策略做出最优反应。因此，我们预期第 k 层级的被试将会在第二阶段转变为第 $(k+1)$ 层级。这意味着与第一阶段相比，第二阶段的过度报价情况会减少。考虑某个在第一阶段过度报价的被试，对于该被试而言，在第二阶段直接以信号作为报价是最优反应。依然过度报价但适当降低所报价格是否为最优反应取决于被试之前过度报价了多少以及报价函数降低了多少。但是，如果报价行为没有发生变化则显然不是最佳反应。

图 5.3 显示了在第一阶段和第二阶段，针对每个信号的第 1 层级报价的比率，以及接近对称均衡报价的比率。从第一阶段到第二阶段，高于贝叶斯纳什均衡报价和在均衡附近报价的比率几乎没有变化。

此外，我们根据报价者大部分报价的分类来划分报价者的特征类型，并确定报价者的分类是否发生了变化。

表 5.2 显示，第一阶段过度报价者中的大多数在第二阶段仍然是过度报价者（56%），而且只有少数过度报价者转变成过低报价者或价值报价者。对

于在第一阶段和第二阶段过度报价的被试，我们发现第二阶段只有23%的报价是对第一阶段行为的最优反应。相对于采取最优反应策略，在第二阶段采取非最优反应策略的被试，在实验过程中平均损失了20%的报酬。

我们研究了共同价值拍卖中的"赢者诅咒"是否能用基于信念的模型来进行合理化的解释，如层级思维模型。通过比较过度报价可以被合理解释的环境下的行为（如第一阶段），以及过度报价不能被合理解释的环境下的行为（例如第一阶段的过度报价者在第二阶段的报价），可以实现对这一假设的直接检验。一般来说，实验结果对于任何依赖于最优反应行为的理论而言都是坏消息，特别是在复杂的环境中，如共同价值第二价格密封拍卖，尽管我们的实验环境似乎比其他共同价值拍卖实验所使用的环境要简单得多。

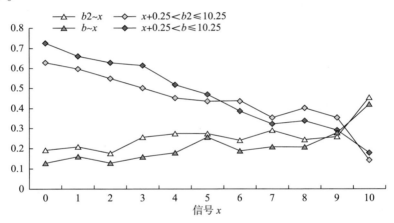

图 5.3　基于信号报价的不同报价类别的比率（二）

注：b 表示第一阶段的报价，$b2$ 表示第二阶段的报价。

表 5.2　基准干预组中第一阶段和第二阶段的被试分类

单位：人

	过低报价者	价值报价者	过高报价者	报价高于10的报价者	不确定类型	第一阶段
过低报价者	2	0	2	1	0	5
价值报价者	0	5	3	1	0	9
过高报价者	1	5	14	1	4	25
报价高于10的报价者	2	1	1	6	0	10
不确定类型	2	2	3	5	1	13
第二阶段	7	13	23	14	5	

　　这就提出了一个问题：我们认为理论应该发挥什么样的作用？我重点关注理论在理解实验行为方面的作用。当然，理论扮演着重要角色，例如在提供政策建议（"在王子的耳边私语"）以及在进行真正的机制设计时（Roth，2008）。有一种观点认为，理论应该提供真知灼见，或揭示某些荒谬结论，这一观点当然并非空穴来风（Rubinstein，2006）。

　　另一种观点认为，人们希望理论能够很好地拟合数据，因此会根据理论与数据的匹配程度来判断其优劣。这种观点指引许多研究人员开发了新的信念模型。与标准理论模型相比，这些模型与实验数据更加一致。因此，在解释个体在这种环境中所采取的行为策略时，它们被认为更有优势。

　　还有一种观点认为，人们可能会希望，不管是在一般情况下，还是在比较特殊的情况下，理论都可以做出准确的预测。当博弈发生某种变化时，理论也可用于指导我们预测被试的行为将如何变化。所以，好的理论还可以提供一些关于哪些重要参数会首先影响博弈行为的真知灼见。

　　请注意，存在这样一种可能，某一个理论能更好地拟合一个实验的数据，而另一个理论能更好地预测实验外的其他样本数据。

　　在这一节，层级思维模型看起来不大可能是绝对正确的（当改变博弈规则时，它可以很好地做出比较静态预测）。或许，在这场博弈中，参与者可能太过困惑，以至于模型根本不适用。因此，使用层级思维模型来解释共同价值拍卖中的行为，也许只是一个过于远大的目标。在其他情况下，层级思维模型能否预测行为仍是一个问题。这可以追溯到另一个问题，即当一个模型能够拟合多个实验的数据（虽然不同的实验可能有不同的参数，或者第一级和第二级实验的比例不同）时，我们是否应该对这个结果表示满意？或者，我们是否应该要求模型对样本之外的数据进行预测？其中包括对新博弈的良好拟合，而这一点在目前的层级思维模型研究中已经得到了广泛讨论。与其他模型相比，层级思维模型可对比较静态行为进行更好的预测，这是迄今为止被关注较少的方面。

　　最后，假设模型不能直接预测样本外行为，即无法拟合博弈参数改变后新博弈实验获得的行为数据（例如操纵关于对手策略的信念）。在这样的情况下，模型对数据本身的描述仍然是有价值的。例如，第 2 层级被试的比率（或者将特定的第 k 层级拟合到某个特定博弈的数据）可以是一个很好的测度指标，可用于测度博弈难度，我们可以通过它进一步了解是什么因素导致一些博弈比另一些博弈更难。

在下一节，我将重新讨论在面对实验证据时如何思考理论的问题。

实验设计和假设检验

第一个例子展示了实验设计是如何直接检验理论模型的，而不是间接估计行为是否与模型契合。良好的实验设计减少了对计量经济学的需求。在本章中，我想提供一些这样的例子，其中巧妙的设计改变了我们需要解决的问题，使得我们可以直接验证理论假设。同时，我还想证明我们有多么需要巧妙的设计，以提供一个可以进行检验的环境。以下内容可以被认为是用于设计实验的工具箱。

对样本自选择效应的检验

在这一节中，我想详细说明一种实验设计，并比较巧妙使用实验设计的结果和使用标准计量技术的结果。我们依然考虑共同价值拍卖中过度报价的情形，但这里讨论的是第一价格拍卖。

虽然过度报价（高于风险中性的贝叶斯纳什均衡的报价）是共同价值拍卖中的标准行为，但后面几轮实验结果显示，与前几轮相比，更少的被试会成为"赢者诅咒"的牺牲品。此外，在几周之后重复参加实验的有经验的被试，比第一次参加实验的被试更少出现"赢者诅咒"的结果。至于为什么被试似乎学会了使用更好的策略，有两个潜在的原因。一个原因是能力较弱的报价者可能容易在实验过程中破产（反复出现"赢者诅咒"的结果），然后无法进一步参与实验，因为他们已没有更多的钱可以被输掉。另一个原因是，当使用在不同日期参与两场实验来度量被试的经验时，过度报价的被试由于挣的钱更少，因此不会以与不过度报价的被试同样的比例继续参加下一个实验场次。因此，在后几轮中被试表现更好的原因之一可能是一种纯粹的样本自选择效应。另外，也可能是竞价者确实学会了规避"赢者诅咒"，这种学习过程可能发生在第一场实验或第二场实验中，也可能发生在两场实验间隔的时间中。

卡萨里等（Casari et al.，2007）的一个目标是设计一个可以直接测度样本自选择效应并与学习效应相比较的实验。为了降低样本自选择效应的影响，他们有一些干预设计，其中一些被试的初始现金余额高于其他被试，并且他们在整个实验期间还会获得额外收益（通过抽奖），这种干预设计影响了被试

在实验过程中破产的概率。为了在研究经验对被试表现的影响时考虑样本自
选择问题，作者在他们为期两周的实验中改变了第 2 周的出场费，并且将一
些被试第 1 周收入的一半保留在第三方托管账户中，以确保这一部分被试可
以参加第 2 周的实验，从而确保高返回参与实验率。[8]

基准干预组采用标准的流程：被试收到 5 美元的出场费和 10 美元的初
始现金余额。所有被试都被邀请在第 2 周再次参与实验，第 2 周他们会再次
收到相同的出场费和初始现金余额。在奖金干预组中，一半被试的初始现
金余额为 10 美元，另一半为 15 美元。此外，每次拍卖结束后，每个活跃的
报价者都可以抽取一次彩票，有 50% 的概率获得 0.5 美元。并且，被试仅
在完成第 2 周的实验场次后才会得到总共 20 美元的出场费，第一周 50% 的
收入会被托管。第三种干预组与奖金干预组相似，只是在这一干预组中被
试都会在第一周收到 5 美元的出场费，第 2 周收到 5 美元或者 15 美元的出
场费。

在第一场次中，实验设计的变化确实影响破产率，从 20.3% 到 46.3%
不等。同样，参加第二场次实验的被试比例从 60% 到 96% 不等。一个明确
衡量被试参与情况的指标是，在第一场次破产的被试，有多少人会参加第
二场次。在基准干预组中，这一比例仅为 47.7%，而在更不容易在第一阶
段实验中破产的干预组中，这一比例为 88%。尽管如此，在所有干预组中，
虽然程度有所不同，作者发现被试都能通过学习使其行为更接近风险中性
纳什均衡。市场选择和个人学习两种因素似乎都有助于改善有经验的报价
者的结果。

作者还表明，标准计量经济学技术未能提供被试报价行为中未被观察到
的异质性证据，也未能发现任何样本自选择效应。

该篇论文展示了巧妙的实验设计如何直接检验样本自选择效应（或其他
潜在的计量经济学问题），而不必依赖复杂的计量经济学技术，这些计量经济
学技术可能无法找到任何证据（这可能是由于实验经济学家的样本规模通常
小于劳动经济学家的样本规模）。

双向设计方法

过度报价——被试以高于风险中性纳什均衡的价格报价，不仅是共同价
值拍卖的常见现象，也是私有价值第一价格拍卖的常见现象。早期的研究工
作将其归因于风险厌恶（Cox et al.，1988），其导致报价者在风险中性纳什均

衡价格之上报价（报价更接近于个人的价值信号）。这些文献受到了后来研究的严肃批评，即第一价格拍卖中被试的行为可能很难被认真对待，因为在风险中性纳什均衡对应的投标函数附近，预期收益的变化相当平缓（Harrison，1989）。这引发了一场非常激烈的讨论。[9]

在一个非常聪明的设计中，卡格尔和莱文（Kagel and Levin，1993）想要证明，一般来说，第一价格拍卖中的过度报价不能完全归因于风险厌恶或被试根本不在意他们的报价。

解决这个问题的一种方法是尝试估计每个被试的风险厌恶程度，并将其与他们的报价相关联。请注意，我们仍然需要高度依赖纳什均衡模型，模型可揭示被试关于其他被试风险厌恶程度的正确信念。

卡格尔和莱文（Kagel and Levin，1993）提出了一种更直接、更简单的解决方案。具体而言，被试不仅要在第一价格拍卖中报价，还要在第三价格拍卖（报价最高者赢得物品并以第三高价格支付）中报价。在这种情况下，风险中性纳什均衡要求报价超过个人的价值信号，而风险厌恶要求报价低于风险中性纳什均衡的报价。这两者都与第一价格拍卖中预期的行为形成对比，在第一价格拍卖中，风险中性纳什均衡要求报价低于一个人的价值信号，而风险厌恶要求报价高于风险中性纳什均衡的报价。

卡格尔和莱文发现报价者在两种拍卖形式下的报价都高于风险中性纳什均衡的报价，这使得第一价格拍卖中的过高价格更不可能被归因于风险厌恶（Kagel，1995；Kagel and Levin，即将出版）。

在这一部分中，我们展示了巧妙的设计如何引起人们对风险厌恶理论的怀疑。这是通过改变环境来实现的，使得著名理论（比如风险厌恶理论）与解释现象的其他理论做出不同的预测，比如"胜利者效应"似乎也可以解释在第一价格拍卖中，报价高于风险中性纳什均衡价格的现象。

为了详细说明如何运用双向设计，我想提供这种设计中最早的一个例子，来源于《旧约全书·士师记》第6章，这个例子由阿尔·罗思的实验经济学课程提供。

这个故事始于以色列人，在黛博拉战胜迦南并维持了40年的和平之后，他们背弃了上帝，遭到了邻国米甸人的攻打。上帝选择了玛拿西部落中一个不起眼氏族中的年轻人基甸去解救以色列人，并谴责他们对偶像的崇拜。基甸为了确认他听到的声音确实是上帝的声音，要求进行检验。

　　基甸对上帝说："如果你想借我之手拯救以色列，正如你所说的那样，我会在禾场上放一团羊毛。如果只有羊毛上有露水，而地面上所有的东西都是干的，那么我就相信你所说的话，你将用我的手拯救以色列。"
　　事实的确如此，因为他第二天早上起来，把羊毛压在一起，从羊毛中拧出了满盆的露水来。

　　如果故事只到这里，只能说基甸是一个有实证思想的人，而不是一个好的实验设计者。然而，基甸已经意识到可能会有针对其主要结论的其他可能解释。基甸决定采取一种最简单易行的方法去再次验证，毕竟，他可能不经常把羊毛留在外面。到目前为止，他的设计无法区分：结果是由全能的上帝造成的，或者仅是寒冷的夜晚与外面的羊毛相互作用的结果。在他的下一个设计中，他删除了"自然"的解释，并且检验这是不是上帝的行为。具体而言，他问上帝是否可以扭转可能仅由自然造成的结果。

　　基甸对上帝说："请原谅我的冒犯，我只会再请求这一次。让我再试着用羊毛请求你一次，这一次只要羊毛是干的，而地面是湿的。"
　　上帝当晚就这么做了，因为羊毛是干的，而地上有露珠。

　　该实验还允许在实验设计之外进行外部预测：基甸召集的军队的确打败了米甸人。
　　这是巧妙的实验设计的一个主要例子：改变环境，理论的原假设（上帝）会反转结果，而备择假设（自然）不会改变结果。虽然许多实验设计并不需要比较静态的效果，但这些设计通常有助于使读者相信结果是可靠的且由相应的特定假设驱动。

消除设计方法：通过消除理论适用性来检验理论

　　除了双向设计之外，还有另一种可以被称为"消除"设计的常用方法，人们能够通过这种方法质疑理论对某个特定现象的适用性。基本问题保持不变，只改变环境条件。也就是说，我们不是直接检验理论，而是在没有相关条件的环境中，检验可以在多大程度上发现类似行为。如果行为保持不变，它至少意味着其他因素也可能在起作用。我将详细介绍两个例子来说明这一点，这两个例子我在前文中也提到过。

　　第一个例子是前文引入的选美博弈，这是新理论如层级思维理论的滋生地。被试在选美博弈中猜测一个不为 0 的数字，并且以某种方式改变环境，以消除层级思维模型产生这种行为的合理性。

　　格罗斯科普夫和内格尔（Grosskopf and Nagel，2008）将选美博弈改为只有两个被试，而不是三个或更多被试。规则是最接近平均数的 2/3 的人获胜。只有两个被试，意味着赢家是选择较小数字的人。也就是说，只有两个被试时，选择 0 是一个占优策略。因此，任何以被试对对手有非均衡信念为基础来验证非均衡行为的模型都是没有意义的，因为存在唯一的占优策略。

　　格罗斯科普夫和内格尔（Grosskopf and Nagel，2008）发现，学生被试的选择几乎与被试数量大于 2 时的选择相同。具体而言，选 0 的情况在被试数量为 2 或者多于 2 时都相同，约为 10%。虽然专业人士（博弈理论经济学家）在有 2 个而不是 3 个或更多被试时更有可能选择 0，但选 0 的比例仍然只有约 37%。

　　格罗斯科普夫和内格尔（Grosskopf and Nagel，2008）的研究结果使得人们对于层级思维模型是否能够解释实验中那些大于 0 的数字选择产生了怀疑，因为即使在选择 0 是占优策略的情况下，选择大于 0 的数字也很常见。然而，仍存在这样的可能性：当占优策略存在时，其他偏误变得重要，或者仅是一些被试对实验规则感到困惑并且没有考虑到只有 2 个被试。

　　第二个例子是伊万诺夫等（Ivanov et al.，2010）提出的。请记住，一种解释被试过度报价行为的方式是他们认为对手有时会低于价值信号报价。过度报价是指在简单的双人第二价格密封共同价值拍卖中以高于价值信号的价格报价。在其中一个干预组（我们称之为 MinBid 干预组）中，我们消除了被试报价严格低于价值信号的可能性。

　　我们可以比较基准干预组第一阶段的报价，观察报价高于价值信号的比例，在这一阶段被试的竞争对手可能是任意一个人，而这个人能报出低于 1000000 的任意价格。如果在基准干预组中过度报价的主要原因是被试认为其他人可能会随机报价（有时也会过低报价），那么我们预计 MinBid 干预组中的过度报价现象会大幅减少。然而，结果恰恰相反，过度报价的比例从大约 40% 增加到 60%，过度报价现象在 MinBid 干预组中更频繁。消除低于价值信号的报价后，所有的报价会分布在 3 个而不是 4 个类别里。鉴于此，过度报价的比例增大似乎具有合理性。

　　伊万诺夫等（Ivanov et al.，2010）的研究结果对基于信念的模型能否解释共同价值拍卖中过度报价的驱动因素提出了怀疑。MinBid 干预组消除了基于信念模型的解释力，此时，找到能够产生类似偏离的其他行为模型就变得很重要了。

总而言之，要质疑理论的解释性，就需要消除相关理论的基本假设，并发现理论与实验现象之间没有关联。但是，在这种部分改变了的实验环境中，也许还有其他原因可以产生类似的结果。它并没有直接消除该理论对现有现象的一些解释力。因此，进行直接检验可能比这种间接（虽然相当优雅）的检验更能使该理论的支持者信服。

理论之间的比较

我还想讨论在比较不同理论的预测能力时常用的一种方法。以前，我认为理论在进行点预测时，或者在预测由于环境变化引起的比较静态时可能是有价值的。一般来说，当论文涉及理论之间的比较时，其价值是由每个理论在一组固定博弈中拟合数据的能力所决定的，而对于理论之间的比较，比较静态预测几乎没有价值。

在许多论文中，这种比较涉及一种作者更偏好的理论（主要是针对某项研究的新观点）和一些更"标准"的或已建立的理论。通常，作者会挑选一些博弈，让被试参与这些博弈，然后比较这些博弈的结果。当对所选择的每个博弈给予相同的权重时，回归分析通常会显示某个受欢迎的理论比其他理论表现更好。

以下是我对这类论文最大的两个担忧：第一个担忧是缺乏对如何选择博弈的深入讨论。通常，这种讨论很简短且不准确，很难解释任何基于这些博弈的计量经济学研究：作者可以选择 10 个博弈，只有在这些博弈中作者的模型才比其他模型更好吗？做这样的回归意味着什么呢？很明显，如果作者尝试了很多的博弈，然后选择了一些有利于某个理论取胜的博弈的话，很少有人会认为这样的理论有重大的影响力。这样公然对研究结果进行筛选后再报告可能很少见，但是作者可以凭经验事先预计到哪些博弈能够确认他的理论基础。[10] 可能很难假设博弈的选择在某种程度上没有偏见。当然，一个潜在的重要问题是，取胜的理论是不是在事后设计的？这一点我会在下文说明。

第二个担忧是，人们必须小心，新理论不应该是所谓的"牙刷"理论，即人们只在自己的数据上使用的理论（就像牙刷只适用于单个使用者）。这意味着许多论文的逻辑："我的理论比你的理论更能拟合我的数据。"这就能解释为什么这种"牙刷"式的理论研究论文通常不那么令人印象深刻。

　　进行理论比较的论文必须首先确定理论更优的含义。更优秀的理论真的能更好地预测某个博弈中的行为吗，或者是更好地预测一类博弈中的行为？

　　在本章中，我想提倡后者，这在埃雷夫等（Erev et al.，2007）的研究中有很好的描述。他们检验了双人零和博弈中各种模型的预测能力，其中包括标准的纳什预测和学习模型。为了做到这一点，他们让被试参加一系列有独特的混合策略纳什均衡的零和博弈。然而，由于这些模型应该对所有博弈类别做出很好的预测，因此作者并没有自己挑选博弈种类，而是随机选择它们。这是一个很好的策略，除非有更好的理由只关注一组特定的博弈。

　　在埃雷夫等（Erev et al.，2007）以及埃雷夫和罗思（Erev and Roth，1998）的文献中可以看到，在选择博弈时，作者甚至会自欺（考虑作者并不希望欺人）。以前的论文按结论大致可以分为两类：一类认为纳什均衡能对行为做出很好的描述，而另一类认为不能。似乎这两种类型的论文也可以通过以下方式来表征：纳什均衡的支持者倾向于选择双人零和博弈，其中混合策略均衡会给予两个被试相对平等的报酬。其他人倾向于选择其他类型的博弈。由于没有任何论文能确切地说明这一点，我想这不是因为作者试图愚弄别人，可能只是他们的直觉让他们挑选了那些能够确认其最初假设的博弈。

　　最近的研究目标是找到在一类博弈中都能做出良好预测的模型，其中具体要进行的博弈将会被随机抽取（Erev et al.，2010a，2010b）。

什么因素驱动了结果？干预驱动的实验

　　直到现在，我一直致力于用非常精确的基本模型对理论进行实验验证。本部分的大部分实验都超出了简单的理论参数检验或者是对可精确预测的经典理论的检验。本部分旨在深入了解初始发现背后的机制。是什么因素决定了初始结果？要注意的是，不管最初的实验发现在理论上是否有充分的依据，能够帮助我们更好地理解具体结果背后的因素的那些干预方法都是可以使用的。类似地，经济学理论甚至心理学等其他学科的研究结果都能给出可能的驱动因素。

本部分的重点是如何利用实验来理解驱动实验结果的因素。实验允许我们引入或移出各种控制因素，从而使得我们能够度量各个因素的影响，并真正了解是哪个因素驱动了某个结果。正是这种强大的控制环境的能力使得实验变得如此有用，特别是当我们研究初始结果的解释机制时，实验可以帮助我们发现关键的因素。

在本部分，我将重点讨论女性是否会回避竞争，及其可能的解释因素。虽然尼德勒和维斯特兰德（Niederle and Vesterlund，2007）没有检验一个特定的模型，但理论上，我们可以探究男性和女性在是否进入锦标赛方面出现差异的潜在经济学解释。由于我们使用组内设计，因此需要在开始运行实验之前准备好所有控制要素，这就使得设计更难实现。这样设计的优势在于，各种因素对是否参加锦标赛的影响程度能够更容易被识别出来，而不仅仅说它们可能有影响。

我们的目标是检验当外部选择是在非竞争环境中做出时，女性和男性参加锦标赛的可能性是否相同。显然，薪酬选择方案中性别差异的一个原因可能是表现上的差异。格尼茨等（Gneezy et al.，2003）的研究表明，即使在计件奖励计划下的表现非常相似，男性和女性在锦标赛中的平均表现也可能非常不同。事实上，本章显示了在不同的激励方案下性别差异变化显著。因此，在控制组中，我们的目标是完成在激励方案中性别差异不会太大的任务。并且，在确定女性和男性的选择时，我们将评估其在竞争性和非竞争性环境中的所有表现。在选择激励方案时，导致性别差异的可能因素有哪些呢？

解释 1：男性比女性更多地参加锦标赛，因为男性更喜欢竞争。

该解释将是主要的假设，因此必须设计实验去拒绝其他解释的可能。

解释 2：男性比女性更多地参加锦标赛，因为他们相对女性更加过度自信。心理学家和经济学家常常发现，虽然男性和女性都对自己的相对表现过度自信，但男性往往比女性更加过度自信（Lichtenstein et al.，1982；Beyer，1990；Beyer and Bowden，1997；Mobius et al.，2010）。

解释 3：男性比女性更多地参加锦标赛，因为他们的风险厌恶程度更低。由于锦标赛涉及不确定的收益，风险态度的潜在性别差异可能会影响对薪酬方案的选择。[11]

解释 4：男性比女性更多地进入锦标赛，因为他们对反馈的厌恶程度更低。参加锦标赛的一个收获是个人将获得有关表现的反馈。[12]

在实验中，2 名女性和 2 名男性坐成一排组成一个小组，我们会告知被试，他们 4 位属于同一小组。虽然被试可以看到对方，但在实验期间我们不会提及性别问题。[13]实验任务是将 5 个两位数的数字加起来，持续 5 分钟，被试的得分是他在 5 分钟时间内答对的个数。在回答了每个问题之后，被试可以知道他当前回答正确和回答错误的数量，以及刚刚回答的题目答案是否正确。在实验结束之前，被试不会收到任何关于相对表现的反馈（例如，他们是否赢得了锦标赛）。

该实验有 4 个任务，我们将在最后随机抽取其中一个任务进行支付。

任务 1：计件工资。被试参与 5 分钟的实验任务。

如果任务 1 被随机选中用来决定被试的实验报酬，那么对于每个人而言，每个正确答案可以兑换成 50 美分的实验报酬。

任务 2：锦标赛。被试参与 5 分钟的实验任务。

如果任务 2 被随机选中用来决定被试的实验报酬，则小组中答对最多的被试将获得报酬，每答对一道题可以获得 2 美元的实验报酬，而其他被试不会获得实验报酬（如果有并列第一的情况出现，则在并列者中随机抽取一位）。[14]

在任务 3 中，被试再次参与 5 分钟的实验任务，但这次他们要在计件工资和锦标赛两种方案中选择想要参与的支付方案，并依据选择的方案和之后在任务中的表现来确定实验报酬。被试将基于预期货币收入最大化的目标来选择支付方案。因此，某个被试的支付方案选择与他关于其他被试会如何选择支付方案的信念不相关，否则这一信念因素就会进入这一最大化问题中，从而使得理论上难以进行这一最大化问题的求解。这意味着在此任务中，每个被试的支付方案选择不应该影响其他被试的收益。

任务 3：选择支付方案。

选择计件工资方案的被试每答对一个问题可以获得 50 美分。选择锦标赛方案的被试在任务 3 中的答题表现将与其所在组中的其他被试进行比较，但所比较的内容是其他被试在任务 2 中的答题表现。如果被试的表现在所在小组中最好，则每答对一个问题可以获得 2 美元的收入，否则不会获得实验报酬。通过这种方式，在本任务中选择锦标赛方案意味着被试的表现将与其他被试在锦标赛（任务 2）中的表现进行比较。

此外，由于某个被试的选择不影响任何其他被试的报酬，我们可以排除女性因为赢得比赛会对他人施加负外部性，从而回避竞争的可能性。[15]

任务 4：基于之前在计件工资任务中的表现选择方案。

被试基于自己在任务 1 中的表现，决定是选择计件工资还是锦标赛方案。若选择锦标赛方案，被试只有在任务 1 中比同组的被试有更好的表现才会获得实验报酬。这个任务模仿了任务 3 中的选择，但消除了任何的锦标赛表现。具体而言，该任务要求被试在确定的支付方案（计件工资）和不确定的支付方案（锦标赛）之间做出决定，接收（锦标赛）或不接收（计件工资）关于其表现是否最佳的信息。与任务 3 一样，被试必须根据他们对自己小组相对表现的信念做出决定。

因此，这种干预方法可以提供一些信息，以便我们了解，与任务 4 选择中缺少的独特影响因素相比（想要在竞争激励方案下表现的欲望或意愿），任务 3 中支付方案的选择在多大程度上受到任务 4 中同样因素的影响。

最后，实验要求被试猜测，在任务 1 和任务 2 中，自己在同组 4 个被试中的排名（其中估计出正确排名的被试可以获得 1 美元的奖励）。

我们发现女性和男性在计件工资方案和锦标赛方案中的表现非常相似。在计件工资方案中，女性的平均得分为 10.15 分，男性为 10.68 分，而在锦标赛方案中分别为 11.8 分和 12.1 分。在表现方面没有性别差异。从计件工资方案到锦标赛方案，绩效的增加似乎更多的是因为在学习如何执行任务方面所投入的努力，而不是因为在锦标赛中投入了更多的努力。[16]在 20 个组中，11 个组的获胜者是女性，9 个组的获胜者是男性，具有相同绩效的男性和女性获胜的概率相同。给定小组成员在任务 2 中的锦标赛绩效，

30%的女性和30%的男性在任务3中选择锦标赛方案可获得更高的收入，当我们把选择计件工资或锦标赛无差异的被试也考虑进来，选择锦标赛方案可获得更高（或无差异）收入的女性和男性的比例分别增加到40%和45%。然而，在实验中，有35%的女性和73%的男性在任务3中选择了锦标赛方案（显著差异）。

图5.4a展示了任务2中不同绩效排名的被试在任务3中选择锦标赛方案的比例，结果显示，在任何绩效排名上，男性都比女性更可能参加锦标赛。[17]

一个驱动因素可能是女性和男性对于他们在比赛中相对表现的信念不同（解释2）。在实验中，40名男性中有30名（75%）认为他们是同组4人中表现最好的（他们中的大多数显然是错误的），这意味着男性存在严重的过度自信。虽然女性也存在过度自信的情况（17名女性认为她们的表现在同组4人中最为出色），但男性过度自信的比例远比女性高。这种性别差异可以解释不同性别的被试在选择是否参加锦标赛时的差异吗？

图5.4b显示了被试基于自己在任务2锦标赛中排名的信念，选择在任务3中参加锦标赛的比例。信念对被试是否参加锦标赛有重大影响，但在控制了信念之后，性别差异仍然存在，信念可以解释约30%初始性别差异（由回归确认的结果）。

为了研究风险厌恶和反馈厌恶对被试是否参加锦标赛的影响，我们首先研究任务4中的决定。在任务4中，被试决定用哪种支付方案来对自己在任务1中的实验表现进行支付，其可以选择计件工资或锦标赛。在这种情况下，被试的实际表现，以及他们对自己表现相对排名的看法，可以在很大程度上解释女性和男性的选择。在控制了这些因素后，性别差异有很小且不显著的经济意义。如果先选择是否参加锦标赛然后执行实验任务的模式，就发现不了真正的性别差异。我们用任务4去对比任务3中的决策选择，在任务3中被试先决定是否参加锦标赛然后执行实验任务，而在任务4中，被试不需要重新执行一次锦标赛任务，而实验报酬是基于他们之前在计件工资计划下的表现支付。当我们在任务4中消除即将到来的锦标赛中的竞争性因素后，女性和男性的决定可以完全由他们的实际表现和他们关于自己相对表现的信念来解释。这些实验结果已经在一定程度上拒绝了风险厌恶和反馈厌恶（解释3和4）是选择锦标赛时性别差异的主要因素。此外，对被试在任务3中选择是否进入锦标赛的决策进行回归，我们发现了显著的性别差异，即使是在控制了被试实际表现、对于自己表现排名的信念及其在任务4中的选择等因素后，

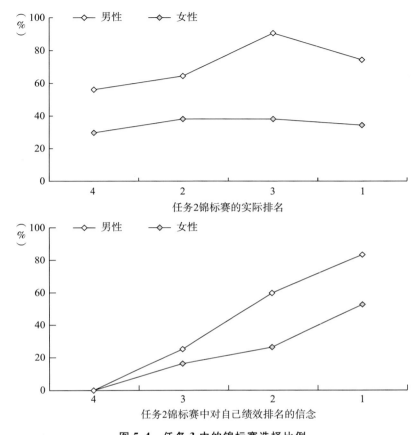

图 5.4　任务 3 中的锦标赛选择比例

注：4 表示最差，1 表示最佳。

这一显著的性别差异依然存在。

就货币收益最大化的选择而言，高绩效女性中选择参加锦标赛的极少，而低绩效男性中选择参加锦标赛的极多（尽管按照设计而言他们的损失较小，因为实验报酬取决于表现）。结果是很少有女性参与竞争且很少有女性在竞争中获胜。

实验对于显示这种性别差异很有帮助，因为它们允许控制一些通过劳动数据难以控制的因素：除了能够控制两种环境中的表现外，我们还可以确保被试没有受到任何方面的歧视，实验报酬只取决于被试的决定和其他人的表现，而且女性和男性不会受到不同的对待。此外，实验持续不超过 90 分钟。因此，任何关于抚养孩子的担忧显然都不是问题。同时，许多其他的实验已经复制了这些基本结果。[18]

尼德勒和维斯特兰德（Niederle and Vesterlund，2007）得出了一些结论。例如，我们可以尝试通过让被试参加各种博弈来明确度量其风险厌恶程度，以及明确他们接受或拒绝这些博弈的意愿。关于这种方法有两点启示。

第一个启示涉及被试在选择时的实际风险。例如，对于正确答案超过 14 个的被试，赢得锦标赛的机会是 47% 或更高。如果被试在选择支付方案后维持原来的任务表现，则其决定是否参与锦标赛就相当于是一个博弈，在该博弈中，被试将以 47% 或更高的比例获得每个正确答案 2 美元的不确定性实验报酬，或者获得每个正确答案 50 美分的确定性实验报酬。在正确回答了 14 个或更多问题的被试中，有 2/3 的女性和 1/4 的男性没有参与这个博弈。[19]类似地，对于正确回答了 11 个或更少问题的被试，赢得锦标赛的机会为 5.6% 或更低。因此，参加锦标赛意味着每个正确答案可以获得 2 美元实验报酬的概率仅为 5.6%（或更低），不参加则会确定性地获得每个正确答案 50 美分的实验报酬。在正确回答了 11 个或更少问题的 18 位男性中有 11 位选择了上述博弈，而 17 位女性中只有 5 位选择了上述博弈。[20]据我所知，目前并无研究表明风险厌恶存在如此极端的性别差异。此外，如果风险厌恶是对锦标赛选择中性别差异的最重要的解释，那么男性不应该在所有绩效水平上都以比女性更高的概率选择参加锦标赛，而事实刚好相反，在所有绩效水平上，女性的锦标赛参与率都比不上男性。

第二个启示是，即使我们发现更多风险厌恶的被试以较低的倾向进入锦标赛，我们也不清楚风险厌恶是否确实是解释因素。相反，如果我们发现风险厌恶本身并没有减少性别差异，那么我们可能是使用了错误的度量手段去度量风险态度，因为不同个体对博弈的感知也可能会有很大不同。

基本上，问题在于被试的选择以错综复杂的方式与风险厌恶关联在一起，而这种方式可能很难被度量和研究。因此，我们在本部分所采用的间接方法可能更可靠，因为它绕过了风险偏好的测度问题，对风险厌恶如何准确地进入决策过程做出了正确的假设（结合对实际表现等的信念）。

结　语

本章展示了如何使用实验来检验理论。本章通过直接检验理论的相关假设，展示了如何在更高层次上检验该理论。本章还提供了两个用于检验理论的设计实例：双向设计和消除设计。在双向设计中，我们改变了初始的实验环境，以比较两种理论对结果的解释能力。在消除设计中，我们通过以下方式改变环境来质疑理论对某种现象的解释力：理论不再具有解释力，但现象仍然存在。

当初始假设不以理论模型为基础时，也可以使用巧妙的设计。实际上，本章中介绍的大多数巧妙设计的实例并不是真正依赖于模型的参数估计，而是探究更宽泛的结果或假设。通常，更直接的实验方法可以使我们收获更多研究成果。

注释

1. 例如，《经济计量学》声明："我们理解出于保密或其他原因，可能需要对该政策进行例外处理。在这种情况下，必须在提交时明确说明某些数据或其他附录材料不能或不会提供，并提供解释。此类例外需要编辑事先批准。" http://www. econometricsociety. org/ submissions. asp#Experimental，2010 年 11 月 8 日访问。有关相关论点的概述，参阅赫特维格和奥尔特曼（Hertwig and Ortmann，2008）。

2. 在类似的说明中，认知层级模型（Camerer et al.，2004）假设一个第 0 层级被试采取随机策略，第 k 层级的被试根据第（$k-1$）层级或者更低层级被试的分布做出最优反应，其中分布是通过严格低于 k 级的所有级别上的泊松分布给出的。

3. 参见波什－多梅内克等（Bosch-Domenech et al.，2002）的实地选美博弈，以及何等（Ho et al.，1998）、科斯塔－戈梅斯和克劳福德（Costa-Gomes and Crawford，2006）、克劳福德和伊里贝里（Crawford and Iriberri，2007）、科斯塔－戈梅斯等（Costa-Gomes et al.，2009）、斯塔尔（Stahl，1998）的研究。

4. 一些论文，如科斯塔－戈梅斯和克劳福德（Costa-Gomes and Crawford，2006）的论文，通过考虑被试的行为，以及他们在做决定时使用的信息，进行了更为严格的检验。具体而言，就是博弈的参数被隐藏起来不告诉被试，只能由被试在实验中自行发现。当成为 k 层级被试所需的数据甚至未被发现时，查表模式可以排除某些"随机"策略的错误识别。卡默勒等（Camerer et al.，2004）提出使用确定类型分布的唯一参数来拟合数据。

5. 然而，关于层级思维模型的预测能力，以及哪些行为是容易被排除的尚未进行太多讨论，即使关于其他理性行为偏差模型的讨论很活跃，例如随机最优反应均衡（McKelvey and Palfrey，1995；Haile Hortacsu and Kosenok，2008）。

6. 然而，研究适用于"赢者诅咒"的任何基于信念的解释。这包括被诅咒的均衡（Eyster and Rabin，2005），以及基于类比的期望均衡（Jehiel，2005；Jehiel and Koessler，2008）。

7. 对于该表，我们使用以下略有不同的分类。过低报价、价值报价、过高报价、高于 10

的报价分别对应着：①$b < x - 0.25$；②$x - 0.25 \leq b \leq x + 0.25$；③$x + 0.25 < b \leq 10$；④$b > 10$。除了$x = 10$，$9.75 \leq b \leq 10.25$的报价$b$也属于类别②，并且仅有$b > 10.25$的报价属于类别④。

8. 在他们的共同价值拍卖中，标的物的价值x是从$[50, 950]$的均匀分布中随机抽取的，而对于6位报价者，他们都会收到一个私人价值信号y，每位报价者收到的私人价值信号是从$[x - 15, x + 15]$的均匀分布中独立抽取的。因为边界限制，当我们只关注$[65, 935]$中的x时，风险中性纳什均衡的投标系数（信号数值减去的额度）大约是15，这接近于无损策略（报价者可以确保永远不会赔钱）。盈亏平衡策略（预期利润为0，但偶尔会产生亏损的策略）的投标系数约为10.71。

9. 参见弗里德曼（Friedman, 1992）、卡格尔和罗思（Kagel and Roth, 1992）、考克斯等（Cox et al., 1992）、默洛和舒特（Merlo and Schotter, 1992）以及哈里森（Harrison, 1992）的研究。

10. 参见罗思（Roth, 1994）关于实验完整构成的论点。有的实验研究为了发现一个特定的结果，进行了许多次（未报告的）不同实验干预的尝试，这些"搜索正确结果"的实验内容也必须进行完整的报告。

11. 埃克尔和格罗斯曼（Eckel and Grossman, 2002）以及克罗森和格尼茨（Croson and Gneezy, 2009）总结了经济学实验文献，并得出结论：女性在选择中表现出更高的风险厌恶程度。伯恩斯等（Byrnes et al., 1999）做了心理学文献的相关总结。他们对150个实验进行了分析，并证明了在某些情况下女性对风险的厌恶程度更高，但许多研究发现没有性别差异。

12. 例如，莫比乌斯等（Mobius et al., 2010）明确询问在智商测试中接收有关他们表现信息的支付意愿（或获得补偿）。我们发现男性对接收反馈的反对意见明显少于女性。

13. 我们不想在一开始就指出我们在研究性别问题，以免触发任何需求效应或心理偏见。

14. 从技术角度来说，根据任务表现而不是固定奖金来支付锦标赛冠军报酬，我们能避免提供有关获胜表现的信息，或避免扭曲对表现非常好的个体的激励。

15. 有大量文献讨论女性是否比男性更利他，女性可能或多或少地担心成为冠军会对其他被试造成负外部性（Croson and Gneezy, 2009；Andreoni and Vesterlund, 2001）。

16. 这得到了以下事实的支持：被试在任务2和任务3之间的表现变化独立于在任务3中选择的激励计划。注意，这并不是说被试从不付出努力，而是他们的基准努力水平似乎已经很高了。

17. 当我们考虑在参与决策后的表现而不是参与决策之前的表现时，会得到类似的结果。

18. 相关概述，参阅尼德勒和维斯特兰德（Niederle and Vesterlund, 2010）。

19. 双边费雪精确检验表明这种差异轻微显著（$p = 0.100$）。

20. 双边费雪精确检验表明这种差异轻微显著（$p = 0.092$）。

参考文献

Andreoni, J. and L. Vesterlund. 2001. Which is the Fair Sex? On Gender Differences in Altruism. *Quarterly Journal of Economics* 116: 293 – 312.

Beyer, S. 1990. Gender Differences in the Accuracy of Self-Evaluations of Performance. *Journal of Personality and Social Psychology* LIX: 960 – 970.

Beyer, S. and E. M. Bowden. 1997. Gender Differences in Self-Perceptions: Convergent Evidence from Three Measures of Accuracy and Bias. *Personality and Social Psychology Bulletin* XXIII: 157 – 172.

Bosch-Domenech, A., J. Garcia-Montalvo, R. Nagel, and A. Satorra. 2002. One, Two, (Three), Infinity...: Newspaper and Lab Beauty-Contest Experiments. *American Economic Review* 92 (5): 1687 – 1701.

Byrnes, J. P., D. C. Miller, and W. D. Schafer. 1990. Gender Differences in Risk Taking: A Meta-Analysis. *Psychological Bulletin* LXXV: 367 – 383.

Camerer, C., T. Ho, and J. Chong. 2004. A Cognitive Hierarchy Model of One-Shot Games. *Quarterly Journal of Economics* 119 (3): 861 – 898.

Camerer, C. and D. Lovallo. 1999. Overconfidence and Excess Entry: An Experimental Approach. *American Economic Review* 89 (1): 306 – 318.

Casari, M., J. C. Ham, and J. H. Kagel. 2007. Selection Bias, Demographic Effects, and Ability Effects in Common Value Auction Experiments. *American Economic Review* 97 (4): 1278 – 1304.

Costa-Gomes, M. A. and V. P. Crawford. 2006. Cognition and Behavior in Two-Person Guessing Games: An Experimental Study. *American Economic Review* 96: 1737 – 1768.

Costa-Gomes, M. A., V. P. Crawford, and N. Iriberri. 2009. Comparing Models of Strategic Thinking in Van Huyck, Battalio, and Beil's Coordination Games. *Journal of the European Economic Association* 7: 377 – 387.

Costa-Gomes, M. A. and G. Weizsaecker. 2008. Stated Beliefs and Play in Normal Form Games. *Review of Economic Studies* 75: 729 – 762.

Cox, J. C., V. L. Smith, and J. M. Walker. 1988. Theory and Individual Behavior of First-Price Auctions. *Journal of Risk and Uncertainty* 1: 61 – 99.

Cox, J. C., V. L. Smith, and J. M. Walker. 1992. Theory and Misbehavior of First-Price Auctions: Comment. *American Economic Review* 82 (5): 1392 – 1412.

Crawford, V. P. and N. Iriberri. 2007. Level-k Auctions: Can a Non-Equilibrium Model of Strategic Thinking Explain the Winner's Curse and Overbidding in Private-Value Auctions. *Econometrica* 75: 1721 – 1770.

Croson, R. and U. Gneezy. 2009. Gender Differences in Preferences. *Journal of Economic Literature*

47 （2）：448 – 474.

Eckel, C. C. and P. J. Grossman. 2002. Sex and Risk: Experimental Evidence. In *Handbook of Experimental Economics Results*, eds. C. Plott and V. Smith. Amsterdam: Elsevier Science B. V. / North-Holland.

Erev, I. , E. Ert, and A. E. Roth. 2010a. A Choice Prediction Competition for Market Entry Games: An Introduction. *Games* 1 （2）: 1117 – 1136.

Erev, I. , E. Ert, A. E. Roth, E. Haruvy, S. Herzog, R. Hau, R. Hertwig, T. Steward, R. West, and C. Lebiere. 2010b. A Choice Prediction Competition, for Choices from Experience and from Description. *Journal of Behavioral Decision Making* 23: 15 – 47.

Erev, I. and A. E. Roth. 1998. Predicting How People Play Games: Reinforcement Learning in Experimental Games with Unique, Mixed Strategy Equilibria. *American Economic Review* 88 （4）: 848 – 881.

Erev, I. , A. E. Roth, R. L. Slonim, and G. Barron. 2007. Learning and Equilibrium as Useful Approximations: Accuracy of Prediction on Randomly Selected Constant Sum Games. *Economic Theory* 33: 29 – 51.

Eyster, E. and M. Rabin. 2005. Cursed Equilibrium. *Econometrica* 73 （5）: 1623 – 1672.

Friedman, D. 1992. Theory and Misbehavior of First-Price Auctions: Comment. *American Economic Review* 82 （5）: 1374 – 1378.

Georganas, S. , P. J. Healy and R. Weber. 2009. On the Persistence of Strategic Sophistication. Unpublished.

Gneezy, U. , M. Niederle, and A. Rustichini. 2003. Performance in Competitive Environments: Gender Differences. *Quarterly Journal of Economics* CXVIII: 1049 – 1074.

Grosskopf, B. and R. Nagel. 2008. The Two-Person Beauty Contest. *Games and Economic Behavior* 62: 93 – 99.

Haile, P. , A. Hortacsu, and G. Kosenok. 2008. On the Empirical Content of Quantal Response Equilibrium. *American Economic Review* 98 （1）: 180 – 200.

Harrison, G. W. 1989. Theory and Misbehavior of First-Price Auctions. *American Economic Review* 79 （4）: 749 – 762.

Harrison, G. W. 1992. Theory and Misbehavior of First-Price Auctions: Reply. *American Economic Review* 82 （5）: 1426 – 1443.

Hertwig, R. and A. Ortmann. 2001. Experimental Practices in Economics: A Methodological Challenge for Psychologists? *Behavioral and Brain Sciences* 24: 383 – 451.

Ho, T. , C. Camerer, and K. Weigelt. 1998. Iterated Dominance and Iterated Best Response in *p*-Beauty Contests. *American Economic Review* LXXXVIII: 947 – 969.

Hoelzl, E. and A. Rustichini. 2005. Overconfident: Do You Put Your Money on It? *Economic Jour-*

nal 115 （503）: 305 – 318.

Ivanov, A. , D. Levin, and M. Niederle. 2010. Can Relaxation of Beliefs Rationalize the Winner's Curse? An Experimental Study. *Econometrica* 78 （4）: 1435 – 1452.

Jehiel, P. 2005. Analogy-Based Expectation Equilibrium. *Journal of Economic Theory* 123: 81 – 104.

Jehiel, P. and F. Koessler. 2008. Revisiting Games of Incomplete Information with Analogy-Based Expectations. *Games and Economic Behavior* 62: 533 – 557.

Kagel, J. H. 1995. Auction: Survey of Experimental Research. In *The Handbook of Experimental Economics*, eds. A. E. Roth and J. H. Kagel. Princeton, NJ: Princeton University Press.

Kagel, J. H. and D. Levin. 1993. Independent Private Value Auctions: Bidder Behavior in First-, Second-, and Third-Price Auctions with Varying Numbers of Bidders. *The Economic Journal* 103 （419）: 868 – 879.

Kagel, J. H. and D. Levin. Forthcoming. Auctions: A Survey of Experimental Research, 1995 – 2008. In *The Handbook of Experimental Economics*, Vol. 2, eds. A. E. Roth and J. H. Kagel. Princeton, NJ: Princeton University Press.

Kagel, J. H. and A. E. Roth. 1992. Theory and Misbehavior in First-Price Auctions: Comment. *American Economic Review* 82 （5）: 1379 – 1391.

Lichtenstein, S. , B. Fischhoff, and L. Phillips. 1982. Calibration and Probabilities: The State of the Art to 1980. In *Judgment under Uncertainty: Heurstics and Biases*, eds. D. Kahneman, P. Slovic, and A. Tversky. New York: Cambridge University Press.

McKelvey, R. D. and T. R. Palfrey. 1995. Quantal Response Equilibria for Normal Form Games. *Games and Economic Behavior* 10 （1）: 6 – 38.

Merlo, A. and A. Schotter. 1992. Theory and Misbehavior of First-Price Auctions: Comment. *American Economic Review* 82: 1413 – 1425.

Mobius, M. , M. Niederle, P. Niehaus, and T. Rosenblat. 2010. Maintaining Self Confidence: Theory and Experimental Evidence. Unpublished.

Nagel, R. 1995. Unraveling in Guessing Games: An Experimental Study. *American Economic Review* 85 （5）: 1313 – 1326.

Niederle, M. and A. E. Roth. 2009. Market Culture: How Rules Governing Exploding Offers Affect Market Performance. *American Economic Journal: Microeconomics* 1 （2）: 199 – 219.

Niederle, M. and L. Vesterlund. 2007. Do Women Shy Away from Competition? Do Men Compete too Much? *Quarterly Journal of Economics* 122 （3）: 1067 – 1101.

Niederle, M. and L. Vesterlund. 2010. Explaining the Gender Gap in Math Test Scores: The Role of Competition. *Journal of Economic Perspectives* 24 （2）: 129 – 144.

Roth, A. E. 1994. Let's Keep the Con Out of Experimental Econ. : A Methodological Note. *Empirical Economics* 19: 279 – 289.

Roth, A. E. 2008. What Have We Learned from Market Design? Hahn Lecture, *Economic Journal* 118: 285 – 310.

Rubinstein, A. 2006. Dilemmas of an Economic Theorist. *Econometrica* 74: 865 – 883.

Stahl, D. 1998. Is Step-*j* Thinking an Arbitrary Modeling Restriction or a Fact of Human Nature? *Journal of Economic Behavior and Organization* XXXVII: 33 – 51.

Stahl, D. and P. Wilson. 1995. On Players' Models of Other Players: Theory and Experimental Evidence. *Games and Economic Behavior* 10: 218 – 254.

第 6 章

理论与实验之间的互动：基于学术论文发表记录的综述

里亚特·亚里夫 （Leeat Yariv）

概　述

当以理论为导向的实验经济学家或经常进行实验的理论经济学家在讨论理论和实验之间的关系时，可能会出现乐观的偏见。这些学者对理论和实验都很友好，希望能将两者结合。同时，他们也倾向于选择参加对两个领域都很友好的会议。在认识到这一潜在的偏见后，我的目的就是检验近期理论和实验领域发表的一些论文中的元数据，以做出可靠的经验性总结。

本章包含 1998 年、2003 年和 2008 年各期顶级综合、专业期刊的相关研究成果，同时采用了论文作者的相关数据，其中包括他们所在高校的排名以及他们感兴趣的领域（纯理论、纯实验、理论和实验并重）。

本章的分析有两个主要结果。在论文方面，无论是否有理论做支撑，正在发表的实验论文数量似乎没有显著增加。领域内的专业期刊确实显示了一些重要的时间趋势，随着时间的推移有更多的实验研究得以发表。

就作者而言，我发现理论经济学家和实验经济学家在一流期刊上发表论文的情况基本类似，但是有两个例外。第一，与实验经济学家相比，发表成果突出的理论经济学家所在高校排名要略胜一筹。第二，我在观察合作网络时发现，实验经济学家之间的合作关联性要比理论经济学家稍强一些。而且，从事实验工作的理论经济学家具有明显的随时间而增加的趋势，他们的数量在研究时段内显著增长，尤其是那些排名靠前高校的教师。

数　据

本章数据来源于 1998 年、2003 年和 2008 年在最顶尖的综合性经济学期刊上发表的微观经济学方面的成果，涉及的期刊包括《美国经济评论》（*American Economic Review*，*AER*）、《经济计量学》（*Econometrica*，*EMA*）、《政治经济学期刊》（*Journal of Political Economy*，*JPE*）、《经济学季刊》（*Quarterly Journal of Economics*，*QJE*）和《经济研究评论》（*Review of Economic Studies*，*ReSTUD*），以及在微观经济学领域的顶尖专业期刊（自 1998 年以来一直存在）上发表的成果，这些期刊包括《博弈与经济行为》（*Games and Economic Behavior*，*GEB*）和《经济理论期刊》（*Journal of Economic Theory*，*JET*）。[1] 每篇论文都被归为以下三类中的一类：理论论文、实验论文、基于理论的实验论文。

此外，我还收集了截至 2008 年微观经济学领域教授的发表记录、研究兴趣领域和所在高校的排名数据。发表记录、研究兴趣领域来源于这些教授的主页，高校排名粗略分为前 15 名和非前 15 名。[2]

发表趋势

论　文

我们首先要考察的是期刊发表论文的一般时间趋势。表 6.1 中的论文包含理论论文（没有使用任何从实验室收集的新数据）、实验论文（没有任何用来支撑的理论模型）、基于理论的实验论文三类。[3]

表 6.1　发表时间趋势

单位：篇

期刊分类	年份	总计	理论论文	实验论文	基于理论的实验论文
综合性期刊	1998	242	60	10	8
	2003	279	62	7	1
	2008	240	61	11	6

续表

期刊分类	年份	总计	理论论文	实验论文	基于理论的实验论文
专业期刊	1998	140	133	7（1 *JET*，6 *GEB*）	6
	2003	171	159	12（2*JET*，10*GEB*）	7
	2008	160	144	16（全部 *GEB*）	14

表 6.1 的上半部分表明，已发表的实验论文数量没有明显的时间趋势。在顶尖的综合性期刊中，实验论文的比例不到所有已发表论文的 5%，不到已发表的全部微观经济学论文（使用理论或实验方法）的 15%。事实上，大多数实验论文是在 *EMA* 和 *AER* 上发表的：1998 年 10 篇中有 8 篇，2003 年 7 篇中有 4 篇，2008 年 11 篇中有 8 篇。[4]

表 6.1 的下半部分显示的是顶尖专业期刊的发表趋势，呈现一些与顶级综合性期刊不同的特征。无论是从绝对量还是相对量来看，发表在 *JET* 和 *GEB* 这两个期刊上的实验论文数量都有所增加，特别是在 *GEB* 上。

我们可以对这些观察结果做出不同的解释。一种可能是，一个新的实验经济学领域首先获得了顶级综合性期刊的认可，这些综合性期刊可能在 20 世纪 90 年代中期开始有一些实验文献，然后实验文献逐渐渗透到更专业的期刊中。另一种可能是，通过专业期刊建立一个实验领域，这样我们所观察到的就是实验论文的发表能够让期刊排名逐渐提高。当然，也可能是本章所用的三年数据并不具有完全的代表性。收集更多数据以及关于其他领域兴起的历史分析文献将在评估这些理论的可能性时更有效。

作　者

考察论文发表时间趋势的另一个维度是研究作者的工作单位。可以想象，新兴领域的论文要求作者有一定资质（比如，与排名靠前的高校有联系）才能发表。图 6.1 说明了检验这些效果的两种方法。

图 6.1 第一行的两个子图呈现了在三个时间段内最常见的综合性和专业期刊上发表的论文中，作者来自排名前 15 高校的占比，下面一行考虑了所涉及两类期刊中的论文，至少有一位作者来自排名前 15 高校的占比（基于理论的实验论文的相关数据点太少）。

图 6.1 表明了几种趋势。首先，作者来自顶尖高校的理论论文在综合性期刊各类论文中的占比有所增加，但来自顶尖高校的作者撰写实验论文和在

专业期刊上发表各类论文的情况都有所减少。其次，在综合性期刊发表论文至少需要有一位作者来自顶尖高校，但专业期刊则并非如此。对于专业期刊而言，虽然与顶尖高校合作的总体趋势仍然存在，但对来自顶尖高校的作者的需求有明显的下降趋势。

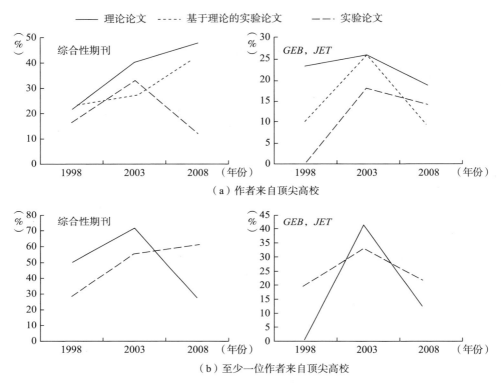

图 6.1　论文发表的时间趋势

　　这些考察结果可能是由具有不同特征的论文的需求和供给所驱动的。在需求方面，期刊可能更倾向于接受具有特定背景的作者的论文（这通常与论文的质量相关）。例如，如果综合性期刊更倾向于接受共同作者中至少有一个与排名前15的高校有关联的论文，那么观察到的大部分趋势都可以得到解释。

　　在供给方面，有证据表明论文作者的结构随着时间的推移发生了变化［参见甘斯（Gans，2001）、埃利森（Ellison，2002）、埃纳夫和亚里夫（Einav and Yariv，2006），以及以下各节的讨论］。特别是经济学领域的基础研究论文有越来越多的共同作者，这一趋势已经得到广泛认可。此外，可以想象，理论经济学家比实验经济学家更频繁地与自己本校的教师合作，这仅仅是因为大多数一流大学都很少雇用专门的实验经济学家。这两种力量将使顶尖高校中致力于理论和实验工作相结合的作者比例增加。

下文将讨论与理论经济学家和实验经济学家的合作网络结构相关的一些属性，即这个市场的供给方面。

合作趋势

在本章所涉及的时间段内，我们考察了在顶尖期刊二发表论文的作者情况。整体来看，纯实验经济学家的作者比例随着时间的推移而增加，而纯理论经济学家的作者比例保持稳定，这意味着开展实验与理论相结合研究的作者比例有所下降。

图 6.2 描述了我们考察的三年内顶尖综合性期刊中最常见的合作网络。[5]黑色节点对应理论经济学家，白色节点对应实验经济学家，灰色节点对应参与大量理论和实验项目的研究者。两个节点之间的连线意味着在各自已发表的论文中作为共同作者出现。[6]

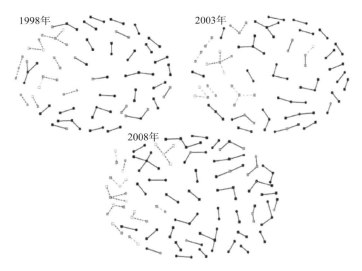

1998年　　2003年

2008年

图 6.2　不同时间的合作网络

节点数量的增加在很大程度上可能是由于每篇论文的共同作者数量有所增加。实际上，这里讨论的 1998 年论文中，单独撰写的论文占比是 40%，涉及两个共同作者的论文占比是 47%。2003 年，这两类论文的比例分别为 38% 和 45%，而在 2008 年则分别为 26% 和 47%。在甘斯（Gans，2001）、埃利森（Ellison，2002）以及埃纳夫和亚里夫（Einav and Yariv，2006）的研究中有更多的数据表明了这一总体趋势。

我们现在将关注点转向理论经济学家和实验经济学家之间的差异。图 6.3

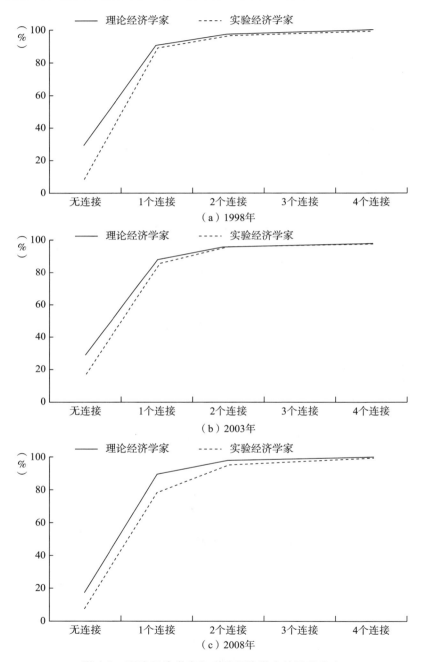

图 6.3 理论经济学家和实验经济学家的累积分布

描绘了理论经济学家和实验经济学家在一段时间内的累积（网络中的连接数）分布。其中，实验经济学家被视为从事大量实验工作的人。

这些分布并没有呈现明显的时间趋势（尽管单独撰写的论文数量已显著减少）。[7]

进行实验研究的理论经济学家

现在我们转而看看那些对实验工作非常感兴趣并且已经参与了一两个实验项目的理论经济学家。图 6.4 显示了本章考察的三个年份中进行实验研究的理论经济学家的比例。[8]图 6.4 还描绘了排名前 15 和排名前 5 的高校中，资深教师和青年教师占比的时间趋势。[9]

图 6.4 显示涉足实验的理论经济学家数量大幅增加，特别是在近年来的青年教师中。此外，对于排名靠前的高校来说，这种趋势更加明显。

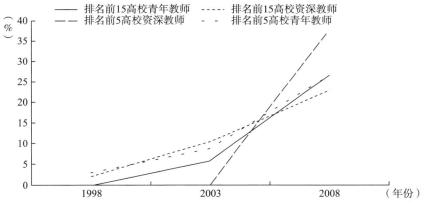

图 6.4 随时间推移涉足实验的理论经济学家比例

人们通常认为，青年教师在面对即将到期的任期考核时，会在选择他们所研究的主题时规避风险。在这方面，青年理论经济学家和资深理论经济学家之间的比较很有意思。1998 年和 2003 年，与资深理论经济学家相比，青年理论经济学家更少涉及实验研究工作。尽管如此，2008 年这一观察结果发生了逆转。在某种程度上，青年理论经济学家的领域选择暗示了这些领域的风险程度，表明如今理论经济学家认为实验成为主流的研究领域。

结　语

为了评估理论与实验之间的相互关系，本章用了 1998 年、2003 年和 2008

年这三年发表的论文和微观经济学领域学者的相关数据来代表过去十年的情况。

我们可以从分析中获取几条重要的信息。就学术期刊而言，实验论文在顶尖综合性期刊中的占比没有显著变化，但在顶尖专业期刊中的占比大幅增加。在研究人员方面，实验经济学家和理论经济学家具有相似的特征。实验经济学家的合作关联性更加紧密，发表成果较多的理论经济学家（即在顶尖期刊上发表过论文）所隶属的高校排名要靠前一些。理论经济学家和实验经济学家确实有合作。事实上，近期开展实验研究的理论经济学家数量剧增。

这些仅是粗略的结果，因为它们仅基于对有限的三年数据的观测。随着岁月的流逝，继续关注这些趋势将会很有趣。

注释

感谢 Muruvvet Buyukboyaci 提供的帮助。

感谢美国国家科学基金会和 Gordon and Betty Moore 基金会对本项目的经费支持。

1. 在过去的十年中，一些关注微观经济学研究的最新期刊已经出现，它们显然被视为领军期刊。为了进行动态分析，本章只考虑了 1998 年以来就存在的期刊。

2. 本章中所指全球排名前 15 的高校具体包括：①哈佛大学；②麻省理工学院；③斯坦福大学；④普林斯顿大学；⑤芝加哥大学；⑥宾夕法尼亚大学；⑦西北大学；⑧纽约大学；⑨耶鲁大学；⑩伦敦经济学院；⑪加州大学洛杉矶分校；⑫加州大学伯克利分校；⑬明尼苏达大学；⑭罗切斯特大学；⑮密歇根大学。这些大学的教师（来自任何院系或专业）被归类为属于排名前 15 的高校（Amir and Knauff, 2005；Einav and Yariv, 2006）。

3. 实验论文中只要明确提到理论分析就会被归类为最后一类（基于理论的实验论文）。

4. 报告的数字仅涉及论文正文。实际上，在三个研究年份中，只有一篇实验论文在《美国经济评论》上作为观点（Note）出版。

5. 在考虑专业期刊时，也出现了与本节所述合著关系相似的定性结果。

6. 在我们的数据中，没有两个教师合作撰写了属于不同类别的两篇论文，因此连线的分类是明确定义的。

7. 如前所述，在查看专业期刊时，此处报告的观察结果在定性分析上仍然相似，只有一个例外。在考察累积分布时，1998 年，在《经济理论期刊》和《博弈与经济行为》中，与理论经济学家相对应的分布随机占优于与实验经济学家相对应的分布。

8. 对这种情况应该谨慎解释，因为这些教师中的一些人多年来可能已经改变了研究兴趣。此外，涉猎实验经常会变成专门从事实验研究，而那些在 20 世纪 90 年代末转为实验经济学家的理论经济学家却不能算作"涉猎者"，他们通常将在 2008 年进行实验后成为实验经济学家的人视为"涉猎者"。

9. 本章中均使用下述排名，排名前 5 的高校被认为是：①哈佛大学；②麻省理工学院；③斯坦福大学；④普林斯顿大学；⑤芝加哥大学。

参考文献

Amir, R. and M. Knauff. 2005. Ranking Economics Departments Worldwide on the Basis of PhD Placement. CORE Discussion Paper 2005/51.

Einav, L. and L. Yariv. 2006. What's in a Surname? The Effects of Surname Initials on Academic Success. *The Journal of Economic Perspectives* 20（1）：175 – 188.

Ellison, G. 2002. The Slowdown of the Economics Publishing Process. *Journal of Political Economy* 105（5）：947 – 993.

Gans, J. S. , ed. 2001. *Publishing Economics*：*Analyses of the Academic Journal Market in Econo-mics*. Cheltenham, UK：Edward Elgar Publishing.

第 7 章
实验经济学家的箴言

马丁·杜芬伯格（Martin Dufwenberg）

概　述

如何设计一个好的实验？应该怎样把结果撰写成论文？答案可能取决于研究的目标。实验研究虽然可能有多种合理的范式，但我有最喜欢的一种范式。在这里我将介绍我最喜欢的实验范式及其四个推论，即一个研究者遵循该范式时的禁止事项。我还就向期刊投稿的模式提出了一些建议，比如需要将研究结果放在密封的信封中。虽然我认为这个论文投稿建议不会得到认可，但我还提出了一个备选方案，以此为基础向评估实验工作的编辑和审稿人提出了请求。

实验范式

经济学家对世界的运行方式感兴趣，他们希望了解经济运行的客观规律，例如，失业的原因和影响、纳斯达克的规则如何影响股票价格，以及复仇性举动如何影响商业伙伴的持股。经济结果常常取决于人类的理性决策规律，以及个人聚集成群体后在博弈中做出决策的模式，因此经济学家也关心这两类问题。

理论经济学家讲述的是世界如何运行的故事，自然而然想知道哪些故事

是符合现实的。在这方面，实验也许有用，因为它有助于寻找答案。我建议
想要做这种实验工作的学生遵循以下范式：

$$I \rightarrow D \rightarrow H \rightarrow R$$

其中：

I（Idea）表示研究想法，是关于世界如何运行的表述，通常源于理论，
但也可不源于理论。

D（Design）表示研究设计，最适合用于阐明研究想法，是具有现实意义
的实验条件和干预的集合。

H（Hypothesis）表示研究假设，能够根据实验设计产生的数据进行检验。

R（Result）表示研究结果，可用于评估设计生成的数据是否支持假设和
想法。

什么不该做

我提出了以下四个关于不该做什么的研究范式。

别（太）想改变设计了！

这里的要点是不要将对研究设计的兴趣与对研究想法的兴趣相混淆。

根据这个范式，研究设计只是被作为一种工具来阐明研究想法与现实的
相关性。因此，对原始设计进行更改以观察发生的变化是没有用的，除非有
人能够证明这种改变能有所启发。

别总是想"解释"数据！

在这个范式下，你努力的目标是检验研究想法，而不是去理解数据。例
如，假设要检验的研究想法是一种理论，它是从某些已有知识（或"分歧"）
中抽象出来的。假设数据为理论提供了一些并不完美的支持。如果解释分歧
不是你研究目标的一部分，你可能已经完成了理论检验。这可能是一个有趣
的发现，并且可能是一个有趣的结果。我不是说解释数据完全没有用，而是
说我们不应该认为解释数据是理所当然的。

别在看到数据后才决定研究想法！

由于设计是基于待检验的想法产生的，因此在没有一个待检验想法的情况下运行设计是没有意义的。如果想法是事后决定的，会存在两个问题：首先，实验设计不太可能是检验这个想法的最佳选择，因为实验设计并没有考虑到这个想法；其次，对因果关系的感知存在结果偏差。

别担心数据！

运行实验类似于在不确定环境下做出决策。人们希望做出预期效用最大化的决策，而在一个不确定的环境中，人们不可能总是理性地做出决策，并在事后证明其是最佳的决策。例如，在没有合适概率的情况下，想要在扑克牌中抽到一张顺子里缺的牌，就是一次失败的、长期来看是会亏本的操作——就算凑巧能够凑成顺子。同样，实验者应该从事前的角度进行他们认为具有最大科学价值的实验。关于检验理论，你正在进行的研究所附带的价值（就可发表性而言）不应该取决于数据的属性。

最后的推论伴随着一个警告。如果我们的期刊编辑和读者对某些实验结果比其他实验结果更感兴趣，比如他们喜欢那些令人惊讶的结果，那该怎么办？这可能会扭曲研究人员的动机，因为在编辑和读者那儿，最博人眼球的项目和保持初衷的项目可能天然就会被区别对待。如果不博人眼球的结果没有被期刊选中发表，这可能会扭曲已发表研究成果的出现方式。这些问题引出了我后面的建议。

密封信封投稿策略

当你写完一篇研究论文并将其投给期刊时……
不要在摘要中提及结果！
不要在引言中提及结果！
事实上，可以完全不在提交的论文中提到结果，而是把结果放在一个密封的信封中。在打开信封之前，请编辑和审稿人做出决定，只有在他们决定接受该论文后，他们才可以打开信封，研究数据并阅读数据总结。

对编辑和审稿人的一个要求

　　期刊是否会认真考虑通过密封信封提交研究成果的建议？编辑们能经得住诱惑，不去偷偷看一眼吗？进一步问，他们会接受以这种方式投稿吗？我认为答案是：可能不会。如果是这样，那么我呼吁编辑和审稿人：直接评估你所审的论文，在看数据结论之前必须形成评估观点！

注释

感谢盖瑞·查尼斯（Gary Charness）的宝贵评论。本章完成后，拉里·萨缪尔森（Larry Samuelson）指出了在早期的工作中已经制定了类似于文中所述以密封信封提交研究结果的提案（Rosenthal，1966；Walster and Cleary，1971；Feige，1975）。

参考文献

Feige, E. 1975. The Consequences of Journal Editorial Policies and a Suggestion for Revision. *The Journal of Political Economy* 83：1291 – 1296.

Rosenthal, R. 1966. *Experimenter Effects in Behavioral Research*. New York：Appleton Century Croft.

Walster, G. and T. Cleary. 1970. A Proposal for a New Editorial Policy in the Social Sciences. *The American Statistician* 24：16 – 19.

第 8 章
怎样的经济理论可以启发实验？

尤尔·格尼茨（Uri Gneezy）

佩德罗·雷伊－比尔（Pedro Rey-Biel）

经济模型可用于洞察行为的某些特定方面，并从复杂的人类行为中抽象出一般规律。这个过程本质上忽略了现实世界的一些重要方面。同样，为了能够进行比较静态研究，实验设计可能会减少解释变量的数量，并进行一些简化和抽象。因此，理论和实验的重要作用是使用现实世界的简化版本来阐明行为规律。

在许多情况下，理论和实验可以而且应该相互启发。经济理论是智力成果，如果它能与现实的行为进行关联显然更有意义。一组具备原假设和备择假设的实验也是更有意义的。

然而，检验理论并不是实验的唯一作用。首先，经济理论的构建形式不是统一的。在这个领域的当前状态下，经济理论是一种精确的、出色的数学模型。而在其他社会科学中并非如此，理论可以采用其他形式，如口头描述或流程图。我们认为，尽管自 20 世纪 50 年代以来数学模型一直在新古典经济学的相关讨论中占据主导地位，但我们不应局限于这种形式。

实际上，过去的经济理论并非把数学模型作为唯一选择。经济学的奠基人［例如亚当·斯密（Adam Smith）、大卫·李嘉图（David Ricardo）、弗朗索瓦·奎斯奈（François Quesnay）］在当时被认为是哲学家，他们使用的是口头论述。"看不见的手"的概念或相对比较优势理论在解释竞争性市场的专业化分工如何产生交易等方面仍然有极其重要的作用。

数学方法在经济学中取得了成功，因为它统一了科学方法，以避免对各种经济现象的每种可能表现做出不同的解释。在这方面，经济学能够避免部分其他社会科学中存在的问题，例如在其他社会科学中，经常使用的理论就好像牙刷一样：每个人都有一个，并且每个人都不喜欢使用别人的。我们的观点是经济学家应该利用数学方法的优势来酝酿一些更强大的理论，但这些理论不应该局限于使用数学模型的有限工具箱。

以最近关于性别和竞争的文献为例，实验论文不包含单一的数学公式（Gneezy et al.，2003；Niederle，2015）。然而，相关作者受到理论的启发。达尔文（Darwin，1871）的性选择理论表明，某些进化特征，无论是身体还是态度方面的，都可以通过竞争来解释。贝特曼（Bateman，1948）和特里弗斯（Trivers，1972）后续的类似理论指出，竞争力的差异可能是由于繁殖竞争而形成的，在这种竞争中，采用风险性的交配模式对雄性的繁殖成功比对雌性更有价值。

这个例子表明，经济学实验并不一定需要将理论建立在经济学上，来自其他领域的理论，如生物学、心理学或人类学的理论，在解释经济现象时可能也很重要。经济学实验论文的研究结果提供的证据与理论相兼容：对于竞争，女性与男性的态度不同，这也是不同性别的工资差异背后一个合理的理论。请注意，该实验并不会排除其他对工资差异的解释，而是增加了一个可能的解释。当然，关于工资差异的重要辩论远未能通过实验获得最终结果。在我们看来，将实验室结果与其他来源的结果进行比较的融合方法对于理解这些差异现象最有利。

经济学实验创造了现实世界的理想化和简化的版本。了解该工具的局限性非常重要。由于理论模型和实验研究是在对现实高度简化的基础上进行的，它们很难包含现实的所有情况，因此很难转化为对某一特定现象发生过程的精确估计。因此我们认为，在实验室中验证特定理论模型的参数几乎没有意义。模型和实验都应该为现实背后的原因以及不同变量相互作用的可能模式（"干预效应"）提供研究思路。

实验也应保持简单，以便被试理解他们正在做什么。这并不意味着实验的理论基础是简单的。瓦里安（Varian，1994）认为经济理论的发展是现有数据不足以解释现象的结果。

重要的是，在某些情况下理论模型过于复杂，以至于理论经济学家都无法得出模型的解。在现有的发表环境中，我们很难发表一篇无法提供理论基础的实验论文，这种太过严格的条件限制了实验论文的发表。我们不应该将实验经济学的研究限定于我们可以解出模型的环境。通过扩展讨论，我们可以在经验上研究与现实世界经济学非常相关的环境。

拍卖是市场制度的一个典型例子，理论分析虽然广泛而富有洞察力，却具有局限性。在对许多最常用的拍卖形式进行建模时，要么没有均衡，要么有多重均衡，解出模型或对多重均衡进行筛选都需要非常严格的假设。不过，重要的是比较个人在不同拍卖形式中的行为。一个典型的例子是普罗特和史密斯（Plot and Smith，1978），他们将实验室比作"风洞"以比较市场制度。从那时起，拍卖设计者和理论经济学家都从市场设计实验的深入发展中获益。

理论与实验之间的对话正在进行中，我们希望它们之间的互动比过去更具建设性。

注释

感谢 Tilman Borgers、Angel Hernando-Veciana 和 Steffen Huck 的宝贵评论。佩德罗·雷伊 – 比尔感谢教育和科学部（项目编号：ECON2009 – 0716）、经济和竞争力部（项目编号：格兰特 ECO2012 – 31962）、巴塞罗那政府资助企业（GSE）研究网络和加泰罗尼亚政府（项目编号：2009SGR – 00169）提供的财政支持。

参考文献

Bateman，A. J. 1948. Intra-sexual Selection in Drosophila. *Heredity* 2：349 – 368.

Darwin，C. 1871. *The Descent of Man and Selection in Relation to Sex*. London：John Murray.

Gneezy，U.，M. Niederle，and A. Rustichini. 2003. Performance in Competitive Environments：Gender Differences. *Quarterly Journal of Economics* 118（3）：1049 – 1074.

Niederle，M. 2015. Intelligent Design：The Relationship Between Economic Theory and Experiments：Treatment-Driven Experiments. In *Handbook of Experimental Economic Methodology*, eds. Fréchette，G. R. and A. Schotter. Oxford University Press.

Plot，C. and V. Smith. 1978. An Experimental Examination of Two Exchange Institutions. *Review of Economic Studies* 45：133 – 153.

Trivers，R. L. 1972. Parental Investment and Sexual Selection. In *Sexual Selection and the Descent of Man*, ed. B. Campbell. Chicago：Aldine.

Varian，H. L. 1994. What Use Is Economic Theory? *Method and Hist of Econ Thought* 9401001，Econ WPA.

第三部分

心理学和经济学：方法比较

第9章
批评、反例与行为经济学的未来

伊多·埃雷夫 (Ido Erev)

本·格雷纳 (Ben Greiner)

概　述

　　心理学和经济学基础研究的主要区别之一是对模型描述的准确性和简约性的权衡有所不同。心理学经典论文倾向于关注准确性，它们一开始就展示新的实证数据，最后得出一个准确描绘这些结果的新模型。例如，斯滕伯格 (Sternberg, 1966) 进行了关于短期记忆搜索的经典研究，该研究首先关注记忆集的大小对反应时间的影响，最后介绍了一个解释这些结果的简单模型。

　　经济学中的经典论文更加关注所提出模型的简约性和理论上的一般性。例如，考虑阿克洛夫 (Akerlof, 1970) 关于柠檬市场 (次品市场) 不可能性的理论研究。这篇论文首先观察到理性假设意味着不存在卖方拥有的信息多于买方的柠檬市场。这个断言也许不是准确无误的，但它至少提供了基于许多实证观测的简约近似描述。[1]

　　传统决策经济模型的简约性和一般性推动了它的广泛应用。但是，在某些设定中，这些模型的预测结果与实际观察到的行为不匹配，而 "1-800" 批评 (由罗思在个人交流中提出) 则指出了心理学 (过度) 强调模型准确性的缺点。根据对主流心理学研究的批评，心理学家应该在他们的论文中添加一个免费的 1 - 800 呼叫中心电话号码，并回答关于心理学理论在新环境中的预测问题。这一批评背后的基本论点是，心理学研究确定了许多规律，并尽可能地用不同模型描述它们。但是这些心理学模型的界限并不总是很清楚，有时它们会产生相互矛盾的预测结果。因此，现在应用这些心理学模型的方式还不是非常明确。

行为经济学家试图基于心理学和经济学理论研究两方面的特点来寻求第三条道路，在寻求准确性的同时，保持与理性选择的一般简约模型之间的明确联系。具体而言，最有影响力的研究集中在两类理性选择的偏差上。一类是关于违反期望效用理论的研究（von Neumann and Morgenstern，1947）。这种类型的研究最典型的反例是阿莱悖论，参见阿莱（Allais，1953）和表 9.1。前景理论（Kahneman and Tversky，1979）以及威克尔的相关理论（Wakker，2010）是对阿莱悖论和类似悖论最著名的解释。另一类研究涉及违反人具有利己本性的假设——也就是说，人们一般会最大化自己的收益。在对囚徒困境博弈［参见弗勒德和雷德希尔（Flood and Dresher，1952）和表 9.2］以及最后通牒博弈［参见古思等（Güth et al. 1982）和表 9.3］的单次博弈研究中，可以观察到这种假设最清楚的反例。这些反例和类似的观察自然地得出了"利他偏好"假设，参见费尔和施密特（Fehr and Schmidt，1999）、博尔顿和奥肯费尔斯（Bolton and Ockenfels，2000），以及拉宾和查尼斯（Rabin and Charness，2002）的研究。

表 9.1　卡尼曼和特韦尔斯基用于复制阿莱悖论的两个问题

问题 1		问题 2	
S1：	选择： 以 100% 的概率获得 3000	S2：	选择： 以 25% 的概率获得 3000， 否则获得 0（$p = 75\%$）
R1：	以 80% 的概率获得 4000， 否则获得 0（$p = 20\%$）	R2：	以 20% 的概率获得 4000， 否则获得 0（$p = 80\%$）

注：理性（期望效用理论）意味着当且仅当在问题 2 中选择 S2 时，才会在问题 1 中选择 S1。结果显示大多数人更喜欢 S1 和 R2。

举例来说，在某些情况下，有些参与者可能会尝试去平衡他们自己的收益和其他参与者的收益（不平等厌恶）。

从理论上讲，关注理性假设的反例可以解决"1 - 800"批评问题。一旦我们理解了稳健出现的反例，就可以在保持简约性的同时改进理性模型，从而

表 9.2　囚徒困境博弈的一个例子

		参与者 2	
		C	D
参与者 1	C	1, 1	−1, 2
	D	2, −1	0, 0

注：参与者 1 选择行选项，参与者 2 选择列选项。由双方选择所对应的单元格确定收益。参与者 1 的收益是左边的数字，而参与者 2 的收益是右边的数字。理性（偏好占优策略）意味着在单次博弈中会选择 D 选项。实验研究（Rapoport and Chammah, 1965）显示近 50% 的参与者选择了 C 选项。

表 9.3　简化的最后通牒博弈

参与者 1 的选择	参与者 2 的选择	参与者 1 的收益	参与者 2 的收益
上	上	8	2
	下	0	0
下	上	5	5
	下	0	0

针对行为的一般趋势建模。然而，这个解释方案基于两个重要的假设：第一，对稳健的反例的理解意味着发现驱动行为的一般性倾向；第二，可以使用具备明确预测能力的简约模型来对反例进行建模。

佩森多夫质疑第二个假设（明确预测能力的模型）的描述性价值。他对《行为经济学研究进展》（*Advances in Behavioral Economics*）一书的评论指出：

> 行为经济学强调决策的背景依赖性。这一观察的一个推论是，很难将结论从实验环境推广到实践中，或者说推广到真实的经济环境中。此外，并非所有在实验中显示为重要的变量在经济应用中都是有用的或相关的。一个特定的变量对经济学是否有用，甚至是否可以在现实中观察到，这个问题很少出现在行为模型研究中，但建模的成败往往取决于该问题的答案。（Pesendorfer, 2006）

换句话说，佩森多夫认为最先进的行为模型也无法很清楚地解释所有因素。有学者认为有些实验室中发现的行为因素是在实验室外无法观察或估计的。

本章研究的主要目的是对佩森多夫的断言进行扩展。本章首先描述了两个"反例的反例",即在上述两种情况下,根据理性假设中最受青睐的反例扩展得到的一般化模型将导致错误的预测结果。我们观测到的行为偏离了经典反例扩展的模型所提出的最优解,并且与理论预测方向相反。第一个"反例的反例"显示了对罕见事件权重的低估,这对应于前景理论中的行为模式反例。第二个"反例的反例"反映了对公平与有效均衡的背离。两个"反例的反例"的结构是一样的:这些反例解决了著名的偏离理性假设的问题,当实验被试根据完整的激励框架做出决策时,就会出现对理性假设的稳定偏离。但是,实验观察到的行为模式并不普遍。当被试根据个人经验做出决策时,就会出现相反的行为模式。

本章最后回顾了最近的研究,试图通过扩展反例的研究来解决"1 – 800"批评问题,研究的重点是定量预测。

反例的反例

我们认为,理性假设反例的相关研究最明显的不足是这类研究对实验范式具有选择性。为了发现明显违反理性假设的行为,研究人员必须研究理论上具有明确预测结果的问题,即能够明确地被拒绝或被接受的问题。事实证明,具有这种特点的理论并不是很多。许多社会互动都有多重均衡;当经济主体依赖个人经验时,几乎任何行为都可以在某些假设下被证明是合理的。[2] 这一现象导致行为经济学家将注意力集中在简单的"描述型决策"上,即在完整激励框架描述下的决策实验。这种惯例掩盖了一个事实,即理论基础是有限的,并可能导致不正确的一般化结果。下面给出了关于这个问题的两个演示。

个人决策经验:罕见事件的权重

卡尼曼和特韦尔斯基 (Kahneman and Tversky, 1979) 提出了前景理论,总结了个体决策研究中所记录的行为规律。在他们考虑的所有实验中,决策者都了解报酬激励的完整结构。然而,在前景理论许多有影响力的应用中,决策者都缺乏对收益分布的完整信息,他们依赖于个人经验做出决策。比如,贝纳茨和塞勒 (Benartzi and Thaler, 1995) 用前景理论来解释投资决策,卡默勒等 (Camerer et al., 2004) 使用前景理论来解释出租车司机的决策问题。

　　最近的研究表明，依赖个人经验做出决策以及相关应用可能会得出错误的结论。个人经验似乎不能解释前景理论所揭示的相关行为。没有证据表明决策中存在依靠个人经验的损失规避行为（Erev et al.，2008）。此外，当决策者在不确定的二元选择任务中依赖个人经验时，他们往往会偏离收益最大化的决策，而倾向于低估罕见事件的权重。这种模式记录在巴伦和埃雷夫（Barron and Erev，2003）以及赫德维希等（Hertwig et al.，2004）对人类行为和对其他动物行为的研究中。通过对表 9.4 左侧问题的研究可以说明这一点。

表 9.4　埃雷夫等的选择任务和选择率

选择任务	期望值	选项 S 的选择率		
		点击	卡片	描述
S　确定获得 2.7 锡克尔	2.700	42%	35%	75%
R　91% 的概率获得 3.3 锡克尔，否则损失 3.5 锡克尔	2.688			

　　注：左侧是埃雷夫等（Erev et al.，2010）的基本选择任务。请注意，报酬的期望值更高，方差更小。这三种情况下的结果显示在右侧。

　　埃雷夫等（2010）通过三种不同的实验研究了这个问题："点击"、"卡片"和"描述"实验。"点击"实验使用表 9.5 中描述的干预组。实验包括 100 轮选择任务。每次任务要求参与者在计算机屏幕上两个未标记选项中进行选择。点击左键（选项 S）一定能获得 2.7 锡克尔（1 锡克尔约等于 0.2 欧元），点击右键（选项 R）则将在 91% 的概率下获得 3.3 锡克尔，在 9% 的概率下损失 3.5 锡克尔。

表 9.5　基本"点击"实验的实验说明和屏幕描述

实验说明	选择前	选择后
现在进行的实验包括许多任务。在每次任务中，您需要单击屏幕上显示的两个选项中的一个。每次点击都会产生一个收益回报，该回报将显示在所选的选项上。在研究结束时，将随机选择一个任务，您在该任务中的收益将加总到您的出场费中。您的目标是使您的总收益最大化	请从以下两个选项中选择一个	您选择了左键 您的收益是 2.7 锡克尔 2.7　3.3

　　所选选项的收益决定了决策者的回报。决策者事先未获得有关收益分配的信息，他们得到的信息仅限于每次完成任务后所获得的和失去的收益。因此，对收益分配信息的探索不是问题，决策者在每次选择后都会从两个选项

中得到关于选项收益的信息。每次选择之后，收益信息都会在屏幕上显示一秒钟。

　　请注意，"安全"的选项 S 可以得到较高的期望收益和较低的方差。在 100 次的点击任务中，S 的选择率仅为 42%，决策者倾向于选择风险更大的、期望价值更低的替代方案 R。如果决策者低估了罕见事件的权重（损失 3.5 锡克尔的概率为 9%），就可以产生这种偏离收益最大化的结果。

　　在"卡片"干预组中，参与者将在两副卡片中选择一副。他们被告知，他们的收益将根据随机抽取的那副卡片中的一张来确定，收益由卡片上写的数字决定。实验允许他们按照自己的意愿对两副卡片进行多次重新选取。一副卡片对应于选项 S（所有卡片上的数字都是 2.7），第二副卡片对应于选项 R（91% 的卡片是"3.3"，其余的是"−3.5"）。S 的选择率为 35%。

　　埃雷夫等在"描述"干预组中使用了卡尼曼和特韦尔斯基的实验设计，向决策者描述了收益分配。这个干预组中 S 的选择率为 75%。对问题的进一步研究表明，三种干预组之间的差异并不能完全解释为何在"描述"情况下会出现最高的 S 选择率。对"点击"和"卡片"实验干预组中罕见事件权重的低估和对"描述"实验干预组中罕见事件权重的高估进行解释，可以很好地探讨这种差异出现的原因。

社会冲突的经验：效率、公平和探索

　　社会互动的基础研究表明，人们总是最大化自己收益的假设极易被推翻。在表 9.1 至表 9.3 中描述的囚徒困境博弈和最后通牒博弈的单次实验研究中，可以观察到这种假设的最明显的反例。这些有趣的观察结果表明，由于追求有效和公平的结果，人们偏离了理性选择。

　　这些经典实验的结果来自具有完全信息的决策：参与者可以得到对激励结构的精确描述。我们能把这种结果推广到参与者只知道关于激励结构的有限先验信息的情况吗？学者们对这个问题的关注有限，然而得到的结果很有趣。例如，米茨凯维兹和内格尔（Mitzkewitz and Nagel，1993）以及拉波波特和桑达利（Rapoport and Sundali，1996）发现在最后通牒博弈中对可用信息进行轻微约束，可以降低涉他偏好的重要性。回想一下，这个博弈包括两个阶段。在第一阶段，第一参与者（提议者）提出在他自己和第二参与者之间划分总收益的方案。在第二阶段，第二参与者（响应者）可以接受或拒绝该提议。在原版的最后通牒博弈中，两个参与者都知道总收益的大小。米茨凯维兹和内格尔（1993）将这种情况与变化后的情况进行了比较，变量是只有提议者知道总收益的大小，响应者了解的信息仅限于总收益可能值的分布。例如，提议者知道总收益的大小是 10，而响应者知道它在 1 到 10 之间。结果表明，缺乏完全的信息使人们的行为趋于理性，它降低了提议给响应者的收益，提高了提议的接受率。

在对这种效应的一种解释中，完全信息导致许多决策者关注公平和有效的结果，参见费尔和施密特（Fehr and Schmidt，1999）、博尔顿和奥肯费尔斯（Bolton and Ockenfels，2000）以及拉宾和查尼斯（Rabin and Charness，2002），另见库珀和卡格尔（Cooper and Kagel）的评论（即将发表）。当信息不完全并且重复进行博弈时，行为是由探索驱动的。当信息不足以评估公平和效率时，这些因素不太可能影响行为。为了阐明这一假设的含义，将表 9.6 中给出的 5×5 表格看作一个不对称猎鹿博弈是个不错的建议。请注意，该博弈有两个均衡点，E/E 均衡是有效率（收益占优）和公平的：在这个均衡下，双方都获得 12（联合收益为 24）。A/A 均衡是无效的（联合收益为 15）和不公平的（一个参与者的收益为 10，另一个参与者的收益为 5），但它是风险占优均衡。假设在固定匹配条件下进行重复博弈，当前的逻辑隐含着先验信息有效性的巨大影响力：对博弈进行完整的描述后，大多数参与者的配对会被预期收敛到公平有效均衡（E/E）。然而，当先验信息有限时，许多配对可能会收敛到不公平和无效的风险占优均衡（A/A）。

表 9.6　一个 5×5 不对称猎鹿博弈

		参与者 2				
		A	B	C	D	E
参与者 1	A	10, 5	9, 0	9, 0	9, 0	9, 0
	B	0, 4	0, 0	0, 0	0, 0	0, 0
	C	0, 4	0, 0	0, 0	0, 0	0, 0
	D	0, 4	0, 0	0, 0	0, 0	0, 0
	E	0, 4	0, 0	0, 0	0, 0	12, 12

我们通过实验验证了这个假设。24 对参与者进行了如表 9.6 中所示的 50 次博弈（使用固定配对匹配）。对于每对参与者，在第 1 轮之前随机确定 A/A 和 E/E 均衡的位置。每对参与者都在两种不同干预组下进行博弈，一种是"描述"干预组，另一种是"经验"干预组。参与者在"描述"干预组中能

看到完整的先验博弈描述，但在"经验"干预组中则没有关于博弈收益的先验信息。在两种干预组下，每次博弈后参与者得到的反馈只有自己的收益结果。

结果总结在图 9.1 中，该结果反映了先验信息的显著效果。在最后 10 次博弈中，公平有效均衡（E/E）的比例在"描述"干预组中为 84%，在"经验"干预组中仅为 25%。风险占优均衡（A/A）的比例在"描述"干预组中为 16%，在"经验"干预组中为 59%。

现在考虑表 9.7 中给出的协调博弈。此博弈与表 9.6 中的猎鹿博弈基本相同，但有一个例外：参与者 2 在右上角单元格中的收益从"0"变为一种"以 1% 的概率支付 1000，否则为 0"的彩票。这种变化消除了风险占优均衡，并创造了一种具有单一、公平和有效均衡的协调博弈。然而，很容易看出，这种变化不太可能改变行为。在信息完整的"描述"干预组下，参与者仍然倾向于选择公平和有效的结果，而在"经验"干预组中参与者仍然倾向于收敛到原来的 A/A 均衡，这意味着结果是不公平和无效的。在这种情况下 A/A 不再是均衡的，但可以想象学习过程会使行为向均衡移动。

表 9.7　一个具有单一公平有效均衡的 5×5 协调博弈

		参与者 2				
		A	B	C	D	E
参与者 1	A	10, 5	9, 0	9, 0	9, 0	9, G
	B	0, 4	0, 0	0, 0	0, 0	0, 0
	C	0, 4	0, 0	0, 0	0, 0	0, 0
	D	0, 4	0, 0	0, 0	0, 0	0, 0
	E	0, 4	0, 0	0, 0	0, 0	12, 12

注：结果 G［对于单元格（A，E）中的参与者 2］是一种彩票，以 1% 的概率支付 1000，否则为 0。

总而言之，当前的分析表明，包含经验的博弈可能会导致与主流研究中记录的行为模式截然不同的行为模式，主流研究的重点是基于对博弈的全面描述所做出的决策。对描述性决策实验的研究突出了在公平和有效结果的方向上偏离理性选择均衡的现象。经验性决策实验会表现出相反的模式。虽然"经验性决策"的结果不偏离理性，但它们可能是很重要的，它们有可能捕捉到频繁而且重要的情况。实际上，许多社会冲突问题（包括婚姻和国家冲突）可能是反复探索的产物，而没有深层次的动机或情感。我们不知道有多少自然冲突反映了探索的失败，但几乎可以有把握地说，对理性选择和理性决策

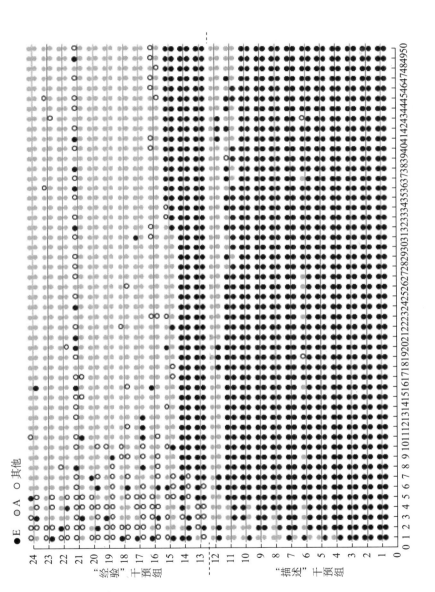

图9.1　2名参与者在50次博弈中的选择

理论反例的研究不太可能解释这一重要问题。

定量预测

上面的研究结果表明，将行为经济学的研究扩展到反例研究之外具有重要意义。对相关模型进行量化并明确其边界非常重要，将实验分析推进到"描述性决策"的研究之外也非常重要。这些扩展会推动描述选择行为定量模型的发展，使其能够解释理性决策理论的重要反例。即使理性模型的结论是模棱两可的，通过行为模型也可以得出一些有用的预测结果。

当然，定量模型有用的观点可能并不新鲜，也不存在争议。然而，行为经济学家似乎倾向于避免定量分析。目前，最具影响力的研究只是定量分析的第一步。也就是说，行为经济学家提出了可以量化的模型，并把检验模型预测价值的任务留给了未来的研究。埃雷夫等（2010）认为，对行为研究者来说，这种研究的贡献是一个带有问题性的激励结构：定量预测的评估往往比反例研究更昂贵，也更无法博人眼球。一方面，如果研究不需要进行定量预测，可以描述一些有趣现象作为例子，以此作为开始，接着描述一个高度抽象的、有洞察力的模型作为结束。另一方面，如果需要进行定量预测，研究人员必须考虑一系列一般化的问题，而一般化问题往往没有例子那么有趣。研究人员必须对模型进行估计，并进行另一项大型和枯燥的实证研究（依赖于随机抽样），在不同的模型中进行比较。此外，研究付出的成本可能因为目标模型被拒绝而增加（如果样本足够大，则所有模型都有可能被拒绝）。

请注意，这种激励结构可能存在两个方面的问题。一方面，它可能反映了学术中的公共品问题：行为经济学的整个研究领域将受益于对定量预测的严肃研究，但每位研究人员都有动机只研究高价值问题。另一方面，行为经济学家发现，在经验性决策中罕见事件的权重也被低估了（如上述"点击"干预组中的情况）。同理，定量模型研究很可能会导致老生常谈的结果，但它只有很低的可能性使人们发现非常重要且可靠的规律。因此，这类研究的前景也会被低估。无论如何，在进行新的行为研究时改变激励结构是可取的。

埃雷夫等（2010）提出了一种有可能解决这种激励结构所存在问题的研究方法，阿里福维奇等（Arifovic et al. ，2006）也有类似的想法。埃雷夫等试图通过组织三场公开的预测竞赛来提高定量预测研究的吸引力，这些比赛可以解决高成本和无创新性的问题。他们进行了必要的实验研究，并向其他研究人员发起了挑战，要求他们利用一部分的实验数据得出预测模型。这三场竞赛都集中在预测一个二元选择上：一种选择可以获得固定的中等回报（称为 M），另外一种选择为以概率 Ph 获得高回报（H），否则以概率（1 - Ph）获得低回报（L）。因此，基本选择问题是：

安全选项：确定可以获得 M；

风险选项：以概率 Ph 获得 H，否则获得 L〔概率为（1 - Ph）〕。

这四个参数（M、H、Ph 和 L）是随机选取的，符合以下规则：①可能的收益在 - 30 到 30 锡克尔之间；②L < H；③在 95% 的问题中，M 介于 L 和 H 之间；④两种收益的期望值之间的差异相对较小。

每场竞赛都关注一个不同的实验干预组，目的是预测实验参与者在该情况下的行为。这三种干预组包括："描述"干预组、"卡片"干预组和"点击"干预组。在"描述"干预组，实验参与者被要求根据完整描述的收益框架做出一次性的选择。"描述"干预组类似于在阿莱（1953）以及卡尼曼和特韦尔斯基（1979）考虑的风险范例下做出决策。在"卡片"干预组（经验抽样）中，参与者根据经验做出决策，如赫德维希等（2004）：他们被要求在两副卡片中选择一副，这两副卡片由两个没有标记的选项表示。"卡片"干预组设置了同样的二元收益结构，但参与者并未获知有关收益分布的信息，他们需要根据自己的个人经验做出决定。在进入最终选择阶段之前，参与者被允许对两副卡片进行尽可能多的抽样。最终选择阶段的决策决定了完成实验任务的最后收益。在这个阶段，他们被要求在两张卡片之间选择一次。在"点击"干预组（经验重复）中，参与者根据经验做出（100 次）重复的决策（Barron and Erev，2003）。收益由两个未标记的选项表示，每一项选择之后都附有对所得收益的说明。

这三场竞赛都包含两个实验阶段的数据：一个评估阶段和一个竞赛阶段。每一个阶段都使用相同的实验方法，决策问题和决策参与者都类似但不完全相同，如下文所述。评估阶段率先于 2008 年 3 月开始。在这些实验环节结束后，组织者将第一阶段的数据和几个基线模型发布在网络上，他们要求研究人员针对三个干预组的实验数据分别参加三场竞赛，重点是预测第二阶段（竞赛阶段）的数据。[3]

参赛的科研人员被允许研究评估阶段的实验数据。他们的目标是建立一个模型来预测竞赛阶段的实验结果（每个干预组中所有选项的平均选择比例）。该模型必须能在计算机程序中实现，程序将相关博弈的收益分布作为输入读取，并输出对参与者选择"风险"选项的比例预测。计算模型预测的选择比例和实际观察到的选择比例之间的均方偏差（MSD），将被用来对提交的模型进行排名。该方法的主要优点是它与传统统计学方法（如回归、t 检验、d 统计）相关并且具备直观的解释力。模型的 ENO 是对实验总体规模的估计，为了获得比模型预测更准确的预测结果，必须考虑到该因素。例如，如果一个模型对某一特定问题的风险选择概率的预测 ENO 为 10，那么这一预测将与从有 10 个参与者参加的该主题的实验研究中观测到的风险选择比例预测一样准确。

　　每个竞赛的实验数据来自 20 名参与者（以色列理工学院学生）在计算机化的环境中做出的选择。参与者在随机参与的一项任务中获得 25 锡克尔的出场费，并从他们选择的选项那里获得额外收益。

　　该竞赛的主办方共收到了参与者提交的 23 个模型（针对不同干预组），包括 8 个"描述"模型、7 个"E‑抽样"模型和 8 个"E‑重复"模型。这些模型涉及大量方法，包括逻辑回归、基于 ACT‑R 的认知建模、神经网络和其他基本数学模型。

　　评估结果揭示了三个有趣的现象。第一个有趣的现象是，原始数据显示了两个"经验"干预组之间的高度相关关系（高于 0.8 的相关性）和两个"经验"干预组的实验结果与"描述"干预组的实验结果之间的负相关关系。对这种差异的分析表明，它是由罕见事件的影响驱动的。在两个"经验"干预组中，选择"风险"选项的比例随着 Ph 值的增加而增加，而在"描述"干预组中，选择"风险"选项的比例随着 Ph 值的增加而减少。这些实验现象对参与者的行为进行了解释，即参与者在两个"经验"干预组下低估了罕见事件的权重，而在"描述"干预组下却高估了罕见事件的权重（Barron and Erev，2003）。

　　第二个有趣的现象是对提交的不同模型及其预测值的检查。三个竞赛中提交和获胜的模型有很大的差别。"描述"干预组中的最佳模型是前景理论的随机响应变体，该理论认为罕见事件的主观权重会更高。两个"经验"干预组中的最佳模型都假设决策者依赖于小样本经验，这一假设暗示了参与者低估罕见事件权重的倾向。

　　第三个有趣的现象来自对不同模型预测价值的比较，这一点通过模型的 ENO 来测量。分析表明，提交的反例解释模型的 ENO 值较低。例如，最原始的前景理论的 ENO 值约为 2。然而，对前景理论模型进行最小限度的修改并加上随机响应规则，就能极大地提高模型的预测能力。前景理论中最优随机变量的 ENO 值为 81。这一结果以及"经验"干预组下的类似结果表明（"E－抽样"和"E－重复"情况下最佳模型的 ENO 值分别为 35 和 47），行为模型可以比数据拟合模型做得更好，因为它们可能提供非常有用的预测结果。[4]

结　语

对通过实验室来预测自然环境中社会行为的相关研究来说，"1－800"批评是最重要的挑战之一。它揭示了这样一个事实：不同的实验揭示了不同的行为规律，而且通常很难知道在特定的现实应用中，哪种行为规律更重要。行为经济学的主流研究试图将简约的理性人假设作为基准假设来应对这一批评。大多数实验研究都集中在"人是理性的"这一假设的反例上，而主流的描述模型是对简约理性模型的推广。本章的内容质疑了这种方法的价值，如果没有呼叫中心的支持，最主流的行为模型也无法轻易被应用到实验中。此外，在某些情况下，应用这些模型会导致得出有问题的预测结果。我们观察到的行为偏离了效用最大化的假设，这与根据经典反例扩展的最流行的理论的预测方向相反。

部分问题似乎反映了理性假设的缺陷，这种理论假设是简约的、广义的，它能做出明确预测的情形是极其有限的。因此，在许多情况下，将理论作为基准无法对行为进行明确的预测。

我们相信，这些问题可以通过定量预测来解决。建立清晰的模型，如果该模型能够在定义良好的不同干预组中提供对所选择行为的定量预测，就可以解决"1－800"批评问题。这种方法的价值将随其普及程度而增加。研究的积累将改善模型并增加更多的实验干预组，埃雷夫等（Erev et al. , 2010）通过预测竞赛，提出了一种促进和激励定量研究的方法。

注释

这项研究的一部分是作者在哈佛商学院时进行的。感谢阿尔文·罗思和彼得·沃克（Peter Wakker）的有益评论。

1. 此外，这篇有影响力的论文的发表促进了"柠檬法"的出台，如《马格努森－莫斯保修法案》，降低了劣质品进入市场的可能性。

2. 这个观察结果暗示了一般性和清晰预测之间的差异。理性假设具有普遍性，与行为模型不同，理性模型不假定情景依赖。然而，这并不意味着它能以与情景无关的方式被应用。在大多数情况下，对行为的预测，甚至在理性假设下，都需要有与情景相关的信息或假设。

3. 获奖者的主要奖品是邀请他们共同撰写有关这项竞赛预测的论文。

4. 两个观察结果澄清了这些 ENO 值的含义。首先，20 年前，炮兵军官被指示使用牛顿定律（预测大炮的行为），假设牛顿定律的 ENO 值在 2 至 3 之间。也就是说，他们应该在前三次投掷中使用牛顿定律，然后根据实验的平均值（前三次投掷的平均值）来预测第四次。其次，埃雷夫等（2007）表明 $t^2 = (n/ENO) + 1$，其中 t 为模型是"准确的"这一假设的 t 统计量（模型的预测值是原假设），n 为实验观测值的数量。因此，ENO 为 81 意味着必须获得 300 多个观测值才能在 0.05 的显著性水平下拒绝模型（获得大于 1.96 的绝对 t 统计量）。

参考文献

Akerlof, G. A. 1970. The Market for "Lemons": Quality Uncertainty and the Market Mechanism. *Quarterly Journal of Economics* 84: 488 – 500.

Allais, M. 1953. Le Comportement de l'Homme Rationnel Devant le Risque, Critique des Postulats et Axiomes de l'Ecole Americaine. *Econometrica* 21: 503 – 546.

Arifovic, J., R. D. McKelvey, and S. Pevnitskaya. 2006. An Initial Implementation of the Turing Tournament to Learning in Repeated Two-Person Games. *Games and Economic Behavior* 57: 93 – 122.

Barron, G. and I. Erev. 2003. Small Feedback-Based Decisions and Their Limited Correspondence to Description Based Decisions. *Journal of Behavioral Decision Making* 16: 215 – 233.

Benartzi, S. and R. A. Thaler. 1995. Myopic Loss Aversion and the Equity Premium Puzzle. *Quarterly Journal of Economics* 110: 73 – 92.

Bolton, G. E. and A. Ockenfels. 2000. ERC: A Theory of Equity, Reciprocity, and Competition. *American Economic Review* 90: 166 – 193.

Camerer, C., L. Babcock, G. Loewenstein, and R. Thaler. 1997. Labor Supply of New York City Cabdrivers: One Day at a Time. *Quarterly Journal of Economics* 112: 408 – 441.

Camerer, C. F., G. Loewenstein, and M. Rabin (eds.). 2004. *Advances in Behavioral Economics*. New York: Princeton University Press.

Cooper, D. J. and J. Kagel. Forthcoming. Other-regarding Preferences. In *The Handbook of Experimental Economics*, Vol. 2, eds. J. Kagel and A. Roth. Princeton, NJ: Princeton University Press.

Erev, I. and A. E. Roth. 1998. Predicting How People Play Games: Reinforcement Learning in Experimental Games with Unique, Mixed Strategy Equilibria. *American Economic Review* 88: 848 – 881.

Erev, I., A. E. Roth, R. L. Slonim, and G. Barron. 2007. Learning and Equilibrium as Useful Approximations: Accuracy of Prediction on Randomly Selected Constant Sum Games. *Economic The-*

ory 33: 29 – 51.

Erev, I. , E. Ert, and E. Yechiam. 2008. Loss Aversion, Diminishing Sensitivity, and the Effect of Experience on Repeated Decisions. *Journal of Behavioral Decision Making* 21: 575 – 597.

Erev, I. , E. Ert, A. E. Roth, E. Haruvy, S. Herzog, R. Hau, R. Hertwig, T. Stewart, R. West, and C. Lebiere. 2010. A Choice Prediction Competition, for Choices from Experience and from Description. *Journal of Behavioral Decision Making* 23: 15 – 57.

Fehr, E. and K. Schmidt. 1999. A Theory of Fairness, Competition, and Cooperation. *Quarterly Journal of Economics* 114: 817 – 868.

Flood, M. and M. Dresher. 1952. Some Experimental Games. *Research Memorandum RM-789*. Santa Monica, CA: RAND Corporation.

Güth, W. , R. Schmittberger, and B. Schwarze. 1982. An Experimental Analysis of Ultimatum Games. *Journal of Economic Behavior and Organization* 3: 367 – 388.

Hertwig, R. , G. Barron, E. U. Weber, and I. Erev. 2004. Decisions from Experience and the Effect of Rare Events in Risky Choice. *Psychological Science* 15: 534 – 539.

Kahneman, D. and A. Tversky. 1979. Prospect Theory: An Analysis of Decision Under Risk. *Econometrica* 47: 263 – 291.

Mitzkewitz, M. and R. Nagel 1993. Experimental Results on Ultimatum Games with Incomplete Information. *International Journal of Game Theory* 22: 171 – 198.

Pesendorfer, W. 2006. Behavioral Economics Comes of Age: A Review Essay on "Advances in Behavioral Economics". *Journal of Economic Literature* 44: 712 – 721.

Rabin, M. and G. Charness. 2002. Understanding Social Preferences with Simple Tests. *Quarterly Journal of Economics* 117: 817 – 869.

Rapoport, A. and A. M. Chammah. 1965. *Prisoner's Dilemma*. Ann Arbor, MI: The University of Michigan Press.

Rapoport, A. and J. Sundali. 1996. Ultimatums in Two Person Bargaining with One Sided Uncertainty: Offer Games. *International Journal of Game Theory* 25: 475 – 494.

Shafir, S. , T. Reich, E. Tsur, I. Erev, and A. Lotem. 2008. Perceptual Accuracy and Conflicting Effects of Certainty on Risk-Taking Behavior. *Nature* 453: 917 – 921.

Sternberg, S. 1966. High-Speed Scanning in Human Memory. *Science* 153: 652 – 654.

Tversky, A. and D. Kahneman. 1992. Advances in Prospect Theory: Cumulative Representation of Uncertainty. *Journal of Risk and Uncertainty* 5: 297 – 323.

Wakker, P. P. 2010. *Prospect Theory for Riskand Ambiguity*. Cambridge, UK: Cambridge University Press.

von Neumannvon Neumann, J. and O. Morgenstern. 1947. *Theory of Gamesand Economic Behavior*. Princeton, NJ: Princeton University.

第 10 章
经济学和社会心理学：实验研究的一般模型

基思·穆尼汉 (J. Keith Murnighan)

概　述

　　本章重点介绍经济学、社会心理学的交叉研究。真的，没有其他社会科学像这两个领域一样这么频繁地使用实验方法。事实上，正如托马斯·罗斯和我（Murnighan and Ross，1999）之前所说的那样，实验为这两个重要研究领域提供了一个共同的舞台，以便它们可以进行有效的合作。不幸的是，这两个领域在方法论上的矛盾越来越尖锐，限制了它们的合作潜力。

　　本章开始时，我将介绍这两个领域的定义和变迁历史。然后，我将重点放在核心概念上，这些概念不仅是常见的，而且是两种研究模式的核心。最后，我提供了一个研究方法，有助于实现这两个领域的研究目标，同时增加两个领域相互做出贡献的机会，而且还扩展了我们对所研究对象的了解。

经济学与社会心理学——定义

　　作为一个非经济学领域的研究者，我发现"经济学"作为一个研究领域有一系列令人疑惑的定义，这让我既困惑苦恼又沮丧。在我查阅文献的过程中，并没有出现一个固定的、公认的经济学研究领域的定义。在各种定义中重复出现的因素，包括价格、生产、支出、收入、个人和社会行动、最大化、市场、均衡、偏好、满足、自私、选择、目标、稀缺、财富和人际关系等。一个能够得到所有专家一致支持的经济学定义似乎是不可想象的，与此同时，按照美国最高法院的法官在谈到另一个难以定义的概念时所说的，我们不难得出这样的结论：大多数人在看到经济学时会认识到这是经济学。

社会心理学的定义似乎包含得更多，可能因为它是更一般的心理学领域的子领域。威廉·詹姆斯（William James，1890）将更广泛的心理学领域定义为"对人类意识状态的描述和解释，对感觉、欲望、情感、认知、推理、决定、意志等的研究"。社会心理学对这些定义进行了细化，认为社会心理学关注明确的社会背景下个体心理体验的三个关键概念——认知、情感和行为，即"真实、想象或隐含存在的他人"（Allport，1985）。

社会心理学定义中的所有要素在经济学中都是至关重要的。与此同时，经济学往往具有更广泛的视角，不仅关注个体经济行为者，而且关注个体选择和行为的融合。正如罗斯和我在早期研究中指出的，"微观经济学研究个人和公司的选择和行为，社会心理学研究个体和群体在社会情境中的思想、行为和举动"（Murnighan and Ross，1999）。

经济学与社会心理学——历史观点

伯尔赫斯·弗雷德里克·斯金纳（B. F. Skinner）在《科学与人类行为》（*Science and Human Behavior*）（1953，p.15）一书中指出："行为研究是一门困难的学科，不是因为它难以理解，而是因为它极其复杂。"同样，保罗·萨缪尔森在《经济学》第一版（1948）中表示："描述、分析、解释国民收入波动之间的关联，是现代经济科学的第一要务。繁荣和萧条，物价上涨和通货紧缩，都是我们关心的问题。这是一项艰巨而复杂的任务。由于人类和社会行为的复杂性，我们不能指望达到某些物理科学的精确程度。我们不能像化学家或生物学家那样进行受控实验。"

这只是两种观点，但一项非正式的总结显示，社会科学研究确实是一项复杂且富有挑战性的工作，这两个领域都有很崇高的目标。穆尼汉和罗斯曾说过：

　　社会心理学的主要目的是更好地理解个人在社会环境中是如何做出决策的，其关注的重点是驱动个人做出决策的动机，而目标则是解释每个人的决策。经济学最终落脚在解释市场价格、数量、收入、就业和市场效率等总量概念上，目标是解释集体行为而不是个人行为。为了做到这一点，经济学家必须建立个人行为模型，以此解释他们真正关心的经济总量。因此，如果经济学家能够建立一个更好的集体市场行为模型（更准确、更容易处理、更容易测试），则他们可以放弃解释每个人选择的结果。与此相对，社会心理学家则可能试图解释只有在特定环境下才会出现的行为。（Murnighan and Ross，1999）

换句话说，这两个领域的目标是不同的，但它们关注的焦点最终涉及个人的选择——出于经济上的重要原因而聚集，出于心理上的重要原因而独立。因此，对于这两个领域来说，共同的关注点就是个人选择。在本章中，我假设这两个领域都希望改进用来观察和理解这些个人选择的方法。挑战在于克服合作中存在的问题，"这两个领域促进了不同类型的思维模型和不同的学科哲学，而这些差异使得这两个学科的人很难合作，更不用说欣赏彼此的工作"（Murnighan and Ross，1999）。

方法及途径

实验经济学的方法发展迅速。尽管经济学家和社会心理学家用了许多相似的方法进行实验，但这些方法在一些基本的方面有所不同。从社会心理学家的观点来看，激励和欺骗这两个最受关注的因素已经导致许多经济学家拒绝了社会心理学的大部分成果，这真的很不幸。

在本章中，我不会详细讨论这两个主题，因为它们已经被其他学者详细讨论过，例如科洛森（Croson，2006）和贾米森等（Jamison et al.，2007）。这两个领域在激励问题上存在分歧的关键在于，在经济学实验研究中，人们需要获得相对较大的报酬，这些报酬的金额取决于他们的行为和行动的结果。这一讨论令人困惑的部分是，大量的研究表明，在许多范例中，货币激励的大小变化并没有改变研究结果的核心内容（Camerer and Thaler，1995）。相反，低水平激励最常见的结果似乎是误差方差的增加。当然也有例外，尤其是当激励金额相当大的时候。

关于欺骗的分歧更为根本，也更为激烈，以至于许多经济学家将欺骗视为一种本质上不道德的行为。这是令人惊讶的，因为这个问题也可以被定义为严格的经验主义：经济学家担心，在一个实验中弄虚作假，会对后续实验的运行或参与率产生负面影响。他们谴责使用任何形式的欺骗手段，并声称任何使用欺骗手段的研究人员都会伤害未来所有的实验研究者。

值得称道的是，经济学领域的一些研究人员通过实证关注了他们的担忧，包括激励（如上所述的结果）和欺骗。例如，贾米森等（2007）进行了一项细致的实验，在实验中一些参与者被欺骗，而另一些没有。这些实验参与者在随后实验中的行为被记录下来并得到评估。在随后的实验中贾米森等发现，先前的欺骗对参与者的自愿参与比例和参与者的行为有部分的、不显著的影响。贾米森等指出，经济学研究人员认为这些发现支持了上述担忧的有效性，但社会心理学研究人员认为，他们的发现表明经济学家的担忧基本上是没有根据的。因此，迄今为止的研究结果并没有消除冲突，也没有消除与冲突有关的方法论差异。本章的其余部分将讨论这两个领域实验方法的优点，而不去进一步讨论这些冲突问题。

经济学的优势

经济学实验方法的主要优点是其具有理论优势，经济理论的数学形式意味着它对行为的预测是特别敏感的。一旦满足一系列基本假设，经济学就可以对理性个体的行为做出真正具体的预测。这些理论也为心理学的介入留下了相当大的空间，因为心理学家对人们的实际行为方式很感兴趣。例如，对于心理学家来说，没有必要假定严格的个体理性。这并不是说我们通常不期望人们保持一致，但在有关选择的心理学概念上，个人一致性和经济理性可能并不等价。

实验经济学的第二个优势，这可能是我自己的特殊观点，包括其在博弈方面的创造性。经济学家已经介绍了许多心理学家喜欢在实验中使用的博弈，包括囚徒困境博弈、最后通牒博弈、独裁者博弈、信任/投资博弈等。这些都是结构优美、引人注目的实验设计，能展示大量有趣的个人行为和互动。

对于研究博弈实验的经济学家和心理学家来说，一个棘手的问题是，参与者有一种恶劣的习惯，那就是在潜意识中改变呈现给他们的博弈。换句话说，虽然我们可能设定一系列清晰的博弈规则，但参与者看待博弈的方式可能与研究者看待博弈的方式不同。

凯利和蒂博（Kelley and Thibaut，1978）是最先明确这一点的人。正如他们所说，"原始矩阵值根本不是令人满意的行为预测因子"（p. 15）。他们接着观察到，"实际上，通过对给定矩阵的各个方面做出反应，参与者会在潜意识中将其转换成一个新的矩阵，即有效的矩阵，这个矩阵才与他们的行为紧密相连"（p. 17）。最近一些在囚徒困境背景下的研究提供了一个相关的例子，参见钟等的研究（Zhong，2007）。我们发现，尽管研究人员经常在囚徒困境中通过合作或者背叛来解释博弈的选项，例如拉普伯特和查曼的研究（Rapoport and Chammah，1965），但是参与者似乎仅对数字矩阵进行了简单分析，而不一定以和研究人员相同的方式概念化他们的选择。例如，当博弈选择被赋予语言标签时，如合作和背叛，参与者明显比选项没有被贴上标签时更愿意合作。没有被贴上语言标签的博弈矩阵是大多数先前的研究所使用的模式。

这里的结论很简单。正如伯格等（Berg et al.，1995）在他们第一次展示信任投资博弈时所指出的，虽然有些投资者选择了信任投资的选项，但有些被投资者却没有选择回馈，这也许是因为他们没有将信任投资作为信任来对待。因此我们所有人，无论是经济学家还是社会心理学家，都必须特别小心，在解释实验参与者的选择时，要与参与者自己解释的方式相一致。

社会心理学的优势

社会心理学对社会情境的关注，以及对数学模型相对一致的回避，导致其理论模型不像经济学那样精确。同时，社会心理学先于经济学将实验作为主要的研究方法。实际上，社会心理学对实验方法的改进对该领域来说可能取得了比其理论发展更大的成就。

与其他领域一样，社会心理学经历了各个阶段，实验方法论不同方面的价值在这些阶段中消长与变迁。在本章中，我试图以更广阔的历史视野来看待社会心理学的实验方法，提倡在不同的研究阶段采取最好的方法。在此过程中，我将关注社会心理学研究的两个核心方面，即可靠性和内部有效性，以及它的两个推论：概念的可重复性和潜在心理机制的识别。我将明确地把外部有效性视为某种程度上重要的因素，因为这似乎是经济学和社会心理学理论检验研究中有价值但并不必要的一个组成部分。

与实验经济学一样，社会心理学中的大部分实验工作是在检验理论命题和含义。例如，斯托（Staw，1976）在早期关于承诺升级的工作中，将强化理论的预测与他自己的模型进行了对比，他的模型主要基于"自我正当化"，即人们不会总是在他们选择投资并已经导致负面结果后，避免或减少未来的新投资。如果遵循约翰·普拉特的建议，对理论进行检验的研究可以很好地开展（Platt，1964）。他精确地阐述了强推断的好处，能够把几种理论进行相互比较并得出结果。斯托的工作就是这种方法富有成效的一个很好的例子。

由于特定经济模型的丰富性，强推断是一种特别适用于实验经济学的策略。这种研究方法具有很强的理论亲和力。然而，实验经济学并没有将强推断作为其理论检验研究的标准方法。

社会心理学并未声称其理论是强大的或具体的。因此，正如一般的理论检验一样，强推断在社会心理学中也有其地位。但社会心理学研究也采取了不同的方法，不一定是为了检验理论，而是为了证明重要的行为规律，这些规律在被研究之前，从表面上看是违背直觉的。季洛维奇等对篮球"热手效应"的研究（Gilovich et al.，1985），卡尼曼和特维尔斯基的前景理论（Kahneman and Tversky，1971），以及锚定和不充分的调整效应研究（Ku et al.，2006），都是这类研究工作的例子，这类研究基本上是示范研究：研究的目的是以反复和多样的方式证明一种违反直觉的行为是稳定存在的。例如，在决策偏差研究中，研究人员找了这样的例子：个体会偏离某种理性的、前后一致的判断，这些判断原本可能符合他们的最大利益。随后，一系列独立研究项目开展起来，进而开始反映该现象的领域外沿，最终界定了其边界条件。

研究"热手效应"的论文为这种强推断方法提供了一个很好的例子。文章的结果表明，人们普遍认为，与连续投篮不成功的篮球运动员相比，之前连续几次投篮成功的球员随后投篮成功的概率更高。文章的第二项研究总结了1980～1981 年赛季费城篮球队中 9 名队员的投篮表现。这些数据清楚地表明，投篮成功 1 次、连续投篮成功 2 次和连续投篮成功 3 次后投篮成功的概率并不高于投篮失误 1 次、连续投篮失误 2 次和连续投篮失误 3 次后投篮成功的概率。因此，第二项研究的分析对个体观察者拥有的共同信念提出了怀疑。数据还显示，对于一个平均命中率为 50% 的球员，连续得分的次数与人们在抛硬币时获得连续正面的次数并没有差别。这个分析表明"热手效应"不存在，相反，对篮球运动员投篮的预测结果不可能比对投掷硬币的预测结果更准确。第三项研究表明，费城篮球队的队员以及他们的教练也相信"热手效应"存在，即使他们自己的行为并不支持其存在。对其他两支职业球队的投篮表现进行进一步的分析后发现，同样没有任何证据表明"热手效应"存在。

他们的第四项研究评估了"热手效应"对罚球命中率的影响，这些数据拒绝了比赛现场情况的改变可能会影响投篮成功率的假设。分析结果在概念上重复了早期的发现，即没有证据表明"热手效应"存在。最后，研究人员对大学篮球运动员和一组独立观察者进行了一项实验，以确定球员本身或"客观的"独立观察者是否能够提前预测球员投篮成功的可能性。尽管两组人都会在对下一次投篮充满信心的时候选择更高的赌注，在他们觉得自己的手不"热"的时候选择更低的赌注，但无论是球员还是观察者，他们的预测都没有成功，他们投入的赌注也没能赚到钱。因此，在预测意义上，无论是狂热的篮球迷观察者，还是运动员自己，都不能准确地识别出"热手效应"的存在。但直到今天，人们仍然认为"热手效应"存在并影响着比赛的结果。

事实上，篮球迷、球员和研究人员对这些发现有极为不同的意见（Tversky and Gilovich，1989）。然而，这项研究的方法和发现都很清楚：作者确定看起来应该被普遍理解和证明的观点，可能不是那么普遍，也不是那么好被证明。

在这种情况下，这些常见误解背后的潜在心理机制并没有得到深入研究。然而，在最近的社会心理学研究中，这已经成为一种普遍的方法。举个例子，吉利恩·库（Gillian Ku）、亚当·加林斯基（Adam Galinsky）和我研究了一个项目的起拍价对竞拍者最终报价的影响。关于拍卖中的锚定与不足调整偏差，参见特维尔斯基和卡尼曼 1974 年的研究。这个研究关注的是起拍价在多大程度上代表价值，这表明高的起拍价可能会导致高的最终价格。在我们的研究中，我们注意到先前关于锚定效应的研究讨论了个人竞拍者不充分调整出价的问题，但在拍卖中因为可以有许多人出价，这个过程更多的是由社会决定的。因此，我们证明，在考虑正常锚定效应的情况下，在拍卖中较低的起拍价往往比较高的起拍价更容易导致较高的最终成交价。

我们的论文包括一系列研究，以揭示这一现象的根本原因。研究包括三个基于场景的实验：一个舒比克（Shubik）的美元拍卖实验，一个独立完成的在易趣网进行的衬衫拍卖实验，以及一个集体完成的在易趣网进行的加勒比海度假拍卖实验。

我们的研究结果记录了三个基本过程对正常锚定效应的影响：较低的起拍价降低了进入壁垒，从而增加了交易量，最终提高了成交价；较低的起拍价诱使竞拍者投入时间和精力，这实际上造成了沉没成本，并相应地提高了他们购买该物品（服务）的承诺价格；较低的起拍价导致的交易量使得其他竞标者推断出该物品（服务）的价值，从而进一步增加交易量，提高最终成交价。论文的最后一项研究表明，进入壁垒限制了交易量——例如在易趣列表标题中拼错迈克尔·乔丹的名字会减少交易量，相比于在标题中正确拼写迈克尔·乔丹的名字，在拼错情况下起拍价与成交价正相关，而不是负相关。

这项研究从一种明确的社会心理学角度关注了拍卖定价这一经济现象。我们发现心理和社会因素以及被视为经济因素的进入壁垒，影响了这些拍卖的最终结果。因此，我们确定了锚定调整偏差的新边界条件，并演示了社会过程如何、何时以及为什么会打断个人进行理性决策。

从方法论的角度来看，这些例子确定了多重研究的价值，这些研究为相同的基本假设提供了概念上的支持。在不同的情况下，对相同的自变量和因变量之间不同的作用效果进行反复论证，让我们对核心概念的基本假设有了更大的信心。当研究人员使用单个实验时，很难得出最终结论，不知道这些结果到底可以证明一般假设条件，还是仅仅与当前假设条件中某些变量的设置有关。当研究在理论上被驱动并且变量满足理论的假设时，研究结论就会变得更加有力。与此同时，使用不同的方式进行实验设计并进行研究，如果同一种抽象的理论概念在不同实验设计中还能展现一致的重要关系，则为任何假设都提供了更强的检验方式。

还有一点值得强调，经济学和社会心理学的研究都忽视了对情感的关注。这两个领域都对个人、群体和更大的社会实体的行为及认知的影响进行了卓有成效的研究。对情绪的研究更加困难，自然而然地促使研究人员追求阻力更小的方式、更容易处理的研究问题，而不是试图找出那些往往转瞬即逝的情绪的影响。例如，在一些关于情绪如何影响信任和社会困境决策的研究中（Lount and Murnighan，2006），我们发现测量情绪的可靠性会受到一定的挑战。因为人们的情绪并不总是长时间地持续，而操纵情绪相对来说是费力的。就这些情绪持续的时间而言，其只能产生有限的影响。然而，当观察并研究那些正在做出重要战略决策的个人时，我们很难忽视情感在决策过程中不可或缺的重要性。

长期以来，社会心理学对实验方法进行了不断的改进，这些改进始终围绕着基本的研究目标：行为、认知和情感。社会心理学家的多重实验检验策略有助于在整体上阐明行为现象。通过在实验中不断且认真地测度这三种因素，经济学和社会心理学可以在学术上获得丰厚的回报。

多种研究方法

假设你是一名足球教练，想要确定两场比赛之间的最佳练习时间。在美国的职业足球比赛中，常规赛在 17 周内有 16 场（在赛季中有一次两周的比赛间隔）。你知道，更多的练习将帮助队员更好地比赛以及更有默契，但也会增加他们受伤的风险，削弱他们的力量，还可能会削弱他们的积极性和创造力。（正如古典音乐家在谈论他们的排练次数时所说，"你必须为领带和燕尾服留出一些空间"，也就是说，为自发性留出一些空间。）

研究这个问题的一个显著办法是进行一个实验，在实验中会有几个星期练习更多而在其他星期内练习更少。考虑到职业体育的竞争性和危险性，这显然是一个有风险的策略。这个方法实行起来存在一个更大的问题，那就是你无法控制许多可能影响练习效果的其他因素：你不是每周都与同一支球队比赛，即使你在一年中两次与同一支球队比赛，由于受伤和其他因素影响，这些团队的队员组成也会发生变化。不仅如此，你自己的球队每周也在变化，因为球员受伤，你会根据他们的效率调整上场队员。

解决这个问题的一种反常规方法是让几个球队进行类似的实验并比较所有结果。这有助于降低团队和环境变化的影响，并可能更直接地将整体影响集中在每个球队的练习时间上。

这个例子虽然很简单，但社会心理学家和实验经济学家据此得出了两个结论。众所周知，控制外部因素是至关重要的，单凭一个实验可能不足以得出明确的结论。重复验证后得出一致的结果可以增强研究者对研究结论内在有效性的信心。

如果我们还希望确定研究结果的外部有效性，则可以更进一步。在 2006 年的一次晚宴上，加里·贝克尔（Gary Becker）指出，虽然我们的方法和技术可能会随着时间的推移而发生变化，但经济学的目标仍将保持不变，"最终判断是经济学如何帮助理解世界，以及如何帮助改善这个世界"。冯·纽曼（von Neumann，1944，p.2）也指出了使用不同方法的价值，"科学问题的差异使得有必要采用不同的方法"。

在本章中，我想重申我在研究生院学到的一些内容（实践较少），也就是说，许多问题不仅可以通过进行多次实验，还可以通过使用多种方法来得到最好的解决。因此，当我们检验理论预测和假设时，除了实验之外，模拟、实地调查或访谈都可以加强我们研究的实证基础。

我在研究生院进行方法学培训时，学习的最基本和最中心的内容来自菲利普·朗克尔和约瑟夫·麦格拉斯（Philip Runkel and Joseph McGrath，1972）的伟大著作《人类行为研究：方法的系统指南》（*Research on Human Behavior: A Systematic Guide to Method*）。他们确定了 8 项研究方法，将它们排列成一个圆圈，并在两个维度上进行分类，即介入性—非介入性研究操作和普遍—特定行为系统（参见图 10.1）。他们还根据观察行为的环境（如果观察得到行为的话）以及研究人员对一般性、准确性或环境本身的关注来对 8 种方法进行分类。表 10.1 提供了所有 8 种方法的定义。

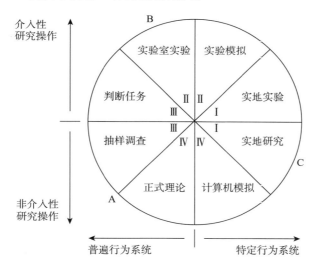

图 10.1　比较一些主要研究方法的框架

资料来源：本图最初出现在朗克尔和麦格拉斯（Runkel and McGrath，1972，p. 85）的图 4.1 中。经出版商许可转载。

朗克尔和麦格拉斯将实验室实验描述为：在人为和创造性环境中进行介入性研究操作，旨在反映（至少部分地）普遍的行为系统，并高度关注精确的行为度量。虽然相对于其他策略，他们将更多时间花在实验上，但是朗克尔和麦格拉斯对 8 种策略完全没有偏见，正如他们所指出的，"我们再怎么强调我们的信念也不为过，即这些研究方法中没有一种比其他方法更能得到研究者的尊重"（p. 89）。他们认为不同的方法是互补的，无论一种方法可能有什么缺点，另一种方法都可能弥补其缺点，而且每种方法都有优点和缺点。

他们将实验室实验定义为"在研究者高度控制的条件下研究一种或多种

行为"（p. 103），其目的是"一般地或典型地对一组过程进行说明，与自然发现这些过程的设置或系统完全不同"（p. 104，重点内容见原文）。实验室研究人员的目标是"在非常狭窄的研究主题下发现很多东西"（p. 107）。他们指出，实验旨在最大限度地提高内部有效性，因此可能牺牲了外部有效性，这两个概念在唐纳德·坎贝尔和弗雷德里克·斯坦利（Campbell and Stanley，1963）关于实验和准实验设计的研究中非常重要。当"实验室本身成为一个非常特殊的小型社会系统，参与者和研究者之间有明确或隐含的协议，两者都不会'自然地'做出行为"时，进行实验的误差就产生了，其结果是"行为科学家确实可以观察到只有实验室中才有的行为"（p. 106）。

表 10.1　朗克尔和麦格拉斯描述的研究方法

策略	定义
实地研究	对自然发生的行为系统中的行为进行系统观察，尽可能减少对这些系统的干扰
实地实验	对自然发生的行为系统中的行为进行系统观察，其中实验者故意操纵一个或多个变量
实验模拟	观察有意构建的环境中的行为，尽可能模拟某种自然的环境
实验室实验	在研究者高度控制的条件下研究一种或多种行为
判断任务	研究者在研究中仔细确定控制条件，并认为在这些条件下，参与者相对不受出身或背景的影响，他们将对研究者提出的任务进行判断
抽样调查	研究者对参与者进行特定划分或对参与者进行随机抽样，使参与者做出相对不受环境影响的判断
正式理论	针对行为系统构建抽象的逻辑模型，通常是一类具有逻辑体系（如数学）的行为系统，以提供新的见解
计算机模拟	观察人为构建的环境中的行为，在人为完成的封闭系统中尽可能模拟某些自然的环境

这 8 种研究方法的主要困难都是"真实性、精确性和普遍性……三者并不能同时最大化"（p. 115，重点内容见原文）。运行实验的优势在于它们的精确性，这对于检验精心设计的经济理论尤为重要。然而，与此同时，它们往往缺乏真实性和普遍性。当检验理论是实证的唯一目的时，实验就是一个完美的工具。只有当我们希望实验不仅限于理论检验时，实验才需要改进。

当然，在商学院，我们经常被要求走出办公室去讨论研究的意义。经济学家偶尔也会被问及他们的研究与公共政策的相关性。对于我们来说，如果想要更有信心地说"这个理论在这些条件下得到了支持"，那么可能有必要利用其他研究方法来完善我们的实验。朗克尔和麦格拉斯的方法论框架表明，如果想让我们的实验研究结论更有力，抽样调查、实地研究和实地实验都可能有所帮助。不重复验证会导致一大堆方法论上的问题，而且无法重复验证的潜在可能性相当大，特别是如前所述，当参与者曲解我们的实验说明时就会出现这样的问题（Kelley and Thibaut，1978）。尽管如此，为了获得其他强有力的外部有效性证明，我们可能还需要实验以外的方法。

朗克尔和麦格拉斯的复杂研究框架暗示的另一种方法，可能是将实验室实验的结果与正式理论、实地实验相结合，这似乎是经济学正在追求的一个巨大进步的方向（Harrison and List，2004；List and Reiley，2002）。能够进行实地实验的机会是非常有限的，这降低了它的适用性，而且具有讽刺意味的是，实地研究和抽样调查等方法可能是有些问题的，因为它们缺乏精确的控制。然而，从社会心理学观点来看，对正式理论的呼唤和对其他实证方法的应用都应该被接受而不是被抵制。

结　语

这里的总结集中在以下几个问题上。第一，当我们研究人类行为、认知和情感时，我们面对的是复杂的现象。第二，经济学家和社会心理学家对实验有着很多的共同兴趣和共同需求。第三，当我们用一个实验来解决一个研究问题时，效果是有限的。一个单独的实验无法足够明确地回答那些我们经常面对的复杂问题。第四，有很多关注者希望看到我们研究工作的意义，为了对我们与他们分享的内容负责任，我们必须确定研究结果的可靠性及内部有效性和外部有效性。第五，在研究的外衣下，我们要在情感上相信并认可自己的理论，即使我们的实验结果有局限性和各种不同的解释。第六，我们往往不会被多种研究方法所吸引或接受多种训练，更不用说多学科了，这限制了我们提出重要的跨学科问题和运用多种方式研究关键问题的能力。第七，我们已经呼吁这两个研究领域合作完成更多的研究工作，但进展一直非常缓慢。

最终结论：我们所有的实验室都要为促进合作研究做出努力。我们应该更好地相互合作，去研究对两个领域都有吸引力的问题，学习更广泛的研究方法和研究策略，走出实验室，让我们的实验研究在实地环境中也开展起来。我们在研究问题时要时刻保持怀疑的态度，对我们的结论要时刻保持谨慎。

参考文献

Allport, A. 1985. The Historical Background of Social Psychology. In *Handbook of Social Psychology*, eds. G. Lindzey and E. Aronson, Vol. 1, 3rd edition, New York: Random House, pp. 1 – 46.

Berg, J., J. Dickhaut, and K. McCabe. 1995. Trust, Reciprocity and Social History. *Games and Economic Behavior* 10: 122 – 142.

Camerer, C. and R. Thaler. 1995. Ultimatums, Dictators, and Manners. *Journal of Economic Perspectives* 9: 209 – 219.

Campbell, D. and J. Stanley. 1963. *Experimental and Quasi-experimental Designs for Research*. Boston: Houghton Mifflin.

Croson, R. 2006. Contrasting Methods and Comparative Findings in Psychology and Economics. In *Social Psychology and Economics*, eds. D. De Cremer, M. Zeelenberg, and J. K. Murnighan. Mahwah, NJ: Lawrence Erlbaum, Inc., pp. 213 – 234.

Gilovich, T., R. Valone, and A. Tversky. 1985. The Hot Hand in Basketball: On the Misrepresentation of Random Sequences. *Cognitive Psychology* 17: 295 – 314.

Harrison, G. W. and J. A. List. 2004. Field Experiments. *Journal of Economic Literature* 42: 1009 – 1055.

James, W. 1890. *The Principles of Psychology*. New York: H. Holt.

Jamison, J., D. Karlan, and L. Schechter. 2007. To Deceive or Not to Deceive: The Effect of Deception on Behavior in Future Laboratory Experiments. Unpublished Manuscript, University of California, Berkeley.

Kahneman, D. and A. Tversky. 1971. Belief in the Law of Small Numbers. *Psychological Bulletin* 2: 105 – 110.

Kelley, H. H. and J. Thibaut. 1978. *Interpersonal Relations: A Theory of Interdependence*. New York: Wiley.

Ku, G., A. Galinsky, and J. K. Murnighan. 2006. Starting Low but Ending High: A Reversal of the Anchoring Effect in Auctions. *Journal of Personality and Social Psychology* 90: 975 – 986.

List, J. A. and D. H. Reiley. 2002. Bidding Behavior and Decision Costs in Field Experiments. *Economic Inquiry* 40: 611 – 619.

Lount, R. B. and J. K. Murnighan. 2007. Can Positive Mood Impact Trust Development? Paper presented at the EIASM Conference on Trust in Amsterdam, The Netherlands.

Murnighan, J. K. and T. Ross. 1999. On the Collaborative Potential of Psychology and Economics. (The Introduction to a Special Issue). *Journal of Economic Behavior and Organization* 39: 1 – 10.

Platt, J. 1964. Strong Inference. *Science* 146: 347 – 353.

Rapoport, A. and A. M. Chammah. 1965. *Prisoner's Dilemma.* Ann Arbor: The University of Michigan Press.

Runkel, P. and J. McGrath. 1992. Research on Human Behavior: A Systematic Guide to Method. New York: Holt, Rinehart & Winston.

Samuelson, P. 1948. *Economics.* New York: McGraw-Hill.

Skinner, B. F. 1953. *Science and Human Behavior.* Upper Saddle River, NJ: Pearson Education.

Staw, B. 1976. Knee-Deep in the Big Muddy: A Study of Escalating Commitment to a Chosen Course of Action. *Organizational Behavior and Human Performance* 16: 27 – 44.

Tversky A. and T. Gilovich. 1989. The Cold Facts About the Hot Hand in Basketball. *Chance* 2 (1): 16 – 21.

Tversky, A. and D. Kahneman. 1974. Judgment under Uncertainty: Heuristics and Biases. *Science* 185: 1124 – 1131.

von Neumann, J. and O. Morgenstern. 1944. *Theory of Games and Economic Behavior.* Princeton, NJ: Princeton University Press.

Zhong, C. , J. Loewenstein, and J. K. Murnighan. 2007. Speaking the Same Language: The Cooperative Effects of Labeling in the Prisoners' Dilemma. *Journal of Conflict Resolution* 51: 431 – 456.

第 11 章
心理学与经济学：趋同和差异的领域

汤姆·泰勒 (Tom R. Tyler)

戴维·阿莫迪奥 (David M. Amodio)

概　述

心理学和经济学这两个学科的方法论既有共同点，也有不同点。我们不确定它们是否有方法论上的冲突，但我们认为它们反映了各自学科实验设计的不同目标。本章将讨论我们认为的三个不同之处：研究的重点、研究的设计以及神经（大脑）经济学研究中涉及的问题。从本质上讲，方法的"冲突"似乎涉及实验有效性问题，当我们试图从可观察的即"明显的"行为反馈推断隐藏的即"潜在的"心理变量时会产生这种问题。我们注意到，尽管经济学家的兴趣已经开始转向那些无法直接观察到的潜在心理结构，但他们的实验方法需要更新，以应对心理学研究的新挑战。

研究的重点应该是什么

——心理建构还是可观察的行为？

在考虑方法论的冲突之前，先明确行为经济学和心理学研究总体目标的差异可能会对研究有所帮助。传统上，行为经济学试图通过建立模型来预测货币以及货币交换的决策。例如，博弈实验会研究人们何时会信任他人，这可以由基于其他人合作的预期而承担的风险表现出来。相比之下，心理学试图理解构成复杂行为背后的情感和认知机制。例如，在群体间的互动中，一个人对另一个人的隐性偏见会如何与他对社会期望的关注相互作用，从而预测反应的友好程度。因此，这两个领域的传统关注点是非常不同的：经济学侧重于决策结果，心理学侧重于心理过程。

这两个领域的研究方法不断发展，以支持各自传统的研究目标。然而，正如我们将要讨论的那样，近年来经济学的目标已经相当接近心理学的目标，特别是考虑到行为经济学和神经经济学的出现，因此重新评估这些方法可能很有必要。

在实验方法方面，传统上经济学家一直关注行为，使用观察到的行为来"揭示"人们的偏好。虽然"偏好"是心理状态，但它们通常不能直接被测量，而是从行为中被推断出来。当然，上述结论也有例外情况，经济学家开始越来越多地直接测量一些心理状态，例如信念和期望（Fehr，2007）。

历史上，对可观察行为的研究也一直是心理学研究的核心。例如，在经典的学习理论时代，像斯金纳（Skinner）这样的著名心理学家同样重视经济学中广泛存在的行为。当然，斯金纳主要研究动物心理，所以从定义上说他直接接触的心理产生过程是有限的。当他冒险进入人类心理研究领域时，作为一个原则问题，他没有对人类心理产生的过程做出假设。自从行为主义（斯金纳的理论框架）衰落之后，其他心理学家在继续研究行为的同时，也试图直接衡量人们的心理状态（他们的态度、价值观和感受）。

20 世纪 60 年代认知革命以来，心理学界已经有了广泛的共识，那就是研究心理过程是很重要的。心理学家已经开始相信人们会因为环境的复杂表现形式，根据构建和思考的过程来积极地调整心理表现，并且情感会影响他们的决定。从心理学的角度来看，通过直接测量可以最大限度地理解这些问题，自我报告就是测度方法的一个例子。例如，研究对象可能会在问卷中报告，报告内容是做出特定决策的过程中不同的思想或情绪的活跃程度。另一种方法是测量生理或神经活动的某些方面，研究人员可能从这些方面推断出决策过程中情绪或动机处于何种激活状态。

有时候心理学的这种倾向会过犹不及，例如当心理学家把注意力完全集中在内在的精神状态上而忽略了行为时。在某种程度上，行为经济学使心理学家重新将注意力集中在行为上，它可以作为对心理学的有效矫正。那些研究心理过程的心理学家承认其经常发现主观判断是有一定问题的，并且常常担心被试的心理过程与行为不完全对应。早在 20 世纪 30 年代，心理学家就一直关注心理过程和实际行为之间的脱节。例如，一篇来自社会心理学的经典论文指出，无论人们多么强烈地表明他们的态度，却并不总与社会环境中的行为相对应（LaPiere，1934）。

心理学的主要目标是理解人类思维的机制及其适应社会的能力。虽然人们只能客观地观察行为和生理学，但可以假设可观察行为是由内部心理过程驱动的。心理学认为，如果不努力去理解人类所经历的丰富而又复杂的心理过程，就很难理解行为模式。因此，心理学家在不反对研究行为的同时，也坚定地致力于测量考察人们的思想、态度和情感。这并不意味着心理学家没有意识到测量考察不可观测的心理结构存在主观性。经济学家通常会选择完全放弃对精神状态的测量考察，来避免更主观的测量方法所带来的潜在问题。

心理学家并不否认这些问题的存在，事实上，许多心理学家一直在积极地解决这些问题，比如在心理测量学和心理学实验方法领域。心理学家感兴趣的是找出行为的原因，而不仅仅是描述观察到的行为模式。他们致力于在其认为可以找到重要信息的研究领域进行探索，尽管这个过程一直比使用更客观的测量工具来研究更容易出错，并且还要付出忽略关键潜在机制的代价。在这种情况下，大量心理逻辑研究的目的是了解在不同类型的研究中发生了什么类型的推理错误，以及如何尽可能地纠正这些错误。心理学家将这些视为研究人类行为潜意识机制问题的必要部分。

虽然经济学家通常能够在理论模型构建时积极纳入与行为相关的因素，但根据我们的经验，这些行为相关因素并未在实践中被验证。经济学家普遍倾向于用心理状态来解释他们的发现，而不提供任何证据来支持他们的"心理状态"。我们举个例子：信任博弈。对于心理学家来说，"信任"是一种心理状态。我相信你或者不相信你，这种心理状态塑造了我的行为。但这是否意味着我们可以观察到某种行为模式并将其标记为"信任"？同样，"公正"作为一种主观判断存在于个人的头脑中。当经济学家观察一种行为模式，并将其贴上"信任"或"不公平厌恶"的标签时，他们是在推断，这样的行为是由人们对"公正"的关注而形成的。换句话说，他们使用术语来解释观察到的现象，去推断一种主观状态。

但有什么证据表明这些标签是正确的呢？经济学家是否把这些仅仅是对心理精神状态的描述当作客观观察到的行为的标签呢？或者他们是否认为这些标签反映了所观察到的行为产生的原因呢？如果经济学家不是有意对他们

所观察到的行为的心理状态来源进行推断，那么他们如此频繁地使用心理精神状态标签进行描述就显得很奇怪了。如果经济学家不能在不推断心理状态的情况下描述行为模式，那么这意味着他们应该认真地对心理状态进行研究。

问题在于推断（而非衡量）精神状态的陈述是不能被证伪的。如果不直接测量这种心理逻辑特征，也不寻找一些间接证据证明这些状态，就很难确定"信任"、"公正"或"情绪"是不是导致某种行为的实际机制。直接测量这种心理状态的心理学家可以测试他们是否真的调节了刺激和反应之间的关系。如果不测量这些状态，则更难以推断正在发生的心理过程。

这并不是说在没有直接测量的情况下无法推断心理状态。例如，我们确实可以操纵情境，来创造我们所认为的公正动机被激发的场景，或者情绪被唤起的情境，然后在这些情境下寻找一个预测的行为。换句话说，我们有可能通过完善的心理设计来检验对心理状态的解释，而不用测量心理状态。心理学家也强调通过"操纵实验"来观察被操纵的实验条件是否实际影响了假设的心理状态。然而，这充其量只是为了推断一种行为背后的特定心理状态。

我们认为，如果行为经济学家先考虑如何直接衡量心理状态，然后再考虑与心理状态作用相关的理论问题，则他们能够从中获益。如果他们不愿意这样做，在没有直接证据时就使用特定的心理学术语（比如利他主义、互惠主义、信任和不公平厌恶），若他们能够敏锐地洞悉使用术语的问题，也是有一定意义的。

作为自我意识实体的被试

无论研究的是行为还是心理状态，心理学家传统上都非常关注被试的自我意识。这种自我意识使被试知道他们正在被研究，并且有意识地通过行为和语言来创造出理想的社会形象。这种自我意识是一个问题，因为它是一个似是而非的、与控制组的论点相对立的概念。例如，当被试看到门下在冒烟时，他可能会害怕，这种恐惧会驱使他做出反应。但是，也有可能出现这样的情况，被试会想："在这个实验中，实验者想通过在门底下放烟来完成什么？我怎样才能在实验者的眼中看起来很好？"事实上，如果被试的行为是基于他对研究目标的推断，而不是对烟雾的真实反应，那么实验就会对心理过程做出不正确的推论。

心理学家将这种现象称为被试偏见或需求效应，它对人们从实验中得出推论的有效性构成了重大威胁。如果我们询问人们违反法律或从事异常性行为的频率，我们有理由怀疑看到的这些答案反映了其希望被视为好人的愿望。例如，在关于遵守法律的研究中，人们自我报告的遵守法律的频率比研究犯罪率时所显示的要高（Tyler，2006b）。同样，当人们感知到他们被观察时，他们更有可能帮助有需要的人，也不太可能偷东西，等等。此外，即使没有关于自我呈现的问题，人们也可能会按照实验者希望他们做的那样去做。

与物理学中的不确定性原理一样，观察行为会改变正在被观察者的行为。心理学家采用了许多方法来解决这一问题，其中一些方法遭到经济学家的批评。有时在心理学实验中采取欺骗策略似乎是为了完成这个目标，我们将在本章后面讨论另外一些方法。但是，首先我们想讨论关于行为经济学家的基本问题。根据行为经济学的实验设计，经济学家似乎并不认为这是一个需要解决的问题。例如，在一项多回合独裁者博弈中，心理学家认为需要担心的是，受到自我呈现的影响，人们可能不会做出真实的行为。正如研究所表明的那样，被试会关注自我呈现，因此心理学家建议研究人员必须报告在研究中是如何处理这些影响的。

一种方法是在实地场景中进行研究，就像人类学家把独裁者博弈带到其他社会场景中一样（Gintis et al.，2005；Henrich et al.，2004）。在这样的环境下，我们是否更愿意相信人们会像他们在自然生活中那样行事？和人类学家玩游戏，被试可能想让人类学家对他的美德留下深刻印象，这真的是获知人们真实情况的方法吗？换句话说，无论是在实验室还是在实地，自我呈现问题都是社会行为的核心。正如格伦·哈里森（Glenn Harrison）在本书出版会的演讲中所指出的："我们如何能确定被试正在玩我们所想要的游戏？"

普遍的观点是，当考察被试在狭隘的实验情境之外的表现时，必须考虑被试所具有的各种目标和动机，特别是，我们必须询问这些目标和动机是否与实验情境下的相同。当然，传统经济学研究和社会心理学研究的一个区别在于，经济学家关注的是货币和物质产品，而心理学家研究的是诸如爱情、利他主义和攻击性等问题，在这些问题中，人们很容易对自己给别人留下的印象耿耿于怀。然而最近，经济学家们似乎把关注范围扩大到更广泛的社会动机，这表明他们需要对"自我"问题和人们在实验中的自我关注现象更加敏感。经济学家也更多地利用了本科生作为被试进行研究，这是心理学家长期关注的问题（Sears，1986）。

在我们看来，作为客观选择指标的经济决策博弈往往充满了人际交往动机和感性因素。例如，最后通牒博弈不仅仅是关于金钱的游戏，它提出了与自我形象和自尊相关的问题。许多社会群体的核心原则是资源应该公平分配，虽然自己赚取资源可能会导致资金分配不均匀，但最后通牒博弈通常会出现非应得资源的情况，这就给分配者带来了巨大的压力，使他要去平等地分配资源。如果不进行平等分配，在分配者自己和其他人看来，都会产生不好的影响。因此，自我呈现是人们行为的核心。心理学家发现人际交往动机在社会环境中一般能对各种类型的行为发挥核心作用（Tyler，2006a；Tyler and De Cremer，2006a，2006b）。

我们如何在实验中处理这种自我呈现的动机？在技术方面，我们如何减弱被试的需求效应，从而保持实验的内部有效性？一种方法是不告诉被试他们正在接受研究，这被称为非介入性的测量（Webb et al.，1966）。这包括间接测量、行为观察和生理评估，所有这些机制旨在最大限度地减少人们控制自己的行为来塑造"人设"的情况。第二种方法是伪装研究对象，例如欺骗实验研究过的那样（Aronson et al.，1990）。根据我们的经验，没有任何一种研究方式能像在实验中使用欺骗一样激起经济学家们如此强烈的反感。

当然，心理学家在实验中使用了欺骗手段，但这并不是因为他们是不文明、不道德的人。使用欺骗手段的部分原因是为了解决内部有效性的关键问题，如果没有内部有效性，就无法从实验中得出结论（Campbell and Stanley，1963）。也就是说，他们担心如果被试知道研究的真正目的，他们会表现自己，并会通过言语和实际的行为来支撑自我形象。当被试不在实验室，也没有自我呈现的需求时，他们的行为会更不一样。例如，实验室中的被试是乐于助人的，但他可能不会给街上的乞丐一分钱（除非他们认为自己还在研究中）（Batson，1991）。

当然，心理学家也有其他理由进行欺骗实验。例如，他们希望可以通过实验室研究来创造现实环境中产生的特定感受、想法或目标。这指的是生态有效性，实验中安排的社会环境对被试而言是自然而不是预设的，具有生态有效性的实验会在预测实际行为方面产生更好的结果。

经济学家有办法解决这些问题吗？抑或是忽视了这些问题？如果经济学家忽视了这些问题，那么需要追问：这些问题是不是真正的问题？关于这个问题的一个观点是，行为就是行为，行为背后的动机不是关键问题。从不同的角度来看，如果人们在实验室特定的研究条件下做出的行为，与他们没有处于实验室但在类似条件下的行为不同，那么研究结论就有问题了。在行为经济学研究中，被试知道他们正在参与实验室研究，这会改变他们的行为吗？这个问题是否得到了认真研究？

从更广泛的意义上讲，心理学研究涉及的一个很大的课题，是如何设计研究以最大限度地降低这些问题的影响（Aronson et al. , 1990）。基本上有两种方法可以解决这个问题：一种方法是欺骗，欺骗是指在研究的真正目的上误导被试，使他们难以用可能破坏研究内部有效性的方式行动；另一种方法是间接测量，测量事物的方式会让被试很难控制他们的反应。例如，我们可能会使用投射测验，这种测验关注非介入性的测量。人们不知道他们正在被研究，或者说即使他们知道，他们也不知道正在测量什么，所有这些方案都是为了确保研究的内部有效性。

暂且把欺骗在心理学实验中所起的重要作用放在一边，我们承认，在一个实验中使用欺骗手段，对于后续实验来说会"破坏被试库"，这也是一个现实问题。也就是说，如果被试得知欺骗在实验中很常见，那么他在未来的研究中就不会再自然地表现了。这也是心理学家必须处理的问题。当然，心理学研究的被试通常都意识到欺骗手段常被用于心理学实验。因此，他们可能对欺骗的迹象保持警惕，试图解读研究人员的"真实"意图。

心理学家很清楚这个问题，但鉴于研究中对内部和生态有效性的要求，大多数心理学家已经认定欺骗是必要的。因此，在过去的半个世纪里，该领域已经发展出了一些聪明有效的方法来解决潜在的问题：被试会警惕和怀疑。例如，使用巧妙的封面故事来掩盖实验的真实意图，封面故事通常具有非常合理且引人注目的替代目的。此外，在社会心理学研究中使用"漏斗式"汇报形式是一种常见的做法。为了区分研究中的封面故事和真正的原假设，研究者对被试进行了仔细而系统的研究。从我们的个人经验来看，大多数情况下本科生在我们的实验中既不警惕也不知道欺骗手段的使用。因此，我们有完善的方法来解决"破坏被试库"的问题，在实际层面，经济学家对被试被"污染"的担忧似乎夸大了。

随着经济学进一步深入地研究社会动机，它不可避免地要解决更广泛的问题。虽然对经济学家来说，人们更关心自己的身份和自我形象而不是物质回报和成本这一观点似乎并不寻常，但这种观点在心理学中并不罕见（Tyler，2011），在经济学中也越来越常见（Akerloff，2006）。人们对行为经济学决策博弈（如最后通牒博弈和独裁者博弈）的兴趣激增，确实是基于这样一种观察，即人们似乎更关心公平和自我呈现的社会规范，而不是金钱。被试关注社会效应甚于金钱回报这一现象正是行为经济学家对这些博弈如此感兴趣的原因。从我们的角度来看，经济学家似乎正在成为这些研究问题中的社会心理学家，但他们仍需考虑如何开发科学有效地研究这些问题的统计方法和工具。

经济学与大脑

神经经济学是一个迅速崛起的经济研究领域（Glimcher et al.，2008）。神经经济学的迷人之处在于其神经影像方法可以为观察人们的思想和情感提供一个直接的窗口。当然，在认知神经科学和社会神经科学中也有类似的心理学文献。这两个领域都对神经运动过程十分感兴趣。有趣的是，当涉及神经影像方法时，方法论上的"冲突"发生在认知神经科学的新领域和社会与认知心理学的传统领域之间。

神经影像学，或者更广泛地说是心理学实验方法，十分具有吸引力。最主要的原因是，神经影像方法可以更直接地评估与决策和选择有关的内部状态。此研究希望直接的神经探测能让研究者避免上述各种社会和自我呈现偏见的影响。虽然这种技术可能看起来很新奇，但心理学家很早就已经进行了尝试，尤其是对测谎仪的使用。一个世纪以来，心理学研究已经测度了各种生理指标，例如皮肤电反应（如手掌出汗）、心律或非语言行为（例如眨眼、厌恶凝视等），这些都有助于辨别真相。

从生理学推断"真实"的感觉：测谎仪的例子

我们希望绕过被试意识上的自我控制直接获得他们的真实感受，或者通过观察人们无法控制或没有意识到的行为获得他们的真实感受，这种研究想法解决了很多科学和社会问题，因而具有广泛且直观的吸引力，在司法领域更是如此。在司法领域，人们往往很有动机撒谎和隐瞒事实。然而，公正的理论是建立在知道真相的基础上的，也就是说我们知道谁是有罪的，以及犯了什么罪。中世纪出现了可怕的测谎方法，把热剑放在人的舌头上，或者命令他吞下干面包，以此来判断他是否在说谎。这些粗糙的测谎方法是基于一种直观的感觉，即说谎的人嘴巴是干的。虽然这些方法现在看来很愚蠢，但在概念上它们与现代测谎仪类似。

　　我们之所以详细地介绍测谎仪，是因为它与我们在使用神经影像和其他生理学方法进行研究时所看到的问题是一样的。这些问题都涉及对生理指标的测量，这是测谎仪构造有效性的来源。测谎仪不能测量欺骗，它测量的是自主觉醒，或者更精确地说，是测量在通电情况下心率和手掌出汗情况的变化。如果无辜的人因为害怕说出错误的话而感到焦虑，他就会产生一种类似于罪犯因为害怕被发现而感到紧张的生理反应，那么这个无辜的人就会被指控有罪。关键的一点是：生理测量必须证明它是有效的。在对测谎仪进行了一个世纪的研究之后，最近的情报科学委员会在关于欺骗检测设备的评论中总结道："没有科学能证明这些机械设备可以准确地检验欺骗。"（p. 83）为什么不能证明呢？因为我们无法自信地解释测量出的生理反应的含义，这些措施缺乏真正的结构有效性。

　　曾经，测谎仪被认为是一种能够看透个人表现的仪器，是一种通向真实知识和真实意图的直接通道。但事实并非如此，人们可以通过多种方式改变生理机能来训练自己"打败"测谎仪。虽然秘密训练间谍和特种部队士兵对抗测谎仪的战术是电影里的内容，但现成的手册为普通罪犯提供了一套实用的技巧，比如随意卷起脚趾头，或往手里塞一枚大头针。同样，每当发布一项关于如何检测欺骗行为迹象的新研究时，就会出现一个新版本的反制指南（"看着别人的眼睛""说慢一点"）。这些行为可能在意识控制之中，也可能在意识控制之外，人们正在讨论什么可以控制，什么不能控制。然而很明显，生理和神经反应都被自我呈现的努力所干扰。

　　这与神经经济学有什么关系？经济学家希望在被试不知情的情况下，对诸如公正和信任之类的心理结构进行推断，他们认为此类复杂的心理过程无法从简单的大脑活动或生理反应模式中直接推断出来。这不是经济学家的错，但我们想提醒经济学家注意这个问题。这是一个常见的错误，它在各种形式的心理学历史中重演，最近的案例是人类认知的神经影像。

　　美国最高法院最近就这一问题提供了一个实际例子，法院决定不能处决少年犯，理由是有证据表明，青少年大脑中负责控制决策和冲动的区域不如成年人发育得好。这个案例说明了依靠科学来做出决定的吸引力，当然也显示了它可能的合法性。最近的一些报道表明，神经科学证据被错误地视为确凿的证据（McCabe and Castel，2008；Weisberg et al.，2008）。正如阿伦森（Aronson，2007，p. 133）所观察到的那样："如果你能证明大脑的这部分是活跃的，而那部分不是，那就是硬科学。"但是，与测谎仪一样，问题在于如何解释这一证据。事实上，脑成像研究的结果比他们所描述的"硬科学"要模糊得多。例如，在这个特殊的案例中，没有直接证据表明特定的大脑功能如何决定犯罪。鉴于神经科学的神秘性，美国最高法院的判决可能具有政治意义，但它是否具有良好的科学意义值得讨论。

当然，像功能性磁共振成像这样的神经影像方法现在正被用于检测欺骗行为，以避免低级的测谎仪所存在的许多问题。但是，情报科学委员会最近对大脑扫描方法的研究表明，"目前不可能用任何现有的大脑成像技术来诊断像欺骗这样复杂的行为"（p. 80）。他们的综述考虑了脑电图、脑磁图、正子断层扫描、功能性磁共振成像、近红外光谱和经颅磁刺激技术，结果表明，目前还没有发现一种技术手段可以准确可靠地检测欺骗行为。实际上，困扰测谎仪的结构有效性问题同样困扰着功能性磁共振成像。目前根本没有可靠的方法将高级的心理结构（如欺骗）映射到特定的生理模式或神经活动模式上。

行为经济学中的神经影像

毫无疑问，将神经科学融入行为经济学的努力是有很大希望的。但在神经影像学研究取得科学上的实质性进展之前，仍有许多障碍需要克服（Amodio，2010）。这些障碍的核心是结构有效性问题，如上所述，同样的问题也一直困扰着生理性欺骗检测的发展，以及心理学过去为研究无意识动机、潜在人格等问题所做的努力（Cronbach and Meehl，1955）。在很多情况下，测量工具并不总是能有效度量人们感兴趣的心理过程。神经影像方法的最大问题是研究人员经常假设心理结构和生理学之间存在一对一的映射，而实际上大脑的组织可能与科学家所认为的人类思想和情感组织的方式非常不同（Cacioppo et al.，2003）。

如上所述，经济学家非常关注"信任"的心理结构。尽管可以通过自我报告调查问卷（例如"您有多信任您的伴侣？"）来直接衡量信任度，但研究人员可能会担心自我报告会因自我呈现问题而产生偏差，从而想要寻求一种不依赖自我报告的替代方法。信任可以通过功能性磁共振成像来测量吗？这就需要一个特定的神经结构，或者说是特定神经结构的组合，专门用于产生相当复杂和高层次的信任心理，但这似乎是一个不太可能的假设。

研究信任与神经相关性的文献表明，杏仁核是不信任状态的产生区域

（Adolphs et al.，1998；Engell et al.，2007），而基底核（例如纹状体）的区域通常与奖励联系在一起，为信任提供了产生区域（Delgado et al.，2005；Baumgartner et al.，2008）。然而，这些神经结构非常复杂，具有多方面的功能，可能远远超出研究人员根据被试的经济学博弈所推断出的某些具体的情感标签。杏仁核不仅是产生恐惧的区域，它还代表了一个复杂的亚核网络，它对威胁和奖励的刺激都有反应，它的功能是将注意力引导到目标导向的行为上，并调节自主神经系统的活动，为战斗或逃跑的反应做准备。尽管杏仁核可能与一系列广泛的生理、心理过程以及基于信任决策的相关行为过程都有关，但声称杏仁核激活了不信任的神经基础（Poldrack，2006），这是把逻辑推理方向弄反了。类似地，纹状体也涉及了与信任无明显关系的大量心理、生理过程，例如隐性程序记忆、运动协调和反应预期（Yin and Knowlton，2006）。考虑到这些过程的复杂性，认为杏仁核或纹状体的活动产生信任的推断是有非常大的风险的。

价值可以客观地用金钱的数量来定义（例如，一张 5 美元钞票的价值）。经济学家对人类如何理解和回应价值有很大兴趣。在神经经济学中，大脑中存在一个计算价值的特殊部位这个观念已经变得非常流行。如果我们能测量这部分大脑的活动，那么就很有希望理解人类做出的大多数经济决策。为了识别大脑中的"价值计算机"，研究人员对被试进行了扫描，研究在实验任务中不同刺激的价值，从味觉测试（Plassmann et al.，2008）到相当复杂的决策制定游戏（Montague and Berns，2002）。例如，有一篇论文被反复引用，该论文旨在揭示计算期望价值的神经结构（Knutson et al.，2005）。在这个实验中，当被试看到一系列不同的形状时，他们的大脑被扫描，随后会出现一个白色的正方形按钮，当被试按下这个按钮后会得到反馈结果，结果确定了在这个特定实验中被试是获得金钱收益还是遭受损失。收益和损失都介于 1 和 5 美元之间。作者指出在实验中当被试准备对一种可能带来更大收益（而不是更大损失）的形状做出反应时，哪些大脑区域更活跃。无论哪个区域显示出与这种统计上相关的脑活动，其都被认为是价值相关的神经活动基础区域。其他研究人员也使用了类似的方法，但是这类实验任务涉及广泛的心理过程，如学习和记忆、注意力、运动协调、情绪调节等。由此推断，无论什么区域亮起来都代表着期望价值计算的单一过程，我们认为这类观察大脑活动的实验任务似乎是有问题的。

与经济学家认为决策涉及单一价值计算的观点相反，数十年的心理学研究已将决策过程分为决策前权衡、反应计划、反应执行和决策后评估等独特的环节（Gollwitzer，1990）。

经济决策实验还没有被恰当地设计出来以分离决策过程的不同环节。因此，在这样的研究中，我们几乎不可能知道大脑活动可能代表决策过程的哪个环节。例如，纹状体的活动是否与对选项的权衡有关？是否与解决方案的形成过程有关？是否与执行决策行动（例如，在按钮框上做出反应）的规划有关？是否与之前学习的行为程序有关？是否与制定决策的满足感有关？是否与对即将到来的奖励的期待有关？是否与获得奖励的准备过程有关？清单上看似合理的替代选项还有许多，一个特定区域的大脑活动可以反映上述这些过程中的任何一个。如果一个理论认为实验中的行为只涉及一个特定的过程，那么就可能导致对大脑活动的不完整和不正确的解释。虽然我们在神经经济学研究中注意到了这个问题，但它更广泛地适用于认知神经科学。从心理学的角度来看，将复杂的心理过程（如信任或价值）归因于某个特定的大脑结构几乎是不可能的。

目前功能性磁共振成像方法不具备结构有效性的问题尤其隐蔽，因为它们被与血流动力学测量相关的深奥的统计学、数学和技术细节掩盖了。此外，进行神经经济学研究的大多数研究人员都有经济学或神经科学的背景，但往往缺乏 20 世纪发展起来的统计方法方面的训练，这些统计方法可用于进行复杂的、高层次的、有时是模糊的心理过程测量。从本质上讲，经济学家现在正在试图研究心理学方面的问题，但不想涉及我们一个多世纪以来面临的复杂的心理思考问题。心理学处理的是日常问题，心理学研究似乎应该很容易。但是，鉴于我们讨论的上述有效性问题，以及必须采取的研究方法和统计手段，心理学研究是非常复杂的。

我们担心的是，经济学家和许多社会神经学家一样，正在重新设计心理学的"轮子"。这是一个问题，因为神经经济学近年来已经积累了巨大的声望，在《科学》和《自然》等顶级期刊上发表的论文数量以及所获得的国家资金支持远多于其他研究领域。值得关注的是，当研究人员对大脑结构和功能有了更多的了解后，神经经济学的大多数现有研究结果都需要重新认定，目前的大部分文献都将过时。我们建议更加谨慎地关注心理学对这些研究的质量提升所起到的作用，使其发挥对人类行为科学的真正作用。

这是否意味着神经科学的技术对行为经济学没有价值？当然不是。每项不同的研究项目都有其价值，都会产生重要的新科学知识。同样，测谎仪的生理测量技术有助于我们对人类功能的理解。每种技术都可能有助于我们理解人类的思想、情感和行为。但是，每种技术也都具有测谎仪的不确定性。它们没有提供一个清晰的"进入人们思想的窗口"，因此我们必须解释它们产生的模糊信息，以理解其真正的价值。在我们看来，这些技术上的限制使得生理学方法在技术上有用，但也有一定的缺陷，我们需要将其与自我报告、行为观察结合起来使用。

统一方法

首先，我们认为最佳方法是让研究人员同时关注自我报告所呈现的态度和感受、所观察到的行为和生理指标以及强大的实验设计。这些因素可以为兴趣结构及其实验效果提供有效性，我们不会单独贬低这些信息来源中的任何一种，我们认为同时考虑这三者是至关重要的。而且，我们认为明确它们彼此之间的关系也是一项重大任务。当然，心理学应该接受经济学家研究中典型的行为中心性，并且应该更加努力地将对主观过程的研究与行为结果联系起来。

其次，我们认为方法论问题需要直接提出来进行讨论。心理学家和经济学家都赞成实验方法的基本要素，例如随机实验。而且我们认为，这两个领域优秀科学成果的产生都是基于理论驱动的假设检验，而不是对观察到的现象的事后解释。

这有什么不同吗？我们认为心理学家比经济学家更积极地处理自我意识主体的问题，这是一个经济学家可以运用心理学工具获益的领域。目前，经济学家似乎完全忽略了自我呈现的偏见问题，并且在某些情况下假设神经影像学方法不受这种偏见的影响。例如，在人类学家围绕囚徒困境博弈和独裁者博弈所做的研究中，经济学家似乎并不担心被试与外国社会科学家玩奇怪的博弈游戏时想的是什么。相反，经济学家假设被试的博弈行为能够被用来预测他们去当地市场购物时的行为。这种对结构有效性的假设削弱了实验的内部有效性，从而直接限制了科学家从实验数据中得出有意义的预测结果的能力。当经济学家开始关注这些自我呈现的问题时，他们会发现自己面临着实验有效性的许多问题。这些问题曾经促使心理学家仔细思考有效性问题，并通过合理地使用欺骗等其他方法来解决这些问题，这些方法可以提升他们对大脑内部活动的推断能力。

参考文献

Adolphs, R., D. Tranel, and A. R. Damasio. 1998. The Human Amygdala in Social Judgment. *Nature* 393: 470 – 474.

Akerloff, G. A. 2006. The Missing Motivation in Macroeconomics. Presidential Address, American Economics Association, Chicago, IL.

Amodio, D. M. 2010. Can Neuroscience Advance Social Psychological Theory? Social Neuroscience for the Behavioral Social Psychologist. *Social Cognition* 28: 695 – 716.

Aronson, E., P. C. Ellsworth, J. M. Carlsmith, and M. H. Gonzalez. 1990. *Methods of Research in Social Psychology.* New York: McGraw-Hill.

Aronson, J. D. 2007. Brain Imaging: Culpability and the Juvenile Death Penalty. *Psychology, Public Policy, and Law* 13: 115 – 142.

Batson, D. 1991. *The Altruism Question: Toward a Social-Psychological Answer.* Hillsdale, NJ: Erlbaum.

Baumgartner, T., M. Heinrichs, A. Vonlanthen, U. Fischbacher, and E. Fehr. 2008. Oxytocin Shapes the Neural Circuitry of Trust and Trust Adaption in Humans. *Neuron* 58: 639 – 650.

Cacioppo, J. T., G. G. Berntson, T. S. Lorig, C. J. Norris, E. Rickett, and H. Nusbaum. 2003. Just Because You're Imaging the Brain Doesn't Mean You Can Stop Using Your Head: A Primer and Set of First Principles. *Journal of Personality and Social Psychology* 85: 650 – 661.

Campbell, D. T. and J. Stanley. 1963. Experimental and Quasi-Experimental Designs for Research. In *Handbook of Research on Teaching*, ed. N. L. Gage. Chicago: Rand McNally.

Cronbach, L. J. and P. E. Meehl. 1955. Construct Validity in Psychological Tests. *Psychological Bulletin* 52: 281 – 302.

Delgado, M. R., R. H. Frank, and E. A. Phelps. 2005. Perceptions of Moral Character Modulate the Neural Systems of Reward During the Trust Game. *Nature Neuroscience* 8: 1611 – 1618.

Engell, A. D., J. V. Haxby, and A. Todorov. 2007. Implicit Trustworthiness Decisions: Automatic Coding of Face Properties in Human Amygdala. *Journal of Cognitive Neuroscience* 19: 1508 – 1519.

Fehr, E. 2007. Human Nature and Social Cooperation. *Annual Review of Sociology* 33: 1 – 22.

Glimcher, P., E. Fehr, C. Camerer, and R. Poldrack. 2008. *Handbook of Neuroeconomics.* San Diego: Academic Press.

Gintis, H., S. Bowles, R. Boyd, and E. Fehr. 2005. *Moral Sentiments and Material Interests: The Foundations of Cooperation in Economic Life.* Cambridge, MA: MIT Press.

Glimcher, P. 2003. *Decisions, Uncertainty, and the Brain: The Science of Neuroeconomics.* Cambridge：MIT Press.

Gollwitzer, P. M. 1990. Action Phases and Mind-sets. In *The Handbook of Motivation and Cognition*：*Foundations of Social Behavior*, eds. Higgins, E. T. and R. M. Sorrentino, Vol. 2, 53 – 92. New York：Guilford Press.

Henrich, J., R. Boyd, S. Bowles, C. Camerer, E. Fehr, H. Gintis, and R. McElreach. 2004. In *Foundations of Human Sociality*, eds. Henrich, J., R. Boyd, S. Bowles, C. Camerer, E. Fehr, and H. Gintis. New York：Oxford University Press.

Knutson, B., J. Taylor, M. Kaufman, R. Peterson, G. Glover. 2005. Distributed Neural Representation of Expected Value. *Journal of Neuroscience* 25：4806 – 4812.

LaPiere, R. T. 1934. Attitudes vs. Actions. *Social Forces* 13：230 – 237.

McCabe, D. P. and A. D. Castel. 2008. Seeing is Believing：The Effect of Brain Images on Judgments of Scientific Reasoning. *Cognition* 107：343 – 352.

Montague, P. R. and G. S. Berns. 2002. Neural Economics and the Biological Substrates of Valuation. *Neuron* 36：265 – 284.

Plassmann H., J. O'Doherty, B. Shiv, and A. Rangel. 2008. Marketing Actions Can Modulate Neural Representations of Experienced Pleasantness. *Proceedings of the National Academy of Sciences* 105：1050 – 1054.

Poldrack, R. A. 2006. Can Cognitive Processes Be Inferred from Neuroimaging Data? *Trends in Cognitive Sciences* 10：59 – 63.

Sears, D. O. 1986. College Sophomores in the Laboratory：Influences of a Narrow Data Base on Social Psychology's View of Human Nature. *Journal of Personality and Social Psychology* 51：515 – 530.

Tyler, T. R. 2006a. Social Motives and Institutional Design. In *The Evolution of Designed Institutions*, ed. G. V. Wangerheim. Blackwell.

Tyler, T. R. 2006b. Legitimacy and Legitimation. *Annual Review of Psychology* 57：375 – 400.

Tyler, T. R. 2011. *Why People Cooperate*. Princeton, NJ：Princeton University Press.

Tyler, T. R. and S. Blader. 2000. *Cooperation in Groups：Procedural Justice, Social Identity, and Behavioral Engagement*. Philadelphia：Psychology Press.

Tyler, T. R. and D. DeCremer. 2006a. How Do We Promote Cooperation in Groups, Organizations, and Societies? The Interface of Psychology and Economics. In *Bridging Social Psychology*, ed. Paul van Lange. Philadelphia：Psychology Press.

Tyler, T. R. and D. DeCremer. 2006b. Cooperation in Groups. In *Social Psychology and Economics*：*Interdisciplinary Perspectives*, eds. D. DeCremer, M. Zeelenberg, and J. K. Murnighan. Mahwah, NJ：Erlbaum.

Webb, E. J., D. T. Campbell, D. Schwartz, and L. Sechrest. 1966. *Unobtrusive Measures：Nonreac-*

tive Research in the Social Sciences. Chicago：Rand-McNally.

Weisberg, D. , F. Keil, J. Goodstein, E. Rawson, and J. R. Gray. 2008. Illusions of Insight：The Curious Allure of Neuroscience Explanations. *Journal of Cognitive Neuroscience* 20：470 – 477.

Yin, H. H. and B. J. Knowlton. 2006. The Role of the Basal Ganglia in Habit Formation. *Nature Reviews Neuroscience* 7：464 – 476.

第12章
实验工具：锤子还是螺丝刀？

锤子是比螺丝刀更好的工具吗？我们有时需要锤子，有时需要螺丝刀。它们是不同的工具，有着不同的用途，声称一种工具优于另一种是不恰当的。这一原则也适用于研究方法，因为每种方法都有优点和缺点，这就引出了目前关于实地实验的价值与实验室实验的价值的争论。一方面，莱维特和利斯特（Levitt and List，2007）对实验室实验做出了著名的评论，指出了实地实验的优点，同时也指出了实验室数据在数据解释方面存在的一些缺点。他们提出的主要问题是"在实验室中获得的见解能在多大程度上外推到实验室之外的世界"（p. 153），这也被称为外部有效性。另一方面，福尔克和赫克曼（Falk and Heckman，2009）非常强调实验室实验的价值。他们论证的主旨是，在实验室实验中控制变化的可能性有助于对理论、因果效应和干预效应的检验。[1]

我个人认为，实验室实验最擅长的是检验理论和干预效应，它们可以提供有用的定性见解。但是，我认为必须仔细考虑实验室中所观察到的行为的定量水平能否适用于自然发生环境的假设。因为实验室只是实地环境的一个模型，不包含可能影响行为的许多细节。就其本身而言，实地实验在实验室实验没有显著影响力的领域发挥了作用，并且通常涉及更广泛的人口统计特征。实地实验特别有价值，因为它们可以捕获更真实的行为特征（特别是在参与者对所进行的实验不知情的情况下）。我们应该使用最合适的工具来完成手头的研究工作，因此我对这场关于实地实验和实验室实验相对价值的激烈辩论有点迷惑。从某种意义上来说，大家都想知道所有这些辩论的意义到底是什么。

穆尼汉（Murninghan，2008）提出了研究方法是相互补充而不是相互替代的观点，并指出这不是一个新的观点。例如，有一篇社会科学经典文献是朗克尔和麦格拉斯（Runkel and McGrath，1972）发表的文章，他们确定了 8 种研究策略（包括实地研究、实地实验和实验室实验等），并将其分为两个维度：介入性—非介入性的研究操作；普遍—特殊行为系统。[2]他们表示，"我们再怎么强调我们的信念也不为过，即这些研究方法中没有一种比其他方法更能得到研究者的尊重"（p. 89）。朗克尔和麦格拉斯（Runkel and McGrath，1972）提倡采用适用于研究目标和环境的方法，这是一个非常合理的观点。

总而言之，实地实验可以提供相当好的环境条件，尽管很少达到实验室实验所能达到的水平。对于经常提到的观点"实地实验研究的参与者更能代表相关的目标人群"，目前还不清楚本科生被试是否比经过高度选择的实地被试更缺乏代表性，如体育卡经销商、水果采摘工、自行车邮差、植树者或学童。因此，无论是实地实验还是实验室实验，似乎都不能单独对一组完全有代表性且有意义的群体进行研究。[3]

尽管下面这些文章表达了不同的观点，但值得注意的是，它们之间确实有共同点。例如，莱维特和利斯特（Levitt and List，2007）以及福尔克和赫克曼（Falk and Heckman，2009）讨论了如何将模型或理论运用到新的人群或环境，无论这些数据是源于实验室实验还是实地实验，文章也表明了在实验室中控制变量对理论的检验效果更好。两篇文章都表明实验室实验和实地实验存在差异，但它们都有参考价值。事实上，两大阵营显然同意将两种实验形式结合起来，以便更好地理解所讨论的社会现象。[4]

那么，这两种研究方法是非此即彼吗？我可能接受过挥舞锤子的训练，但其他人可能是螺丝刀专家。事实上，我和其他研究人员一样，都会同时使用这两种工具（实地实验和实验室实验）。我的感觉是所有类型实验的实践者都在同一条船上，船员有责任避免船体本身被破坏。

注释

1. 他们指出，"这种控制允许对博弈论模型得出的精确预测进行检验"（p. 636）。
2. 参见穆尼汉（Murninghan，2008）的图表。
3. 此外，关于实地实验中观测的独立性，霍尔特（Holt，2007）提到了一个统计观点，

"在某种程度上，社会背景和目标人口统计特征在实地实验中很重要，每个实地实验在某种意义上都像一个数据点，是特定受试者和环境的组合"（p. 14）。

4. 有趣的是，辩论中的两个主要参与者福尔克和利斯特已经并将继续在他们的研究中同时使用实验室实验和实地实验。

参考文献

Falk，A. and J. Heckman. 2009. Lab Experiments are a Major Source of Knowledge in the Social Sciences. *Science* 326：535 – 538.

Holt，C. 2007. *Markets，Games，and Strategic Behavior*. Upper Saddle River，NJ：PrenticeHall.

Levitt，S. and J. List. 2007. What do Laboratory Experiments Measuring Social Preferences Reveal about the Real World？*Journal of Economic Perspectives* 21：153 – 174.

Murninghan，J. K. 2008. A General Model for Experimental Inquiry in Economics and Social Psychology. Unpublished.

Runkel，P. and J. McGrath. 1972. *Research on Human Behavior：A Systematic Guide*. NewYork：Holt，Rinehart & Winston.

第 13 章

对《心理学与经济学：趋同和差异的领域》的评论

西奥·奥弗曼（Theo Offerman）

在第 11 章，作者泰勒和阿莫迪奥指出，虽然行为经济学家已经转向研究"心理结构"，但是他们并没有更新他们的实验方法。经济学家没有直接测量诸如信任、利他主义、内疚厌恶等现象，而是继续过度依赖观察到的行为。泰勒和阿莫迪奥认为现在是经济学家开始收集关于这些心理结构的直接证据的时候了。例如，通过要求被试提供自我报告或通过测量生理或神经活动获得某些方面的数据。与此同时，他们认为心理学家应该更多地关注独立测量的心理结构是否真的对人类行为有影响。

尽管泰勒和阿莫迪奥鼓励经济学家收集独立的测量数据来阐明人们为什么会这样做，但他们警告经济学家不要一味地使用自我报告、生理反应和神经科学的数据。自我报告可能会因为被试想要展现自己的理想形象而受到影响。神经影像和生理测量在很大程度上有助于克服自我表现偏差的缺点。然而，这些方法在解释数据时带来了新的挑战。泰勒和阿莫迪奥强调，复杂的心理过程不能直接根据大脑活动或生理反应模式推断出来。

我认为泰勒和阿莫迪奥大体上提供了一个关于经济学和心理学差异的平衡观点，他们的观点是有益且发人深省的。在这里，为了便于讨论，我将重点关注与两位作者有分歧的观点。

本章的一个中心主题是实验中被试的意识。如果被试意识到自己被研究，那么他们就可能会为自己创造一种社会期望的形象。或者，如果被试开始猜测研究者的研究目标是什么，他们就可能会用研究者所需的方式行事。如果他们不喜欢实验人员，他们甚至可能会采取相反的行为。简而言之，存在被试偏见这种危险。

泰勒和阿莫迪奥提出了两种方法来减少被试偏见这种危险。一种方法是通过非介入性的测量方式进行实验。如果人们不知道自己被研究，他们就不能根据感知到的研究者需求来改变自己的行为。这种解决方案没有争议，但实际用途可能有限，因为它在很多情况下无法使用。泰勒和阿莫迪奥指出，防止被试偏见的另一种方法是欺骗。也许大多数研究人员选择使用欺骗手段，是因为他们认为这有助于提高实验的生态有效性。根据泰勒和阿莫迪奥的说法，在实验中使用欺骗手段的优势之一是减少被试偏见。他们的论点如下：如果实验人员成功地引导被试相信研究者正在调查问题 A 而不是实际问题 B，那么被试就会改变他们对问题 A 的反应，对问题 B 也会表现得很自然，从而避免了对实际问题 B 的偏见。

泰勒和阿莫迪奥批评经济学家没有消除被试偏见。他们通过经济学家对社会偏好的研究来说明他们的担忧。在对非结构化谈判进行初步研究之后，经济学家引入了结构化的博弈模型，以便更清晰地了解人们在社会领域做出决策的动机。20 世纪 80 年代和 90 年代，经济学家对社会偏好的思考在很大程度上是由信任博弈和最后通牒博弈等程式化博弈主导的。注意，提议者可能会担心因为分配给响应者的资金少而被拒绝，所以会在最后通牒博弈中向响应者提供大量资金，据此研究人员设计了独裁者博弈。之后研究人员意识到，即使是独裁者博弈，也不能单一考虑被试向他人分享金钱的动机。独裁者博弈中的分配者可能会被纯粹的利他主义所激励，也可能被接受者和研究者的关注点驱使。因此，为了确定被试的真实社会偏好，研究人员设计了一个双盲版的独裁者博弈，在这个博弈中，实验人员和接受者都不知道分配者是谁。

在此过程中，经济学家开始收集有关这些简单博弈的令人不安的证据。看似无关的特征，如框架或权利，可以对简单的程式化谈判的结果产生巨大影响（Hoffman and Spitzer，1982，1985；Güth and Tietz，1986；Hoffman et al.，1994）。例如，当被试觉得他们已经能够扮演特权角色的时候，他们会以更自私的方式在谈判中讨价还价。因此，人们逐渐认识到，试图揭示人们稳定的社会偏好是很天真的想法。不幸的是，社会偏好是一种复杂的现象，并且依赖于情境。即使是最程式化的讨价还价，独裁者博弈的结果也很容易受到研究者的影响。回想起来，这可能并不那么令人惊讶。很难想象在像独裁者博弈这样的人工环境下，被试不会怀疑研究者的目的是什么，尤其是在研究者使用复杂程序开展双盲实验的情况下，被试可能会猜测他们的期望是什么。

事后批评这些实验很容易。但是，如果没有进行这些实验，我们就不会知道社会偏好并不是我们所希望的稳定现象。现在是时候继续前进了。我从这些文献中得出的结论是，如果我们想知道人们如何在特定的背景下讨价还价，那么在实验设计中获得特定的情境是很重要的。添加情境的好处是使博弈变得不那么人工化，被试对研究者的目标也不那么好奇。在背景足够丰富的讨价还价实验中，被试甚至不能当场计算出均衡值，因此即使他们愿意，也不能按照研究者的意愿行事（Sonnemans et al.，2001；Fréchette et al.，2003）。

同样重要的是，在大多数其他经济学实验中（例如，在市场或拍卖实验中），被试不能预测正在检验的理论。在典型的双向拍卖实验中，只有当被试被告知自己的资产价值时，他才有可能计算出均衡值。在典型的拍卖实验中，大多数人根本无法当场计算出均衡值。令人欣慰的是，在各个国家，被试在市场博弈中的行为比在讨价还价博弈中更稳定（Roth et al.，1991）。

我不认为使用欺骗手段可以很好地解决被试偏见问题。我同意欺骗可能有助于将被试的注意力集中在研究以外的问题上，但欺骗带来了新的潜在偏见。研究者使用欺骗手段可能导致被试对真实研究问题的注意力比在自然环境中还要少。例如，达利和巴特森（Darley and Batson，1973）开展了一项关于帮助行为的经典研究。实验人员要求一些被试就撒玛利亚人的寓言发表演讲，而要求另一些被试就其他话题发表演讲。为了发表演讲，被试不得不去另一幢建筑物，途中他们会遇到一个衣着破旧的、明显需要帮助的人。在匆忙的情况下，当被试被告知演讲内容后，研究者看了看表说："哦，你迟到了。他们几分钟前就在等你。我们最好快走。助研应该在等你，所以你最好快点。"在不那么匆忙的情况下，被试会被告知："他们还需要几分钟才能准备好迎接你，但你需要走过去，也许你到那里需要等一会，但应该不会太久。"达利和巴特森并没有观察到两组人在帮助行为上的显著差异，但是他们确实观察到匆忙的人和不匆忙的人之间的显著差异。值得提高警惕的是，在匆忙的情况下，被试是如此渴望取悦研究者，以至于他们对需要帮助的人的关注比在自然匆忙情况下还要少。正如米尔格拉姆（Milgram）的实验所示，人们有一种非常强烈的冲动去服从研究者的研究需求。

在许多心理学实验中，研究者和被试之间的互动是密切的。当研究者用欺骗来掩饰实验目的时，有可能会出现反向的被试偏见的危险。将被试的注意力集中在一个虚假的研究问题上，被试可能会比在自然环境中对真实问题的关注更少。此外，使用欺骗手段有一个缺点。（有经验的）被试可能会看穿欺骗，从而反过来欺骗研究者。因此，我认为应该尽可能避免欺骗。当然，有些问题只能通过欺骗手段进行研究，例如，米尔格拉姆（Milgram，1963）利用实验程序来调查人们服从权威的倾向。

在我看来，经济学家选择的解决方案更有效。在典型的经济学实验中，研究者和被试之间有很大的距离。大约 20 个被试坐在小隔间里的电脑屏幕后面，研究者不会四处走动，看看是谁在做什么决定。通常，被试在这样的情况下会感到舒适。明确的金钱激励有助于弱化被试残留的按照研究者意愿行事的欲望。如果仍然担心激励措施不足以实现这一目标，那么有一个简单的解决办法，那就是加强激励。在心理学实验中，金钱激励通常是缺乏的。与典型的经济学实验相比，被试偏见可能是典型心理学实验中一个更大的问题。

在他们的结论中，泰勒和阿莫迪奥主张采用统一的方法，即统一将自我报告所呈现的态度和感受、生理上的指标和观察到的行为结合起来，共同研究感兴趣的问题。因此，心理学家应该更加努力地将自我报告、生理指标与实际行为联系起来，经济学家应该对那些在建模时用到的心理学指标进行直接测量。这种统一的研究方法将为研究人类行为提供一个富有成效的理论。

尽管如此，我还是不愿意得出这样的结论，即所有经济学家和心理学家都应该追求相同的方法。相反，当我们从不同的方法论角度研究同一个问题时，可能会取得最大的科学进展。这样，每个学科都能充分利用其竞争优势。心理学家在思考如何巧妙地测量心理结构时具有相对优势。如果研究对象确实是出于利他主义或内疚厌恶等动机，那么经济学家在灵活的实验干预方法方面具有比较优势。如果研究人员使用不完全相同的方法，则可以更好地判断实验结果的有效性。当务之急是，如果其他学科的论著使用了不同的方法，研究人员不应该置之不顾。跨学科、研究方法多元的开明学者之间展开富有成果的讨论，可能最有利于社会科学的进步。

参考文献

Darley, J. M. and C. D. Batson. 1973. From Jerusalem to Jericho: A Study of Situational and Dispositional Variables in Helping Behavior. *Journal of Personality and Social Psychology* 27: 100 – 108.

Fréchette, G. R. , J. H. Kagel, and S. F. Lehrer. 2003. Bargaining in Legislatures: An Experimental Investigation of Open Versus Closed Amendment Rules. *American Political Science Review* 97: 221 – 232.

Güth, W. and R. Tietz. 1986. Auctioning Ultimatum Bargaining Positions. In *Issues in West German Decision Research*, ed. R. W. Scholz. Frankfurt: Lang.

Hoffman, E. , K. McCabe, K. Shachat, and V. Smith. 1994. Preferences, Property Rights, and Anonymity in Bargaining Games. *Games and Economic Behavior* 7: 346 – 380.

Hoffman, E. and M. Spitzer. 1982. The Coase Theorem: Some Experimental Tests. *Journal of Law and Economics* 25: 73 – 98.

Hoffman, E. and M. Spitzer. 1985. Entitlements, Rights, and Fairness: An Experimental Examination of Subjects' Concepts of Distributive Justice. *Journal of Legal Studies* 15: 254 – 297.

Milgram, S. 1963. Behavioral Study of Obedience. *Journal of Abnormal and Social Psychology* 67: 371 – 378.

Roth, A. E. , V. Prasnikar, M. Okuno-Fujiwara, and S. Zamir. 1991. Bargaining and Market Behavior in Jerusalem, Ljubljana, Pittsburgh, and Tokyo: An Experimental Study. *American Economic Review* 81: 1068 – 1095.

Sonnemans, J. , H. Oosterbeek, and R. Sloof. 2001. On the Relation Between Asset Ownership and Specific Investments. *Economic Journal* 111: 791 – 820.

第四部分

实验室实验和实地实验

第 14 章
实验室实验对社会偏好的测度
对现实世界有意义吗

史蒂文·莱维特(Steven D. Levitt)

约翰·利斯特 (John A. List)①

经济学家越来越多地利用类似物理学实验的方法去理解人类行为。在 20 世纪 60 年代中期之前，几乎没有经济学家使用实验经济学方法来发表论文的先例。到 1982 年，实验经济学的论文年发表量才首次超过 50 篇。而到 1998 年，每年发表的实验经济学论文数量已经快速增长到超过 200 篇（Holt，2006）。

实验室实验允许研究者控制价格集、预算集、信息集和被试可以选择的行动集，进而测量这些因素对实验室环境中经济行为的影响。在经济学中，实验室实验这种方法的吸引力在于，原则上，它能够在其他条件不变的情况下观察经济个体，这是其他研究方法难以实现的。

开展实验室实验研究的一个关键假设是，通过实验室实验获得的结论可以推广至实验室以外的世界，我们称这个原则为外部有效性。类似于物理定律和物理过程，如重力作用、光合作用和有丝分裂等，我们可以根据这些科学事实得出一个结论：在实验室中发生的事情在更广阔的世界中同样会发生。

---

① 史蒂文·莱维特是芝加哥大学经济学讲席教授，约翰·利斯特是芝加哥大学经济学教授。两位作者还是马萨诸塞州剑桥市国家经济研究局的研究员。他们的邮箱地址分别是 s-levitt@ uchicago. edu 和 jlist@ uchicago. edu。

美国天文学家哈洛·沙普利（Harlow Shapley，1964，p. 43）指出："据我们所知，同样的物理定律在任何地方都有可参照性。"例如，基于外部有效性原则，天文学家能够根据向日葵星系发出光线的波长特征推断出该星系中某些气体的含量。

物理学和经济学实验室实验的基本策略是相似的，但后者的研究对象是人类，这引发了人们对实验室的实验结果是否能够推广到外部世界的疑问，而这些疑问在物理学中并不存在。很少有科学家认为人类观察会影响铀 239 释放 β 粒子并变成锌，但人类行为比较敏感，可能会因实验室与外界之间的系统性差异而变化。基于几十年的心理学研究和最近的实验经济学成果，我们认为，实验室中的行为不仅受到收入计算的影响，也受到其他至少 5 个因素的影响：①对道德伦理的考量；②人的行为被社会关注的性质和程度（介入性）；③实验决策的情境；④实验被试的样本自选择；⑤实验的经济激励。本章致力于研究这些因素如何具体影响决策，以及实验室环境在各个维度上是否与现实世界相符。[1]

首先，我们提出一个简单的模型，假设效用最大化不仅受到收入最大化的影响，还受到个人想要"做正确的事"或做出"道德"选择的愿望的影响。然后，我们将讨论上述 5 个因素在实验室实验中起作用的证据。[2]虽然我们的论点对各类实验都是普遍适用的（Levitt and List，2006），但我们将集中讨论那些衡量亲社会偏好的实验类别。我们在表 14.1 中总结了此类实验中最受欢迎的博弈形式。接着，我们讨论这 5 个因素在实验室与外界自然环境之间的系统性差异，并探讨这些差异如何影响实验结果在实验室外的有效性。我们的结论是，正如自然产生的实证数据有外部有效性问题一样，在尝试将实验室实验的结果推广到其他群体和其他环境时要非常谨慎。通过理论视角解释实验结果有助于我们理解实验室产生结果的模式，并有助于将实验室结果推广到其他环境。我们认为，在自然环境中进行随机化的实地实验，可以发挥不同研究方法的优势。

既有收入因素又有道德因素的效用模型

我们首先建立一个能准确分析个人决策潜在影响因素的模型。亚当·斯密时代的许多经济学家都强调，收入以外的因素（例如道德行为）应该被纳入效用函数。[3]我们不会声称这里正在建立的模型是原创的。我们认为该模型仅仅是一个有用的框架，有利于我们组织关于实验室实验结果外部有效性的讨论。

个体 i 面临着单个行动 a 的选择以实现效用最大化，行动选择通过两种方式影响个体的效用。第一个是个体的收入（记为 W）。实验的经济激励或货币价值（记为 v）越高，决策对 W 的影响越大。第二个是与行动相关联的道德成本和收益，我们将其记为 M。个体认为不道德、反社会或不符合其身份的决定（Akerlof and Kranton，2000，2005）可能会给决策者带来高成本（Gazzaninga，2005）。这种道德收益或成本可能因人、宗教或社会而异。

在实践中，许多因素影响与行为相关联的道德成本，但出于建模目的，我们只关注社会中道德决定因素的三个方面。第一，行动对其他人施加的金钱上的外部性。行动对他人造成的负面影响越大，道德收益 M（为负值）的绝对值就越大。我们将外部性模型化为博弈经济激励 v 的递增函数。第二，关于社会行为的特定社会规范或法律规则。例如，一项行为是非法的（如非法使用药物或在餐馆内吸烟），这一事实可能会增加选择此类行为的成本。我们将这些反社会规范的行为记为 n，n 越大，行为反社会规范的强度越大。第三，道德问题取决于个人行为被社会关注的程度。例如，该行为是否被电视转播、是否在一个孩子面前发生、是否在实验研究者的监督下执行。社会关注还取决于决策过程和最终分配达成的方式，例如，在丈夫和妻子之间的讨价还价中，不仅最终的分配很重要，而且达成决策的讨论过程也很重要。我们定义社会关注的效果为 s，更高的 s 与更高的道德成本相关联。

考虑到这些因素，个体 i 的效用函数是：

$$U_i(a,v,n,s) = M_i(a,v,n,s) + W_i(a,v)$$

以这种方式构建效用最大化模型需要几个前提。在没有道德因素的情况下，比如说投资股票与投资债券的选择，该模型将还原为标准的收入最大化问题。然而，当收入最大化行为具有道德成本时，个体的行为将在某种程度上偏离原有的收入最大化选择，行为主体会考虑如何降低道德成本的问题。

反对收入最大化选择的社会规范越强，或者说收入最大化选择面临的社会成本越大、社会关注程度越高，行为对收入最大化选择的偏差就越大。在这种情况下，我们设想个体会在道德和收入之间做出权衡。当个人遵循不同的道德准则时，他们在面对同样的决策问题时通常也会做出不同的选择。通常情况下，我们认为随着实验经济激励的增加，收入相对于公平的重要性将会增加，尽管并不总是如此。[4]

尽管各种因素之间相互作用的程度仍然是一个开放的待验证问题，但我们认为道德成本的各种决定因素是可以相互影响的。例如，对于任何给定的社会规范 n，随着经济激励 v 的增加，违反给定社会规范的道德惩罚将变大。举个例子，人们反感入店行窃，但对入店行窃的反感程度要低于对贪污数百万美元的反感程度。同样，随着社会关注度的提升，违反社会规范的道德成本也会增加。例如，如果一个人被抓获的画面被 CNN 播放，而不是仅仅存在于他的个人犯罪记录中，那么他可能会因犯罪而损失更大的效用。

表 14.1　用来度量社会偏好的博弈实验

博弈名称	简介	典型发现	社会偏好的解释
最后通牒博弈[a]	有两个参与者的两阶段博弈，包括一个提议者和一个响应者，他们在一定数额的收益价值上讨价还价。在第一阶段，提议者提供一种资金分配方案；在第二阶段，响应者决定接受或拒绝这个方案。如果该方案被接受，则按照该方案将资金分配给两个参与者；如果该方案被拒绝，两个参与者什么都得不到	提议者：大多数提议定额资金的 25% ~ 50%，几乎没有提议者的提议低于 5% 响应者：经常拒绝低于定额资金 20% 的提议	提议者：公平 响应者：惩罚不公平的提议、消极互惠、公平偏好（不公平厌恶）
独裁者博弈[b]	最后通牒实验的一种变体：没有决策的顾虑，因为只有提议者提议分配如何进行，响应者没有否决权	通常超过 60% 的被试会提议一个正的金额，平均会提议初始禀赋的 20%	利他主义、公平偏好（不公平厌恶）
信任博弈[c]	一种序贯的囚徒困境博弈，其中提议者决定传递给响应者多少钱。所有传递的钱都增加 f 倍（$f>1$），然后响应者决定返还多少钱给提议者。从这个角度来看，响应者其实是一个独裁者，他的初始禀赋由提议者给予	提议者：平均大概提议禀赋的 50% 响应者：返还金额随转移金额的增加而增加，平均返还率几乎是转移金额的 50%	提议者：信任、预测积极的互惠 响应者：可信赖、积极互惠
礼物交换博弈[d]	类似于信任博弈，但是提议者提议的金额（经常被理解为"工资"或"出价"）不是以倍数增加，而是纯粹的一次性大量转移。同样，提议者要求响应者通过一定的努力程度或质量水平获得"工资"或"出价"	提议者：对"工资"或"价格"的提议通常大于允许的最低金额 响应者：努力程度或质量水平随着"工资"或"出价"的增加而提升	提议者：信任、预测积极的互惠 响应者：可信赖、积极互惠

续表

博弈名称	简介	典型发现	社会偏好的解释
公共品博弈[e]	囚徒困境博弈的一种扩展，n 个成员同时决定投资多少到公共品事业。报酬函数由 $P_i = e - g_i + \beta \sum_n g_j$ 给定，其中 e 代表初始禀赋，g_i 代表被试投资到公共品中的金额，β 是公共品的边际报酬，$\sum_n g_j$ 是 n 个个体投资到公共品中的总投资额。通过假设 $0 < \beta < 1 < n\beta$ 来制造困境	在单次博弈中，参与者投资到公共品事业中的金额大概是初始禀赋的 50%。在多回合博弈后期的回合中许多参与者的投资额接近 0	利他主义、公平偏好、条件互惠

注：a 参见罗思（Roth，1995）对最后通牒博弈和独裁者博弈的讨论。这个博弈最初是由古思、施米特伯格和施瓦茨（Güth, Schmittberger and Schwarze，1982）在经济学文献中提出的。

b 这个博弈最初由卡内曼、尼奇和泰勒（Kahneman，Knetsch and Thaler, 1986）在经济学文献中提出。一个相关的博弈是"惩罚博弈"，其中观察者可以通过减去提议者的一部分收益来惩罚提议者。

c 这个博弈最初由伯格、迪克豪特和麦凯布（Berg, Dickhaut and McCabe，1995）在经济学文献中提出。

d 这个博弈最初由费尔、克里斯戴格和里德尔（Fehr, Kirchsteiger and Riedl，1993）在经济学文献中提出，卡默勒和魏格尔特（Camerer, and Weigelt, 1988）提出了一个相关的博弈。买方的报酬函数描述类似于费尔、盖希特和克里斯戴格（Fehr, Gachter and Kirchsteiger, 1997）的 S13 ~ S16 干预组。在这种情况下，价格代表纯粹的一次性转移，这与早期的收益联立方程（Fehr, Kirchsteiger and Riedl, 1993）不同，后者的特点是当 $q < 1$ 时，价格提高会导致收益总和增加。

e 参见莱迪亚德（Ledyard，1995）对这些类型博弈的讨论。这是著名的囚徒困境博弈的一个扩展。

社会规范和社会关注不一定是给定的，但在现实世界中是会受到影响的。例如，乞丐常常强调身体缺陷或携带声称自己是退伍军人的标语，以引起潜在捐赠者更多的同情。当教会使用"开放式"而不是"封闭式"的捐赠收集篮时，捐赠者的行动方式更受到社会规范和社会关注的影响，因为潜在的捐赠者不仅可以看到已经收集的捐赠总量，还会看到不同捐赠者的捐赠额（Soetevent，2005）。

我们描述的效用函数与各种各样的行为有关。例如，该模型解释了为什么游客会在饭店留下小费，即使他们未来不打算在那里用餐。虽然留下小费会给游客带来经济损失，却可以提供非金钱的社会关注奖励。即使一个人独自吃饭，这种行为仍然适用。而当有更高程度的社会关注时，例如当你和商业客户在一起时，或在第一次约会时，或者当另一个用餐者关注你的行为时，你甚至可能付更多的小费。柯林、林恩和奥多诺休（Conlin, Lynn and O'Donoghue，2003）提供的关于小费的大量数据结果为此提供了证据。

我们的主要兴趣是基于这个模型对实验室实验的外部有效性进行讨论。当实验室实验在某些方面偏离现实环境时，该模型提供了一个框架，用于预测实验室中的行为将从哪个方面偏离实验室外的现实行为。

度量社会偏好的实验设计

我们提出的问题与各种类型实验的结果相关，而对那些道德因素发挥强烈作用的博弈行为来说，这些问题的影响可能更大。近年来实验经济学中最具影响力的研究领域之一是社会偏好研究，刚好是上述具有道德因素的博弈。前文表 14.1 中描述过这类广泛的博弈，包括独裁者博弈、最后通牒博弈、公共品博弈、信任博弈和礼物交换博弈。这些类型实验的结果已被用来证明亲社会偏好在现实环境中普遍很重要（Fehr and Gaechter，2000；Camerer and Fehr，2004）。这基于对一个假设的推断，即实验结果同样提供了普适性的证据。

在下文中，我们研究将实验结果推广到实验室以外时可能出现问题的实证证据。我们并不否认个人有社会偏好。事实上，我们的模型假设道德成本有可能受到他人以及社会关注的影响。在现实环境中，这种社会关注的重要性不容忽视，我们感兴趣的是实验室能在多大程度上对其进行合理度量。

现实世界中不存在的介入性问题

在典型的实验室实验中，被试敏锐地意识到他们进入了一个行为会受到监控、记录并随后被仔细分析的环境。数十年的心理学研究强调了实验被试完成角色的义务、实验研究者自身和实验环境的显著性都很重要。例如，奥恩（Orne，1962）写道："信誉良好的研究者可以用神奇的短语口令（如'这是一个实验'）对被试提出任何要求，我们通常假设被试能够按要求做出行为以达成研究的目标。"舒尔茨（Schultz，1969）将实验室中研究者与被试的关系描述为"上下级"关系，类似于"父母和子女、医生和患者、训练士官和受训者的关系"。皮尔斯在一个多世纪前警告过这种"上下级"关系可能会有以下影响：

> 最大的可能是被试……一般是以自满和乐意的心态，向研究者汇报那些他最渴望发现的东西，以一切可能的方式帮助研究者。并且研究者的问题……表明了他所期望的答复。事实上……现在看来，被试往往被视为一个愚蠢的自动回应装置。（Pierce，1908）

　　这些因素的介入性太强，以至于医学药物试验的研究人员经常使用安慰剂组和实验组，使研究者自己都不知道哪些患者在接受治疗。在心理学实验中，为了避免需求效应产生的影响，实验研究者经常向被试隐瞒自己真正的研究意图。但是，在实验经济学中，欺骗的做法是不被允许的。显然，实验室实验固有的社会关注在实地实验领域中很少遇到，实验室中的社会关注是考虑外部有效性的一个严重问题。

　　我们的理论认为，相对于没有社会关注的环境，实验室中的社会关注会夸大亲社会行为的重要性。例如，利斯特（List，2006）进行了礼物交换实验，其中买方出价，卖方据此选择提供给买方的商品质量等级。卖方提供优质产品的成本虽然高，但优质产品对买方的价值更高。利斯特首先在实验室环境中进行经典的礼物交换博弈，使用经验丰富的体育卡经销商作为被试。结果反映了其他被试库也能产生的典型结果：研究者观察到了亲社会偏好的有力证据，即卖方会对出价更高的买家提供更高质量水平的卡片，尽管卖方按照博弈规则没有义务这样做。然后，利斯特进行了第二次实验室实验，保持礼物交换博弈的核心要素，但在这个实验室实验组中交换的东西是实际的棒球明星卡，微小的卡片差异实际上会显著影响其市场价值，但未经训练的消费者却难以判断。如果卡片的卖方表现出亲社会偏好，那么出价更高的买家应该获得更高质量的卡。实验用的这些卡片经过专业的评级来确定真实价值，当体育卡经销商被带到实验室出售他们的卡片时，其结果与经典礼物交换博弈中用学生作为被试得到的结果相似。

　　在此之后，利斯特从实验室环境转移到专业经销商所处的自然环境。重要的是，在这个实验组里的卖方并不知道他们的行为将被记录为实验的一部分。研究者的购买代理人被派去与体育卡经销商进行交易，他们被指示提供不同出价以换取不同质量的体育卡，与上述实验室实验的干预组类似。当经销商认为消费者无法对卡片进行评级或者卡片几乎没有再次销售的可能时，出价与质量之间几乎没有统计关系。只有当经销商的信誉起作用时（即当质量是可验证的，并且存在长期交易关系的可能时），经销商才会提供高质量的产品。在实验室中经常观察到的亲社会偏好证据，哪怕是对同样的一组经销商，在实地实验中也被明显削弱了。

　　我们可以通过其他实地实验的数据得出类似的结论。例如，运用来自英国一家知名水果农场的员工数据，班迪拉、拉苏尔和巴兰科（Bandiera，Rasul and Barankay，2005）发现，当员工可以互相监督时，他们的行为与社会偏好模型是一致的：当员工们能够互相观察到各自的生产力时，员工内化了他们在相对工资计划中为其他人带来的负外部性。然而，当员工无法互相监督时，这种影响就消失了，员工行为变化的根本原因是这种监督消除了纯粹的利他主义。被监督与否被证明是影响行为的关键因素。

相关地，本兹和迈耶（Benz and Meier，2006）比较了同一个人在实验室实验捐赠与实地实验捐赠中的表现。他们找到了在不同场景下得到的结果具有相关性的证据，但是他们也发现了过去从未对慈善机构做出捐赠的那些被试在实验室实验中将禀赋的 60% 捐赠给了慈善机构。同样，那些在实验后两年内选择不给慈善机构捐赠的人将禀赋的 50% 以上捐赠给了实验室实验中的慈善机构。劳里和泰勒（Laury and Taylor，即将出版）报道了类似的发现，他们发现通过公共品实验室实验估计的"利他主义参数"与对真实公共品的实际贡献之间几乎没有相关性（在这个例子中，使用的是城市中的非营利组织）。

在"餐饮博弈"中，格尼茨、哈鲁维和亚芬（Gneezy，Haruvy and Yafe，2004）发现，在实验室中，个体行为会表现出很高程度的合作。在实验室中，学生表现出非常不愿意施加负的外部性。然而，在一个类似于实验室博弈的框架式实地实验中，用餐者被带到餐馆吃饭，他们却没有找到合作的证据，即使两个实验样本都来自同一个学生群体。他们推测，对任务的不熟悉和困惑是负外部性在实验室中起作用，但并不在实地实验中起作用的原因。这些结果与我们的模型预测相一致。

总体而言，这些结果与大量的心理学文献相一致，这些文献并没有明确证据表明行为在不同情境中具有一致性（Mischel，1968；Ross and Nisbett，1991）。很久以前，哈茨霍恩和梅（Hartshorne and May，1928）发现，在一种情况下作弊的人在另一种情况下不作弊。如果将这个结果推广到对亲社会偏好的度量上，则意味着没有一种被称为"亲社会偏好"的跨情境个体特征，或者说在被试看来，只有某些特殊情境是与亲社会偏好相关的，而其他情境则是不与之相关的。

实验室实验与实地实验的匿名性

社会关注的另一要素是实验参与者的匿名性。在实验中，匿名性有两种形式。一方面，匿名性存在于实验研究者和被试之间，一些实验的设计要求实验研究者不知道被试采取了什么样的行动，这一方面的匿名性是我们主要关注的。另一方面，我们还担心被试之间的匿名性问题，但这一点我们关注较少。

在典型的实验室实验中，研究者可以很容易地把被试的身份与其个人选择进行关联。我们的理论预测，实验室中的匿名性与亲社会行为水平是负相关的。

如果实验研究者和被试之间缺乏匿名性的保护会导致更多亲社会行为，那么减少被试对介入性的感知应该能减少亲社会行为。[5]为了实现这一目标，霍夫曼等（Hoffman et al.，1994，1996）使用了"双盲"实验方法，其中研究者完全无法获知某个被试在独裁者博弈中的具体行为。霍夫曼、麦凯布、夏科特和史密斯（Hoffman，McCabe，Shachat and Smith，1994）发现了 48 个独裁者中的 22 个（46%）在正常实验条件下至少捐出了 10 美元中的 3 美元，但当被试和实验研究者之间完全匿名时，77 个独裁者中只有 12 个（16%）这么做。霍夫曼、麦凯布、夏科特和史密斯（Hoffman，McCabe，Shachat and Smith，1994）得出的结论是，观察到的"行为可能不是基于对'公平'的热爱（亲社会偏好），而是基于其他人的看法，或是由于这种行为被他人推崇"。戴维斯和霍尔特（Davis and Holt，1993）指出，这些结果"表明这种明显的慷慨行为不是基于利他主义，而主要是出于对外部观察者看法的担忧"，这不仅强调了匿名的重要性，而且强调了实验室与匿名效应之间重要的相互作用。同样，安德罗尼和伯恩海姆（Andreoni and Bernheim，2006）发现，随着社会关注的增加，被试更可能在独裁者博弈中捐出一半的资金。[6]

利斯特、贝伦斯、布哈拉和科弗列特（List，Berrens，Bohara and Kerkvliet，2004）采用了一种不同的方法，使用"随机反应"技术在被试和实验研究者之间以及被试之间制造匿名性。在这种方法中，如果被试选择不为公共品做贡献，或者他们的母亲的生日在上半年，则回答"否"。因此，研究者无法准确地确定被试是否愿意为公共品做贡献。利斯特、贝伦斯、布哈拉和科弗列特（List，Berrens，Bohara and Kerkvliet，2004）发现，随着决策变得不那么匿名，更多的被试选择在单次公共品博弈的决策中进行捐赠。研究者和被试之间的匿名程度以及被试之间的匿名程度都被证明是重要的。

匿名性在其他方面也可以影响捐赠。例如，黑利和费斯勒（Haley and Fessler，2005）发现，当独裁者进行分配的计算机屏幕上显示一双眼睛时，独裁者博弈中的捐赠数量会显著增加。这种简单的设计令被试感觉自己的行为正被别人观察，使捐赠数量非零的捐赠者的比例从控制组的 55% 增加到 88%。同样，艾伦（Allen，1965）提到隐私的增加会降低从众性。个人在被观察时可能会更遵守社会规范（Harris and Munger，1989）。

情境很重要且不完全受到研究者的控制

人们所采取的行动受到一系列复杂情境、社会规范、框架效应、过去的经历以及从这些经历中所获得教训的影响。因此，实验研究者往往无法完全控制被试在做出决定时的实验情境（Harrison and List，2004）。

实验研究者已经充分意识到实验情境、角色扮演的诱导和框架效应，以及其他可以影响被试行为的因素的重要性（Roth，1995；Hertwig and Ortmann，2001；Bohnet and Cooter，2005）。在各种类型的实验设计中，微小的情境改变已被证明会对行为产生极大的影响。因徒困境博弈中背叛率的剧烈变化取决于被试是正在进行"社区"博弈还是在进行"华尔街"博弈（Ross and Ward，1996）；使用像"对手"和"伙伴"这样的词会影响很多类型的博弈结果（Burnham，McCabe and Smith，2000）；要求人们在线性的公共品博弈中"贡献"或"分配"资金也会影响博弈结果，公共品博弈是产生正外部性还是产生负外部性也会影响博弈结果（Andreoni，1995）。此外，个体是否"惩罚"或"分配"点数给其他个体也会显著影响博弈（Gintis，2001）。

超出实验研究者控制范围的情境因素似乎对行为同样具有深远的影响。亨里奇等（Henrich et al.，2005）提供了这种效应的有力证据。他们在发展中国家的 15 个小规模社区进行了单次的最后通牒博弈、独裁者博弈和公共品博弈。研究发现社区中的行为存在巨大差异，他们能够将这些差异与日常生活模式和在这些社区中运行的社会规范联系起来。正如亨里奇等（Henrich et al.，2005）注意到的，奥玛人很容易认识到"公共品博弈类似于募集会"，当一个社区决定建设道路或学校等公共品时，奥玛人会在本地发起的募捐中相当慷慨地捐赠。同样，在进行鲸鱼捕猎的印度尼西亚拉马勒拉村以及巴拉圭的阿切地区，有着重视分享的社会规范，在最后通牒博弈中可以观察到非常慷慨的行为，并且很少有提议会被拒绝。另外，在小规模的觅食社会中，例如坦桑尼亚的哈扎人，在最后通牒博弈中被观察到较低的提议率和较高的拒绝率。亨里奇等（Henrich et al.，2005）对此解释道："对比行为似乎反映了他们不同的生活模式，而不是狩猎 - 采集生活方式的某种共同逻辑。"

在亨里奇等（Henrich et al.，2005）进行的所有实验中，实验研究者可以控制的实验情境几乎完全相同，例如报酬、博弈进行的方式描述等。但是，被试本身带给博弈的影响，以及研究者无法控制的情境（就像过去的经历和内化的社会规范）被证明在博弈结果中是重要的。

这些例子强调了实验研究者无法完全控制实验室的一个方面，被试可能没有进行实验研究者想要的博弈。例如，经济学的实验室实验经常使用单次博弈的实验设计，以降低被试在实验中希望建立声誉的可能性。这种方法论的基础是，在单次博弈中，被试只会基于"社会偏好互惠"而选择合作或亲社会行为，而不是因为他们想要建立和保持良好的声誉，以便其他人在将来与他们合作。然而，现实世界的许多活动具有独裁者博弈、最后通牒博弈、礼物交换博弈、公共品供应博弈和其他社会困境博弈的特征，但它们通常不是单次博弈，而是重复博弈（Hoffman，McCabe and Smith，1996；Ortmann and Hertwig，2000；Harrison and Rutström，2001）。实际上，个人经历可能会导致被试在进行这些单次博弈时有一些似曾相识的感觉，但研究者能力不足或没有能力来消除这种效应。亨里奇等（Henrich et al.，2005）对世界各地最后通牒博弈的研究表明，实验室博弈的参与者可能会拥有研究者未知的经验和策略，这些经验和策略会改变博弈的本质。如果研究者错误地假定被试将博弈视为单次的，那么声誉建构行为可能被错误地解释为社会偏好行为。

虽然研究人员可能希望实验被试能够在重复博弈与单次博弈的实验情境发生变化时进行明确的策略调整，但根据经验得出的结果却是喜忧参半的。例如，15 篇论文研究了自愿贡献博弈中的行为，其中被试在每个回合随机地与新的搭档进行重新匹配，而不是在所有回合中与相同的被试配对。安德罗尼和克罗森（Andreoni and Croson，即将出版）报告称，其中 5 项研究发现随机重新配对设计下的合作行为更多，6 项研究发现重复配对下的合作行为更多，4 项研究未能找到两种配对方法之间的差异。

另外，费尔和菲施巴赫尔（Fehr and Fischbacher，2003）发现响应者由于获得声誉的可能性变化而选择了不同的行为。安德罗尼和米勒（Andreoni and Miller，1993）通过囚徒困境博弈的数据得出了类似的结论。但是，即使结果表明被试有能力区分是否要进行重复博弈，也不一定意味着被试在单次博弈时会表现得像完全没有重复可能性一样。实验结果与我们的模型完全一致，即使清楚地意识到单次博弈与重复博弈存在的差异，在没有可能重复进行博弈时，被试有时仍会将其视为重复博弈（Samuelson，2005）。

尽管我们没有证据表明，那些在实验室里有强烈亲社会倾向的人在实验室外是否也会有类似的行为，但我们并不怀疑这些证据是可以被收集的。然而，即使能收集这些数据，实验室实验中的许多简单操作也会使被试产生完全不同的具有个体倾向性的结果。这一结论并不一定意味着个体偏好不稳定。我们把这些数据看作证据，证明当一个环境的关键要素发生改变时，个体行为就会朝着理论预测的方向发生改变。[7]

经济激励的大小

我们的模型预测，在既有道德因素又有收入因素的博弈中，随着经济激励的增加，收入效应将越来越重要。文献中的证据只部分支持了这种观点。在独裁者博弈中，经济激励的大幅增加通常会导致提议金额不同比例的增加。例如，卡彭特、菲尔霍根和伯克斯（Carpenter, Verhoogen and Burks, 2005）研究发现，经济激励从 10 美元增加到 100 美元，会导致提议金额比例的中位数从禀赋的 40% 下降到 20%。对于较小的经济激励变化，这个效应要弱得多：彻里、费拉布鲁姆和肖格伦（Cherry, Frykblom and Shogren, 2002）在 10 美元和 40 美元的独裁者博弈中没有发现明显的差异。研究者在最后通牒博弈的接受者中也发现了经济激励效应，其接受率一般随着所提供金额的增加而增加。斯洛尼姆和罗思（Slonim and Roth, 1998）发现，在低于 50% 的提议范围内，提议接受率随着经济激励的增加而上升。在涉及信任的另一种类型的博弈中（例如蜈蚣博弈），帕克、拉波波特和斯坦（Parco, Rapoport and Stein, 2002）同样发现，增加经济激励会导致相互信任的崩溃。[8]然而，费尔、菲施巴赫尔和图加列娃（Fehr, Fischbacher and Tougareva, 2002）发现，对于信任博弈和礼物交换博弈，公平偏好在低额和高额经济激励的博弈中都起着重要作用。

我们并不是说实验室中低经济激励的博弈框架与现实市场上的交易框架完全不同。实际上，在运作良好的市场中，我们每天都会参与类似的交易。我们的观点是，如果研究者没有正确考虑实验设计中的经济激励差异，则可能会导致关于亲社会偏好重要性的不准确推断。这种误测的影响还有待研究，将经济激励效应的大小与其他因素效应的大小进行比较会是很有意思的研究。

样本自选择

　　如果实验室研究的被试与实际目标环境中的参与者有系统性的不同，那么直接推广实验室结果的尝试可能会受挫。大多数实验室实验是使用自愿参与实验的学生进行的。正如多蒂和西尔弗索恩（Doty and Silverthorne，1975）所指出的，研究中的志愿者被试"通常比非志愿者被试有更好的教育背景、更高的职业地位、更高的排行、更小的年龄、更高的认可需求和更低的权力主义需求"。事实上，罗森塔尔和罗斯诺（Rosenthal and Rosnow，1969）得出的结论是，社会实验的被试更可能是"科学地帮倒忙的人"。[9]

　　相比之下，真正的市场参与者很可能是另一类特定的个体样本，其特征使他们能够在市场中脱颖而出。如果市场所选择的个体在决策任务中比学生被试有更高（或更低）的 W（或 M），则可能会有人怀疑：相比于真正的市场，选择进入实验室实验的学生可能会产生夸大的亲社会行为。另外，实验室参与者也可能比另外一些在特定自然环境生活和工作的人（例如神职人员或公设辩护人）具有更少的亲社会偏好。

　　研究被试库偏差的一种方法是检查专业人员或其他代表性个体与学生在实验室实验中是否表现相似。费尔和利斯特（Fehr and List，2004）通过实验研究哥斯达黎加的首席执行官（CEO）在信任博弈中的表现，并将他们的行为与哥斯达黎加学生的行为进行比较。他们发现 CEO 比学生更信任他人并表现出更高的可信度。[10]这些行为上的差异可能意味着 CEO 在日常生活中更加愿意信任，或者是因为 CEO 对实验室的非匿名性影响更敏感，又或者是因为经济激励对于 CEO 来说太小了，以至于做出道德化选择时的收入牺牲对他们来说微不足道。

　　问题是也许只有某种类型的参与者（学生或专业人士）愿意参与实验。例如，具有社会偏好或愿意与实验研究者合作并寻求社会认可的参与者，无论是学生还是 CEO，都是最有可能自愿参与实验的人。在这种情况下，旨在衡量亲社会行为的博弈将得到目标人群亲社会性的最高估计结果。

　　来自实地实验和实验室实验的一些有限但有意义的数据，支持实验室中礼物交换实验的被试存在样本自选择问题这一论点。当利斯特（List，2006）邀请许多体育卡经销商参与前文描述的实验室实验时，一些经销商拒绝了他的邀请。但这些经销商并不知道，他们后来参加了平行的实地实验。与同意参加实验室实验的经销商相比，那些拒绝参与实验室实验的经销商在实地实验中的亲社会性较差，尽管由于样本量较小，这些差异在置信水平上不是统计显著的。在一系列独裁者博弈中，埃克尔和格罗斯曼（Eckel and Grossman，2000）比较了志愿者（那些选择进入实验室进行实验的人）和非志愿者（那些在课堂上被要求参加的人）的差异。除了被试库之间可观测到的个体差异，他们还发现，非志愿者比志愿者给予的更多，而且非志愿者的行为比志愿者更为极端。

对选择集和时间范围的人为限制

与我们在前文提出的问题密切相关的另一个问题是，在实验中，研究人员创建了一套规则来管理被试之间的互动，选择实验说明的措辞，以及定义被试能够采取的行动集。与之形成鲜明对比的是，在现实环境中，选择集通常几乎是无限的，而且制度也是内生的。

即使是在那些选择参加实验室实验的人中，对可用选择集的限制也会影响所观察到的行为。例如，在市场中可能无法那么频繁地观察到亲社会行为，这也许仅仅是因为人们可以不用做出代价高昂的分享行为来发出自己慷慨的信号。这个想法在拉齐尔、马尔门迪尔和韦伯（Lazear，Malmendier and Weber，2006）的研究中得到了说明，他们在实验中允许被试支付一定的金额来选择退出独裁者博弈。他们发现"大多数被试没有真正想要分享，因为他们愿意避免独裁者博弈，并为避免它而付出一定的成本"。这种行为在实地中很容易被观察到，如果路人可以轻易地选择将自己"放置"到道路的另一侧以避免相遇，那么乞丐会获得更少的馈赠。

我们可以在巴兹利（Bardsley，2005）和利斯特（List，即将出版）中找到可用选择集如何影响独裁者博弈的另一个例子。在典型的独裁者博弈中，第一位参与者被给予10美元初始禀赋，并被询问想要分享给另一位参与者的份额，另一位参与者拿到的金额一定少于10美元。实验的框架是"不给予任何分享"是最不慷慨的行为，被试通常会分享部分金额。如果改变实验设计，第一位参与者被给予10美元，并被告知规则，允许其将这笔钱的任何份额提供给第二个参与者，或从第二位参与者那里拿取额外10美元，则第一位参与者就很少会选择分享金钱了。同样，安德罗尼、布朗和维斯特兰德（Andreoni，Brown and Vesterlund，2002）也使用了具有不对称均衡的序贯公共品博弈，并得出与巴兹利和利斯特论文中的数据一致的结果。真实环境通常会同时出现给予和接受的选项，这可能有助于解释实验室环境与现实环境的不同之处：在现实中人们很少直接收到带有现金的匿名信封。

这些例子还表明，实验室实验通常会将被试进行响应的行为模式限定在单个维度，而实际环境几乎总是涉及多个响应维度。再次考虑独裁者博弈中的提议行为，倾向于帮助他人的被试可能会在实验室的独裁者博弈中提议分配资金。在实地实验中，同样的个体可能什么都不给，而是用其他更有效的手段来表现自己的慷慨，比如自愿地花费时间帮助他人。在这个例子中，实验室证据与某种更广义的利他偏好相一致，但这种偏好在实地实验中可能以另一种不同活动来表现。因此，在进行跨领域比较时，应注意全面地囊括相关维度。

与选择集相关的是任务的性质和时间。实验室实验通常包括最多几个小时相当被动的活动。例如，在实验室标准的信任博弈或礼物交换博弈中，学生被试通常会通过选择努力或工资水平（通过画圈或记下数字）来完成金钱激励下的几轮博弈。实验通常会持续一个小时左右，经常观察到的结果是努力程度与工资正相关。这样的结果通常被认为为阿克洛夫（Akerlof，1982）的劳动力市场理论提供了支持。

这种推断至少有两个相关联的问题需要回答。首先，现实世界中的工作努力程度与实验室任务中的工作努力程度的性质是否不同？其次，我们在实验室中观察到的效果是否会在更长时间内同样存在？关于这些问题的实验经济学文献很少，但已有初步研究。使用从实际劳动力市场中礼物交换研究中收集的数据，格尼茨和利斯特（Gneezy and List，2006）发现，在"礼物"干预组中，员工在工作前几个小时的努力程度确实比"非礼物"干预组更高。然而，在最初几个小时之后的工作时间中没有观察到结果的差异。正向的工资冲击不会长期影响努力程度的观点与奥拜德利、斯蒂芬、格尼茨和利斯特（Al-Ubaydli，Steffen，Gneezy and List，2006）、亨尼希－施密特、罗肯巴克和萨德里耶（Hennig-Schmidt，Rockenbach and Sadrieh，2006）报告的实地实验一致，也与库贝、马雷查尔和普珀（Kube，Marechal and Puppe，2006）报告的数据一致。这些结果表明，在将结论从短期实验室实验推广到长期现实环境时应该非常小心。[11]

这些见解与心理学文献的结果一致，即短期（"热门"）和长期（"冷门"）决策之间存在重要的行为差异。在短期阶段，本能因素和情绪可能非常重要，然而在长期阶段，即时反应可能会被抑制。洛温斯坦（Loewenstein，2005）回顾了一些关于短期和长期行为差异的实证证据。

将实验室实验的结果推广到实际市场

我们认为，在将度量亲社会行为的实验结果推广到现实市场环境之前，需要仔细考虑实验室环境的几个特征。我们提出的模型提供了一个框架，以讨论影响行为的经济和心理因素。这些因素既包括环境的代表性，也包括被试的代表性：社会关注的性质和程度、对决策过程的强调、对决策集的人为限制、实验任务的强加性、实验被试参与的规则，以及通常带有风险性的经济激励。

与实验室相比，许多现实世界市场的运作方式使亲社会行为的可能性大大降低。例如，在金融市场中，经济激励很大，参与者是高度匿名的，而对个人行为进行进一步分析的理由似乎并不存在。具有强烈社会偏好的个人可能会自我选择远离这些市场，公司会转而雇用缺乏此类偏好的员工来处理金融交易。因此，当我们假设在实验经济学实验室中发现的行为模式会被现实市场中的个人广泛使用时，必须非常谨慎。例如，在一天的交易结束时，一个成功的交易者寻找在市场中失败的一方并将当天的大部分利润捐赠给他，这似乎是非常不可能的，尽管类似的行为在某些实验中是常见的。此外，由于互联网销售和大型零售连锁店的崛起，零售交易的环境发生了一些变化，即从支持亲社会行为的环境转向了不支持亲社会行为的环境。

然而，在另一些现实环境中，实验室发现可能低估了亲社会行为的程度。例如，当在一个孩子面前做出选择时，或者当一个人的行为被电视转播时，社会关注程度可能远远超过实验室中的社会关注程度。因此，莱维特（Levitt，2005）没有发现电视游戏节目"智者为王"的参与者歧视黑人或女性的证据。此外，衡量社会偏好的实验室实验的推断通常基于完全陌生的人之间的相互作用，包括实验中被试之间存在匿名性、被试之间缺乏任何社会关系、以及被试之间缺乏沟通的渠道。在一定程度上，这些因素没有完全被引入实验室环境（Eckel and Wilson，2004；Samuelson，2005）。但是，现实世界中存在的这些因素会导致更高水平的社会偏好。例如，人们期望在家庭成员、亲密朋友和战友之间找到大量的利他主义。然而，重要的是，在重复互动的环境中，很难区分亲社会偏好和为建立良好声誉而采取的策略性行为。

纯粹自私自利的个体可能会放弃短期的私人收益。以无限重复囚徒困境博弈所支持的合作均衡为例，当公司以符合社会偏好的方式对待员工时，公司可能只是简单地在追求长期利润的最大化。在这方面需要进行更加谨慎的实证研究。

此外，其他一些重要力量在现实市场中起作用，但在实验室中可能并不存在。正如格莱泽（Glaeser，2004）所指出的那样，老谋深算的个人能够为了自己的最大利益，设计制度去利用与其互动的其他人的利他倾向。德拉维尼亚和马尔门迪尔（Della Vigna and Malmendier，2006）以健康俱乐部的收费方式为例进行了说明。莱维特（Levitt，2004）的研究同样表明，博彩公司设定的规则利用了投注者固有的偏见。如果在某些市场中，企业家必须在公司内部提升亲社会行为的受欢迎程度以最大化自己的利益，那么实验室证据可能会低估社会偏好在这些市场中的重要性。[12]

结　语

也许实验经济学中最基本的问题，是实验室的研究结果是否能可靠地推广到实验室之外。我们认为个人做出的选择不仅取决于收入因素，还取决于社会关注的性质和程度、决策的特定实验情境，以及被试选择参与实验的方式。由于实验室在这些维度上与大多数现实环境有系统性的不同，因此实验可能并不总是能产生外部有效性。具体而言，我们认为实验室实验通常会表现出一种特定的社会关注形式，一种非常强调决策和分配过程控制的环境，以及特定的被试自选择机制。相比之下，许多现实市场的典型特征是与之不同的社会关注形式，很少进行决策流程的控制，以及参与者自由选择参与的形式。

我们对实验室数据的外部有效性所提出的观点同样适用于推广从自然环境中产生的数据。实证经济学家明白，对相扑选手卡或体育卡经销商的研究不能无缝地推广到其他经济环境。任何实证估计都需要恰当地进行理论上的假设。我们希望实验经济学也能进行类似实践：就像经济学家在回归价格与数量的关系时，需要公司和消费者的行为模型来确定还需要估计哪些参数，我们也需要实验室行为模型来描述实验数据产生的过程，以及它如何与其他环境相联系。理论决定了是否允许我们将从一个环境中获取的结果用来预测另一个环境，实验室证据的外部有效性也不例外。

本章的讨论提出了关于实验设计和解释的三个重要结论。首先，将实验室分析与决策模型相结合，例如我们在本章中提出的模型，扩展了实验室实验的潜在功能。通过预测实验室常见的行为偏差类型，可以设计实验以最小化这种偏差。此外，了解任何实验室引起行为偏差的正负符号和偏差大小，即使结果不能直接地在实验室外推广，也可以从实验研究中得到更有用的信息。从这个意义上讲，即使在实验室结果被认为几乎没有外部有效性的情况下，只要使用理论模型进行适当的推理，实验室产生的结果也是有一定意义的。

其次，通过采用能够避免实验室潜在缺点的实验设计，可以提高实验室研究的实用性。例如，一种方法是将实验室实验"嵌套"在另一个实验内，然后检查相关实验的不同结果。这种方法可以用于"净化"实验室效应，因此这种实验比运行简单、更传统的实验设计更能揭示深层结构的参数。此外，专注于定性分析的实验室实验可以提供至关重要的初步理解，并提出在观察某些数据结构时可能起作用的潜在机制。实际上，我们在本研究中提出的许多观点都可以通过实验室实验进行有益的探索。此外，在社会困境的研究领域中，实验室实验有助于搞清楚惩罚背离亲社会行为的人是否比奖励实行亲社会行为的人更有效。

最后，实验室生成的数据和自然环境产生的数据都存在缺陷，结合两者优点的实证方法很有吸引力。一个结合了真正随机化优点的、精心设计的实地实验，在经济学家研究目标所处的真正自然环境中运行，可以作为连接实验室实验方法和实证方法的桥梁。

感谢 2005 年 ESA 国际会议参与者提出的建议。詹姆斯·安德罗尼、尼古拉斯·巴兹利、加里·贝克尔、加里·查尼斯、戴维·库珀、丹·吉伯特、尤里·格尼茨、海斯·金戈尔登、格伦·哈里森、里德·黑斯蒂、迪恩·卡尔兰、丹·莱文、杰森·勒斯克、乌尔丽克·马尔门迪尔、特德·麦康奈尔、凯文·墨菲、安德里亚斯·奥特曼、查理斯·普洛特、杰西·夏皮罗、安德鲁·施莱弗、罗伯特·尼姆和理查德·泰勒的建议大大改进了这项研究。科林·卡默勒、厄恩斯特·费尔和阿尔文·罗思提供了详细的评论并提出了建议，虽然没有达到他们希望的那么多，但我们已经进行了许多改进。杨百翰大学、芝加哥大学、拉瓦尔大学、麦克马斯特大学、欧柏林大学和内华达州大学的研讨会参与者也就这项研究的各个部分提供了有用的反馈。对莱维特项目的支持来自美国国家科学基金会和谢尔曼·夏皮罗研究基金会。本章的早期版本讨论了更广泛的一类实验的外部有效性，这些实验以"实验室实验如何帮助我们了解现实世界？"为题得到传播。

注释

1. 在有些情况下，外部有效性可能不是最重要的。例如，在检验一般理论时，外部有效性就可能不是一个问题。事实上，作为理论的第一次实验检验，实验研究者可能希望为自己的研究目的创造一个人造环境：创造对理论的干净检验。另一个例子是将实验室用于检验新的实验设计目的，即通过对自然环境中各种混淆因素的控制来启发实地实验的设计。

2. 这里当然没有完全列出实验室实验无法为实验室外的行为提供直接指导的全部原因。例如，被试在实验室中进行博弈的经验往往较少，而且没有机会向实验室外的朋友或者专家寻求建议。同样具有重要性的因素是，在实验室外，老谋深算的人能够为了利益最大化，设计制度去利用其他人的利他倾向（Glaeser，2004），这些因素在实验室内部无法找到。有关这些问题的进一步讨论，参见哈里森和利斯特（Harrison and List，2004）及莱维特和利斯特（Levitt and List，2006）的研究。

3. 史密斯把决策看作"激情"和"公正的旁观者"之间的斗争——一个"盯着经济人的肩膀，关注他所做出的每一个举动"的道德主义者（Grampp，1948），如阿什拉夫、卡默勒和洛温斯坦（Ashraf，Camerer and Loewenstein，2005）引文中所述。有关这些问题的正式模型，参见贝克尔（Becker，1974）、阿什拉夫（Ashraf，1982）和伯伦汉（Bernheim，1994）的研究。

4. 在拉宾（Rabin，1993）的模型中，如果有足够大的经济激励，个人就不会关注公平性。在我们的模型中，随着经济激励的增加，对其他人效用的关注会减少，但可能还会保留一些。然而，还存在其他模型。例如，莱迪亚德（Ledyard，1995）提出了一种自愿性贡献的模型，其中利他主义和利己主义存在一种权衡关系，使得经济激励的增加对个人的贡献率没有影响。

5. 我们发现实验室是探索这种类型的社会关注的优秀工具，但以这种方式操纵实验环境可能会在结果解释中引起其他的困难。例如，从社会心理学家那里学到的经验告诉我们，确保匿名性的这种努力可能会导致被试推断实验研究者"要求"他们以被社会公众不可接受的方式行事（Loewenstein，1999）。

6. 然而，应该指出的是，博尔顿、兹维克和卡托克（Bolton，Zwick and Katok，1998）以及劳里和泰勒（Laury and Taylor，1995）收集的数据质疑了霍夫曼、麦凯布、史密斯和夏科特（Hoffman，McCabe，Smith and Shachat，1994）的结果。

7. 本着这种精神，我们的观点与卢卡斯批评有相似之处。

8. 蜈蚣博弈是一种扩展型博弈，可以包括多轮决策。博弈开始后，参与者 1 决定是从罐子中直接获得报酬还是将决定权传递给参与者 2。如果传递，那么参与者 2 在不同的报酬集上有类似的两种选项。每次传递罐子后，罐子中的报酬总和会稍微增加。但是，如果参与者把罐子传递给另一个参与者，而对方选择直接拿走罐子，那么选择传递罐子的参与者拿到的报酬会比自己直接拿走罐子所获得的报酬少。

9. 当实验中天真的高中生被问到"你认为典型的人类被试在心理学实验中表现如何"时，他们圈出的特征词超过 70% 是"合作"和"警觉"（Rosenthal and Rosnow，1973）。然而，这些讨论通常围绕社会心理学实验。由于经济学实验涉及不同的被试和报酬支付，这些论点可能不能够跨学科推广。凯格尔、巴特利奥和沃克（Kagel，Battalio and Walker，1979）提供了一些证据表明志愿者被试与非志愿者被试相比，对实验研究主题有着更多的兴趣。但其他重要变量在志愿者和非志愿者之间并无差别。

10. 哈博、克劳斯、林达和维斯特兰德（Harbaugh，Krause，Liday and Vesterlund，2003）对三、六、九和十二年级学生进行了一系列信任实验，发现参与者在信任和可信度方面的差异很小。然而，在独裁者博弈中，年幼孩子的提议金额往往比年龄较大的孩子和成年人的提议金额小得多。

11. 关于薪酬冲击对工作努力程度的影响的实证分析结果是模棱两可的。陈（Chen，2005）使用澳大利亚工作场所劳资关系调查中的大量数据来探索工作场所的互惠性，发现几乎没有支持互惠性的证据。李和鲁普（Lee and Rupp，2006）研究了减薪后美国商业航空公司飞行员的强烈反应，发现这种影响非常短暂，与格尼茨和利斯特（Gneezy and List，2006）的结果相一致。在减薪后的第一周，他们观察到较频繁的航班延误，但在第一周后，航空公司的航班效率就能恢复到以前的水平。另外，克鲁格和马斯（Krueger and Mas，2004）提供了证据表明凡士通公司不满员工的负面互惠会持续存在，马斯记录了有利于市政当局的仲裁会对警察产生持续负面影响。

12. 从长远来看，内生的制度对亲社会行为的影响是模棱两可的。例如，我们从进化生物学中得知，选择压力可以对抗那些过度榨取宿主的寄生体。在这种情况下，过度榨取消费者利润的公司可能会被那些从消费者中获取较低利润的公司取代。如果这样的环境显著提高了错误决策的成本，那么在现实市场中的学习效应就可能比在实验室中更快出现。然而，如果反馈机制在现实环境中较弱，则通常不会观察到这种效应。

参考文献

Akerlof, A. 1982. Labor Contracts as Partial Gift Exchange. *Quarterly Journal of Economics* 97 (4): 543 – 569.

Akerlof, A. and R. Kranton. 2000. Economics and Identity. *Quarterly Journal of Economics* 115 (3): 715 – 753.

Akerlof, A. and R. Kranton. 2005. Identity and the Economics of Organizations. *Journal of Economic Perspectives* 19 (1): 9 – 32.

Allen, V. 1965. Situational Factors in Conformity. In *Advances in Experimental and Social Psychology*, Vol. 2, ed. L. Berkowitz. New York: Academic Press.

Al-Ubaydli, O., S. Andersen, U. Gneezy, and J. List. Incentive Schemes to Promote Optimal Work Performance: Evidence from a Multi-Tasking Field Experiment. Unpublished Paper, University of Chicago.

Andreoni, J. 1995. Cooperation in Public Goods Experiments: Kindness or Confusion? *American Economic Review* 85 (4): 891 – 904.

Andreoni, J. and B. Douglas. 2006. Social Image and the 50 – 50 Norm: Theory and Experimental Evidence. http://www.hss.caltech.edu/media/seminarpapers/bernheim.pdf.

Andreoni, J., P. Brown, and L. Vesterlund. 2002. What Makes an Allocation Fair? Some Experimental Evidence. *Games and Economic Behavior* 40 (1): 1 – 24.

Andreoni, J. and R. Croson. Forthcoming. Partners versus Strangers: Random Rematching in Public Goods Experiments. *Handbook of Experimental Economic Results*, ed. C. Plott and V. Smith.

Andreoni, J. and J. Miller. 1993. Rational Cooperation in the Finitely Repeated Prisoner's Dilemma: Experimental Evidence. *Economic Journal* 103 (418): 570 – 585.

Ashraf, N., F. Camerer, and G. Loewenstein. 2005. Adam Smith, Behavioral Economist. *Journal of Economic Perspectives* 19 (3): 131 – 145.

Bandiera, O., I. Rasul, and I. Barankay. 2005. Social Preferences and the Response to Incentives: Evidence from Personnel Data. *Quarterly Journal of Economics* 120 (3): 917 – 962.

Bardsley, N. 2005. Altruism or Artifact? A Note on Dictator Game Giving. Center for Decision Research and Experimental Economics Discussion Paper 2005 – 10.

Becker, S. 1974. A Theory of Social Interactions. *Journal of Political Economy* 82 (6): 1063 – 1093.

Benz, M. and S. Meier. 2006. Do People Behave in Experiments as in Real Life? Evidence from Donations. Institute for Empirical Research in Economics, University of Zurich, Working Paper 248.

Berg, J., W. Dickhaut, and A. McCabe. 1995. Trust, Reciprocity, and Social History. *Games and Economic Behavior* 10 (1): 122 – 142.

Bernheim, B. D. 1994. A Theory of Conformity. *Journal of Political Economy* 102 (5): 841 – 877.

Bohnet, I. and D. Cooter. 2005. Expressive Law: Framing or Equilibrium Selection? John F. Kennedy School of Government Faculty Research Working Paper RWP03 – 046.

Bolton, E., R. Zwick, and E. Katok. 1998. Dictator Game Giving: Rules of Fairness Versus Acts of Kindness. *International Journal of Game Theory* 27 (2): 269 – 299.

Burnham, T., K. McCabe, and L. Smith. 2000. Friend-or-Foe Intentionality Priming in an Extensive Form Trust Game. *Journal of Economic Behavior and Organization* 43 (1): 57 – 73.

Camerer, F. and E. Fehr. 2004. Measuring Social Norms and Preferences Using Experimental Games: A Guide for Social Scientists. In *Foundations of Human Sociality: Economic Experiments and Ethnographic Evidence from Fifteen Small-Scale Societies*, eds. J. Henrich et al. , Oxford: Oxford University Press.

Camerer, F. and K. Weigelt. 1988. Experimental Tests of a Sequential Equilibrium Reputation Model. *Econometrica* 56 (1): 1 – 36.

Carpenter, J. , E. Verhoogen, and S. Burks. 2005. The Effect of Stakes in Distribution Experiments. *Economics Letters* 86 (3): 393 – 398.

Chen, P. 2005. Reciprocity at the Workplace: Do Fair Wages Lead to Higher Effort, Productivity, and Profitability? http://gemini. econ. umd. edu/cgibin/conference/download. cgi? db_ name = esam06&paper_ id = 222.

Cherry, T. , P. Frykblom, and J. Shogren. 2002. Hardnose the Dictator. *American Economic Review* 92 (4): 1218 – 1221.

Conlin, M. , M. Lynn, and T. O'Donoghue. 2003. The Norm of Restaurant Tipping. *Journal of Economic Behavior and Organization* 52 (3): 297 – 321.

Davis, D. and C. Holt. 1993. *Experimental Economics*. Princeton: Princeton University Press.

Della Vigna, S. and U. Malmendier. 2006. Paying Not to Go to the Gym. *American Economic Review* 96 (3): 694 – 719.

Doty, L. and C. Silverthorne. 1975. Influence of Menstrual Cycle on Volunteering Behavior. *Nature* 254 (5496): 139 – 140.

Eckel, C. and P. Grossman. 1996. Altruism in Anonymous Dictator Games. *Games and Economic Behavior* 16 (2): 181 – 191.

Eckel, C. and P. Grossman. 2000. Volunteers and Pseudo-Volunteers: The Effect of Recruitment Method in Dictator Experiments. *Experimental Economics* 3 (2): 107 – 120.

Eckel, C. and R. Wilson. 2004. Is Trust a Risky Decision? *Journal of Economic Behavior and Organization* 55 (4): 447 – 465.

Fehr, E. and U. Fischbacher. 2003. The Nature of Human Altruism. *Nature* 425 (6960): 785 – 791.

Fehr, E. , U. Fischbacher, and E. Tougareva. 2002. Do High Stakes and Competition Undermine Fairness? Evidence from Russia. Institute for Empirical Research in Economics, University of Zürich, Working Paper 120.

Fehr, E. and S. Gaechter. 2000. Fairness and Retaliation: The Economics of Reciprocity. *Journal of Economic Perspectives* 14 (3): 159 – 181.

Fehr, E. , S. Gächter, and G. Kirchsteiger. 1997. Reciprocity as a Contract Enforcement Device: Experimental Evidence. *Econometrica* 65 (4): 833 – 860.

Fehr, E. , G. Kirchsteiger, and A. Riedl. 1993. Does Fairness Prevent Market Clearing? An Experimental Investigation. *Quarterly Journal of Economics* 108 （2）：437 – 459.

Fehr, E. and J. List. 2004. The Hidden Costs and Returns of Incentives—Trust and Trustworthiness a-
mong CEOs. *Journal of the European Economic Association* 2 （5）：743 – 771.

Gazzaninga, S. 2005. *The Ethical Brain.* Dana Press.

Gintis, H. 2001. The Contribution of Game Theory to Experimental Design in the Behavioral Sci-
ences. *Behavioral and Brain Sciences* 24 （3）：411 – 412.

Glaeser, E. 2004. Psychology and the Market. *American Economic Association Papers and Proceed-
ings* 94 （2）：408 – 413.

Gneezy, U. , E. Haruvy, and Yafe. 2004. The Inefficiency of Splitting the Bill：A Lesson in Institu-
tion Design. *The Economic Journal* 114 （495）：265 – 280.

Gneezy, U. and J. List. 2006. Putting Behavioral Economics to Work：Field Evidence of Gift Ex-
change. *Econometrica* 74 （5）：1365 – 1384.

Grampp, W. 1948. Adam Smith and the Economic Man. *The Journal of Political Economy* 56 （4）：
315 – 336.

Güth, W. , R. Schmittberger, and B. Schwarze. 1982. An Experimental Analysis of Ultimatum Bar-
gaining. *Journal of Economic Behavior and Organization* 3 （2）：367 – 388.

Haley, J. and D. Fessler. 2005. Nobody's Watching? Subtle Cues Affect Generosity in an Anony-
mous Economic Game. *Evolution of Human Behavior* 26 （3）：245 – 256.

Harbaugh, T. , K. Krause, S. G. Liday, and L. Vesterlund. 2003. Trust in Children. In *Trust, Reci-
procity and Gains from Association：Interdisciplinary Lessons from Experimental Research*, ed. Eli-
nor Ostromand James Walker. New York City, NY：Russell Sage Foundation.

Harrison, W. and J. List. 2004. Field Experiments. *Journal of Economic Literature* 42 （4）：1009 –
1055.

Harrison, W. and E. Rutström. 2001. Doing It Both Ways—Experimental Practice and Heuristic
Context. *Behavioral and Brain Sciences* 24 （3）：413 – 414.

Hartshone, H. and M. May. 1928. *Studies in Deceit.* New York：Macmillan.

Hennig-Schmidt, H. , B. Rockenbach, and A. Sadrieh. 2006. In Search of Workers' Real Effort Re-
ciprocity—A Field and a Laboratory Experiment. Governance and the Efficiency of Economic Sys-
tems Working Paper 55. Free University of Berlin, Humboldt University of Berlin.

Henrich, J. , et al. 2005. Economic Man in Cross-Cultural Perspective：Ethnography and Experiments
from 15 Small-Scale Societies. *Behavioral and Brain Sciences* 28 （6）：795 – 815.

Hertwig, R. and A. Ortmann. 2001. Experimental Practices in Economics：A Challenge for Psychol-
ogists? *Behavioral and Brain Sciences* 24 （4）：383 – 451.

Hoffman, E. , K. McCabe, K. Shachat, and V. Smith. 1994. Preferences, Property Rights, and An-
onymity in Bargaining Games. *Games and Economic Behavior* 7 （3）：346 – 380.

Hoffman, E., K. McCabe, and V. Smith. 1996. Social Distance and Other-Regarding Behavior in Dictator Games. *American Economic Review* 86 (3): 653 – 660.

Holt, A. 2006. *Markets, Games, and Strategic Behavior: Recipes for Interactive Learning.* Addison-Wesley.

Kagel, H., R. Battalio, and J. Walker. 1979. Volunteer Artifacts in Experiments in Economics: Specification of the Problem and Some Initial Data from a Small-Scale Field Experiment. *Research in Experimental Economics*, ed. Vernon L. Smith. JAI Press.

Kahneman, D., J. Knetsch, and R. Thaler. 1986. Fairness as a Constraint on Profit Seeking: Entitlements in the Market. *American Economic Review* 76 (4): 728 – 741.

Krueger, A. B. and A. Mas. 2004. Strikes, Scabs, and Tread Separations: Labor Strife and the Production of Defective Bridgestone/Firestone Tires. *Journal of Political Economy* 112 (2): 253 – 289.

Kube, S., M. André Maréchal, and C. Puppe. 2006. Putting Reciprocity to Work: Positive versus Negative Responses in the Field. University of St. Gallen Department of Economics Discussion Paper 2006 – 2027.

Laury, K., J. Walker, and A. Williams. 1995. Anonymity and the Voluntary Provision of Public Goods. *Journal of Economic Behavior and Organization* 27 (3): 365 – 380.

Laury, K. and L. Taylor. Forthcoming. Altruism Spillovers: Are Behaviors in Context-free Experiments Predictive of Altruism toward a Naturally Occurring Public Good? *Journal of Economic Behavior and Organization.*

Lazear, P., U. Malmendier, and R. Weber. 2006. Sorting in Experiments. National Bureau of Economic Research Working Paper 12041.

Ledyard, O. 1995. Public Goods: A Survey of Experimental Research. In *Handbook of Experimental Economics*, ed. J. Kagel and A. Roth. NJ: Princeton University Press.

Lee, D. and N. Rupp. 2006. Retracting a Gift: How Does Employee Effort Respond to WageReductions? http://www. ecu. edu/econ/wp/05/ecu0523. pdf.

Levitt, D. 2004. Why Are Gambling Markets Organized So Differently from Financial Markets? *Economic Journal* 114 (495): 223 – 246.

Levitt, D. 2005. Testing Theories of Discrimination: Evidence from the Weakest Link. *Journal of Law & Economics* 47 (2): 431 – 452.

Levitt, D. and J. List. 2006. What Do Laboratory Experiments Tell Us about the Real World? http://pricetheory. uchicago. edu/levitt/Papers/jep% 20revision% 20Levitt% 20 &% 20List. pdf.

List, J. 2006. The Behavioralist Meets the Market: Measuring Social Preferences and Reputation Effects in Actual Transactions. *Journal of Political Economy* 114 (1): 1 – 37.

List, J. Forthcoming. On the Interpretation of Giving in Dictator Games. *Journal of Political Econo-*

my.

List, J., R. Berrens, A. Bohara, and J. Kerkvliet. 2004. Examining the Role of Social Isolationon Stated Preferences. *American Economic Review* 94 (3): 741–752.

Loewenstein, G. 1999. Experimental Economics from the Vantage-Point of Behavioural Economics. *Economic Journal* 109 (453): F23–34.

Loewenstein, G. 2005. Hot-cold Empathy Gaps and Medical Decision-Making. *Health Psychology* 24 (4): S49–S56.

Mas, A. 2006. Pay, Reference Points, and Police Performance. *Quarterly Journal of Economics* 121 (3): 783–821.

Mischel, W. 1968. *Personality and Assessment.* New York: Wiley.

Orne, T. 1962. On the Social Psychological Experiment: With Particular Reference to Demand Characteristics and Their Implications. *American Psychologist* 17 (10): 776–783.

Ortmann, A. and R. Hertwig. 2000. Why Anomalies Cluster in Experimental Tests of One-Shot and/or Finitely Repeated Games: Some Evidence from Psychology. http://home. cerge. cuni. cz/Ortmann/Papers/10baserates1106142000. pdf.

Parco, E., A. Rapoport, and W. Stein. 2002. Effects of Financial Incentives on the Break down of Mutual Trust. *Psychological Science* 13 (3): 292–297.

Pierce, A. H. 1908. The Subconscious Again. *Journal of Philosophy, Psychology & Scientific Methods* 5 (10): 264–271.

Rabin, M. 1993. Incorporating Fairness into Game Theory and Economics. *American Economic Review* 83 (5): 1281–1302.

Rosenthal, W. and R. Rosnow. 1969. *Artifact in Behavioral Research.* New York: Academic Press.

Rosenthal, W. and R. Rosnow. 1973. *The Volunteer Subject.* New York: John Wiley and Sons.

Ross, L. and A. Ward. 1996. Naïve Realism: Implications for Social Conflict and Misunderstanding. In *Values and Knowledge*, ed. T. Brown, E. Reed, and E. Turiel. Hills Dale, NJ: Lawrence Erlbaum Associates.

Ross, L. and R. Nisbett. 1991. *The Person and the Situation: Perspectives of Social Psychology.* New York: McGraw-Hill.

Roth, A. 1995. Bargaining Experiments. In *The Handbook of Experimental Economics*, ed. J. H. Kagel and E. R. Alvin. Princeton, NJ: Princeton University Press.

Samuelson, L. 2005. Economic Theory and Experimental Economics. *Journal of Economic Literature* 43 (1): 65–107.

Schultz, D. 1969. The Human Subject in Psychological Research. *Psychological Bulletin* 72 (3): 214–228.

Shapley, H. 1964. *Of Stars and Men: Human Response to an Expanding Universe.* Westport CT:

Greenwood Press.

Slonim, R. and A. Roth. 1998. Learning in High Stakes Ultimatum Games: An Experiment in the Slovak Republic. *Econometrica* 66 (3): 569 – 596.

Soetevent, A. 2005. Anonymity in Giving in a Natural Context—A Field Experiment in Thirty Churches. *Journal of Public Economics* 89 (11 – 12): 2301 – 2323.

第 15 章

实验室实验外部有效性的成功和承诺：
对莱维特和利斯特的评论性回复

科林·卡默勒 （Colin F. Camerer）

概　述

与社会科学和生物学相比，实验室实验在经济学中占据重要地位的时间要晚得多。这种发展的滞后性与人们对经济学实验可能性和性质的认识缓慢有关。几十年前，萨缪尔森和诺德豪斯在其畅销经济学教科书中指出：

> 搞清楚经济规律的一种可能的方式……是通过控制实验……经济学家（不幸地）……不能进行化学家或生物学家的对照实验，因为他们无法轻易控制其他重要因素。像天文学家或气象学家一样，他们通常必须满足于对数据的观察。（Samuelson and Nordhaus，1985）

当这本教材于 1985 年出版时，这段文字令数百名经济学家感到惊讶和失望，他们实际上已经完成了许多对照实验，并在主流期刊上发表了他们的实验研究成果。

实验经济学发展的滞后似乎也与心理学实验和经济学实验研究方法的持续混淆有关。心理学和经济学之间这种模糊的方法论界限可能部分地导致了目前学术界对经济学实验外部有效性的持续怀疑。例如，加里·贝克尔

（Gary Becker）在一篇非正式的杂志采访中引述说：

> 人们可以从实验中得到很好的建议，但经济理论不是关于人们在实验中如何行动的理论，而是关于他们在市场中如何行动的理论。这很不一样。它类似于询问人们为什么行动。这可能对获得建议很有用，但它不是对理论的检验。这不是关于人们如何回答问题的理论，而是关于人们在市场环境中实际选择的理论。（Clement，2002）

贝克尔说，"人们在实验中如何行动"类似于"询问人们为什么行动"。将这两种类型的数据混为一谈，对实验经济学来说是一种误解，因为我们的方法是经过特别设计，专门用于进行实验经济学研究的，这些特别设计完全不同于问卷调查或心理学实验的许多设计。实际上，实验经济学在方法论上的伟大成就之一就是创造了市场交易的实验，这些市场的设计具有一些关键特征——制度规则、禀赋和激励，这些是对经济理论中的行为进行预测所必需的前提条件（Smith，1982）。

本章讨论了对实验经济学的一些新批评：实验室中的实验结果可能无法推广到现实环境。莱维特和利斯特以一种近乎挑衅的方式表达了这种观点：

> 然而，除非我们在进行实验室实验的方式上做出相当大的改变，否则我们的模型会显示，实验室因素与许多现实环境中的相关影响因素很少能够一致。（Levitt and List，2007a）

有趣的是，在发展经济学领域，与实验经济学外部有效性争论相似的争论也持续存在。争论的焦点是随机实地实验与较大观察样本的实证研究之间的价值比较。在这场争论中，实地实验的不完善有时会表现得很刺眼。例如，在新闻采访中，安格斯·迪顿（Angus Deaton）说：

> 它们（发展中国家的实地实验）非常善于证明因果关系，但往往是在一个非常狭窄的框架内。仅仅因为某些政策能以这种局部干预的方式极其有效地起作用，这并不一定意味着它在现实中也非常有效。（Stanley，2011）

班纳吉和杜弗洛为实地实验辩护道：

> ……由于对令人兴奋的实验研究有着不完全的认识，存在着在实验工作和其他形式的研究之间建立虚假对立的倾向。（Banerjee and Duflo, 2009）

本章有三个要点。

第一，对实验室结果的外部有效性的特别关注可能源于大多数实验主义者对经济学实验固有的厌恶偏见（我称之为科学向视角）。

基于政策向视角，外部有效性是至关重要的，因为实验室实验的隐含目标是把实验结果从实验室推广到一个特定的现实环境（或以"外部有效性"为目标的想象中的环境）。而基于科学向视角，所有的实证研究都有助于证明代理人的特征、激励、规则、信息、禀赋、报酬结构等因素影响经济行为的一般化模式。这种视角假设该行为函数在实验室和实地中是平行的。在这种科学向视角中，由于目标是研究一般化的行为模式，"实验室实验能否推广到实地中"（有时称为实验的"外部有效性"）是难以验证的（因为没有单一的"外部"目标现实环境），这个问题也没有比验证"实地实验能否推广到实验室中"更有意义。

第二，即使从科学向视角来看，某些经济学实验的特征也确实使它们不太可能被推广到某些自然环境中。但是，对于某些实地实验而言，也会出现完全相同的情况，这些实地实验也不能很好地被推广到另一些现实环境中。

我们思考了实验室实验的哪些典型特征可能会威胁到外部有效性，这些共同特征是不是所有实验室实验的必要部分？除了在实验室中进行的人身伤害性研究（这是美国联邦监管下人类被试保护政策的必然结果，虽然在其他国家的政策并不完全相同），答案是"不必要"。因此，如果需要，可以放宽实验室实验外部有效性的限定性特征，以便能与特定的现实环境更加接近。我们进一步思考，实验室的典型特征是否必然会破坏所有现实环境的外部有效性，且无法补救？答案是：它们也不会。

第三，我们回顾了专门用于从实验室推广到实地的经济学实验，只有少数实验被有意设计为具有现实环境的属性，并且在实验室中以及在对应的现实环境中同时进行。利斯特（List, 2006）对体育明星卡交易商和票务市场的互惠交换进行了详细的研究。这样的外部有效性研究是非常合理的，因为这是最早精心设计的比较实验室实验和实地实验不同特征的研究，相关成果在著名的《政治经济学期刊》（*Journal of Political Economy*）上发表，并在莱维特和利斯特（Levitt and List, 2007a, 2007b, 2008）的文章中作为重要的证据。在该研究中，所有交易商在互惠方面不存在普遍的实验室实验与实地实验的差异。非本地交易商的少数样本存在差异，但在统计上是不显著的。因此，该研究的数据未显示实验室实验外部有效性很差的确定性证据。对荷兰渔民进行的另一项细致研究（Stoop et al., 2010）确实发现，相比于类似的现实环境，实验室中的被试会表现出更多的亲社会性。当实验室实验和实地研究严格相似时，这是唯一一项能够展现实验室实验缺乏外部有效性的证据。

另外，有许多实验研究找到具有相似现实行为的不同被试样本群体，在实验室中对他们的行为进行了对比，但并未试图使实验室与现场的研究设计相吻合。在这类研究中，超过 20 个研究的比较结果是类似的（尤其是社会偏好的表达方面），只有两个例子的比较结果不太类似。

请注意，本章标题中所说的外部有效性的承诺能被理解为两个不同的承诺。第一个"承诺"是每个实验室实验是否真的有望推广到特定的现实环境？答案是"不能"。典型的实验只保证提供有关从变量到行为的一般性映射的有趣数据，并对独立变量进行外生控制，而不是推广到某个特定的目标环境。第二个"承诺"是对于那些专门设计的、与并行环境特征非常相似的实验室实验，外部有效性是否有可能（通常是非常精准地）得到"承诺"？答案是"能够"。

外部有效性是基本要求吗？科学向视角

实验经济学家已经对实验数据在经济学中所起的作用有了一个合理的共识，这最大限度地减少了对外部有效性的担忧。根据这种观点，所有的实证（包括实验）研究都旨在提供有关个人特征、激励、规则和禀赋影响经济行为的一般化模式的证据。通过对独立变量的外生控制（内部有效性），实验是最有助于检验因果性的工具。这种控制的代价是在介入性方面做出必要的牺牲。这就是近乎完美的实验可复制性的代价。

这里的指导思想是弗农·史密斯（Vernon Smith, 1976, 1982）所谓的"并行主义"：假设相同的一般化规律适用于所有环境。在"并行主义"的含义中，"一般化规律"描述了实验室和现实环境共同具备的各种参数是如何影响行为的，这些参数或是可控的，或作为干扰变量是可度量的。例如，在模拟外汇交易环境的实验室环境中，"并行主义"并不要求学生被试的行为像专业外汇交易者在交易大厅的行为一样。行为可能因被试人群的不同而有所不同，或者由于实验室和交易大厅的环境产生许多差异。并行性只是假设当这些环境保持不变或差异被计量方法控制时，实验室和交易大厅的行为将是相同的。换句话说，如果对许多实验室和实地数据集进行合并，并且在诸如经济激励、经验和被试特征之类的变量之间保持足够的差异，则"实验室"这个虚拟变量本身将不会显著（假设它与忽略的变量不相关），卢贝立和利斯特（Ubaydli and List，2015）将此称为"研究中立"。在这个非常具体的计量经济学模型中，实验经济学所坚持的假设是，实验室这个变量对行为的影响是没有特殊之处的。

福尔克和赫克曼更清楚地表达了我的观点。他们写道：

现实主义的问题并不是实验室数据与实地数据的特征有所区别。真正的问题是找到现有研究中分析因果效应的最佳方法。（Falk and Heckman，2009）

他们担心：

漫不经心的读者可能错误地将关于现实主义的论点解释为对实验室实验有效性的批评，这可能会阻碍实验室实验的发展，也会阻碍经济学和其他社会科学知识的产生。（Falk and Heckman，2009）

事实上，关注外部有效性并不是实验室实验的特殊之处，莱维特和利斯特在他们的论文结尾处也提到了这一点：

有时，在实验室实验和自然环境产生的数据之间画出尖锐的分隔线是错误的。在实验方法和实证方法中，对数据估计结果的解释能否成立，以及能否将其应用到其他环境、情境或被试人群，即外部有效性是否成立，同样都是令人担忧的。（Levitt and List，2007a）

鉴于大多数实验经济学家认为现实主义或外部有效性并不是特别重要，因此从历史角度探讨这种关注来自哪里是有意义的。坎贝尔和斯坦利（Campbell and Stanley，1963）在关于实验设计的划时代著作中创造了"外部有效性"一词（Bracht and Glass，1968）。该内容最初作为教学研究手册的一章出版。斯坦利是一名教育心理学家，他对外部有效性的兴趣可能源于对教育实验的思考——例如，什么教学方法能够在高度特定的环境下产生最好的学习效果（斯坦利的观点是基于政策向视角）。在这本书中，坎贝尔和斯坦利指出：

> 虽然内部有效性是必要条件，而外部有效性的问题就像归纳推理问题一样，永远无法完全回答，但选择在这两种有效性方面都强有力的设计显然是我们的理想目标。对于教学研究来说尤其如此，在这种情况下，对已知特征的应用环境进行概括是迫切需要的。（Campbell and Stanley，1963）

因此，为了关注和判断外部有效性，需要关注"推广到已知某些特征的应用环境"的问题。但是，实验经济学并不善于解决这种问题：实验检验应能"推广"一般化行为函数的假设（按并行性）以适用于任何环境，而不是某种特定的环境。这样一来，就没有依据可以判断或怀疑实验的外部有效性。当然，如果实验的目的是为特定的外部环境提供与政策相关的答案，那么通过实验环境与外部目标环境的相似程度来判断外部有效性当然很重要。

这些问题在以下一类数据中得到了很好的解决：来自高经济激励电视博弈节目的实地数据。这些电视节目有明确的博弈规则。这些数据在许多备受瞩目的研究中被有效地利用，以了解风险选择和战略思考（Andersen et al.，2008）。但是，这些电视博弈节目是否比经典的低收益实验室实验中的经济选择更加具有"外部有效性"？不一定。正如巴兹利等指出的：

> 这些数据来源通常被视为"自然实验"。但是，在这种情况下，应谨慎解释术语"自然"。虽然电视博弈节目在独立于研究过程的意义上是"自然"的，但还有其他方面，例如决策问题的性质以及主持人和演播厅的观众，他们看起来并非具有代表性的"普通人"。因此，这些研究的外部有效性也可能受到怀疑。（Bardsley et al.，2009）

相较于实验室实验，电视博弈节目的实地数据是非常有用的，但这不是因为它们在外部有效性方面表现出色。电视博弈节目通常具有简单的选择，可以清楚地分析判断参与者是否理性，而且比实验室实验具有更高的经济激励。因此，电视博弈节目是高收益下简单决策数据的绝佳来源，但电视博弈节目的决策也具有极端的观众效应、不常见（通常不透明）的参与者选择，以及对参与者理解的不完美控制。

莱维特和利斯特讨论的外部有效性

现在让我们来看看莱维特和利斯特在三篇论文中阐述的外部有效性。他们在一篇论文的开篇说道：

> 对于实验经济学来说，最基本的问题莫过于了解实验室的结果是否以及在什么情况下能够推广到自然环境。（Levitt and List，2007a）

莱维特和利斯特认为"外部有效性问题很重要"，其引用了心理学家普鲁伊特、基梅尔（Pruitt and Kimmel，1977）和拉波波特（Rapoport，1970）的文献作为支持。请注意，所有这些文献都是关于 20 世纪 70 年代的实验心理学，而不是现代实验经济学。他们还注意到巴兹利（Bardsley，2005）的更微妙的批评。

在反对外部有效性对实验经济学的重要性时，他们还引用了实验经济学家查尔斯·普罗特（Charles Plott）、弗农·史密斯（Vernon Smith）和阿瑟·施拉姆（Arthur Schram）的观点：实验的"经典"观点之一是在进行理论检验时，"外部有效性不是一个问题"（Levitt and List，2007a）。

这种"经典"的观点有时被巴兹利等（Bardsley et al.，2009）称为"理论指责"。这个想法是这样的：因为理论并没有假设实验室中的学生会表现出与纽约证券交易所内交易者不同的行为，因此忽略这种区别的实验是对同样忽略这种区别的理论的有效检验。这句话意味着"理论"因为没有考虑学生与交易者之间的差异而被指责。我不喜欢"理论指责"这个说法，因为必须批评一个人（或机制）才能做出理论改进。对假设的批评应该放在其他具体方向上（而不是无的放矢地"指责"）。对于经济学研究者来说，应该制定一个指导方针，指出对假设的批评应该针对哪些具体方面。具体来说，如果批评者说"你的实验不是外部有效的"，那么其应该指出外部有效性预期的具体内容，如为什么应该把外部性相关的假设写入理论，理论又应该是什么样的，以及可以进行什么样的新实验来回应批评者的关注。

实证推断的比较方法

根据福尔克和赫克曼的研究，假设感兴趣的结果 Y 完全由函数 $Y = f(X_1, X_2, \cdots, X_N)$ 确定（"全因模型"，不包括纯误差）。假设在实验室或自然实验中，我们可以通过控制一个变量并保持其他变量不变或控制它们（把它们记为 X^*）来建立因果关系。该向量 X^* 包括代理人的特征、禀赋、激励、规则、环境，以及其他代理人的知识和报酬结构。在实验室实验中，向量 X^* 通常包括但不限于学生被试做出的抽象选择及所获得的适度回报，他们被仔细地指导以了解选择和收益之间的对应关系。对实验室实验结果的一个常见批评是，在实验室实验 X^* 存在的情况下，X_1 带来的因果效应与自然环境中的不同。

> 在"自然环境"中，会有另一组条件 X^{**}，包括不同制度的细节、不同的报酬和不同的参与者群体。（Falk and Heckman，2009）

福尔克和赫克曼特别指出，当 X^{**} 代表的是体育明星卡交易商的实验时，与实验室中提供更高商品质量以响应更高售价的互惠实验相比，结果存在明显差异。他们注意到：

> 如果研究者对第三种情况 X^{***} 下社会偏好的效应感兴趣，第三种情况既不是针对本科生的（实验室）研究也不是针对体育明星卡交易商的实地研究，除非使用更严格细致的计量经济模型或更明确地提出相对应的政策问题，否则就实验室实验 X^* 与实地实验 X^{**} 而言，并不能确定哪种实验能在第三种情况下提供更多的信息。（Falk and Heckman，2009）

也就是说，如果特定的目标世界是 X^{***}，那么实验室实验 X^* 和实地实验 X^{**} 哪个更像"真实世界"？这问题根本无法清楚地回答。核心问题是：如果对"外部有效性"的检验是基于对 X^{***} 的准确推断，那么实验室实验 X^* 是否一定比实地实验 X^{**} 的外部有效性更弱？这如何进行判断？

由于判断外部有效性的结果是如此不稳定，接下来让我们重点关注控制的问题。毫无疑问，实验室实验中控制的质量可能非常高，而对实地数据的典型分析通常没有办法进行直接控制。因此，计量经济学技术和检验被用于对实地数据进行因果关系推断。

使用实地数据的研究最理想的是利用自然实验，即在研究中通过自然事件将样本随机分配到各种干预情形中，或者找到类似自然随机分配的良好工具变量（Angrist and Krueger, 2001）。然而，使用最好的工具变量进行最有说服力的实证研究也并不一定具有外部有效性。相反，巧妙的工具变量往往是由突然的政策改变或历史中的偶然事件造成的。因此，这些实证研究结果能否扩展应用到其他时间和地点（外部有效性）很明显是有一定疑问的（如果对实验室实验和实地实验外部有效性的适用性持一致的怀疑态度）。但这些疑问是可接受的，因为它们是为自然实验所带来的异常优秀的外生控制性所付出的代价。

请注意，这个合乎基本逻辑的主张并不意味着要谴责那些最特别的自然实验研究的价值。相反，关键在于那些确定因果关系的"最佳"实地研究也会被怀疑难以进行推广，因为"最佳"方法（所有的实验类控制）都会被怀疑具有相同的外部有效性缺陷。[1]

哪种方法能最快速地建立关于 $Y = f(X_1, X_2, \cdots, X_N)$ 函数的相关知识？每种方法都有优势，并且具有动态的互补性。使用一种方法得到的发现通常可以通过另一种方法进一步探索。在科学向视角中，所有种类（实验室和实地）中的最佳研究都抓住了特别的诊断机会来分析 $Y = f(X_1, X_2, \cdots, X_N)$ 或比较各种理论。

在各种实验方法中，实验室实验确实有三个不同的特征：近乎完美的可复制性、对认知能力的度量和介入性。

因为实验说明、实验软件、招募信息、数据库和统计工具都易于存档和复制，所以实验室实验可以在多个时间和地点进行近乎复制的重复（可重复性的威胁甚至使得大多数实验经济学家非常小心）。在实验室中，可以相对容易地度量认知和神经行为的许多指标。而且，实验室实验是介入性的：因为在美国和许多其他国家，被试必须知情同意，他们知道自己正在参与实验。下面我们进一步讨论知情对经济行为是否有强大且稳健的影响，这与现实环境中"平行设定"的效果不同。我认为除了在几个特定的实验环境中，它几乎没有什么影响。

实地实验如何在可复制性、对认知能力的度量和介入性这些重要维度上与实验室实验相比？

实地实验在可复制性方面通常会面临比实验室实验更大的挑战，实地实验有时是不能重复的。[2]当企业、政府或非政府组织控制实地实验有关场地的访问权限时，新研究人员通常无法准确重复先前研究人员所做的事情。[3]阿尔科特和穆莱纳桑（Allcott and Mullainathan，2012）进一步认为，"合作伙伴选择"在结构上类似于被试选择，可能影响评估效果。此外，由于现实环境是自然产生的，它们总是随着时间的推移而变化（偏远村庄发展、企业破产等），这破坏了可复制性。实地实验不是人为的——因此不能一遍又一遍地重复——这一事实造成了理想可复制性的障碍。

至于在个体水平上详细地度量认知能力，实地实验的环境通常也不是很理想（尽管原则上通常是可能的）。

确实，如果被试没有知情同意的要求（如果他们的行为是公开可观察的），那么自然实地实验（List，2006）在非介入性方面可以处理得非常好。然而，许多实地实验都是与政府或非政府组织合作进行的（在发展经济学中通常如此）。在这些环境中，被试可能会感觉经济变量（例如新的补贴）发生了变化，或者他们正在参与实验；被试也可能有强烈的愿望，以取悦研究者来获得未来的实验参与机会。[4]实验的介入性可能会导致行为上特殊的变化，例如，在一个贫穷国家，被试感觉自己正在参与西方非政府组织的"实验"，与感觉自己正在参与大学教授在实验室中进行的实验两者相比，前者对行为的影响要大得多。而在更发达的国家，当被试意识到他们正在参与研究时（Milkman et al.，2012；Gelman，2010），非介入性的实地实验可能会在无意中引起他们对实验干预的关注，并对未经同意的实验参与产生强烈抗拒。

对外部有效性的潜在威胁

根据 $Y = f(X_1, X_2, \cdots, X_N)$ 的定义，第一个问题研究的是结论能否从一种研究方法和环境推广到另外一种研究方法和环境，第二个问题研究的是变量 $X_1, X_2, \cdots, X_N$ 在这两种环境中有什么样的不同，同时 $f(\cdot)$ 函数对这些差异的敏感程度如何，对这两个问题的讨论是类似的。如果两个环境的所有特征都很接近，或者 $f(\cdot)$ 对不同的变化不敏感，则研究结论是可以推广的。请注意实验室实验和实地实验的差异在这种外部有效性计算中没有特别的作用，除非 X^* 的实验研究条件和应用领域的特征有绝对的不同，如巴兹利等（Bardsley et al，2009）提到的"改变"。

确实，在过去，经济学中的许多实验室实验倾向于使用共同的设计来统一实验参数。通常，行为被介入性地观察、决策集被抽象地描述、被试来自方便获取的被试库（例如，大学生）、每小时的经济激励是适度的。我们将这种类型的实验称为"通用设计"。

值得注意的是，通用设计并非唯一的设计。所有通用设计的特征已经在实验室实验中被反复改变和反复检验。[5]如果目标是从实验室结论推广到不具有大多数相关特征的现实环境，那么值得考虑的是从通用设计推广到此类现实环境的威胁。对此，莱维特和利斯特建议如下：

> 实验室实验中的行为不仅受到货币收益计算的影响，还至少受到其他 5 个因素的影响：①对道德伦理的考量；②人的行为被社会关注的性质和程度；③实验决策的情境；④实验被试的样本自选择；⑤实验的经济激励。（Levitt and List，2007b）

请注意，将"实验室实验"一词替换为"实地实验"，上述论述同样具有说服力。因此，问题在于上述 5 个因素对实验室行为的影响与它们对现实行为的影响是否相同。接下来，我们将研究这些因素在实验室实验和实地实验中是否必然会产生不同的论点和证据，以及在特殊的实验室中行为对这些因素的改变是否敏感。

对道德伦理的考量

毫无疑问，在实验室和现实环境中，被试都有对道德伦理与自身利益之间的权衡。将结果从实验室推广到实地存在的问题在于，相对于类似的现实环境，实验室的设置是否系统地产生了道德伦理压力，而这些压力又会对结果带来什么影响。具体来说，如果实验被试知道研究者将会看到他们的捐赠金额，当他们在实验室的人为环境中捐款时，必然会产生与现实中完全不同的道德伦理压力。例如，当教区居民通过捐赠篮子捐赠时，在篮子传递的过程中前面居民的捐赠金额可以被后面的居民看到，教区居民也知道牧师会在捐赠过后把所有捐款加起来进行统计。

实际上几乎没有证据表明，当环境特征非常相似时，实验室比实地实验更具有误导性，反而有大量的证据表明在精心设计相似环境之后两者的结果非常接近。

当两个环境具有不同的特征时，实验室和现实环境中个体行为的巨大差异也是引人关注的。例如，在实验室实验的独裁者博弈分配中，当被试被问及他们将从"不劳而获"的 10 美元收入（初始禀赋）中拿出多少给陌生人时，大部分被试会选择什么都不给，有一些被试给 5 美元，有一些被试给 1～2 美元，总体给予率约为 15%（Camerer, 2003）。在现实中给予的基准是慈善捐款与收入的比例，在美国通常为 1%。很明显，在现实中人们会捐款给知名的慈善基金会，但与这种日常的慈善捐赠占工资收入的比例相比，实验室实验的被试捐赠实验收入的比例更高。但请记住，独裁者博弈最初并非旨在预测日常慈善捐赠占工资收入的比例。莱维特和达布纳引用利斯特的论述：

> 他（利斯特）写道，令人费解的是，无论是我、我的家人还是我的朋友（或他们的家人和朋友），都没有收到过装满现金的匿名信封。（Levitt and Dubner, 2009）

实验室实验中的独裁者博弈与日常慈善事业之间的差异并不令人惊讶，因为早期的独裁者博弈并不是被设计用来预测匿名捐赠的金额比例的。如果要对现实中捐赠的比例进行预测，那实验室实验中独裁者博弈的初始禀赋就应该设计为被试自己赚取的。的确，彻里等（Cherry et al., 2002）发现，当独裁者的初始禀赋是被试自己赚取的时候，捐赠金额占 10 美元初始收入的比例为 4.3%，这个数字更接近现实中的捐赠比例。[6]

确实，早期的讨论称独裁者博弈是一种衡量"利他主义"的方式，与利己提议者慷慨的最后通牒提议相比，这意味着战略性地避免被拒绝（Eckel and Grossman, 1996; Camerer, 2003）。莱维特和利斯特（Levitt and List, 2007a）重复了这一标准的观点，将独裁者博弈的"社会偏好解释"描述为"利他主义；公平偏好，如不公平厌恶"。20 世纪 90 年代中期出现了一种观点，认为独裁者施舍的结果是不纯粹的利他主义，要么是被试热情高涨，要么是被试偏好遵守共同准则下的社会形象。卡默勒和赛勒（Camerer and Thaler, 1995）很早就注意到社会形象，他们使用了"礼仪"这个词。[7]近年来积累的研究证据也与温情、社会形象动机等相吻合（看起来具有良好的"礼仪"）。[8]

对社会形象或社会规范的解释意味着，独裁者博弈中的分配金额大小应依据分配程序和分配选项对社会形象或社会规范的影响细节而确定。实际上，实验室中的严格控制使其成为研究影响分配因素的理想环境。在大多数实地实验中，都需要更加谨慎地控制权利、正当性、激励大小和介入性（被关注的程度、由谁监督）这些属性。

社会关注的性质和程度

实验室实验是"介入性"的（Webb et al.，1999）。[9] 也就是说，实验室中的被试知道他们的行为正在被记录并且将被用于科学研究。问题在于，与现实环境中的介入性相比，实验室的这种介入性是否会以不同的方式改变行为。[10]

这里的危险在于，实验室研究者对被试介入性的观察产生了实验室独有的需求效应，一旦研究目的被识别出来，就无法对需求效应进行控制，参见"改变"问题（Bardsley，2005；Bardsley et al.，2009）。

至关重要的是，要注意在实验室与现实环境不相似的情况下，介入性同样会影响现实中的行为（Alpizar et al.，2008；Bandiera et al.，2005），但这并不意味着在实验室中介入性观察带来的影响与在现实环境中有所区别，也不意味着实验室中介入性的影响一定会危及实验室实验的外部有效性。（虽然一般来说，实验室实验的介入性比现实中的介入性具有更强、更无法控制的效果。）

对于经济学家来说，需求效应是被试感知研究者更喜欢哪种假设的结果，有内在激励的被试必须按照所感知的假设来与研究者合作。这个观点认为，被试是个热切的帮助者，他试图弄清楚研究者希望他做什么，参见齐佐（Zizzo，2010）对需求效应的全面分析。

首先要注意的是，在现代实验经济学中没有发现明确的证据证明实验室实验所特有的需求效应确实存在，这只是一种怀疑。[11]

为什么经济实验中强烈而稳健的需求效应并不常见呢？如果实验要产生强烈的需求效应并且危及外部有效性，必须满足以下两个条件：（a）被试了解研究者偏好（或"要求"）的假设；（b）当被试察觉到研究假设时，其愿意牺牲金钱收益来帮助研究者证明该假设。

在涉及选择、博弈或市场的大多数经济学实验中，条件（a）不太可能成立，因为被试对研究者期待或偏好的内容没有一致看法。实验说明也经过精心编写，以避免灌输给被试任何此类期待。[12]

此外，在许多经济学实验中都有两个或更多的备择假设，研究者自己也不确定哪个假设是正确的。（这在行为经济学的实验中尤为常见，在这种实验中，理性假设经常与行为假设相对立。）在这些情况下，即使被试对研究者的研究范围有准确的判断，他们也不知道应该如何行动。福尔克和赫克曼提出以下建议：

> 在许多实验中，（介入性）都是一个小问题，特别是如果决策环境具有互动性和复杂性，例如连续讨价还价实验或市场实验。此外，被观察的决策过程不是实验室的专有特征：许多实验室外的决策也经常被观察。（Falk and Heckman，2009）

对于条件（a），实验需求效应的一些证据来自兰丁和谢弗（Lambdin and Shaffer，2009）。他们复制了三个经典实验，展示了不同类型的偏好逆转。实验设置了两个干预组，被试需要在其中一个干预组的两个选项中进行选择（一个例子是"亚洲疾病"问题，显示了收益－损失的框架效应）。每个干预组中的结果都是一样的，但描述或选择程序不同。由于选择在两种干预组中具有相同的结果，因此当被试同时看到两个干预组时，将能很容易地猜到这些假设与选择方式的关系。

研究者向被试展示全部两个干预组，并询问他们是否能够确定实验的研究假设。被试非常有信心可以猜到（在7分的范围内，平均值是3.35分，1分为"极其自信"）。80%的被试表示实验的假设"完全"或"有些"可以猜到。作者还询问了SJDM学会的成员（他们是进行相关问题研究的专业学者），大多数人（71%）认为这些假设也是透明的。

然而，被试对研究假设的猜测准确率只有7%、32%和3%（分别在三个经典实验中）。[13]因此，即使是非常简单的、最有可能产生需求效应、最有可能产生虚假实验结果的实验，也不一定能够达到需求效应起作用的条件（a）。

为了论证，假设条件（a）确实成立，并且被试准确地知道研究者期望并偏向于特定结果。需求效应起作用的下一个必要条件是条件（b），被试将牺牲金钱收益来按研究者偏好的方式行动。即使被试有满足研究者感知需求的愿望［条件（b）］，如果该愿望仅仅是被试整体偏好的一个组成部分，那么明确的经济激励也应该能够压倒任何这样的偏好。因此，可以对实验假设的需求效应是否存在进行检验，即当经济激励更高时，出现的需求效应是否会弱化。事实上，从正常水平的经济激励提升到更高水平经济激励的影响通常不大（Camerer and Hogarth，1999），这表明只要有一些显著的激励，需求效应就不会发挥太大作用。

作为逻辑和实证的一部分，经济学实验中明确的、实质性的需求效应影响很小：被试不一定能猜测出经济学研究者喜欢什么（因为研究者并不喜欢特定的结果，或者说他们对研究结果的偏好其实并不明确）；即使被试确实猜测出研究者喜欢什么，他们也可能不会牺牲很多金钱收益来帮助研究者；如果他们牺牲收益来帮助研究者，我们可以通过设定更大的激励差异来消除这些影响（并估计其弹性）。因此，原则上有办法通过实验设计检验和弱化需求效应。

那么现代经济学实验中存在强烈需求效应的信念来自哪里呢？我的直觉是，它来自经典实验心理学方法与现代实验经济学方法之间的混淆。这两种方法体系在很大程度上独立发展，并且有着根本不同。

莱维特和利斯特论文中提到的历史文献就存在这样一些混淆。他们声称：

> 数十年的心理学研究强调了实验被试完成其角色的义务、实验研究者自身的能力和实验环境的显著性都很重要。（Levitt and List，2007b）

为了说明现代实验经济学中需求效应的危害性，莱维特和利斯特引用了100 多年前皮尔斯（A. H. Pierce，1908）关于实验被试如何合作的一个含糊不清的简短反驳。皮尔斯的评论是关于精神病人是否会告诉精神科医生实情的辩论，其中一方认为病人会按医生想要听到的去陈述。莱维特和利斯特还引用了奥恩（Orne，1962）发表的一篇有 50 多年历史的经典论文。奥恩对需求效应的讨论也是由于他特别担心被催眠的患者会过度合作（即他们对催眠后的建议做出反应以"帮助"医生）。莱维特和利斯特引用的心理学和精神病学的文献对于科研史学来说很有意义，但 50 多年前和 100 多年前关于催眠和精神病的研究中可能存在的需求效应与现代经济学并没有关系。

莱维特和利斯特还写道：

> 舒尔茨（Schultz，1969）将实验室中研究者与被试的关系描述为"上下级"关系，与"父母和子女、医生和患者、训练士官和受训者的关系"相类似。（Levitt and List，2007b）

无论是被试还是研究者的角色，读者应该自己判断舒尔茨的比较是多么牵强。如果研究者能够如此强有力地引导被试的行为并选择这样做，那么发表实验经济学论文会容易得多！

为了具体说明他们的担心，莱维特和利斯特（Levitt and List，2007a）描述了（一个虚构的）被试——简，她正在参与一个旨在测试企业行为理论的抽象博弈实验。他们在这个故事中讨论了介入性、被试的幼稚和需求效应，而对于经验丰富的实验室研究者来说这个虚构的故事简直是荒谬的。在加州理工学院和许多其他拥有长期实验经济学研究项目的高校，虚构的被试简与那些研究活跃的实验室所招募的典型被试之间没有任何相似之处。

有一次，虚构的简签署了同意书：

> 同意她的决策正在被关注、记录，并随后将以科学目的被分析。简意识到她正在进入一种与她日常生活没有任何相似之处的环境之中。（Levitt and List，2007a）

对此，我不同意：简进入的环境实际上与她的日常生活环境有许多相似之处。

首先，如果简之前曾经参加过实验室实验，那么两个环境就存在相似之处，因为她拥有以前的实验经验。除非简是第一次参加实验，否则不会"没有任何相似之处"。

其次，即使她是第一次参加实验，她也许也已经在许多情境下做出过抽象选择，这些情境会给出一些简单的规则，使她的选择会被一些人或者系统记录和分析，并对她的收入产生影响。某些人或系统创造了这些选择的环境，并对她的决策行为感兴趣。例如，简做了家庭作业并参加了 SAT 考试，她的决策会被记录并随后被分析；她可能和朋友玩一种根据抽象规则定胜负的纸牌博弈或棋盘博弈；她可能参加过求职面试，包括笔试和面试，这些考试都是为招聘员工而进行的；她可能参加过一项运动，希望被选入相关团队或获得奖项，教练会考察她的表现。所有这些活动都构成了她的日常生活与实验的潜在相似之处。

实验决策的情境

心理学、行为经济学和实验经济学（在一个联系不甚紧密的联盟中工作）的一项主要成就是决策的语境和线索可以对行为产生重大影响。情境效应的证据已经存在了 40 多年，而且几乎完全来自实验室实验。这些实验中的情境是可以改变的，而所有其他的无关差异都可以控制。莱维特和利斯特进一步断言，"情境很重要且不完全受到研究者的控制"（Levitt and List，2007b）。因此，情境被列入了对实验室结果外部有效性前五大威胁的列表。

让我们仔细研究他们的论点：①莱维特和利斯特认为情境很重要，（通常）是因为实验已经最终证明了情境很重要，通过改变情境和控制其他变量可以达成实验的目标；②他们担心，由于情境"不完全受到研究者的控制"，实验室情境不能有效地对应于现实环境中的情境。

他们的悲观结论是实验室情境不能完全地推广到现实环境，但具有讽刺意味的是，前提①依赖于对情境的强实验控制，而前提②依赖于对情境的弱实验控制，两者不可能都对。如果在实验室中可以实现对环境的良好控制，那么在实验室中也可以根据需要创建类似实地的环境。此外，如果实验室实验没有完全控制情境，那么在典型的实地实验或自然产生的数据中情境因素也不再是可控的或可度量的。

无论如何，莱维特和利斯特引用了两种类型的数据，以此来支持情境不受实验室控制的重要假设。我们来讨论其中一种类型的数据，来自亨里奇（Henrich）等的跨文化人工实地实验（2005 年，我作为指导者参加了这一实验）。他们发现在类似的选择中[14]，当地的共享习俗（由人类学家非正式报告）、跨文化的合作度排名、市场整合度排名都与最后通牒博弈中提议金额的大小相关。莱维特和利斯特注意到"参与者自身的情境因素以及研究者无法控制的文化背景（如过去的个人经历、内化的社会规范）被证明在博弈结果中占有一席之地"。确实，这些文化中的共享习俗并不受研究者控制，但社会规范等变量可以作为研究中的独立变量。因此，我们可以通过度量与共享习俗相关的变量来解释不同的行为模式（Henrich et al.，2006）。正如实地实验和实证分析一样，如果不控制那些独立变量，那么在实验室实验中未能控制全部变量只是一种不致命的缺陷。

实验被试的样本自选择

在自愿参加实验之前，潜在的被试通常会被告知一些有关实验的内容。样本自选择效应可能使得招募到的实验被试与研究的真正目标人群不同，并且可能与现实环境的人群也不同（这些通常被称为"自选择效应"）。基于实验心理学中的旧概念，关于样本自选择的观点之一认为被试是"给科学研究好心帮倒忙的人"，他们"很容易与研究者合作并寻求社会认可"（Levitt and

List，2007b）。

　　"相比之下，"莱维特和利斯特写道，"市场参与者很可能是某些特定的群体，其特征使他们能够在市场中脱颖而出。"[15]他们认为，样本自选择的实验被试可能比随机样本具有更强的亲社会性，但比真正的"市场参与者"具有更弱的亲社会性。但霍夫曼和摩根（Hoffman and Morgan，2011）发现了相反的情况：与学生相比，两个互联网行业（交易行业和成人娱乐行业）的工作人员有更强的亲社会性。其他几项研究发现，如果有差别的话，学生的亲社会性显然弱于工作的成年人（Alata et al.，2009；Belot et al.，2010；Anderson et al.，2013；Falk，Meier and Zehnder，2013）。这方面的研究还可以参见弗雷谢特（Fréchette，本书第18章）关于被试库一般差异的综述。

　　事实上，有一些证据表明实验的自愿参与者与非自愿参与者在相关特征或行为方面是相似的。莱维特和利斯特（Levitt and List，2007b）报告，自愿参加利斯特（List，2006）研究的体育明星卡交易商在互惠方面与非参与者没有显著差异（以他们后来在非介入性实地实验中的表现来衡量）。埃克尔和格罗斯曼（Eckel and Grossman，2000）发现，实验参与者的亲社会性更弱。克利夫等（Cleave et al.，2012）在1173名学生中发现信任博弈和彩票选择任务中没有参与者偏差。安德森等（Anderson et al.，2013）发现在自愿参与实验的成年人和具有高参与率（91%）的成年卡车司机学员样本中，亲社会性没有差异。

　　没有系统的自选择效应的一个可能原因是被试是为了赚取报酬而参加实验，他们并不是"给科学研究好心帮倒忙的人"（如莱维特和利斯特猜想的那样）。在经常进行实验室实验的高校中，被试确实将自己视为市场参与者，他们能够在类似临时工市场的实验中参加劳动赚钱。

　　由于个体自选择进入市场是所有经济行为的一个重要特点，所以出现了一个问题，即如何才能对样本自选择问题进行最彻底的研究。具有讽刺意味的是，虽然样本自选择进入实验可能会对外部有效性造成潜在威胁，但受控的实验室实验可能为解决样本自选择问题提供了最佳方法。度量样本自选择的最佳方法是度量大量被试的个体特征，允许他们自由选择不同的实验环境，然后看哪类被试选择哪种实验环境及其实验表现（Lazear et al.，2012）。例如，假设你想检验市场参与者是否已经自愿选择了参与，并找到哪些特征使他们能够在市场中脱颖而出，一个理想的方法是度量市场参与者的特点，允许他们选择不同的市场，看看谁选择进入哪个市场以及他们是否擅长在这些市场中工作。这在实证中通常很困难，但在实验室实验中非常容易。

　　事实上，斯洛尼姆等（Slonim et al.，2013）的一项大型研究为实验的自选择特征提供了重要的新证据。他们让经济学课上的学生被试自愿回答人口统计、行为和偏好的问题。几乎每个人（97%）都愿意参加，产生了一个大样本（N = 881）。后来，这些学生可以自愿参加经济学实验。因此，斯洛尼姆等可以比较那些自愿选择进入或离开实验的人的特征。

　　自愿的实验参与者每周花钱更少、工作时间更少、拥有更高的智商（通过 CRT 度量）、具有更一致的偏好、来自经济或商业专业的比例更大、能存下更多的钱。这些都符合参与者的形象特征，他们正在寻找灵活的兼职工作，这些工作是有趣的智力工作，可能和经济学相关。莱维特和利斯特把实验被试描绘为对医学病患、军事学员和科学研究好心帮倒忙的人，上述样本特征与他们的描述相差甚远。

　　另一个较小的参与差异是亲社会性。在亲社会性的 5 项指标中，实验参与者有一项比较高：他们比非参与者更频繁地参加慈善活动（$p < 0.05$），但二者自愿服务的时间、慈善捐款频率和捐款金额没有差别。[16]

　　这些自选择偏误必须在解释实验结果时加以考虑。暗中进行实地实验的一个优势在于我们选择了被试[17]，而在典型的实验室实验中，被试选择了我们。至少有三种方法可以部分地降低自选择偏误。第一种方法是对自选择参与实验的人群估计干预效应（例如，在实验中，参与实验的女性在实验中的行为是否与男性不同？），然后根据目标人群的特定特征对研究结果进行推演，从而推测目标人群的普遍干预效应。这种假设认为自愿参与实验的女性就像其他女性一样，虽然这种假设的正确性还有待验证。第二种方法是提升参与率。根据实验被试的临时工模型，只要支付足够高的参与费用，就能将参与率提高到接近 100%。这是一种降低自选择偏误的昂贵方法。第三种方法是使用被迫参与实验的被试，如企业员工或军人，或通过调研公司"租用"代表性的随机样本进行实验研究（已充分了解其参与的意愿）。要注意，样本自选择问题在所有实验领域都会出现。它们不是实验经济学所特有的，也并非特别难以克服。举例来说，调研研究者和医学研究者已经开发出很好的方法来纠正这种偏差。所以，尽管样本自选择问题通常存在于实验室实验中，但也可能存在于实地实验中。而且，由样本自选择导致的外部有效性问题并不是无法解决的，有时甚至比较容易解决。

实验的经济激励

　　经济激励大小（"实验激励"）对行为产生的影响，在实验经济学中已经被讨论了很多次。史密斯和沃克（Smith and Walker, 1993）总结了20多项研究后得出结论：更高的经济激励能够激发被试更多的认知努力、减少反应差异、使反应更趋于理性。卡默勒和霍格斯（Camerer and Hogarth, 1999）总结了一个更大的囊括74项研究的案例库。他们的结论是，激励措施效果的最大差异，来自固定报酬（零边际经济激励）的研究和带经济激励的研究之间。最可靠的效果是响应行为的噪声方差下降。在某些情况下（例如，有标准正确答案的判断任务），更高的激励会导致更理性的选择。激励措施似乎也能减少亲社会偏好的影响。例如，在更高的激励下，研究者观察到了更少的独裁者捐赠和更高的风险厌恶程度。

　　在购买力较低的国家进行相对经济激励非常高的实验时，大多数研究发现，与在传统被试库中进行各种经济激励的博弈和市场实验相比，被试的基本行为模式是一致的。因此，经济激励大小的影响不能用来批评实验室实验的外部有效性。

　　同样令人沮丧的是，关于提高经济激励将改变行为的普遍论调，几乎从未具体分析行为将随着经济激励的变化而改变多少。诚然，有一些现实环境中的经济激励非常高，以那么高的报酬去激励实验被试是不可能的。但是，也几乎没有证据表明，激励大小的实质性差异（在实验能改变的范围内）能改变从现行常见的实验激励中得出的研究结论。[18]

进行新实验是关注实验室实验外部有效性的最佳措施

　　福尔克和赫克曼指出：

　　　　具有讽刺意味的是，大多数（关于实验室研究的）反对意见可以通过实验室实验得到很好的进一步分析，这表明更明智的策略是进行更多而不是更少的实验室实验。（Falk and Heckman, 2009）

　　为了说明福尔克和赫克曼的观点，请回顾莱维特和利斯特那些威胁实验室外部有效性的候选因素：对道德伦理的考量、社会关注的性质和程度、实验决策的情境、实验被试的样本自选择和实验的经济激励（Levitt and List, 2007b）。如果要搞清楚这些因素对行为的影响，最确凿的证据将来自实验室实验本身。实验室证据是最具决定性的，因为实地实验（和自然实验）对这些因素的控制要比实验室环境弱得多。

上面讨论了，对实验室实验的控制在研究样本自选择效应方面特别有用，尽管到目前为止还没有被全面运用。另外，我们关心被试是如何看待介入性的。衡量介入性要求研究者能够改变介入性的水平和性质，并准确记录被试是如何感知的。在自然产生的现实环境中，介入性有可能会发生变化（例如，监督员工的努力程度），但变化通常来自企业高度内生性的选择，而且往往很难衡量。实地实验有对介入性进行干预的优秀案例（Rebitzer，1988），但是在没有实验控制的典型实证数据中，对介入性的控制难以达到很高的水平。

实 例

那么验证实验室外部有效性的最佳数据和最佳研究是什么样的呢？

我主要关注两类数据。对实验室实验与实地实验的对比研究必须经过精心设计，基于特定现实环境的特征，比较同一类型的被试在现实环境和实验室中的行为。不幸的是，这样的对比研究只有 6 项。还有更多的例子是在实验室中度量某个被试库中被试的行为（如亲社会性合作行为），并认为实验结果与个人或群体层面的现实行为相关，但实际在结构上与现实行为并不完全相同。

实验室实验与实地实验的比较：相同的实验设计和被试群体

体育卡交易

利斯特（List，2006）通过体育卡经销商的交易活动，在不同年份对实验室实验和实地实验进行了对比研究。

实验环境是体育卡经销商的展销活动。经销商将他们的货物摊开在桌子上出售。买家在周围转悠，他们往往会提出一个价格，购买一个特定质量水平的商品（可以独立评级的卡）。关键问题是经销商是否提供符合购买者质量要求的商品。

为简洁起见，让我们重点关注实验室中的"实验市场"，它与三个实地实验中的经济环境最为近似。其他 5 种干预方法很有意思，但不是那么近似（List，2006）。就这篇论文的目的而言，与其说是比较两个高度近似的实验室环境和现实环境，不如说是设计了高度近似的实验室实验和实地实验进行研究。

交易很简单：买家被试被招募进来参加实验（以适当的参与费），他们的工作是与实际的体育卡经销商接触，并以 20 美元向其要求购买质量为 4 级的卡片，或以 65 美元购买质量为 5 级的卡片。请注意，在实验经济学中，这样的实验设计是不常见的，因为买家在实验中没有经济激励。

这项研究的一个关键特征是，可以对被试实际购买的卡片进行独立评级，以将"实际"评级质量与买家所要求的质量进行比较。实地实验在真正的市场中进行，并且与实验室研究的设计非常近似。目标市场有两个关键变量（鉴于价格是通过实验控制来确定的）：第一，体育卡经销商（卖方）提供什么质量的卡片？第二，提供的卡片质量是否符合交易价格？

第一个发现是，从实验室实验到实地实验卡片质量明显下降。以 20 美元和 65 美元购买的卡片的平均质量在实验室中分别为 3.1 和 4.1，而在实地实验中则分别为 2.3 和 3.1。因此，在实地实验中交易的卡片在质量上有所欠缺，大概有 1 级的质量差异。在自然环境中，所有经销商似乎都很自然地会提供较低质量的卡片（此时他们不知道卡片以后是否要进行质量评级，但他们在实验室环境中知道卡片的质量要被评级）。

第二个发现是，质量与价格的对应关系在实验室和实地具有可比性。表 15.1 展示了利斯特论文中表 4 的大多数统计结果。实验室（情境）实验的价格系数（每一单位购买价变化带来的评级变化量）为 0.05，其较大的数值可能是由于买家在该实验室环境中受到了经济激励，而在其他实验环境中没有得到经济激励。

表 15.1　质量和价格的 Tobit 回归系数和礼物交换博弈的系数估计

	实验室（情境）	实验室（市场）	实地	实地（不评级）	实地（宣布评级）	实地（评级）	实地（混合样本）
	卡片交易的语言描述	卡片交易	卡片交易	票券交易	票券交易	票券交易	票券交易
样本内设计		是	是				
价格系数	0.05	0.02	0.02	−0.001	0.02	0.02	0.02
	(4.3)	(4.4)	(6.6)	(0.01)	(2.1)	(1.1)	(2.6)
礼物交换估计 θ	\$ 0.65	\$ 0.45	\$ 0.21	\$ 0.01	\$ 0.17	\$ 0.23	\$ 0.19
	(4.7)	(2.1)	(5.0)	(0.3)	(1.1)	(1.1)	(2.3)
买家激励	有	没有	没有	没有	没有	没有	没有
N	32	60	100	60	54	36	90

注：括号中为 T 统计量。回归包括了交易商随机效应［除了实验室（情境）］。上面的列标题对应于原始文献（List, 2006）表 4 的标题。小样本干预组（每个干预组有 25～27 个样本）的原始列 Lab-R、Lab-RF、Lab-RF1 被省略了。我们鼓励读者了解利斯特（List, 2006）论文的详细内容。

在其他没有买家激励的实验中，价格系数总是 0.02，除了实地（不评级）票券交易的系数（−0.001）。这意味着额外支付 50 美元将使所提供的质量增加约一个单位。这种礼物交换效应的 T 统计量实际上在实地卡片市场上比在实验室市场中更大（部分原因在于实地的样本数量更大）。

表 15.1 显示了实验室良好的外部有效性。在没有经济激励的实验环境中，价格对质量的影响（"价格系数"）在实验室和实地中完全相同（除了不评级干预组）。

莱维特和利斯特在《科学》中写道：

> 迄今为止的一些证据表明，行为变化不如之前在实验室中观察到的那么明显（List，2006，图 1）。例如，实验室环境中的体育卡经销商受到正向互惠的强烈驱动，即交易商提供比买家所需质量更高的产品，特别是当买家愿意支付慷慨的价格时。然而，在自然的实地实验中，同样的一组体育卡经销商会表现得更加利己。当面对相同的买家报价时，他们所提供卡片的平均质量要低得多，并且在买家更慷慨地报价后，卡片质量的提高幅度也很小。（Levitt and List，2008）

这段话——特别是"卡片质量的提高幅度也很小"——并未描述表 15.1 中的全部结果。到底是怎么回事？这种误解是因为《科学》中提到的实验室环境中的体育卡经销商指的是较小的子样本（30%），仅包括非本地经销商，而不是完整样本。本地经销商通常会多次参加展销并可能经营店面业务或网站，他们的行为和非本地经销商之间存在很大差异，这些本地或非本地经销商的数据都是通过问卷调查得到的。莱维特和利斯特的结论仅涉及了非本地经销商群体的数据，而忽略了更大的本地经销商群体的数据。

图 15.1 显示了实验室实验和实地实验中非本地和本地经销商所提供卡片的平均质量。图 15.1（a）是由莱维特和利斯特（Levitt and List，2008）报告的，其中有标准误的估计值。在实地实验中，本地和非本地经销商出售的卡片质量存在显著差异，但实验室实验中没有这种差异。

本地和非本地经销商之间的比较确实很重要，因为本地经销商可能由于对声誉的关注、社会偏好而在实验中展示出互惠性。如果非本地经销商对声誉的关注较少，从他们的行为中确实可以更好地分离出纯粹的社会偏好效应。

对原始数据[19]的重新审视显示了原始论文中未报告的两个新观察结果。

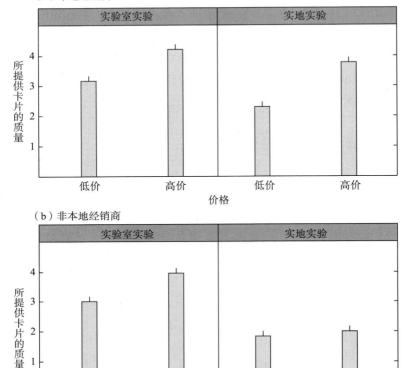

图 15. 1 低价格和高价格对应的卡片出售质量

资料来源：改编自 List（2006）。

运用样本内比较的方法，可以最好地揭示任何实验室实验和实地实验之间的礼物交换差异（除非被试的样本量太小）。事实上，有少数经销商同时参与了实验室实验和实地实验，他们的样本内比较值得特别关注，因为：①这是实验室实验和实地实验特征最近似的设计；②样本内比较能够更好地检验实验室实验与实地实验之间的差异。对实验室实验和实地实验的其他形式的比较确实显现更大的互惠性差异，但与样本内比较相比，这些比较会有更多无法控制的实验设计差异。

每个经销商的关键数据，是在实验室实验和实地实验中出售的 20 美元卡片和 65 美元卡片之间的质量差异。重要的比较在于，在实验室交易中的卡片质量差异是否大于实地交易中的卡片质量差异。

这些结果总结在表 15.2 中。对于以更高价出售的卡片，非本地经销商在实验室实验中多提供了 1.11 个质量单位，而在实地实验中仅多提供了 0.13 个质量单位，因此他们在实地实验中确实比在实验室实验中具有更少的互惠性。然而，本地经销商在实地实验比在实验室实验中更具有互惠性。这种区别是第一个新的观察结果。

表 15.2　交易商样本（实验室和实地）为高价格提供的平均卡片质量

	非本地交易商		本地交易商	
	均值（标准差）	N	均值（标准差）	N
实验室	1.11（1.17）	9	0.95（1.32）	21
实地	0.13（0.92）	15	1.40（0.81）	35
非参数检验：统计量，双边 p 值				
Mann-Whitney 检验	38.00，0.084		461.50，0.114	
Fligner-Policello 检验	2.09，0.020		1.45，0.073	
Epps-Singleton 检验	3.83，0.429		22.07，0.0002	

在利斯特（List，2006）与莱维特和利斯特（Levitt and List，2008）的研究中，对实验室实验和实地实验之间的互惠性差异没有进行统计检验。正确的检验方法是用双重差分法估计，这种方法可以比较在不同的实验室和现实环境中高价卡和低价卡的质量差异。因为卡片质量差异的分布是离散分布而不是正态分布，因此用非参数检验才是合理的。三种不同的检验给出了不同的结果（见表 15.2）。总的来说，被试在实验室实验和实地实验中表现出不同互惠性（特别是对于非本地经销商）的结论具有启发意义，但结果并不是稳健显著的。这是第二个新的观察结果。

虽然实际购买数据是我们最感兴趣的显示偏好的数据，但利斯特（List，2006）也记录了一个研究案例，其中经销商宣布他们将提供什么样的卡片质量，然后研究者比较宣布的卡片质量和实际提供的卡片质量。宣布的卡片质量高于实际提供的卡片质量被称为"虚假宣布"。实验室中只有很小部分的经销商进行了宣布（16%），所以在实验室和实地之间进行"虚假宣布"的样本内比较的统计量太小，无法从中得出结论。然而，虚假宣布在实地实验中显然更为常见。

从这个研究中得出的关于实验室实验和实地实验中卡片质量的结论与莱维特和利斯特（Levitt and List，2008）声称的并不完全一致。他们的说法在数值上是正确的：实验室中 1.11 的平均质量差异大于实地中的 0.13。但是统计检验的效力不足，而且在统计上结果并不稳健。但是，利斯特得出结论：

> 数据表明，亲社会偏好对这些特定市场没有重大影响。（List，2006）

对于本地经销商（70% 的样本）来说，这个结论是错误的，对于非本地经销商（剩余的 30%）来说，此结论在统计上也并不稳健。请记住，这项研究显然是经过精心设计的，以检验实验室实验的外部有效性不存在的可能性，但在统计学上并没有发现稳健的结果。此外，虽然经销商在实地确实普遍会提供较低的质量，但事实上为了响应价格提议，经销商能提供任何质量的卡片[20]，而不是为所有报价都提供最低质量的卡片，这也体现了某种程度的互惠性或亲社会偏好。

莱维特和利斯特的研究是一项重要的研究，人们据此得出了一些关于人性的广为传播的结论。其中一篇新闻报道（Stanley，2011）得出结论，该论文"帮助驳斥了一种流行的理论，即行为经济学家在实验室中得出的理论——人类本质上是利他的"。这篇文章还引用了利斯特的说法，"很少有人不会互相攻击，好人很少"。

顺便说一句，关于人类利他主义的这些负面结论，与生物学、人类学中人类例外主义的普遍观点大相径庭。这些领域的科学家已经积累了大量证据，表明人类对非亲属人类的亲社会性比其他所有物种更强。例如，博伊德和里彻森（Boyd and Richerson，2009）写道："人类比大多数其他哺乳动物的合作规模更大。在哺乳动物社会中，合作主要限于亲属。人类社会普遍和大量的合作现象是进化论中难以解释的一个问题。"[21]

露天跳蚤市场

利斯特（List，2009）对露天跳蚤市场进行了一系列复杂的实验，这算是之前研究（List，2006）的续篇。在这些市场中，卖家支付场地费用并租用摊位，在一天或者一个礼拜内出售标准化和非标准化商品。买家到场之后，开始查看商品和讨价还价。利斯特在现实环境中建立了制度化的实验步骤，在每个步骤进行更严格的实验控制。该项目利用匿名的"鼹鼠"线人经销商。该经销商提供内部信息、与其他经销商商讨和串谋，通过在共同的批发商成本上统一进行加价来锁定售价。

在实验室实验和框架性实地实验中，买家和经销商的价格与成本都是在经典的史密斯－普罗特（Smith-Plott）框架中设定的。这个自然实地实验假设了经销商的边际成本（来自"鼹鼠"的内部信息）并设定了买家被试的商品价格。因为"鼹鼠"使用了明显的价格串谋策略，数据分析主要集中在经销商是否偷偷违反定好的串谋价格（以及其他相关的统计量，如配置效率）来作弊。

与进行实际物品交易的自然实地实验（设定好买家价格和经销商的边际成本）相比，最接近的实验室—实地设计是框架式实验设计，无价值的道具商品被用来交易，其商品价格是研究者设定和标注好的。

研究的关键样本是 17 名既参与实验室或实地实验组，又参加了自然实地实验组的经销商。虽然实验室和现实环境中的行为并不总是完全一致的，但是利斯特（没有详细说明）认为：

> 预测他们是否会在自然实地实验中作弊的最佳方法，是测度他们在框架性实地实验和实验室实验中的作弊率。（List，2009）

交易价格与串谋价格的整体偏差在框架性实地实验的干预组中为 12.8%，在自然实地实验的干预组中为 19%，分配效率分别为 77% 和 90%。但论文报告的细节不足以判断这些差异是否显著。因此，可以得出结论，虽然行为上有很小的差异，但这个案例中没有报告关于实验室实验和实地实验有显著差异的证据。

向学生基金捐款

本兹和迈耶（Benz and Meier，2008）比较了两次现实中的捐赠和一次实验室中进行的捐赠。前两次捐赠是自然发生的对学生基金的捐赠（数据从学生会记录中收集，每次分别决定是否捐赠 7 瑞士法郎或 5 瑞士法郎），而实验室捐赠是给予 12 瑞士法郎初始禀赋后再捐赠到同样两个学生基金。

首先要注意的是，即使经过这种谨慎的控制，实验室实验和实地实验的设定也存在很大差异。实验室实验在课程结束时进行，被试在被给予 12 瑞士法郎资金后再进行捐赠，他们能以 0.5 瑞士法郎的间隔选择不同的捐赠金额。而实地捐赠是用自己的钱完成的，选择是要么捐赠要么不捐赠。

实验室实验的平均捐赠水平为 9.46 瑞士法郎，而实验室实验前后的实地捐赠额分别为 9.00 瑞士法郎和 9.50 瑞士法郎。坏消息是，实验室捐赠和实地捐赠之间的样本内相关系数并不是特别高，在 0.22 至 0.31 之间。

在任何情况下，虽然在个人层面实验室捐赠和实地捐赠的相关性不是特别强，但两种情况下的平均捐赠金额非常接近。（在 2007 年的论文中，莱维特和利斯特注意到实验室捐赠和实地捐赠的相关性较弱，但未提及两种情况下匹配后整体的捐赠水平非常接近。）实验室捐赠与实地捐赠之间的相关系数为 0.30 是低还是高？在不同环境下，类似行为特征之间的相关系数通常不会大于 0.30。我们期望的实验室实验与实地实验的一致性在人群中可能存在实际上限，同样的上限也适用于对实地实验内部样本一致性的比较。利布布兰德（Liebbrandt，2011）提供了有关这种不同环境间比较的独特证据，他在几个实验室和实地实验中收集了关于巴西渔民的亲社会性数据。他发现，实验室环境和现实环境中亲社会性值的相关性并不强（相关系数在 0.30 左右），实地实验与实地实验之间的相关性、实验室实验与实验室实验之间的相关性、实验室实验与实地实验之间的相关性都是相似的。

足　球

帕拉西奥斯 – 休尔塔和沃利吉（Palacios-Huerta and Volij，2008）设计了一个 2×2 实验室硬币匹配博弈。其设计非常类似于足球点球，其中球员面对的环境近似随机化（Palacios-Huerta，2003）。在简化的实验室博弈中，一个踢球者和一个守门员同时选择左和右。博弈的收益矩阵是根据 10 年职业比赛的实际数据估算的射门进球率设定的。

帕拉西奥斯 – 休尔塔和沃利吉发现专业足球运动员在实验室博弈中的行为接近混合策略均衡，具有一些适度的偏差和序列相关性。[22] 没有足球经验的大学生被试则严重偏离混合均衡，并且从统计上看游程太多（一种常见的行为模式）。然而，大学生被试的实验室数据没有提供任何实验室实验外部有效性的证据，因为他们没有相关的现实工作经验。有趣的是，参加过严肃的业余足球联赛的一部分大学生样本在实验室中的博弈就像专业足球运动员一样，这表明现实工作经验可以在竞争性的随机化工作中产生通用的技能（Martin et al.，2014）。在该实验中专业足球运动员的数据在实地和实验室中展示了一个高度相似的博弈策略。伍德尔斯（Wooders，2010）也进行了类似研究。学生的实验室行为和专业的足球运动员确实不同，但这种比较混淆了实验室实验、实地实验与现实工作经验之间的差别。当我们通过对专业足球运动员的实验室实验与实地实验的比较来打破这种混淆时，会产生一个合理的匹配结果。

莱维特等（Levitt et al.，2010）报告的证据表明，扑克玩家、桥牌玩家和美国联盟足球运动员不会进行混合均衡的随机化选择。但这篇论文没有来自这些被试的实地数据，因此没有否定实验室实验外部有效性的直接证据。

公共鱼塘

斯托普等（Stoop et al.，2010）对捕鱼和公共品贡献问题进行了一系列细致的实验。他们的实验环境是荷兰的池塘，那里的每个渔民都会支付一定的费用，然后在一个公共的池塘捕鱼，在公共池塘里有特定数量的鱼，这些鱼是每个人都可以捕获的。斯托普等进行了一个实地实验，其中设计了不同的经济激励方式。在他们的基线环境下，池塘里有给16个被试的38条鱼，每个渔民最多只能钓到2条鱼（在40分钟内）。在拥有自愿贡献机制（Voluntary Contribution Mechanism）的环境下，16名渔民被试被分为4人小组，在每人2条鱼配额下每少捕一条鱼，则该组就可以分享每条6欧元奖金。他们记录了捕捞量和捕捞努力程度（以每分钟的捕捞次数来衡量）。拥有自愿贡献机制的环境对实地实验中的行为没有影响。

该文的实验室实验是通过简单的经济激励（以及关于捕鱼的语言情境）创建的。渔民被试和学生被试都同时参加了实验室实验和实地实验（在不同的小组中）。他们发现实验室中的渔民实际上比学生更加亲社会化，当类似实验室结构的实验在实地进行时（在捕鱼池而不是在实验室中进行时），他们甚至比在实验室中更加亲社会化。

渔民的亲社会性在现实环境中与在实验室中相比明显存在差异。在自愿付费环境下，对降低捕捞量的激励不会改变渔民行为，而在实验室中，经济激励确实会产生更多的合作，渔民甚至比学生合作更多。虽然这是最好的证据，证明亲社会性在现实环境中比在实验室中更弱，但它不是特别有力的证据，因为实地实验和实验室实验之间存在许多差异。在实地实验中，一个实验回合为40分钟，而渔民能在5分钟内投掷3次渔网。因此，其他人很容易看到他们的伙伴是否通过减少捕捞次数进行合作，少数渔民不减少捕捞次数可能会使合作迅速消失。在实验室中，一个实验回合是固定的几分钟，且不能实时观察其他人在做什么。在实地中，减少捕鱼量能为同伴创造更多的收益，但也意味着可能在其他人捕捞时坐在旁边无所事事。结果，实地实验中存在可能的"无聊成本"，但这在实验室环境中就不会产生。

因为同一批荷兰渔民参与了这两种类型的实验，本研究应被视为单一被试库在实验室实验和实地实验中亲社会性有所不同的一个例子。但这也有可能是因为两种实验中的许多特征不可能设定得完全相同，这是实验室实验与实地实验很难进行精准比较的一个原因。

校对和评分

阿尔钦提尔和博利（Armentier and Boly，2013）做了一个非常简单的研究，研究实际的努力工作对实验室实验和实地实验的高激励和社会关注的反应。在实验中，被试需要从听写磁带中找出法语书面文件中的拼写错误。在社会关注干预组中，被试要检查 20 篇文章中的 1 篇或 5 篇，根据发现的错误和实际错误的绝对偏差值来获得报酬。如果他们错误地找出拼写错误，则会受到惩罚。在高激励干预组中，他们获得的报酬更高（但报酬不与绩效挂钩）。实验室中的被试是蒙特利尔 CIRANO 的学生。实地中的被试是在布基纳法索（主要是当地的瓦加杜古大学）招募的，并告诉他们正在参与实际考试（公务员职位考试）的拼写检查工作。请注意，瓦加杜古大学的被试并不知道他们正在参加实验，但蒙特利尔实验室的被试知道。

尽管被试背景存在很大差异，但社会关注干预组和高激励干预组的影响通常相同，甚至在小数点后两位以内都是一致的。低水平和高水平社会关注之间绝对偏差的 GLS 估计系数在实验室中分别为 -1.31 和 -1.38，在实地实验中分别为 -1.33 和 -1.49。女性在实验室（系数为 -0.71）和实地（系数为 -0.75）中能够更好地完成工作。在一项相关研究中，阿尔钦提尔和博利（Armentier and Boly，2013）通过在其中一项考试中进行贿赂来度量腐败率。他们发现学生和员工群体的腐败率（接受贿赂率和评分错误率）非常接近。

现金的可替代性和非现金补助

阿贝勒和马克莱因（Abeler and Marklein，2010）对金钱的可替代性做了平行的实地实验和实验室实验。他们比较了一家德国葡萄酒餐厅的食客对价值 8 欧元优惠券的使用情况，这些优惠券或可用于购买特定商品（如饮料），或可用于所有类型的消费。而几乎所有顾客都在饮料上花费了至少 8 欧元，因此有限制的饮料优惠券其实与没有限制的优惠券一样有价值。他们发现，被试在实地餐厅环境和具有类似背景的实验室环境中都会购买更多的目标商品。该实验没有办法比较实验室效应的大小，但明确地证明了特定优惠券效应的正负和显著性在实地和实验室中是相似的。

分钱（独裁者博弈）

斯托普（Stoop，2014）为荷兰被试提供了一个装有两张 5 欧元钞票、带已付款邮戳的信封，以及一封给蒂尔堡大学被试的致谢函。被试可以保留这些钱，或者将其邮寄给蒂尔堡大学的被试（也可以是在拿出其中一张 5 欧元钞票之后再邮寄）。该研究在 4 个干预组中仔细设计了近似的实验方案：在使用学生被试的实验室实验中，有一个是纯粹的实验室实验组，还有两个具有情境的实验室实验组，其中一个组的被试将信封带回家后再决定是否邮寄，而另一个组的被试则在实验室内决定是否邮寄。除此之外，还有一个实地实验组，被试是直接在个人邮箱里发现信函的普通人。斯托普精心控制各种设置方法之间可能存在的差异。结果显示，在实验室和实地"桥梁"两端的决策并没有差异。被试要么全部保留所有款项，要么全额邮寄 10 欧元。邮寄款项的被试在各干预组中的百分比从 45% 到 57% 不等。

小　结

上述关于体育卡交易、捐赠、捕鱼、评分和餐馆消费的研究提供了实验室和现实环境之间的比较，在实验设置、实验说明和被试上都极其接近。只有一个公共鱼塘的实验表明实验室和实地的基本行为之间存在外部有效性问题，且在统计上是显著的。因此，从数据结果来看，当实验室实验和实地研究仔细匹配了特征后，良好的外部有效性是很普遍的，但也确实发生了没有外部有效性的个案。这些研究结果得出了关于实验室外部有效性的初步结论。

　　　　声明：没有重复的证据表明，实验经济学的实验结果不能推广到实地（当实验室的特征与实地的特征被刻意地设置成非常相似时）。

这个大胆的说法是为了达到两个目的，首先，经济学界的默认假设应该是实验室的实验结果有可能推广到特征非常相似的现实环境中，直到有更多的证据去证明备择假设（同时可以分析外部有效性的影响因素）。实验室行为良好的外部有效性是学术界的默认假设，在生物学等其他领域进行的直接比较研究也能支持这种观点，这些领域的研究者通常会在实验室和野外两个环境中比较动物的行为特征。

其次，该声明用大胆的措辞来吸引质疑者的注意。该声明是一个关于数据事实的判断。读者可以自由地说他们不相信、心有疑虑，但这是一种正确或错误都有可能的声明（取决于对"被刻意地设置成非常相似"的判断）。怀疑者应该继续收集这种研究案例（非常相似的实验设计）并引起学术界关注，或者通过相似的实验设计去进行更多研究以获得更多结果。

还有一个问题是，当使用非常相似的实验设计时，是否会有任何实验室实验与实地实验之间没有外部有效性的证据？答案当然是肯定的，这要感谢斯托普等（Stoop et al.，2010）的研究。

实验室与实地之间的比较：不同的实验设计

在其他一些研究中，实验室实验的细节被特别设计为与现实环境具有高度相似性。然而，它们不如前一节的研究那样证据确凿，因为不同的被试库或实验室参与者没有进入真正的现实环境。在这些研究中，尽管实验室环境可能存在一些影响外部有效性的问题，但实验室实验与实地实验在效应大小和方向上还是具有较大的相似性。

体育用品和消费品交易

利斯特（List，2003）通过体育用品经销商度量了简单交换实验中禀赋效应的强度。数据来自参与者进行的实地实验，这些参与者被（随机）给予物品 A 或 B，并被询问是否会将其换成其他商品。经验丰富的经销商交易的频率略低于一半（45%），但缺乏经验的经销商却很少交易（10%～20%）。市场经验明显会降低禀赋效应。

然而，在现实环境中的体育卡交易中，在经销商和非经销商被试之间的第 n 价格拍卖中存在稳健的禀赋效应。经销商被试之间的交易似乎也存在禀赋效应，因为平均销售价格和购买价格分别为 8.15 美元和 6.27 美元，比率为 1.30，这与贝特曼等（Bateman et al.，1997）得出的比率类似。但非经销商被试的比率高得多，为 5.60。WTA－WTP 差异不显著（$t = 0.87$），但这样的检验并不具备找到显著的实证结果的统计效力（每组中只有 $n = 30$ 个经销商）。实际上，利斯特（List，2003）说"我不认为这里的点估计结果完全支持新古典理论"，理由是实验中禀赋的收入弹性"大得令人难以置信"。

这篇论文还简要报告了一项为期 4 周的实验，学生被试每周来一次实验室，每次都被给予两种商品中的一种，被试可以用其交换其他商品（每周不同的两种商品）。在第一周，只有 12% 的人选择将其禀赋商品交换掉，第四周有 26% 的人选择了交换。这种趋势与实地实验中更多交易经验产生的效应类似。[23]

论文中显著的实验室效应意味着论文的题目"市场经验消除了市场异常吗？"是不完整的，因为它根本没有提到实验室数据。更具信息量的标题应该是"实验室或市场经验是否能消除异常？"语言上的差异很重要，因为这篇论文通常被引用来表明：基于经验丰富的市场交易者的实地证据推翻了在简单实验室环境中已经被充分证明的结果。这种刻板印象很容易导致错误的结论，即实验室中的学生被试存在禀赋效应，但在实地有经验的交易者被试中却没有。这肯定不是完整的结论，因为交易经验在实验室和实地中都降低了禀赋效应。

标题可能很重要，因为即使读完了论文全文，人们也更容易记住论文的标题或主旨而不是论文的细节。事实上，有些引用过上述论文的论文也成了高被引论文，但论文中根本没有提到实验室学生被试的具体情况。[24]例如，黑格写道：

> 根据最近的一些研究（List，2002，2003，2004），从拥有丰富市场经验的实际经济参与者来看，无风险决策领域的市场异象会减少，目前的大量实验研究及其对 MLA（目光短浅的损失厌恶）的支持可能会被谨慎地重新看待。（Haigh，2005）

请注意，他们在论文中区分了"真正的经济参与者"和"实验研究中的被试"，因为结果在两个群体中完全不同。但利斯特（List，2003）的论文实际上显示了这两个群体的行为基本相同。

预测市场中的事件分区偏误

索恩曼等（Sonneman et al.，2011）研究了在实验室实验、实地实验和实地数据中是否表现出概率判断的偏差。偏差的定义是，当一个连续变量被分成 N 组，各组的主观概率趋向于偏离 $1/N$。如果以美国职业篮球联赛季后赛决赛结果为例，以比赛获胜场数分组，可以分为（0 - 3）、（4 - 6）、（7 +）三组。当将前两组合并后得到（0 - 6）、（7 +）两组时，前两组的主观概率

加总后大于 (0 – 6) 组的主观概率。一个常见的直觉是，如果是样本自愿进入现实市场，经济激励和经验可以减少或消除这些类型的心理偏误。

为了验证这一假设，索恩曼等 (Sonneman et al., 2011) 比较了不同类型数据之间关于概率的分区偏误现象：基于自然事件的两小时实验室实验的数据、利用美国职业篮球联赛和足球世界杯结果开展的为期 7 周的实地竞猜实验的数据、150 个用于预测市场的实地经济统计数据、100 万场关于赛马的下注赔率数据 (Snowberg and Wolfers，2010)。

在所有 4 个市场中都存在一些明显的分区偏误。分析表明，经济统计预测市场上隐含的概率混合了 $1/N$ 先验信念与主观可能性，就像实验室实验一样。交易者自愿进入这些市场，而且还结合了特殊的专业背景和特殊的经济激励，但并不会破坏实验室结果的外部有效性。

与慈善机构分享

在中国反贫困慈善机构的独裁者博弈分享实验中，研究者将超市外的普通顾客 (当然顾客的禀赋是他们实际挣得的收入) 与实验室实验中的学生相比，捐赠金额有一个类似的减少 (Carlsson et al, 2013)。总体上，学生提供的慈善捐赠更多，但这种效应与实验室 – 实地差异、人口统计学差异和程序差异相混淆。这说明了凯斯勒和维斯特兰德的重要观点，即实验室实验中的行为和现实环境中的行为之间有可能存在差异，但这些比较静态上的差异也可能是由于实验设计造成的。

瑞典彩票

奥斯特林等 (Östling et al.，2011) 从瑞典的一种日常彩票中收集数据，其中玩家从 1 到 99999 中选择整数，最低的唯一整数将赢得大奖。这个最低的唯一正整数博弈提供了对实验混合策略均衡罕见的严格检验。泊松 – 纳什均衡预测了数字 1 ~ 5000 中会有相似数量的选择，并且在该区域以上的数字中选择量就会急剧下降。与均衡相比，在实验中，小数字会被频繁地选择，而在 3000 ~ 5000 范围内的数字却很少被选择，再往上的数字又会被频繁选择。QR 认知层次模型能够很好地拟合数据，平均认知层次参数 $\tau = 1.8$，这个参数与许多实验室实验的估计结果类似 (Camerer et al.，2004)。

然后，奥斯特林等 (Östling et al.，2011) 设计了一个实验室实验，尽可能地复制关键的理论特征，同时缩小参与者的数量和整数范围。实地实验的主要结果是大数字和小数字会被频繁选择，这也出现在实验室实验中。这是定性结果非常近似但定量结果没有可比性的一个例子。

无声拍卖

伊萨克和舒尼尔（Isaac and Schnier，2006）比较了来自三个无声拍卖的实地实验和具有相似设计的实验室实验。他们专注于"跳投"的频率，所谓跳投，是指以较大的加价幅度超越之前的最高出价。在现实环境，跳投的频率为 9% ~ 39%，在实验室中则为 40% ~ 61%。在自己最高出价的基础上"跳投"的情况在实地（0）和实验室（0.09% ~ 0.16%）中都很少见。这两组简单的统计数据显示了一定的相似性。他们还对影响跳投的变量进行了Probit 回归，并发现符号和显著性上的一致性（该论文中的表 9）。只有在一种情况下实地实验与实验室实验的显著性不同且符号相反，即实地拍卖的过程初期跳投现象更少。

一掷千金

波斯特等（Post et al.，2008）从三个国家（美国、德国、荷兰）的电视节目"一掷千金"的实地数据开始研究。在做了许多假设简化之后，他们可以从参赛者的决定中推断出风险选择偏好的参数。他们分析得出的有趣结果主要是，决策与风险偏好一致，而风险偏好取决于先前一系列收益选择的结果。具体而言，参赛者表现出"收支平衡效应"（采取风险决策以达到先前的参考点）和"大额赌资效应"（可能的获胜金额大幅增加时会做出更高风险的选择）。他们还进行了并行的实验室实验，设置了电视博弈节目的许多特点，包括一个笑嘻嘻的节目主持人（伊拉斯姆斯大学一位受欢迎的教师）、每次一个现场参与者、摄像机、计算机显示的未开封的题目信封、剩余奖励和已得奖励。他们报告说："在实验期间，参与者非常兴奋、热情鼓掌和大喊大叫，大多数参赛者在失误时还表现出明显的痛苦表情。"

波斯特等得出结论：

> 尽管实验的经济激励只是原始节目经济激励的一小部分，但实验中的选择与原始电视节目中的选择非常相似。与电视节目的结果一致，实验中也出现了"收支平衡效应"和"大额赌资效应"。（Post et al.，2008）

智者为王

在电视博弈节目"智者为王"中，人们轮流回答难题，参与者可以根据之前的对手表现排除错误答案。安东诺维奇等（Antonovics et al., 2009）将电视节目的实地数据与类似的实验室实验的数据进行了对比，以了解对手的性别是否会产生影响。他们发现，在这个电视节目中，男性对手比女性对手的表现要好一些。但是这种效应在年轻的大学生选手中并没有出现。在具有较高经济激励的实验室环境中，年轻大学生中也没有这种男女差别。因此，只要控制年龄变量和经济激励变量，从特定的现实环境到相近的实验室环境就会产生相同的结果。

独裁者博弈中的分享

弗兰岑和博特纳（Franzen and Pointner, 2012）对比了学生在独裁者博弈中的分享反应，这些学生会收到一封被错误投递的信件，信封里装有 10 欧元，他们可以保留信件或转发给预定的收信者。实验室实验与实地实验之间的区别在于收到错误信件的时间间隔：前者是 4~5 周，后者是 2 年。他们发现实验室实验和实地实验之间的亲社会性存在一定的相关性，ϕ 大约为 0.20。

实验室与实地之间的比较：不同的被试群体

更常见的实验室外部有效性将实验室度量出的个人行为或偏好与来自相同或不同个体的现实经济活动进行关联（有时在专业、社区、企业或国家层面进行汇总）。在其他条件不变的情况下，即使实验室实验与实地实验的结果没有差异，也不能保证两个环境中的行为有相关性，因为实验室环境和现实环境存在无法控制的差异。但是，如果两个环境中的行为存在某种相关性，即使实验室和现实环境存在不受控制的差异，这也是令人鼓舞的证据，证明实验室方法与现实行为相关。

例如，巴尔和西尔尼尔斯（Barr and Serneels, 2009）在加纳的制造业员工中进行了信任实验，他们通过一项典型调查来衡量个人特征、产出和收益。在实验中，通常员工的回馈是提议者投资的 1 倍、1.5 倍或 2 倍。将回馈超过 1.5 倍的员工定义为"高回馈员工"。他们发现，在各企业之间，高回馈员工的比例与每个员工的产出密切相关（$r = 0.55$，$p < 0.01$），高回馈员工的收

入比其他员工高 40% （ $t = 2.7$ ）。然而，如果使用工具变量控制从收益到互惠的反向因果关系，则高回馈员工的收入比其他员工仅高 17% 且不显著（ $t = 0.28$ ）。

这类研究发现实验室结果和现实情况之间存在正相关关系。我简要地总结了分领域的一些研究成果。许多研究结果具有显著的统计学意义，但效应值较小。因此，应该进行更为正式的分析。

定　价

送货上门的草莓和实验室销售的草莓具有相似的价格弹性，分别为 -0.69 和 -0.79 （Brookshire et al. , 1987）。

无抗生素猪肉的实际市场份额与根据选择实验（在俄克拉荷马州一家商店进行）得出的预测值没有显著差异 （Lusk et al. , 2006）。

风险偏好和时间偏好

不耐心和风险承受能力与智利个体经营者对养老金的贡献情况相关 （Barr and Packard, 2000）。

电视博弈节目中涉及一次或两次轮盘旋转的简单博弈。研究者在电视节目与实验室实验的比较中发现，被试在电视节目和实验室中通常都不会进行第二次轮盘旋转 （Tenorio and Cason, 2002）。

在对电视节目"购物街"进行复制研究的实验室实验中，研究者观察到竞标者的两种异常行为，这些情况也出现在电视博弈节目中 （Healy and Noussair, 2003）：最后一个竞标者在实验室中有 36% 的次数没有最优化自己的出价，而在现实的电视节目中有 43% 的次数没有这样做；出价过低 （如理论预测的那样） 的次数在实验室中仅为总出价次数的 7.7%，而在现实的电视节目中为 12.1%。

在实验中存在时间贴现偏误的借款人有更大的信用卡借款余额 （Meier and Sprenger, 2008）。

在个体层面，来自延迟现金收益的时间贴现实验数据与其自我控制的各种现实行为数据 （饮食、运动、储蓄、赌博等数据） 存在一定程度的、稳健的相关性 （Chabris, 2008）。相关性随着数据的加总而增强。

观察康涅狄格州万圣节活动中女性对服装的选择数据发现，如果她们做出规避模糊性的选择，则更有可能选择穿着"风险较小"（更为流行）的万圣节服装（Anagol et al.，2010）。

在风险厌恶和时间贴现的实验室实验中，同时使用学生被试和丹麦代表性居民被试，安德森等（Anderse et al.，2010）发现"普通居民被试和实验室被试之间的平均风险厌恶程度和贴现率没有显著差异"。他们还指出，两个样本中的贴现率存在共同的研究者效应，并且可能是一种"启动"效应，即其中较慢的被试会更耐心地做出选择。

中国农民是否改种新型棉花与其风险厌恶和损失厌恶程度相关，并与其对低概率事件的低主观权重相关（Liu，2013）。

同伴效应

在实验室的信封填写实验中，同伴效应对结果的影响数值"非常接近伊奇诺和马格吉（Ichino and Maggi，2000）用实证数据得出的数值"（Falk and Ichino，2006）。

锦标赛

研究者基于实验室被试在竞赛中的结果，以及现实中渔民在捕鱼竞赛中的结果发现，当有更多的竞争者时（如理论一般预测的那样），他们会降低努力程度（List et al.，2010）。

亲社会性

在信任实验中不值得信赖（可信度低）的秘鲁村民，违反小额信贷贷款要求的比例更高（Karlan，2005）。然而，信任和贷款偿还之间的关联却不太明确，因为信任度既可以反映利他性的给予意愿，也可以反映出对贷款偿还的期望。卡尔兰（Karlan，2005）总结道："这支持实验经济学可以被作为度量现实中行为的有效工具，而信任博弈可以被作为度量可信度的有效方法，但不是度量信任的有效方法。"

在日本，能够通过公共品博弈中条件合作和口头抗议的结果预计群体的捕鱼生产力（Carpenter and Seki，2005）。

通过在慈善活动中进行的独裁者博弈实验的结果，能够预测佛蒙特的居民是否自愿参与消防工作（Carpenter and Myers，2007）。

通过公共品实验中贡献的大小以及耐心程度，能够预测巴西捕鱼者在公共渔业资源有限情况下的捕捞情况（Fehr and Leibbrandt，2008）。

以世界各地的牛津大学学生（原始样本和重复样本）为被试进行的实验室贿赂博弈发现，本科生在实验中的贿赂水平与其祖国的腐败指数（来自透明国际）相关（Barr and Serra，2010），但该结论在研究生中不成立。

芝加哥大学 MBA 学员在实验室中的可信度与他们对班级礼物的个人捐赠金额相关（Baran et al.，2010）。

乌干达教师对父母的独裁者博弈分配与其扣除缺勤时间以后的实际教学时间相关（Barr and Zeitlin，2010）。

在法国里昂进行的关于礼物交换的实验室实验中，关于学生被试努力程度的结果，与另外一组员工被试的结果类似，即努力程度与收入的相对排名正相关（Clark et al，2010）。国际社会调查项目（ISSP）在针对 17 个 OECD 国家的调查问卷中也观察到这种相关性（相同的符号和显著性）。

越南人和中国人在分享和合作决策中对弱势少数民族高棉族的更多给予，与政府有利于高棉族的政策（例如，教育和税收补贴政策）相一致（Tanaka and Camerer，2010）。然而，在个人层面尚没有收集到关于实验室被试政策偏好的数据。

在实验室独裁者博弈中，女性左撇子的利他偏好与其在问卷调查中的真正慈善捐赠行为相关（Buser，2010）。同样，男性左撇子在实验室信任博弈中更容易产生信任和做出互惠行为，并且在调查中也显现出了相同的行为特征。但是，在实验室中其他的行为特征与现实中的行为特征并没有显示出类似的关联。

在埃塞俄比亚，实验中小组层面的条件合作与对森林公地的有效管理相关（Rustagi et al.，2010）。

在 16 个印度村庄的公共品实验中发现的贡献与村民在实验开展当天从公共池中取出的总盐量相关（Lamba and Mace，2011）。个体水平的公共品贡献与取盐量之间的相关性较弱（$r = 0.057$），但在村庄层面相关性极强（$r = 0.871$）。[25] 这项研究给我们一个重要的警示，实验室外部有效性的最优层面不一定是个人层面，而有可能是集体层面。

在实验室中，卡车司机之间的亲社会行为与类似条件下现实中的亲社会行为相关（匿名的非重复互动）（Anderson et al.，2011）。

埃塞俄比亚的护士和医生为非政府组织工作时的选择，与他们在一种信任博弈实验中的亲社会性相关。即使是在控制了问卷调查所显示的帮助穷人的愿望之后，这种相关性仍然存在（Serra et al.，2011）。

在低收入的达拉斯居民中，在公共品实验中贡献更多的人在其他实验中更具有亲社会性。在实验室外，这些人也自我报告了更多的捐赠和志愿服务（de Oliveira et al.，2011）。

学生们在网上买彩票，将奖金用于向肯尼亚的孕妇捐赠蚊帐，以及捐赠给另一位匿名学生，这两种类型捐赠的结果是相关的（Coffman，2011）。

有研究显示实验室和现实行为的方向相反。

在理论上和实验室实验中，全付拍卖机制会比公共或匿名的自愿贡献机制产生更多收入（Schram and Onderstal，2009）。然而，奥德斯坦等（Onderstal et al.，2014）在4500个家庭的上门筹款实验中发现了相反的现象（全付拍卖机制产生的收入最少）。需要进一步注意的是，奥德斯坦等（Onderstal et al.，2014）在他们的实地实验中发现自愿贡献机制比彩票机制筹集的收入更多，但这与兰德里等（Landry et al.，2006）进行的实地实验的结果相反。这一观察结果简单地提醒人们，从某项实地实验到其他实地实验的外部有效性并不总是存在的：奥德斯坦等的实验室实验结果与实地实验结果不一致，两个不同的实地实验的结果也不一致。[26]

在澳大利亚、印度、印度尼西亚和新加坡进行的腐败实验显示，实验结果与国家腐败指数没有密切关联（Cameron et al.，2009）。实验室实验和现实中的腐败情况在印度和澳大利亚都很常见，而在印度尼西亚和新加坡则没有统一结果。作者认为，近期公众对腐败的态度变化可以解释这两个国家的不一致。

一些论文将通过现实数据得出的普遍规律与高度控制下的实验室实验得出的结果进行比较。在这些情况下，人们显然希望实验室实验具有良好的外部有效性，但实验室实验与实地实验中的被试任务和被试身份并不相似。然而，普遍的发现是，比较静态结果对制度变化的反应与通过实地数据得出的普遍规律在符号和显著性上往往很相似。

凯格尔和莱文（Kagel and Levin，1986）展示了许多与实验室共同价值拍卖结果一致的实际拍卖证据，如拍卖中的过度报价和"赢者诅咒"，他们还报告了墨西哥湾石油地块拍卖的模式。凯格尔和罗思（Kagel and Roth，2000）设计了具有不同特征的实验匹配市场，这些特征是由自然发生的在市场中观察到的行为差异驱动的，并且他们在实验室和现实中发现了同样的行为。布莱切曼和卡默勒（Blecherman and Camerer，1996）研究了在联赛中棒球自由球员报价过高（使用正式联赛的数据）与在严格控制下的实验室实验（采用类似的抽象报价机制）中出价过高之间的相似性。博尔顿等（Bolton et al., 2013）研究了简化实验室环境中在线拍卖信誉系统的变化，并展示了它们与现实中在线拍卖的结论类似。

结论：我们将向何处去？

本章讨论了是否能够将实验室实验推广到特定的现实环境的问题。我认为，非实验研究者对实验室结果的外部有效性会表现得过于担忧，原因有三。

第一，实验经济学的主流科学观点（Smith，1976，1982）就是所有实证方法都试图研究的问题：行为通常如何受个人特征、激励、禀赋、博弈规则、社会规范等因素的影响。因此，典型的实验并没有针对外部有效性的具体目标，实验研究的目标是把经济因素与行为联系起来研究的一般理论（这也是典型的实地研究的目标）。当实验的唯一目标是在特定的外部环境中指导行为时，对外部有效性的关注当然是恰当的，但这种有针对性的行为指导通常不是经济学实验的目标。

第二，当实验因有限的外部有效性受到批评时，这种批评依赖于一种刻板印象：实验室中的典型参与者是低经济激励的大学生，而现实环境中的典型参与者是具有高经济激励的市场选择的专业人士。依赖这些互相矛盾的刻板印象的批评忽视了一些关键事实，即实验有各种不同的类型，而且总可以进行更多的实验。莱维特和利斯特注意到，由于可以进行许多不同类型的实验，所以通常可以在实验中改变和控制这些会对外部有效性产生威胁的因素，如对道德伦理的考量、社会关注的性质和程度、实验决策的情境、样本自选择和经济激励，从而确定他们是否真的重要（Falk and Heckman，2009）。

第三，经济学中的非实验研究者往往没有意识到，20 世纪 70 年代发展起来的现代经济学实验方法与旧的经典心理学实验方法有很大的不同。开创性的实验经济学家开发了自己的实验程序和实验技术，以一种基本不同于实验心理学的方式实现了对偏好和被试动机的谨慎控制。然而，莱维特和利斯特引用了 20 世纪 60 年代的资料，声称研究者与被试的关系与训练士官和受训者的关系类似，认为被试是"给科学研究好心帮倒忙的人"。在经典心理学实验中，往往没有明确的绩效指标和激励报酬（学生往往必须得到课程学分，也许其是不情愿的），且有时会有欺骗行为。对需求效应的担忧是合理的，因为经典心理学实验的研究者往往希望实验能够产生"贡献"，即给出一个特定的结果。但这些心理学实验的特征并不是经济学实验的典型特征。我们将被试视为寻找灵活兼职工作的学生，参与实验可能比那些真正的兼职工作更有趣（Slonim et al.，2013；Abeler and Nosenzo，即将发表）。

最后，让我们回顾一下莱维特和利斯特关于实验室外部有效性的一个警告：

> 然而，除非我们对实验室实验的方式做出相当大的改变，否则我们的模型强调，实验室中发现的影响因素与现实环境中的影响因素很少能够趋于一致。（Levitt and List，2007a）

幸运的是，对于最直接的实验室实验与实地实验的比较研究来说，他们的警告似乎是错误的。对于大多数间接实验室实验与实地实验的比较研究来说，这种说法也是错误的，包括从实验室推广到现实中的亲社会性问题研究。

注释

本章是为纽约大学方法论会议和编辑本书而准备的。许多 ESA 成员的引文非常有帮助。感谢 HFSP 以及戈登和贝蒂·摩尔基金会的支持。感谢丹·科内普夫、史蒂芬妮、亚历克·史密斯，特别是拉胡尔·布惠的研究援助，感谢耐心的听众蒂姆·萨尔蒙和阿比盖尔·巴尔的坦率反馈，感谢约翰·利斯特的数据。

1. 学界对工具变量与其他实证技术的价值也存在激烈的争论（Heckman and Urzua，2010；Imbens，2009；Deaton，2009）。
2. 尤里·格尼茨在 2011 年 12 月 2 日的伯克利 SEED - EC 大会的小组讨论中提到了这一点。
3. 参见班纳吉和杜弗洛（Banerjee and Duflo，2009）。
4. 克里斯·尤迪在 2011 年 12 月 2 日的伯克利 SEED - EC 大会的小组讨论中提到了这一点。
5. 关于被试库效应，参见鲍尔和切赫（Ball and Cech，1996）、弗雷谢特（Fréchette，2015）和亨里奇等（Henrich et al.，2010）。
6. 这个数字来自彻里等（Cherry et al.，2002）$ 10 的初始禀赋组（EL 干预组），这个条件下的经济激励与其他许多博弈相当，但自赚收入组（E 干预组）中被试的捐赠率更低或更高，这与经济激励和实验研究者的关注度有关。
7. 卡默勒和赛勒（Camerer and Thaler，1995）预测了彻里等（Cherry et al.，2002）在独裁者捐赠中初始禀赋组和自赚收入组的差异，他们写道："礼仪可能要求你与朋友分享意外收获，但它肯定不会要求你把一些辛苦赚来的年终奖金给陌生人。"
8. 另见安德罗尼和伯伦汉（Andreoni and Bernheim，2009）、克鲁普卡和韦伯（Krupka and Weber，2008）、巴兹利（Bardsley，2005）和利斯特（List，2007）。

9. 其他人（例如 Levitt and List，2008）使用术语"关注"，这将被视为本章中更为成熟的术语"介入性"的同义词。

10. 例如，在研究过程中，许多实地实验显然与大学实验室实验一样具有介入性，对于低学历农村村民被试来说，如果他们不像大学学生被试那样熟悉和接受实验，那么可能会产生更强的实验需求效应。塞莱斯、杜布和西迪基（Cilliers, Dube and Siddiqi，2013）报告了在塞拉利昂进行的独裁者博弈实地实验，实验显示外国白人的存在增加了实验中的分配额。

11. 一个重要的例子是双盲独裁者实验（Hoffman et al.，1998）。对这些结果，一种可能的解释是，标准博弈实验中的被试捐赠是因为他们相信研究者想要他们捐赠。（请注意，即使是在这种设计中，利己行为也发生在选择集的边界上，因此任何随机偏差看起来都像亲社会性给予，也像是满足感知要求的表达。）双盲例子中赠的减少可能是由于这种感知实验需求的消失。但也可能是由于被试的信念改变了，即他们认为经典实验中的独裁者分配将会被其他人所知道，而不仅仅是实验研究者。

12. 实验经济学家在努力消除需求效应。奥恩（Orne，1962）主张尝试各种方式来衡量需求效应。例如，向被试提供实验材料并询问他们认为可能发生的事情或实验研究者期望的事情。运用创新的方法进行更多研究将是有意义的。例如，比肖夫和弗兰克（Bischoff and Frank，2011）尝试通过聘请演员宣读实验说明来制造"指导者需求效应"（Zizzo，2010）。

13. 他们还进行了一个真正对被试透明的新实验：如果一个人得到一瓶免费的汽水，他是否更有可能购买 10 美元的学校抽奖券。88%的被试确实能正确地猜到研究者的假设。

14. 在弄清楚公共品博弈如何运作之后，一个肯尼亚的奥玛参与者惊呼"Harrambee（齐心协力）!"因为这场实验让她想起了当地为公共品筹集资金的做法，比如，为了建立一所学校，村里的一位官员在高谈阔论地进行宣传后，一个接一个地让村民捐献（Ensminger，2004）。

15. 对市场的进入选择是很复杂的。一种观点认为人们纯粹是自己选择进入最适合自己的市场，但过度自信、歧视和社会网络效应都会降低做出最优选择的可能性。

16. 注意：对所有结果的描述都来自原文的表 4.7，表 4.7 反映了所有个体被试的参与情况。在该估计中，在特定的实验中进行慈善捐赠决策时，亲社会性行为与真正慈善活动的参与度相关（$p < 0.10$）。但考虑到样本容量很大，这个结果在统计学上的显著性很弱。在仅包含 5 个志愿自变量的参与度估计中，伪 R^2 是 0.054。

17. 奥拜德利和利斯特（Al-Ubaydli and List，2015）指出："NFE 的隐蔽性，我们认为是可取的，但 NFE 有时是不可能实验的……"

18. 安德森等（Andersen et al.，2011）对印度卡西族人高经济激励最后通牒博弈的研究表明，随着经济激励的增加，拒绝提议的比例明显减少，尽管典型的拒绝提议金额也因高经济激励而增加。他们的结果实际上支持了大多数合理经济激励下最后通牒实验的结论，即拒绝表达了某种社会偏好。因为在博尔顿和奥肯费尔斯（Bolton and Ocken-fels，2000）的例子中，通过权衡收入分配方式和收入大小的实验设计很容易解释所观察到的经济激励效应。

19. 数据由约翰·利斯特慷慨提供。奥拜德利和利斯特（Al-Ubaydli and List，2015）指出：
    "卡默勒是许多要求获得利斯特（List，2006）数据的学者之一。"他们每一个学者都在上面定义的第一种意义上实现了结果复制（根据原始数据再现统计结果）。这些数据显示了利斯特（List，2006）所报告的内容。除了卡默勒之外，所有人都对得出的结论感到满意（至少我们没有听说过任何不满）。首先，了解这些学者的广泛性和有关结论的更多细节是有用的。其次，更重要的是，这里的"结果复制"还应该包括对被试行为模式的新分析，这在利斯特（List，2006）中没有提及。

20. 感谢约翰·凯格尔（John Kagel）指出这一点。

21. 博伊德和里彻森对人类特有的利他主义的解释是，基因和文化共同作用于人类，创造了对亲社会行为和维持这种行为（如惩罚）的偏好。

22. 关于混合均衡是否能在各种不同环境下描述行为一直存在争论。宾默尔等（Binmore et al.，2001）报告了混合均衡良好的准确性。卡默勒（Camerer，2003）报告了各种博弈中预测的均衡频率与实际频率之间的高度相关性（相关系数为0.84）。马丁等（Martin et al.，2014）报告了黑猩猩被试的高度准确性。

23. 恩格尔曼和奥拉尔（Engelmann and Hollard，2010）基本上复制了这种效应，研究表明强迫交易会减少禀赋效应。交易频率的提高增加了对未来交易的预期，降低了交易中的损失厌恶效应（Della Vigna，2009）。冯和西肖尔斯（Feng and Seasholes，2005）以及达尔和朱（Dhar and Zhu，2006）报告了投资者成熟度的提升和经验的增加会降低金融禀赋效应。

24. 截至2011年4月24日，高被引论文被定义为那些在谷歌学术搜索上被引用超过100次的论文。

25. 他们的论文在个人特征方面也有优秀的数据，这对得出不同民族和不同村庄之间的结论非常重要。另见亨里奇等（Henrich et al.，2012）对兰巴（Lamba）和梅斯（Mace）的一些结论所提出的异议。

26. 感谢阿瑟·施拉姆（Arthur Schram）指出这一点。

参考文献

Abeler, J. and F. Marklein. 2010. Fungibility, Labels and Consumption. IZA Discussion Paper No. 3500.

Abeler, J. and D. Nosenzo. In Press. Self-selection into Laboratory Experiments: Pro-social Motives vs. Monetary Incentives. *Experimental Economics*.

Alatas, V., L. Cameron, A. Chaudhuri, N. Erkal, and L. Gangadharan. 2009. Subject Pool Effects in a Corruption Experiment: A Comparison of Indonesian Public Servants and Indonesian Students. *Experimental Economics* 12 (1): 113 – 132.

Allcott, H. and S. Mullainathan. 2012. External Validity and Partner Selection Bias. NBER Working Paper No. 18373.

Alpizar, F., F. Carlsson, and O. Johansson-Stenman 2008. Does Context Matter More for Hypothetical than for Actual Contributions? Evidence froma Natural Field Experiment. *Experimental Economics* 11 (3): 299 – 314.

Al-Ubaydli, O. and J. List. 2015. On the Generalizability of Experimental Results in Economics. In *Handbook of Experimental Economic Methodology*, eds. G. R. Fréchette and A. Schotter. Oxford University Press.

Anagol, S., S. Bennett, G. Bryan, T. Davenport, N. Hite, D. Karlan, P. Lagunes, and M. McConnell. 2010. There's Something About Ambiguity. Working Paper.

Andersen, S., S. Ertac, U. Gneezy, M. Hoffman, and J. A. List. 2011. Stakes Matter in Ultimatum Games. *American Economic Review* 101: 3427 – 3439.

Andersen, S., G. W. Harrison, M. I. Lau, and E. E. Rutström. 2008. Risk Aversion in Game Shows. In *Risk Aversion in Experiments: Research in Experimental Economics*, Vol. 12, eds. G. W. Harrison and J. Cox. Emerald Group Publishing/ JAI Press, pp. 359 – 404.

Andersen, S., G. W. Harrison, M. I. Lau, and E. E. Rutström. 2010. Preference Heterogeneity in Experiments: Comparing the Field and Laboratory. *Journal of Economic Behavior and Organization* 73 (2): 209 – 224.

Anderson, J., M. Bombyk, S. Burks, J. Carpenter, D. Ganzhorn, L. Goette, D. Nosenzo, and A. Rustichini. 2011. Lab Measures of Other-Regarding Behavior Predict Some Choices in a Natural On-the-Job Social Dilemma: Evidence from Truckers. Working Paper.

Anderson, J., S. Burks, J. Carpenter, L. Goette, K. Maurer, D. Nosenzo, R. Potter, K. Rocha, and A. Rustichini. 2013. Self-selection and Variations in the Laboratory Measurement of Other-regarding Preferences across Subject Pools: Evidence from One College Student and Two Adult Samples. *Experimental Economics* 16: 170 – 189.

Andreoni, J. and B. Bernheim. 2009. Social Image and the 50 – 50 Norm: A Theoretical and Experimental Analysis of Audience Effects. *Econometrica* 77 (5): 1607 – 1636.

Angrist, J. and A. Krueger. 2001. Instrumental Variables and the Search for Identification: From Supply and Demand to Natural Experiments. *Journal of Economic Perspectives* 15 (4): 69 – 85.

Antonovics, K., P. Arcidiacono, and R. Walsh. 2009. The Effects of Gender Interactions in the Lab and in the Field. *Review of Economics and Statistics* 91 (1): 152 – 162.

Armentier, O. and A. Boly. 2013. Corruption in the Lab and in the Field in Burkina Faso and in Canada. *Economic Journal* 123 (573): 1168 – 1187.

Ball, S. B. and P. -A. Cech. 1996. Subject Pool Choice and Treatment Effects in Economic Laboratory Research. In *Research in Experimental Economics*, Vol. 6, ed. R. Mark Isaac. Amsterdam: Elsevier Science and Technology Books, pp. 239 – 292.

Bandiera, O., I. Barankay, and I. Rasul. 2005. Social Preferences and the Response to Incentives: Evidence from Personnel Data. *Quarterly Journal of Economics* 120 (3): 917 – 962.

Banerjee, A. and E. Duflo. 2009. The Experimental Approach to Development Economics. *Annual Review of Economics* 1: 151 – 178.

Baran, N. M., P. Sapienza, and L. Zingales. 2010. Can We Infer Social Preferences from the Lab? Evidence from the Trust Game. NBER Working Paper.

Bardsley, N. 2005. Experimental Economics and the Artificiality of Alteration. *Journal of Economic Methodology* 12: 239 – 251.

Bardsley, N., R. Cubitt, G. Loomes, P. Moffatt, C. Starmer, and R. Sugden. 2009. *Experimental Economics: Rethinking the Rules*. Princeton, NJ: Princeton University Press.

Barr, A. and T. Packard. 2000. Revealed and Concealed Preferences in the Chilean Pension System: An Experimental Investigation. Department of Economics Discussion Paper Series, University of Oxford.

Barr, A. and P. Serneels. 2009. Reciprocity in the Workplace. *Experimental Economics* 12 (1): 99 – 112.

Barr, A. and D. Serra. 2010. Corruption and Culture: An Experimental Analysis. *Journal of Public Economics* 94 (11 – 12): 862 – 869.

Barr, A. and A. Zeitlin. 2010. Dictator Games in the Laband in Nature: External Validity Tested and Investigated in Ugandan Primary Schools. CSAE Working Paper Series, Centre for the Study of African Economies, University of Oxford.

Bateman, I., A. Munro, B. Rhodes, C. Starmer, and R. Sugden. 1997. A Test of the Theory of Reference-Dependent Preferences. *Quarterly Journal of Economics* 112 (2): 479 – 505.

Belot, M., R. Duch, and L. Miller. 2010. Who Should be Called to the Lab? A Comprehensive Comparison of Students and Non-students in Classic Experimental Games. Nuffield Centre for Experimental Social Sciences, University of Oxford, Discussion Paper Series.

Benz, M. and S. Meier. 2008. Do People Behave in Experiments as in the Field? Evidence from Donations. *Experimental Economics* 11 (3): 268 – 281.

Binmore, K., J. Swierzbinski, and C. Proulx. 2001. Does Minimax Work? An Experimental Study. *Economic Journal* 111: 445 – 465.

Bischoff, I. and B. Frank. 2011. Good News for Experimenters: Subjects are Hard to Influence by Instructors' Cues. *Economics Bulletin* 31 (4): 3221 – 3225.

Blecherman, B. and C. F. Camerer. 1996. Is There a Winner's Curse in the Market for Baseball

Players? Evidence from the Field. Social Science Working Paper, California Institute of Technology.

Bolton, G., B. Greiner, and A. Ockenfels. 2013. Engineering Trust—Reciprocity in the Production of Reputation Information. *Management Science* 59 (2): 265 – 285.

Bolton, G. E. and A. Ockenfels. 2000. ERC: A Theory of Equity, Reciprocity, and Competition. *American Economic Review* 90 (1): 166 – 193.

Boyd, R. and P. J. Richerson. 2009. Culture and the Evolution of Human Cooperation. *Philosophical Transactions of the Royal Society B* 364: 3281 – 3288.

Bracht, G. H. and G. V. Glass. 1968. The External Validity of Experiments. *American Educational Research Journal* 5: 437 – 474.

Brookshire, D. S., D. L. Coursey, and W. D. Schulze. 1987. The External Validity of Experimental Economics Techniques: Analysis of Demand Behavior. *Economic Inquiry* 25 (2): 239 – 250.

Buser, T. 2010. Handedness Predicts Social Preferences: Evidence Connecting the Lab to the Field. Tinbergen Institute Paper TI 2010-119/3.

Camerer, C. 2003. *Behavioral Game Theory: Experiments on Strategic Interaction.* Princeton, NJ: Princeton University Press.

Camerer, C., T. -H. Ho, and J. -K. Chong. 2004. A Cognitive Hierarchy Model of Games. *Quarterly Journal of Economics* 119 (3): 861 – 898.

Camerer, C. and R. Hogarth. 1999. The Effects of Financial Incentives in Experiments: A Review and Capital-Labor-Production Framework. *Journal of Risk and Uncertainty* 19 (1 – 3): 7 – 42.

Camerer, C. and R. Thaler. 1995. Anomalies: Ultimatums, Dictators and Manners. *Journal of Economic Perspectives* 9 (2): 209 – 219.

Cameron, L., A. Chaudhuri, N. Erkal, and L. Gangadharan. 2009. Propensities to Engage in and Punish Corrupt Behavior: Experimental Evidence from Australia, India, Indonesia and Singapore. *Journal of Public Economics* 93 (7 – 8): 843 – 851.

Campbell, D. and J. Stanley. 1963. Experimental and Quasi-Experimental Designs for Research on Teaching. In *Handbook of Research on Teaching*, ed. N. L. Gage. Chicago: Rand McNally.

Carlsson, F., H. He, and P. Martinsson. 2013. Easy Come, Easy Go—The Role of Windfall Money in Lab and Field Experiments. *Experimental Economics* 16: 190 – 207.

Carpenter, J. and C. K. Myers. 2007. Why Volunteer? Evidence on the Role of Altruism, Reputation, and Incentives. IZA Discussion Papers.

Carpenter, J. and E. Seki. 2005. Competitive Work Environments and Social Preferences: Field Experimental Evidence from a Japanese Fishing Community. Middlebury College Working Paper Series.

Chabris, C. F., D. I. Laibson, C. L. Morris, J. P. Schuldt, and D. Taubinsky. 2008. Individual Laboratory-measured Discount Rates Predict Field Behavior. *Journal of Risk and Uncertainty* 37: 237 – 269.

Cherry, T. L. , P. Frykblom, and J. Shogren. 2002. Hardnose the Dictator. *American Economic Review* 92 (4): 1218 – 1221.

Cilliers, J. , Dube, O. , Siddiqi, B. 2013. "White Man's Burden?" A Field Experiment on Generosity and Foreigner Presence. University of Oxford Working Paper.

Clark, A. , D. Masclet and M. C. Villeval. 2010. Effort and Comparison Income. Experimental and Survey Evidence. *Industrial and Labor Relations Review* 63 (3): 407 – 426.

Cleave, B. , N. Nikiforakis, and R. Slonim. 2012. Is There Selection Bias in Laboratory Experiments? The Case of Social and Risk Preferences. *Experimental Economics* 16 (3), 372 – 382.

Clement, D. 2002. Interview with Gary Becker. In *The Region*. The Federal Reserve Bank of Minneapolis.

Coffman, L. C. 2011. Intermediation Reduces Punishment (and Reward). *American Economic Journal: Microeconomics* 3: 77 – 106.

Deaton, A. 2009. Instruments of Development: Randomization in the Tropics, and the Search for the Elusive Keys to Economic Development. NBER Working Paper.

Della Vigna, S. 2009. Psychology and Economics: Evidence from the Field. *Journal of Economic Literature* 47: 315 – 372.

De Oliveira, A. , R. Croson, and C. C. Eckel. 2011. The Giving Type: Identifying Donors. *Journal of Public Economics* 95 (5 – 6): 428 – 435.

Dhar, R. and N. Zhu. 2006. Up Close and Personal: Investor Sophistication and the Disposition Effect. *Management Science* 52 (5): 726 – 740.

Eckel, C. C. and P. J. Grossman. 1996. Altruism in Anonymous Dictator Games. *Games and Economic Behavior* 16: 181 – 191.

Eckel, C. C. and P. J. Grossman. 2000. Volunteers and Pseudo-Volunteers: The Effect of Recruitment Method in Dictator Experiments. *Experimental Economics* 3 (2): 107 – 120.

Engelmann, D. and G. Hollard. 2010. Reconsidering the Effect of Market Experience on the "Endowment Effect". *Econometrica* 78 (6): 2005 – 2019.

Ensminger, J. E. 2004. Market Integration and Fairness: Evidence from Ultimatum, Dictator, and Public Goods Experiments in East Africa. In *Foundations of Human Sociality: Economic Experiments and Ethnographic Evidence from Fifteen Small-Scale Societies*, eds. Joseph Henrich, Robert Boyd, Samuel Bowles, Colin Camerer, Ernst Fehr, and Herbert Gintis. London: Oxford University Press.

Falk, A. and J. Heckman. 2009. Lab Experiments Area Major Source of Knowledge in the Social Sciences. *Science* 326 (5952): 535 – 538.

Falk, A. and A. Ichino. 2006. Clean Evidence on Peer Effects. *Journal of Labor Economics* 24 (1): 39 – 57.

Falk, A. , S. Meier, and C. Zehnder. 2013. Do Lab Experiments Misrepresent Social Preferences? The Case of Self-selected Student Samples. *Journal of the European Economic Association* 11 (4): 839 – 852.

Fehr, E. and A. Leibbrandt. 2008. Cooperativeness and Impatience in the Tragedy of the Commons. *Journal of Public Economics* 95: 1144 – 1155.

Feng, L. and M. Seasholes. 2005. Do Investor Sophistication and Trading Experience Eliminate Behavioral Biases in Financial Markets? *Review of Finance* 9 (3): 305 – 351.

Forsythe, R. , J. L. Horowitz, N. E. Savin, and M. Sefton. 1994. Fairness in Simple Bargaining Experiments. *Games and Economic Behavior* 6: 347 – 369.

Franzen, A. and S. Pointner. 2012. The External Validity of Giving in the Dictator Game: A Field Experiment Using the Misdirected Letter Technique. *Experimental Economics*.

Fréchette, G. R. 2015. Laboratory Experiments: Professionals Versus Students. In *Handbook of Experimental Economics Methodology*, eds. Fréchette, G. R. and A. Schotter. New York: Oxford University Press, Chapter 17, Present Volume.

Gelman, Andrew. 2010. Another Update on the Spamemail Study, Blogpost http://andrewgelman. com/2010/05/anotherupdate/.

Haigh, M. and J. A. List. 2005. Do Professional Traders Exhibit Myopic Loss Aversion? An Experimental Analysis. *Journal of Finance* 60 (1): 523 – 534.

Healy, P. J. and C. Noussair. 2004. Bidding Behavior in the Price Is Right Game: An Experimental Study. *Journal of Economic Behavior and Organization* 54 (2): 231 – 247.

Heckman, J. and S. Urzua. 2010. Comparing IV with Structural Models: What Simple IV Can and Cannot Identify. *Journal of Econometrics* 156 (1): 27 – 37.

Henrich, J. , R. Boyd, S. Bowles, C. F. Camerer, E. Fehr, H. Gintis, R. McElreath, M. Alvard, A. Barr, J. Ensminger, et al. 2005. " 'Economic Man' in Cross-Cultural" Perspective: Behavioral Experiments in 15 Small-Scale Societies. *Behavioral and Brain Sciences* 28 (6): 795 – 815.

Henrich, J. , R. Boyd, R. McElreath, M. Gurven, P. J. Richerson, J. Ensminger, M. Alvard, A. Barr, C. Barrett, A. Bolyanatz, C. Camerer, J. C. Cardenas, E. Fehr, H. Gintis, F. Gil-White, E. Gwako, N. Henrich, K. Hill, C. Lesorogol, J. Q. Patton, F. Marlowe, D. Tracer, and J. Ziker. 2012. Culture Does Account for Variation in Game Behaviour. *Proceedings of the National Academy of Sciences* 109 (2): E32 – E33.

Henrich, J. , R. McElreath, A. Barr, J. Ensminger, C. Barrett, A. Bolyanatz, J. C. Cardenas, M. Gurven, E. Gwako, N. Henrich, C. Lesorogol, F. Marlowe, D. Tracer, and J. Ziker. 2006. Costly Punishment Across Human Societies. *Science* 312: 1767 – 1770.

Henrich, J. , S. J. Heine, and A. Norenzayan. 2010. The Weirdest People in the World? *Behavioral and Brain Sciences* 33: 61 – 83.

Hoffman, E. , K. A. McCabe, and V. L. Smith. 1998. Behavioral Foundations of Reciprocity: Experimental Economics and Evolutionary Psychology. *Economic Inquiry* 36 (3): 335 – 352.

Hoffman, M. H. and J. Morgan. 2011. Who's Naughty? Who's Nice? Social Preferences in Online Industries. Working Paper.

Ichino, A. and G. Maggi. 2000. Work Environment and Individual Background: Explaining Regional Shirking Differentials in a Large Italian Firm. *Quarterly Journal of Economics* 115 (3): 1057 – 1090.

Imbens, G. 2009. Better Late Than Nothing: Some Comments on Deaton (2009) and Heckman and Urzua (2009). NBER Working Paper.

Isaac, R. M. and K. Schnier. 2006. Sealed Bid Variations on the Silent Auction, In *Experiments Investigating Fundraising and Charitable Contributors (Research in Experimental Economics*, Vol. 11), eds. Isaac, R. M. and D. D. Davis. West York Shire, England: Emerald Group Publishing Limited, pp. 31 – 46.

Kagel, J. and D. Levin. 1986. The Winner's Curse and Public Information in Common Value Auctions. *American Economic Review* 76 : 894 – 920.

Kagel, J. H. and A. E. Roth. 2000. The Dynamics of Reorganization in Matching Markets: A Laboratory Experiment Motivated by a Natural Experiment. *Quarterly Journal of Economics* 115 (1): 201 – 235.

Karlan, D. S. 2005. Using Experimental Economics to Measure Social Capital and Predict Financial Decisions. *American Economic Review* 95 (5): 1688 – 1699.

Krupka, E. and R. Weber. 2008. Identifying Social Norms Using Coordination Games: Why Does Dictator Game Sharing Vary? IZA Discussion Paper Institute for the Study of Labor. No. 3860.

Lamba, S. and R. Mace. 2011. Demography and Ecology Drive Variation in Cooperation across Human Populations. *Proceedings of the National Academy of Sciences* 108 (35): 14426 – 14430.

Lambdin, C. G. and V. A. Shaffer. 2009. Are Within-Subjects Designs Transparent? *Judgment and Decision Making* 4 (7): 554 – 566.

Landry, C. , A. Lange, J. List, M. Price, and N. Rupp. 2006. Toward an Understanding of the Economics of Charity: Evidence from a Field Experiment. *Quarterly Journal of Economics* 121 (2): 747 – 782.

Lazear, E. P. , U. Malmendier, and R. A. Weber. 2012. Sorting in Experiments with Application to Social Preferences. *American Economic Journal: Applied Economics* 4 (1): 136 – 163.

Levitt, S. and S. Dubner. 2009. *Super Freak on Omics*. New York: Harper Collins.

Levitt, S. and J. A. List. 2007a. Viewpoint: On the Generalizability of Lab Behaviour to the Field.

Canadian Journal of Economics 40 （2）: 347 – 370.

Levitt, S. and J. A. List. 2007b. What Do Laboratory Experiments Measuring Social Preferences Reveal About the Real World. *Journal of Economic Perspectives* 21 （2）: 153 – 174.

Levitt, S. and J. A. List. 2008. Homo Economicus Evolves. *Science* 319 （5865）: 909 – 910.

Levitt, S. D. , J. A. List, and D. Reiley. 2010. What Happens in the Field Stays in the Field: Professionals Do Not Play Minimax in Laboratory Experiments. *Econometrica* 78 （4）: 1413 – 1434.

List, J. A. 2002. Preference Reversals of a Different Kind: The More Is Less Phenomenon. *American Economic Review* 92 （5）: 1636 – 1643.

List, J. A. 2003. Does Market Experience Eliminate Market Anomalies? *Quarterly Journal of Economics* 118 （1）: 41 – 71.

List, J. A. 2004. Neoclassical Theory Versus Prospect Theory: Evidence from the Market place. *Econometrica* 72 （2）: 615 – 625.

List, J. A. 2006. The Behavioralist Meets the Market: Measuring Social Preferences and Reputation Effects in Actual Transactions. *Journal of Political Economy* 114 （1）: 1 – 37.

List, J. A. 2007. On the Interpretation of Giving in Dictator Games. *Journal of Political Economy* 115 （3）: 482 – 494.

List, J. A. 2009. The Economics of Open Air Markets. NBER Working Paper.

List, J. A. , D. van Soest, J. Stoop, and H. Zhou. 2010. Optimal Contest Design When Common Shocks Are Skewed: Theory and Evidence from Laband Field Experiments. http://www: mcgill. ca/files/economics/Tournamentshock20100312. pdf.

Liu, E. M. 2013. Time to Change What to Sow: Risk Preferences and Technology Adoption Decisions of Cotton Farmers in China. *Review of Economics and Statistics* 95 （4）: 1386 – 1403.

Lusk, J. L. , F. B. Norwood, and J. R. Pruitt. 2006. Consumer Demand for a Banon Antibiotic Drug Use in Pork Production. *American Journal of Agricultural Economics* 88 （4）: 1015 – 1033.

Martin, C. , R. Bhui, P. Bossaerts, T. Matsuzawa, and C. Camerer, et al. 2012. Chimpanzee Choice Rates in Competitive Games Match Equilibrium Game Theory Predictions. *Nature Scientific Reports* 4 （5182）, June 2014.

Meier, S. and C. Sprenger. 2010. Present-Biased Preferences and Credit Card Borrowing. *American Economic Journal: Applied Economics* 2 （1）: 193 – 210.

Milkman, K. L. , M. Akinola, and D. Chugh. 2012. Temporal Distance and Discrimination: An Audit Study in Academia. *Psychological Science* 27: 710 – 717.

Onderstal, S. , A. Schram, and A. Soetevent. 2014. Reprint of: Bidding to Give in the Field. *Journal of Public Economics* 114: 87 – 100.

Orne, M. T. 1962. On the Social Psychology of the Psychological Experiment: With Particular Reference to Demand Characteristics and Their Implications. *American Psychologist* 17 （11）:

776 – 783.

Östling, R. , J. T. Wang, E. Y. Chou, and C. F. Camerer. 2011. Testing Game Theory in the Field: Swedish LUPI Lottery Games. *American Economic Journal: Microeconomics* 3 (3): 1 – 33.

Palacios-Huerta, I. 2003. Professionals Play Minimax. *Review of Economic Studies* 70 (2): 395 – 415.

Palacios-Huerta, I. and O. Volij. 2008. Experientia Docet: Professionals Play Minimax in Laboratory Experiments. *Econometrica* 76 (1): 71 – 115.

Pierce, A. H. 1908. The Subconscious Again. *Journal of Philosophy, Psychology and Scientific Methods* 5 (10): 264 – 271.

Post, T. , M. J. van den Assem, G. Baltussen, and R. H. Thaler. 2008. Deal or No Deal? Decision Making under Risk in a Large-Payoff Game Show. *American Economic Review* 98 (1): 38 – 71.

Rapoport, A. 1970. Conflict Resolution in the Light of Game Theory and Beyond. In *The Structure of Conflict*, ed. Swingle, P. New York: Academic Press.

Rebitzer, J. B. 1988. Unemployment, Labor Relations and Unit Labor Costs. *American Economic Review* 78 (2): 389 – 394.

Rustagi, D. , S. Engel, and M. Kosfeld. 2010. Conditional Cooperation and Costly Monitoring Explain Success in Forest Commons Management. *Science* 330 (6006): 961 – 965.

Samuelson, P. and W. Nordhaus. 1985. *Economics*. New York: McGraw-Hill.

Schram, A. and S. Onderstal. 2009. Bidding to Give: An Experimental Comparison of Auctions for Charity. *International Economic Review* 50 (2): 431 – 457.

Schultz, D. P. 1969. The Human Subject in Psychological Research. *Psychological Bulletin* 72 (3): 214 – 228.

Serra, D. , P. Serneels, and A. Barr. 2011. Intrinsic Motivations and the Non-profit Health Sector: Evidence from Ethiopia. *Personality and Individual Differences* 51 (3): 309 – 314.

Sims, C. 2010. But Economics Is Not an Experimental Science. *Journal of Economic Perspectives* 24 (2): 59 – 68.

Slonim, R. , C. Wang, E. Garbarino, and D. Merrett. 2013. Opting-in: Participation Bias in Economic Experiments. *Journal of Economic Behavior and Organization* 90: 43 – 70.

Smith, V. 1976. Experimental Economics: Induced Value Theory. *American Economic Review* 66 (2): 274 – 279.

Smith, V. 1982. Microeconomic Systems as an Experimental Science. *American Economic Review* 72 (5): 923 – 955.

Smith, V. and J. Walker. 1993. Rewards, Experience, and Decision Costs in First Price Auctions. *Economic Inquiry* 31 (2): 237 – 244.

Snowberg, E. C. and J. Wolfers. 2010. Explaining the Favorite-Longshot Bias: Is It Risk-Love or

Misperceptions? *Journal of Political Economy* 118 （4）：723 – 746.

Sonnemann, U. , C. F. Camerer, C. R. Fox, and T. Langer. 2013. Partition Dependence in Prediction Markets：Field and Lab Evidence. *PNAS* 110 （29）：11779 – 11784.

Stanley, O. February 22, 2011. Chicago Economist's "Crazy Idea" Wins Ken Griffin's Backing. *Bloomberg Markets Magazine.* http：∥www. bloomberg. com/news/2011-0223/chicago-economist-s-crazy-idea-for-education-wins-ken-griffin-s-backing. html.

Stoop, J. 2014. From the Lab to the Field：Envelopes, Dictators and Manners. *Experimental Economics* 17：304 – 313.

Stoop, J. , C. Noussair, and D. van Soest. 2012. From the Lab to the Field：Public Good Provision with Fishermen. *Journal of Political Economy* 120 （6）：1027 – 1056.

Tanaka, T. and C. F. Camerer. 2010. Patronizing Economic Preferences toward Low-Status Groups in Vietnam. Working Paper.

Tenorio, R. and T. Cason. 2002. To Spinor Not to Spin? Natural and Laboratory Experiments from The Price is Right. *Economic Journal* 112：170 – 195.

Webb, E. , D. Campbell, R. Schwartz, and L. Sechrest. 1999. *Unobtrusive Measures：Revised Edition.* Thousand Oaks, CA：SAGE Publications, Inc.

Wooders, J. 2010. Does Experience Teach? Professionals and Minimax Play in the Lab. *Econometrica* 78 （3）：1143 – 1154.

Zizzo, D. 2010. Experimenter Demand Effects in Economic Experiments. *Experimental Economics* 13：75 – 98.

第 16 章

经济学理论、实验设计和计量经济学是相辅相成的（实验室实验和实地实验亦是相辅相成的）

格伦·哈里森（Glenn W. Harrison）

莫滕·劳（Morten I. Lau）

伊丽莎白·鲁特斯特朗（E. Elisabet Rutström）

概　述

　　实验的目的是多种多样的，包括理论检验、机制设计和个体特征测度。无论是为了什么目的，认真仔细的研究者在设计实验时都会受到过去的理论、常识以及结果的限制。所以我们也需要运用这些因素来进一步整合实验的设计。所有这些实验研究方法的因素都是互相依存的，因此，我们需要用系统的方法来设计实验。必须承认，我们应该用其他实验或理论的结论来限定新实验的结论，而不是用单个实验或理论的独立分析来推出结论，再用其中的一个结论去攻击过去的其他发现。任何来自实验的数据都需要经过理论、常识、实证数据、计量方法和应用前景的共同分析才能得到确认。

　　本章以丹麦大规模人为实地实验①的研究计划为例，说明这种系统化的方

---

　　① 人为实地实验也被称为实地中的实验室实验，即利用非学生被试开展的实验室实验。——译者注

法。[1] 这项研究旨在为各种政策评估制定家庭和个体特征的测度方法。在这方面，我们的一个重要贡献就是说明实验室实验与实地实验是相辅相成的。

其中一个重要的个体特征就是丹麦居民的风险偏好。由政策改变带来的预期福利效应往往是不确定的，这在一定程度上是因为我们使用的政策仿真模型的参数值不准确。本章引入"政策彩票模型"这个术语，以表示对政策影响不确定性的预测。考虑到不确定性，我们认为，在计算不同家庭的福利影响时，应考虑到它们对风险的态度。在预期收益相似但不确定性程度不同的政策之间进行比较时，风险厌恶家庭更倾向于选择不确定性影响较小的政策。所以，在政策评估中纳入对风险偏好的衡量，可以对福利分布改变的推断产生重要影响。它极大地改善了标准的政策评估方法，因为标准做法要么假定风险中性，要么将某个任意选择的风险系数用于代表所有家庭的风险偏好。我们到实地去进行研究的主要理由是，制定政策需要测度丹麦全体家庭和个人的相关特征。

本研究项目中的一个重要部分，就是用一个方便和容易获得的被试库即学生被试库进行了大量辅助实验，从而大大降低了成本。因为成本较低，因此我们可以使用不同的工具和程序进行更广泛的稳健性检验。但是，也正是因为我们从更多特殊人群（学生）中抽取样本，所以这些结果本身并不能为我们提供政策应用方面的信息。然而，从这些方便的样本中得到的结果可以用来校正从实地实验样本中观察到的结论。

从另一个角度来看，系统化方法从一开始就可以运用理论上的考虑来指导我们的实验设计。不同类型家庭的贴现率是我们需要测度的重要特征。我们必须弄清楚的一点是，贴现的不是现金流本身，而是现金所带来的效用。这样的行为理论不仅会对包含风险偏好和时间偏好（贴现率）任务的解释产生影响，还会对计量经济学的联合估计方法产生影响。联合估计方法能同时估计风险偏好与贴现率两个参数。

我们所提倡的系统方法鼓励运用常识来限定和帮助产生从数据中得出的推论。例如，许多结构模型并没有全局适用性，所以它们在样本数据之外的预测效果很差。以恒定相对风险厌恶（Constant Relative Risk Aversion，CRRA）函数为例，如果能够在小经济激励的博弈实验中估计一个人的风险厌恶程度，那么它也应该能在博弈经济激励大得离谱时预测一个人的行为。如果收入效应微不足道，那么使用比恒定相对风险厌恶函数更加灵活的幂指函数也是合理的。因此，通过对受限样本和受限模型的估计得出的推论必须受到适用性约束。

在"政策彩票模型"部分，我们介绍了政策彩票模型的概念，并且给出了几个例子。在"风险厌恶"部分，我们讨论了如何使用系统化的方法做出关于风险偏好的推断，包括较小规模的实验室实验、样本自选择效应和度量方法、计量经济学和统计策略（如抽样框架和结构评估方法）、根据理论和常识考虑样本外预测等问题。在"贴现率"部分，我们讨论了关于贴现率的推断方法，并展示了在理论的指导下对风险和时间偏好进行联合估计的威力。在"经验教训"部分，我们将进一步讨论偏好稳定性等问题。

政策彩票模型

本章所开展的实地实验最初源于 1996～2000 年我们与丹麦工商部合作开发的关于公共政策的可计算一般均衡（CGE）模型。这类政策模型的涵盖范围从一般税制改革到具体的碳税改革，从丹麦零售企业经营时间的延长到丹麦的全球贸易改革，从代际福利问题到人力资本形成的动态问题。CGE 模型的一个特点是明确地认识到这些模型的许多结构参数是不唯一的，它们所提出的政策方案等同于一种政策彩票模型。在政策彩票模型中，可能的政策结果会以一定的概率出现。我们认识到，由于模型的具体参数不唯一，此类政策方案对家庭的影响也是不确定的，这就意味着需要考虑这些家庭的风险偏好，才能进行恰当的福利分析。

与这些模拟结果相关的是，跨期权衡问题在许多情况下都是很重要的，比如牺牲短期福利换取长期收益。事实上，这种权衡是动态 CGE 策略模型的一个共同特征（Harrison et al.，2000）。显然，要进行恰当的福利评估还需要考虑这些家庭的主观贴现率。例如，丹麦政府感兴趣的政策问题之一就是为何丹麦居民对高等教育投资不足。我们引入贴现率，部分原因也是为了设法直接解决这些政策问题（Lau，2000）。

政策彩票模型体现了某项政策的效果预测，其中政策影响的不确定性已经被明确地呈现给政策制定者。因此，当政策制定者认定某一种政策选择优于另一种政策选择时，其已经在估计影响时考虑到了不确定性。请注意，这指的是在政策影响估计上的不确定性，而不一定是影响本身的不确定性。但我们认为，在实际制定政策时信息是有限的，这种不确定性很普遍。[2]

我们使用哈里森等（Harrison et al.，2002）报告的 CGE 模型来说明政策彩票模型的概念。我们根据 1992 年的数据对该模型进行了校准。我们使用的版本包括 27 个生产部门，每个部门都使用中间投入和初始要素生产国内外消费品。政府机构以收入中性的方式增加税收和支付财政补贴，我们的政策模拟重点是丹麦政府征收的间接税。[3]模型中政府对家庭支出的补贴反映了 1992 年的公共支出模式。模拟政策对几种不同类型家庭产生的影响不同。该模型对生产函数和效用函数使用了嵌套常替代弹性的设定，并用各种实证数据和先验的替代弹性估计值进行校准。这个模型还有更精细的版本，它模拟了跨期行为和代际行为（Lau，2000），但是就本章而言，这种静态版本已然是理想的了。

　　该模型根据丹麦统计局对全国家庭支出的分类，展示了具有代表性的几种不同家庭类型。出于我们的研究目的，这些家庭被划分为七种不同的类型：45 岁及以下没有孩子的单身人士、45 岁以上没有孩子的单身人士、45 岁及以下没有孩子的家庭、45 岁以上没有孩子的家庭、有孩子的单身人士、有孩子且最大的孩子在 6 岁及以下的家庭、有孩子且最大的孩子在 7 ~ 17 岁的家庭。该模型生成了家庭年收入的同等变化对每个家庭产生的福利影响。也就是说，它计算出各个家庭主观上认为与政策变化相当的家庭收入变化数额，其中政策变化包括要素价格、商品价格和支出模式的变化。因此，政策影响可以表示为丹麦克朗（DKK）的数额，它代表了与家庭福利改变等价的收入大小。

　　这种福利水平可以被直接视为政策彩票模型中的"奖品"。由于用于校准此类模型的许多参数具有不确定性，因此福利影响的计算也存在一定的不确定性。例如，如果我们扰动一个或多个弹性系数，福利水平就很可能高于或低于平均的基准结果。如果我们使用随机因子的设计进行灵敏度分析，就可以产生大量的随机扰动，并为每个扰动分配不同的概率权重（Harrison and Vinod，1992）。每次模拟都需要对替代弹性进行随机抽取，但是，替代弹性的抽取值来自对替代弹性经验分布的估计。[4]我们用随机产生的替代弹性扰动进行了 1000 次模拟，就好像家庭面临一个由 1000 种不同模拟结果组成的不确定性政策的结果分布，其中每个模拟结果出现的概率为 0.1%。每次模拟政策彩票的结果是模型在每次模拟中得出的福利水平。

　　图 16.1 说明了可能出现的政策彩票模型的类型。在这种情况下，我们考虑的政策是将丹麦所有的间接税统一到某个值，并且恰好可以维持政府的实际支出。因此，我们要解决一项收益中性的改革问题，在这一改革中，由这些税收的跨部门差异而产生的间接税扭曲被减少到零。图 16.1 中的每个线段代表对每种家庭类型的 1000 次福利水平模拟。圆点是福利影响的中位数，矩

形框是四分位数的范围[5]，而竖线代表观测值的范围。我们看到，这项政策对每个家庭来说都像是一种彩票，其带来的影响具有不确定性。

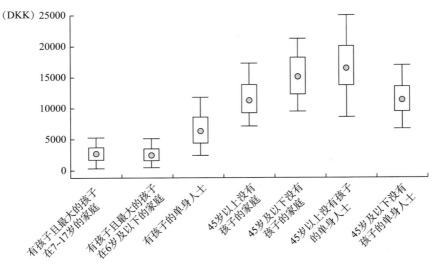

图 16.1　对政策彩票模型的诠释：一致性间接税下的福利效应分布

政策彩票模型的生成并不局限于 CGE 模型。该方法适用于生成任何反映政策变化结果的模拟模型。例如，菲奥里等（Fiore et al. , 2009）使用美国农业部开发的森林火灾蔓延模拟模型，并根据特定区域的详细 GIS 数据进行校准，从而生成政策彩票模型，然后在实验中供被试选择。我们的方法只是向读者表明，这类政策模型是不确定的，其结果大小是包含了标准差的随机数——事实上，标准差很大。当政策制定者使用这种模型来判断政策的优劣时，不应忽视这种不确定性。

把政策视为风险彩票的想法很简单，这在过去关于 CGE 建模模拟的文献中是众所周知的。为解决这一问题而开发的方法相当于对重复模拟进行蒙特卡罗分析，其中，每个不确定的参数都围绕其点估计附加一个扰动。通过将这些扰动限制在某个经验的或先验的置信区间内，就可以将模拟的政策结果限制在这个区间以内。同样的观点在《斯特恩关于气候变化经济学的综述》（*Stern Review on The Economics of Climate Change*）中发挥了核心作用（Stern, 2007）。它强调需要建立一个模拟模型，以显示气候变化给经济带来的随机影响。事实上，只需对结果进行系统化的敏感性分析，任何标准的气候模拟模型都可以很容易地建立起来。该综述接下来提出了气候变化成本的"期望效用分析"，这实际上等同于将气候变化影响视为具有不确定性的彩票。因此，当人们考虑采取各种政策来降低气候变化的风险时，"期望效用分析"与我们所说的政策彩票模型的概念是一样的。

如果决策者要评估某政策影响对每个家庭的期望效用，他就必须考虑估计结果的不确定性和家庭的风险偏好。传统的政策分析方法假设家庭都是风险中性的，并简单地报告平均的福利影响。但我们从实验结果中知道，这些家庭并非风险中性。假设每个家庭都具有 CRRA 效用函数。通过对实验结果的后续讨论，我们可以对 7 类家庭最初的 CRRA 区间进行分解，得到每类家庭的 CRRA 估计值分别为 1.17、0.48、0.79、0.69、0.76、0.81 和 0.95，这些都与风险中性的假设在统计学上有显著差异。

利用上述 CRRA 风险偏好的估计值，在每次模拟中评估福利效用，然后计算政策的期望效用，最后计算与其等价的确定性福利水平数值，这其实是一件简单的事情。当然，相对于风险中性情况，因为政策影响存在不确定性，这样做会得出一个更低的福利水平数值。我们发现，根据该模型对替代弹性的经验分布以及对风险偏好的估计，风险中性的模型假定导致每个家庭类型的福利水平分别被高估了 1.6%、1.4%、1.8%、1.1%、5.1%、4.6% 和 7.9%。因此，如果忽视不同家庭在风险偏好上的差异，政策制定者就会高估政策带来的福利水平。

税收一致性是一个很好的教学实例，也是公共经济学的一个重要内容，在大多数这类模拟模型中，它可以得出相对精确的福利水平估计。我们很容易去考虑现实中新政策的仿真模型，新政策将使家庭福利水平存在更大差异，因此我们可以利用家庭的风险偏好对政策评估进行更大的修正。例如，假设该模型中的间接税率全面降低了 25%，并且政府政策影响了每个家庭的总消费，以确保所有家庭的福利至少增加了 1%。[6]在这种情况下，该模型有合理的替代弹性设定，从而为其中一些家庭带来很高的福利水平。[7]如果忽视这些家庭的风险偏好，将会导致福利水平被夸大。根据家庭类型的不同，福利水平的夸大程度从 18.9% 到 42.7% 不等。

正如我们所做的那样，这些政策应用说明了度量风险偏好确实会给研究带来好处，但在这里它们只是说明性的。显然，我们必须对估计施加一些限制性假设，以使它们能够被用于指导新政策的实施。第一，必须假设从我们的实验任务中获得的 CRRA 估计值能够被运用到高达 4500 丹麦克朗的政策福利水平中，甚至可以更广泛地应用于图 16.1 所示的各种福利水平中。根据哈里森等（Harrison et al., 2007）对幂指效用函数估计提供的证据，我们现在可以认为这个假设成立。然而，人们可能需要在更大的收益范围中度量人们的风险偏好，以确保这一假设成立。第二，我们只把家庭分为七种不同的类型，而事实上除该类型特征以外，每种家庭类型的内部还具有其他不同维度的特征。尽管有这些局限性，在政策评估中使用风险偏好假设的重要性依然非常明显。由于通常只能以最贫穷家庭作为起点来对这些政策进行评估（Harrison et al.，2003，2004），贸易改革对发展中国家贫困状况的影响引起广泛关注，促使我们努力在可计算一般均衡中对多种类型的家庭进行建模。很明显，我们可以预期，对接近或低于绝对贫困线的家庭来说，规避风险是特别重要的。

很明显，我们必须使用代表丹麦人口的样本进行实地实验，以便校准丹麦经济的 CGE 模型，使之对政策制定者而言具有更高的可信度。但这一点对学术界来说也许并不那么重要，因为学者常常在实验中使用学生样本并得出研究结论。通过实验室实验发现的行为规律会促使人们质疑福利经济学的某些理论基础，例如，利斯特在他的著作中这样记录：

> ……与执行或监督收益—成本分析的美国机构官员进行讨论后发现，许多人都开始认识到这些实验研究结果的重要性，并意识到这些实验室实验的发现在不常见的商品（如辐照过的三明治）和常见商品（如巧克力棒）中都是有效的，但许多人仍然对得到的结果持怀疑态度。最重要的是，一些政策制定者对实验室的实验结果抱有一定程度的怀疑，并指出这些方法类似于"科学算命"。当被问及这个问题时，一些政策制定者根据他们之前对个人偏好调查报告的经验，对实验结果不以为然，尤其是那些通过学生样本得出的实验结果。他们得出的结论是，实验结果的发现还不值得应用到政策调整上。一些政府官员公开怀疑，这些现象是否能在现实世界"真正的"人身上发现。（List，2005）

我们也有与这些学者相同的被质疑的经历，这也是我们在丹麦进行实地实验的原因。

风险厌恶

为了评估上文考虑的政策彩票模型，我们需要对丹麦不同类型家庭的风险偏好进行估算。我们设计了一个实验，从有代表性的丹麦人口中得到他们的风险偏好和贴现率，从而进行面板数据研究，我们后续回访了许多第一阶段的参与者。在本部分，我们将讨论在实地实验中出现的问题，并重点考虑由于实地情境而出现的那些相对新颖的问题。

当然，在这个实验中，我们需要直接建构一个抽样框架，利用该框架对丹麦成年人口的行为参数进行研究。我们采用分层抽样的方法进行大规模的调查，对于劳动经济学家和健康经济学家来说，这种抽样方法是比较常见的，但是在过去的实验经济学文献中并没有被使用过。我们还担心被试招募策略可能会产生样本自选择效应，并产生文献中所说的"随机化偏差"。这里有两种类型的样本自选择效应。首先，我们担心招募中有关实验收入的信息会吸引具有风险偏好的被试。其次，我们担心实验第一阶段的特殊经验会导致第二阶段留下来的被试出现偏差。这些担忧不仅影响了我们对计量经济学工具的选择，还促使我们设计了相关的实验室实验，以直接检验样本自选择效应的影响。

下一个需要注意的问题是实验程序本身的设计。文献中有许多可供选择的方法，各种方法的优劣是明显的。我们尤为关注的是，这些实验程序必须能相对容易地在实地实施。相比于一些实地实验，实验室实验更容易招募到高学历的被试。我们使用的实验程序没有特定的情境，因为我们的目的是为一般的公共政策提供风险偏好参数。对实地实验中任何易受学术质疑的程序变化，我们补充进行实验室实验来对实地数据进行验证。这些程序上的变化是基于以下假设：框架效应会影响被试对实验任务的了解，被试会使用启发式的方法来完成实验任务。

一旦我们收集了实验数据，就会出现关于风险偏好推断的几个问题。这些问题要求我们使用一种显式的、结构化的方法来估计风险彩票选择模型。我们想要对风险选择模型的潜变量进行估计，并使用结构模型方法对各种不同的模型进行估计。这种方法的一个优点是我们能够明确地处理那些经常被忽略，但却会对风险偏好推断产生巨大影响的问题，例如这些选择模型中所谓的对"行为误差项"的估计。另一个优点是，它允许我们对期望效用理论的各种替代理论进行统计上的推断和检验。

我们的目标是产生一系列货币风险偏好的度量数据。有了这些数据，我们可以研究这些偏好随时间变化的稳健性，即研究它们是恒定的还是状态相关的，以及这些偏好对收入变化的敏感性。

抽样程序

实地实验的抽样旨在选出 2003 年有代表性的成年丹麦居民。样本构造有

6 个步骤，详见哈里森等（Harrison et al., 2005）。此抽样基本上遵循哈里森等（Harrison et al., 2002）中的方法。

第一，2003 年 1 月从丹麦民事登记处随机抽取了 25000 名丹麦居民样本。样本只包括 1927～1983 年出生的丹麦居民，从而将目标人口的年龄范围限制在 19～75 岁。对于随机样本中的每个居民，我们获取了他们的姓名、地址、县、市、出生日期和性别数据。由于缺少姓名或地址，我们舍弃了其中的 28 条记录。

第二，我们舍弃了 17 个市镇（其中包括一个县）的人口数据，因为他们位于非常偏远的地方，招募成本非常高。我们共舍弃了从民事登记处抽取的 25000 名被试中的 493 个人，不到 2%。因此，这种舍弃不太可能在数量上造成样本的选择偏误。

第三，我们为每个县安排了 1 个或 2 个实验场次，与该县的人口大致相称。我们总共安排了 20 个实验场次。每个场次包括同一地点和日期的两个子场次，一个在下午 5 点，另一个在晚上 8 点，并且允许被试选择最适合他们的场次。

第四，我们将其中 6 个县划分为两个实验小组，因为这些县的一些地区之间相距太远。我们在两个小组和所选地点之间进行加权随机抽样来确定被试的人数，其中权重反映了 2002 年 9 月人口的相对规模。

第五，我们根据分配给每个县的场次编号，在每个县内选择前 30 或 60 个随机样本。我们共获得了 600 个子样本。

第六，我们给这 600 个子样本发邮件邀请他们继续参加后续场次，并且为每个人提供可以选择的场次和时间。一些县的招募回复率很低，因此我们在这些县又另外发送了 64 封邮件以招募新的被试。[8]所有回复可以到场参加实验的人都被分配到某一个场次，我们招募的被试人数是 268 名。

来参加实验的人数出乎意料的多，其中包括 4 名未对邀请函做出回复但来参加实验的人。这 4 个人来到了他们的实验场次，但无法参加实验。[9]实验于 2003 年 6 月进行，最终共有 253 名被试参加。[10]我们按实验设计构建了被试的样本权重，可用来计算能反映丹麦成年居民特征的加权分布和平均值。

实验程序

文献中有许多在实验室中使用的非交互设计的实验程序，都可以用来测度个体的风险偏好，哈里森和鲁特斯特朗（Harrison and Rutström, 2008）对每种方法进行了详细的综述。这些方法中的大多数只是向被试展示用各种货币奖励和概率构成的选择列表，并没有附上特定的选择背景。这些方法被标记为"人为"的实验。霍尔特和劳里（Holt and Laury，2002）采用的一种常见方法是多重选择列表（Multiple Price List，MPL），它要求研究者提供给被试一个有序的二元随机选项列表（或称之为二元彩票列表），让他们一次对所有选项做出所有选择。MPL 要求被试在列表的所有二元彩票选项中选定某一种，然后展示随机的抽奖结果并给被试发放对应的奖励。在风险偏好的情境下，我们认为最早使用 MPL 设计的是米勒等（Miller et al.，1969）。他们的设计让每个被试都面对由 5 个选项构成的 MPL 备选方案，这些不同备选方案被分别呈现给 100 多个实验被试。该方法后来由舒伯特等（Schubert et al.，1999）、巴尔和柏卡（Barr and Packard，2002）与霍尔特和劳里（Holt and Laury，2002）等使用。MPL 的优点是可以让被试对各种风险大小不同的选项进行比较。与所有类似的实验程序一样，如果对实验程序进行改动会影响实验结果，那这种方法在结果的稳健性方面也存在一些问题。我们决定通过额外的实验室实验来研究实验程序的这些问题，而不是在实地实验中评估它们。

在我们的 MPL 实地实验版本中，每个被试在一系列的成对彩票之间进行选择，我们可以称之为彩票 A 和彩票 B。表 16.1 说明了在我们的实验中呈现给被试的基本支付矩阵。哈里森等（Harrison et al.，2005）描述了完整的程序。表 16.1 显示，彩票 A 有 10% 的机会获得 2000DKK，90% 的机会获得 1600DDK。这个彩票的期望值 EV^A 为 1640DKK，注意这些期望值未呈现给被试。类似地，彩票 B 有 10% 的机会获得 3850DDK，有 90% 的机会获得 100DDK，期望值 EV^B 为 475DDK。因此，两个彩票在期望值方面具有相对较大的差异，在第一行中的差异为 1165DKK。随着支付矩阵行数的增大，两个彩票的期望值都增加，但是彩票 B 的期望值相对于彩票 A 的期望值增加得更快。

表 16.1　丹麦风险厌恶实验中的典型报酬矩阵

彩票 A				彩票 B				EV^A	EV^B	DKK 间的差值	CRRA 的开区间，如果被试转而选择彩票 B 且 $\omega = 0$
p	DKK	p	DKK	p	DKK	p	DKK	DKK	DKK		
0.1	2000	0.9	1600	0.1	3850	0.9	100	1640	475	1165	$-\infty$, -1.71

彩票 A				彩票 B				EV^A	EV^B	DKK 间的差值	CRRA 的开区间,如果被试转而选择彩票 B 且 $\omega = 0$
p	DKK	p	DKK	p	DKK	p	DKK	DKK	DKK		
0.2	2000	0.8	1600	0.2	3850	0.8	100	1680	850	830	−1.71, −0.95
0.3	2000	0.7	1600	0.3	3850	0.7	100	1720	1225	495	−0.95, −0.49
0.4	2000	0.6	1600	0.4	3850	0.6	100	1760	1600	160	−0.49, −0.15
0.5	2000	0.5	1600	0.5	3850	0.5	100	1800	1975	−175	−0.15, 0.14
0.6	2000	0.4	1600	0.6	3850	0.4	100	1840	2350	−510	0.14, 0.41
0.7	2000	0.3	1600	0.7	3850	0.3	100	1880	2725	−845	0.41, 0.68
0.8	2000	0.2	1600	0.8	3850	0.2	100	1920	3100	−1180	0.68, 0.97
0.9	2000	0.1	1600	0.9	3850	0.1	100	1960	3475	−1515	0.97, 1.37
1	2000	0	1600	1	3850	0	100	2000	3850	−1850	1.37, ∞

注：表中的最后 4 列展示了彩票的期望值和期望值之差，以及适用的 CRRA 区间，但这 4 列信息并不会展示给被试。

在传统的 MPL 中，被试在每行中选择 A 或 B，最后随机抽取一行的彩票结果。这种风险偏好测试背后的逻辑是，只有非常偏好风险的被试才会在第一行选择彩票 B，而只有非常厌恶风险的被试才会在倒数第二行选择彩票 A。[11]最后一行只是一个测试，帮助被试理解实验说明，而它本身根本与风险偏好无关。风险中性的被试应该在两个选择的期望值大致相同时从选择 A 切换到 B，也就是说风险中性的被试将在前 4 行选 A，并在后面的选项中选 B。在我们的实地实验中，我们仅仅让被试选择从哪一行切换到 B，而默认在这行之前都选择 A，在这行之后都选择 B，从而强制实现切换的单调性。但我们还增加了一个选项表示无差异，我们将 MPL 的这个变形称为序贯 MPL（sMPL）。对于那些没有表达无差异的被试，我们有机会通过后续实验来更加精细地测度其风险偏好，在后续阶段，与奖品挂钩的概率选项设置在前一个列表的无差异区间范围之内，我们把这种变形称为迭代 MPL（iMPL）。[12]

iMPL 使用与 MPL 和 sMPL 相同的激励框架。在 iMPL 中选择一行进行支付的奖励逻辑维持不变，但必须修改所使用的随机抽取方法。将 iMPL 的第一阶段称为 Level 1，第二阶段称为 Level 2，以此类推。在被试做出所有回答之后，研究者首先为被试在 Level 1 中的一个表里随机抽取一行。在 MPL 中，这就是全部的实验程序了，因为 MPL 只包含 Level 1 的表。在 iMPL 中，如果随机抽取的行不是被试在 Level 1 中切换 A、B 选项的行，那么这就是全部的程序了。如果研究者抽取的是被试切换 A、B 选项的行，则将在 Level 2 表中再随机抽取一行。对于某些任务，此程序将重复到 Level 3。

为了研究使用 iMPL 将产生什么样的影响，我们进行了实验室实验，将该程序与标准 MPL 和 sMPL 进行比较（Andersen et al.，2006）。如上所述，sMPL 对 MPL 做出了修改，要求被试选择从 A 列彩票切换到 B 列彩票的切换点，但是没有细化 iMPL 中允许的概率。因此，它强化了单调性，但仍然允许被试在切换点表达无差异，类似于"宽切换点"。然后，由计算机自动为被试填写那些不是切换点的选项，被试将以与 MPL 相同的方式获得报酬。

我们对每个被试布置了 4 个独立的风险偏好任务，每个任务都设有不同的奖项，以便所有 16 个奖项都能涵盖我们试图估算风险偏好的收入范围。4 组奖项如下，A 彩票的两项排在前面，B 彩票的两项排在后面：（A1：2000 DKK，1600DKK；B1：3850DKK，100DKK）；（A2：2250DKK，1500DKK；B2：4000DKK，500DKK）；（A3：2000DKK，1750DKK；B3：4000DKK，150DKK）；（A4：2500DKK，1000DKK；B4：4500DKK，50DKK）。在实验时，汇率约为每美元兑换 6.55 DKK，因此这些奖项的价值从大约 7.64 美元到 687 美元不等。

我们要求被试对 4 个风险偏好任务都做出选择，然后随机抽取哪个任务和哪一行进行支付。此外，巨大的激励和预算使得不是所有被试都能得到支付，所以每个被试有 10% 的机会实际收到与其决定相关的支付。

我们把被试的二元选择作为数据，并估计出效用函数的相关参数，根据数据的面板性质，我们可以用适当的误差结构来解释这些选择。一旦定义了效用函数，为了估计该函数的未知参数，我们可以构建两个彩票的期望效用，然后使用连接函数（linking function）来推断观测数据的似然值。我们将在下文更详细地讨论统计问题。

MPL 工具有一个明显的弱点，因为它的实验框架可能会鼓励被试选择中间的行，这与被试未框架化的风险偏好刚好相反。解决这个潜在问题的方法是设计各种"倾斜"的实验框架，其中中间行代表着不同的风险偏好，然后看看框架之间是否存在差异。我们已经设计了简单的实验程序来检测这种框架效应，并在存在框架效应的情况下对其进行统计修正，下文将对此进行讨论（Harrison et al.，2005；Andersen et al.，2006；Harrison et al.，2007）。

总之，MPL 工具集提供了一个相对透明的实验程序来度量风险偏好。当随机抽取装置是实际的骰子，被试知道可以自己来掷骰子决定抽取结果的时候，被试很少会对真实的实验激励感到困惑。[13]正如我们稍后所述，至少在一些合理的假设下，这个实验可以推断出特定被试的风险偏好区间，使用实验中的选择数据可以估计选择模型的结构化参数。

估计程序

估计风险偏好有两种常用的方法。一种方法是计算风险选项切换的边界点，使用这种方法通常只需推断一个参数的效用函数。这种方法的主要限制是研究者只能使用一个参数来描述风险偏好的效用函数。这是因为我们必须推断出使被试在切换点之间感到无差异的边界，当有两个或多个参数时，这种推断在统计上就会变得完全不连续。对于常见的 CRRA 函数来说，这不是问题，但如果想要扩展到其他形式的效用函数，这种方法就有问题了。正如阿卜杜勒拉维等（Abdellaoui et al. , 2004）介绍的单参数幂指函数那样，我们可以设计出比 CRRA 或恒定绝对风险厌恶（Constant Absolute Risk Aversion，CARA）更灵活的单参数函数形式。但一般来说，我们需要使用极大似然估计法进行结构建模，以适应更丰富的模型。

另一种常用的方法是用极大似然估计法直接估计描述选择过程的某些结构模型，这样可以估计定义风险偏好的多个核心参数，这是卡默勒和何（Camerer and Ho, 1994）以及海伊和奥姆（Hey and Orme, 1994）率先采用的方法。这种结构方法对非期望效用理论的模型特别有吸引力，它把其中几个核心参数结合起来描述风险偏好。例如，如果不对损失厌恶和概率加权以及效用函数的凸性进行定义，就无法运用前景理论描述风险偏好。因此，在这种情况下，对所有参数进行联合估计是对风险偏好进行可靠推断的必要条件。[14]

假设目前收入效用的定义是：

$$U(x) = \frac{x^{(1-r)}}{1-r} \tag{16.1}$$

其中 x 是彩票奖金，$r \neq 1$ 是要估算的参数。我们稍后再回到有争议的问题，即 x 可能是什么，但现在我们认为它只是在彩票中显示的一笔奖金 M。因此 r 是 CRRA 的系数：$r = 0$ 对应于风险中性，$r < 0$ 对应于风险偏好，$r > 0$ 对应于风险厌恶。彩票有两种可能的结果。在期望效用理论下，每种结果 M_j 的概率 $p(M_j)$ 是由研究者设计出来的。期望效用就是每个人的概率加权效用，所以期望效用只是每个结果 j 的效用以一定概率加权得到每个彩票 i 的效用，再加上一定程度的背景消费 ω：

$$EU_i = \sum_{j=1,2} \left[p(M_j) \times U(\omega + M_j) \right] \tag{16.2}$$

每一对彩票的期望效用是根据候选的估计值 r 计算出来的，而

$$\Delta EU = EU_R - EU_L \tag{16.3}$$

这一差值也可以被计算出来，其中 EU_L 是位于左边的彩票的期望效用，EU_R 是位于右边的彩票的期望效用。

这个基于潜在偏好的差值潜变量，可以与使用标准的累积正态分布函数 $\Phi(\Delta EU)$ 观察到的选择联系起来。这个概率函数接受 $-\infty$ 与 $+\infty$ 之间的任何参数，并使用如图 16.2 所示的函数将其转换为 0 到 1 之间的数字。这样就得到了概率连接函数。

$$\text{Prob}(选择彩票 R) = \Phi(\Delta EU) \tag{16.4}$$

这个函数与对数函数非常类似，如图 16.2 所示，它方便我们使用 Logit 模型进行估计。

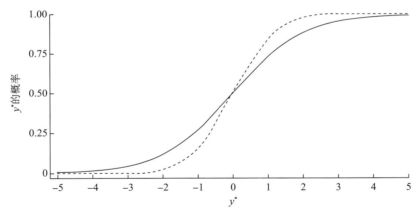

图 16.2　正态分布和对数分布的累积密度函数

注：虚线为正态分布累积密度函数，实线为对数分布累积密度函数。

尽管图 16.2 在计量经济学文献中很常见，但仍值得注意和解释。观察到的二元选择、差值 $y^* = \Delta EU$ 的潜变量结构与该指数 y^* 被观察到的概率三者之间构成了重要的统计学关系。在我们的应用中，y^* 指的是式（16.3）两个彩票的期望效用差值，当人们在估计一个前景理论模型时，它也可以指两个彩票的期望效用。这样把期望效用与实验所观察到的选择结果相联系，由此

得到式（16.4）。

因此，在给定期望效用理论和 CRRA 模型为真的条件下，观察到某个选择的概率取决于 r 的估计值。这里的统计模型包括累积密度函数（CDF）的形式，例如图 16.2 中所示的两个函数之一。如果我们暂时忽略那些无差异的选择，那么条件对数似然值将是：

$$\ln L(r;y,\omega,X) = \sum_i \{ \ln\Phi(\Delta EU) \times \mathbf{I}(y_i = 1) + \ln[1 - \Phi(\Delta EU)] \times \mathbf{I}(y_i = -1) \}$$

$$(16.5)$$

其中 $\mathbf{I}(\cdot)$ 为示性函数，$y_i = 1$ 或 -1 表示在风险偏好任务 i 中选择彩票 R 或 L，X 为反映年龄、性别、种族等个体特征的向量。参数 r 被定义为向量 X 的线性函数。

在大多数实验中，实验对象在一开始就被告知，做出无差异的选择意味着研究者会以掷硬币的方式来为他们做出决定。人们在无差异行的选择意味着选择 R 或 L 彩票的可能性各占 50%，因此修正后的似然估计为：

$$\ln L(r;y,\omega,X) = \sum_i \left((\ln\Phi(\Delta EU) \times \mathbf{I}(y_i = 1) + \ln[1 - \Phi(\Delta EU)] \times \mathbf{I}(y_i = -1) \right.$$

$$\left. + \left\{ \frac{1}{2}\ln\Phi(\Delta EU) + \frac{1}{2}\ln[1 - \Phi(\Delta EU)] \right\} \times \mathbf{I}(y_i = 0) \right) \qquad (16.5')$$

其中 $y_i = 0$ 表示无差异的选择。实际上，很少有被试选择无差异选项，但是这种形式的扩展可以适应这种可能出现的情况。[15]

潜变量也可以写成比率形式：

$$\Delta EU = \frac{EU_R}{EU_R - EU_L} \qquad (16.3')$$

潜变量的形式已经是 0 到 1 之间的概率，所以我们不需要进行 Probit 或 Logit 变换。霍尔特和劳里（Holt and Laury, 2002）也使用了该模型，稍后我们将进行一些模型修正的讨论。

哈里森和鲁特斯特朗（Harrison and Rutström, 2008）回顾了常用的统计软件 Stata 中的程序包和命令，该统计软件的程序包可用于估计这类结构模型和更复杂的非期望效用理论模型。实验经济学家写出了针对不同结构选择模型的极大似然估计程序。根据需要进行选择，就可以适用于分层调查、多次面板调查（聚类）[16]或异方差估计。

使用 CRRA 效用函数和式（16.1）至式（16.4），我们估计丹麦人口的 r

为 0.78，标准误差为 0.052，95% 的置信区间在 0.68 到 0.88 之间。这反映了丹麦成年人对风险的厌恶态度，与风险中性（$r = 0$）有显著不同。

　　基本模型的扩展很容易实现，这也是结构估计方法的主要优点。例如，我们可以很容易地扩展效用函数的形式，以允许不同程度的相对风险厌恶态度（RRA）。以萨哈（Saha，1993）提出的幂指效用函数为例，根据霍尔特和劳里（Holt and Laury，2002），幂指效用函数被定义为：

$$U(x) = \frac{1 - \exp(-\alpha x^{1-r})}{\alpha} \tag{16.1'}$$

　　其中，α 和 r 是要估计的参数，那么 RRA 就是 $r + \alpha(1 - r) y^{1-r}$，所以，如果 $\alpha = 0$，那么 RRA 是随着收入变化的。这个函数同时包含了 CRRA（当 $\alpha \to 0$ 时）和 CARA（当 $r \to 0$ 时）。哈里森等（Harrison et al.，2007）的文献中说明了幂指函数的使用模型。

　　把这个极大似然分析进行推广后，核心参数 r 成为个体或者任务的可观测变量的线性函数就变成很简单的事情。然后，我们将模型扩展为 $r = r_0 + \boldsymbol{R} \times \boldsymbol{X}$，其中 r_0 是固定参数，$\boldsymbol{R}$ 是与变量向量 $\boldsymbol{X}$ 中的每个变量相关联的效应向量。实际上，无条件模型假设 $r = r_0$ 并且仅需要估计 r_0。这一扩展显著增强了结构模型极大似然估计的吸引力，特别是对于不同被试构成的选择集，因为我们可以对任务或被试的可观测变量进行条件估计。

　　模型的另一个重要方面是允许被试犯一些错误。这里的错误指的是，在既定假设下，当一个彩票的 EU 超过另一个彩票的 EU 时，被试选择它的概率却不是 1。如果使用潜在的差值 ΔEU 和选择彩票概率之间的连接函数，那么这种假设是明确的；在使用了正态 CDF 时，这个连接函数就是 $\Phi(\Delta EU)$，我们展示在图 16.2 中。如果从期望效用理论的角度来看没有错误，那么这个函数就是一个阶梯函数，如图 16.3 所示。对于所有的 $y^* < 0$，函数值为 0；对于 $y^* = 0$，函数值为 0 到 1 之间的任意数值；对于所有的 $y^* > 0$，函数值为 1。

　　理论经济学家对 CDF 所提出的观点是绝对的：它以 1 或 0 的概率进行预测。似然方法要求模型以理论中所设置参数的某些值为条件，算出观察到实际选择的概率。然后，极大似然估计得出以最高概率同时产生所有观察数据的参数。对于二元选择任务和独立的观察点，样本的似然值只是给定模型和参数条件下每个选择的似然值相乘，而每个选择的似然值就是那个选择出现的概率。所以如果我们有一个概率为零的选择，或者说概率为百万分之一的选择，那么这个观察的似然值是没有被定义的。即使我们把选择的概率设为

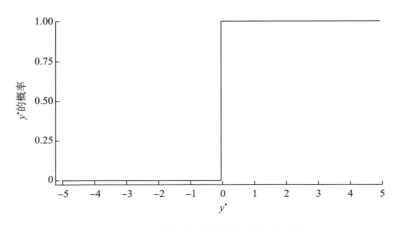

图 16.3 理论经济学家的累积密度函数

任意小的正值，对数似然值也会等于负无穷。我们甚至不用启动任何统计程序就能否定这个理论。

当然，这种做法适用于任何确定性预测的理论，包括期望效用理论。这就是我们需要一些理论表述的原因，即为了说明理论的确定性预测是如何转化为观察某一选择的概率的，我们也许还需要一些理论表述来说明结构化误差可能扮演的角色。[17]简而言之，人们不能将理论经济学家与计量经济学家的工作分开，并且需要对潜在偏好和实验观测结果的产生过程做出一些假设。这个假设与连接函数的数学形式有关，如式（16.1）中所述，但这些假设无法避免。风险厌恶也需要在随机误差项中进行定义，除非我们能够在系数估计值中进行定义。（Wilcox，2008，2010）。

通过改变图 16.2 中连接函数的形态，可以简单地对那些对于给定差异 ΔEU 更敏感的被试和不那么敏感的被试的行为进行设定。当然，这种简单的直觉并不是严格有效的，因为我们可以为某个被试选择任何的效用尺度。但是这个模型允许结构误差，并且对它们在不同的被试或任务中的不同形式做出了补充。

考虑霍尔特和劳里（Holt and Laury，2002）使用的结构误差模型，此模型起源于卢斯（Luce）。每对彩票的 EU 都由估计值 r 计算出来，如上所述，比率 ΔEU 被定义为：

$$\Delta EU = \frac{EU_R^{1/\mu}}{EU_L^{1/\mu} + EU_R^{1/\mu}} \tag{16.3″}$$

其中 μ 是允许期望效用理论模型中出现一些误差的结构性"噪声参数"。

ΔEU 的形式是一个累积概率分布函数，定义在噪声参数 μ 和彩票 R 的 EU 与两个彩票的 EU 之和的比率之上。当 $\mu \to 0$ 时，这个模型会变为确定性期望效用理论模型，此时选择就严格由两个彩票的 EU 决定。当 $\mu = 1$ 时，模型变为式（16.3′），选择一种彩票的概率直接由彩票 R 的 EU 与两种彩票的 EU 之和的比率给出。因此 μ 可以被视为一个参数，当它变大时，连接函数会变得平坦。这只是不同类型的误差设定方式之一，威尔科克斯（Wilcox，2008）对各种设定方式进行了详尽的综述。[18]

另外还存在其他重要的误差模型，这起源于芬克纳（Fechner），并由赫克和奥姆（Hech and Orme，1994）做出推广。此误差模型假定了一个潜变量：

$$\Delta EU = \frac{EU_R - EU_L}{\mu} \tag{16.3‴}$$

上式可用来代替式（16.3）、式（16.3′）和式（16.3″）。

威尔科克斯（Wilcox，2008）指出，如果一个人使用了芬克纳误差模型而不是卢斯误差模型，那么霍尔特和劳里（Holt and Laury，2002）中的 IRRA 证据将会更弱，甚至可能是不存在的。这个论断可以用霍尔特和劳里（Holt and Laury，2002）的原始数据进行检验，并且已被证明是正确的（Harrison and Rutström，2008）。

威尔科克斯（Wilcox，2010）提出的"情境误差"模型对行为误差的表述做出了重要贡献。它的设计允许对原始的"更随机的风险厌恶"进行推断，并避免使用芬克纳或卢斯模型及霍尔特和劳里（Holt and Laury，2002）的数据时得到的"残差颠倒"结果。它假定潜变量是

$$\Delta EU = \frac{(EU_R - EU_L)v}{\mu} \tag{16.3*}$$

而不是式（16.3‴），或者以

$$\Delta EU = \frac{\left(\frac{EU_R}{v}\right)^{\frac{1}{\mu}}}{\left(\frac{EU_L}{v}\right)^{\frac{1}{\mu}} + \left(\frac{EU_R}{v}\right)^{\frac{1}{\mu}}} \tag{16.3**}$$

来代替式（16.3″）。这里 v 是每对彩票（L 和 R）的一个全新的标准化形式。v 的标准化项定义了彩票对中所有奖项的最大效用减去彩票对中所有奖项的最小效用。原则上，v 的值会随着彩票的选择而改变，因此，它被称为"情境化"的。为了进行白噪声（Fechner 模型）的分析，需要对差项除以 v 以确保

标准化 EU 的差 $\left[\,(EU_R - EU_L)/v\,\right]$ 在单位 1 以内。

资产加总

实验经济学家和理论经济学家之间存在着一种矛盾，即如何对通过实验选择数据所估计的风险偏好做出正确解释。实验经济学家声称，他们提供的证据表明，投资者对小额经济激励存在风险厌恶。我们在这里所说的小额经济激励指的是 10 美元、100 美元，甚至数百美元的金额。但一些理论经济学家认为，从某种意义上说，这些估计是"无可信度"的。虽然理论经济学家们最初的论点被认为是对期望效用理论合理性的攻击（Hansson，1988；Rabin，2000），但现在很明显，这些问题对于非期望效用理论模型是同样重要的，或许也可以说是同样不重要的（Safra and Segal，2008；Cox and Sadiraj，2008）。

对可信度这个概念可以通过几个步骤来理解，虽然它们常常被简化成一个步骤。首先，有人进行了效用函数的点估计。这样的估计通常来自实验中观察到的选择行为的结果，可由选择行为的潜变量结构模型通过极大似然估计推断出来（Harrison and Rutström，2008）。对标准误差的估计通常并不包含正式实验开始之前的练习轮次。其次，通过一些辅助假设，研究者构建了一个彩票选择任务，在这个任务中，这些点估计值是基于彩票奖项计算得出的，并且通常包含至少一个彩票奖项远远大于其他彩票奖项的额度（Rabin，2000；Cox and Sadiraj，2008）。最后，研究者将这个构建的彩票选择任务看作一个"思想实验"，在某种意义上，它就像一个真实的实验，只是没有真正实现（Harrison and List，2004）。或许不进行这项实验的一个原因是，它有可能涉及巨额经济激励，但主要原因是，它预先假定人们的选择是确定的，从而在某种意义上不需要再进行实验检验。需要指出的是，通过初步实验数据估计的预测结果与思维实验的先验选择明显相反，这样的预测结果使得实验数据的估计因为不可信而被抛弃。

初步实验估计值通常是通过观察到的小金额实验选择来定义的，因此我们将这里的风险厌恶假设称为"小金额下的风险厌恶"。思想实验中的行为预测通常是针对经济激励很大的选择而进行的，这里的行为选择反映了"大金额下的风险厌恶"。因此，可信度可以被看作在两个金额范围内产生的观察结果（真实的和先验想象的）之间的矛盾和不一致性。问题并不在于被试必须对不同的奖励有相同的相对（或绝对）风险厌恶：因为即使是在效用函数使用"灵活"的函数形式时，也会出现这些矛盾。

　　对此，一种普遍的做法是，我们只关注小金额下的风险偏好，而不对实验所涉及金额范围以外的行为做出任何断言。这一做法表明，如果我们在更大的金额范围内进行估计，那么估计模型将反映该范围内的实际选择，但我们不能将风险厌恶估计应用于该范围之外。因为大部分经济学理论是根据收入的效用而不是财富的效用来构建的，所以这种方法有一定的局限性。当然，原则上也可以把个人收入定义为一个很大的数字，比如我们可以使用非常贫穷国家的被试，通过大额的预算进行实验（Harrison et al.，2010），也可以进行自然实验，如博弈节目（Anderson et al.，2008c）。

　　安德森等（Andersen et al.，2008a）采用的第二种方法是，假设被试的支出数据显示了他们的基线消费水平。

　　第三种方法是检验个体是否有能力在效用函数中加总资产。如果遵循考克斯和萨迪拉（Cox and Sadiraj，2006）的一般模型，允许收入和财富作为某些效用函数的参数，那么就不必假设效用函数的参数是收入或财富。我们可以假设一个组合函数以某种方式将两者结合起来，然后使用某个标准效用函数评估这个组合。例如，假设一个线性组合函数 $\omega W + y$，其中 W 是财富，y 是实验收入，ω 是要假设或估计的加权参数。我们也可以将 ωW 和 y 作为某种恒定替代弹性函数的输入值，以估计或假设 ω 和替代弹性。恒定替代弹性函数的方法允许存在零资产加总和资产完全加总的特殊情况，但问题是，在实际选择中，让"数据"决定这些值是多少，W 的估计值又是从何得来的？碰巧的是，从丹麦官方统计机构收集的数据中可以推断出 W。因而可以计算那些实验被试的财富和收入（这些事情在丹麦是可行的，具有适当的保密协议）并估计加权参数。安德森等（Anderson et al.，2011）提供的证据表明，ω 确实非常小，ωW 与 y 之间的替代弹性接近 1。[19]

贴现率

　　在实验经济学的许多设定中，我们希望从一组依赖于风险偏好的选择中计算出某种偏好。这通常涉及策略博弈，在这种博弈中，其他人的行为偏离理论预测的不确定性让每个玩家的收益变成了"彩票"。造成这些不确定偏差的原因有很多，例如，无法观察到的社会偏好、公平或互惠意识等。在最后通牒博弈中，当不能假定其他参与方总是愿意接受极少量的金额，且可接受金额的阈值可能不确定时，就会出现这种情况。在公共品博弈中，当其中一个玩家不知道其他玩家的搭便车程度时，也会出现这种情况。在信任博弈中，当一个玩家不知道另一个玩家会将总额中的多大比例返还给他时，或者在蜈蚣博弈中，当一个玩家不知道其他玩家什么时候会停止博弈时，都会出现这种情况。还有一种不确定性的来源是被试有做出错误决策的可能性，如随机响应均衡中预测的那样。哈里森（Harrison，1989，1990）与哈里森和鲁特斯特朗（Harrison and Rutström，2008）考虑在第一价格拍卖中使用风险偏好变量进行建模。

然而，在某些情况下，我们只是想从那些在策略上独立做出的选择中计算某一种偏好，但这些选择仍然在一定意义上依赖于风险偏好。安德森等（Andersen et al.，2008a）提出的一个例子是计算被试的贴现率。在这种情况下，重要的是效用函数的凸性，而在期望效用理论下，这种凸性代表了风险偏好。因此，风险偏好任务只是一个（方便的）工具，可用来推断确定性结果的效用。这就意味着我们应该把风险偏好实验和时间偏好实验结合起来，并用它们来推断效用的总贴现率。

在效用函数上定义贴现率

假设期望效用理论适用于风险替代品的选择，且贴现是指数的。被试在 M_t 和 $M_{t+\tau}$ 这两个收入选择上无差异，当且仅当：

$$U(\omega + M_t) + [1/(1+\delta)^\tau]U(\omega) = U(\omega) + [1/(1+\delta)^\tau]U(\omega + M_{t+\tau}) \quad (16.6)$$

$U(\omega + M_{t+\tau})$ 是在 t 时刻获得的货币收入 M_t 加上一些基础消费 ω 的效用，δ 是贴现率，τ 是到下一时期（$t+\tau$）的时间长度，而效用函数 U 是随时间可分且稳定的。等式（16.6）的左边是在 t 时刻所获得货币收入 M_t（加上基础消费）的贴现效用加上在（$t+\tau$）时刻零收入的贴现效用之和；等式右边是在 t 时刻零收入的贴现效用加上在（$t+\tau$）时刻获得的货币收入 $M_{t+\tau}$（加上基础消费 ω）的贴现效用之和。因此式（16.6）是无差异条件，而 δ 是贴现率，平衡两个货币收入 M_t 与 $M_{t+\tau}$ 和基础消费 ω 加总后带来的效用现值。

对贴现模型的大多数分析都隐含地假定个人具有线性效用函数。[20] 因此，可将式（16.6）写成更熟悉的形式：

$$M_t = [1/(1+\delta)^\tau]M_{t+\tau} \quad (16.7)$$

其中，δ 是使得两个货币收入 M_t 与 $M_{t+\tau}$ 的现值相等的贴现率。

显而易见，式（16.6）和式（16.7）是不一样的。当放松了决策者具有线性效用函数这个假设后，由詹森（Jensen）不等式显然可以看出，当 $U(M)$ 关于 M 为凹函数的时候，贴现率会下降。因此，如果不了解或没有假设个人贴现率的效用函数，就无法推断其水平。这一识别问题意味着，不能根据贴现率实验来直接估计贴现率，贴现率实验让被试在不同时点获得的现金流之间进行选择。如果要估计贴现率，还必须进行单独的实验来识别边际效用的递减程度。

因此，从理论到实验设计有一个明确的路径：在概念上定义贴现率之前，需要分析效用函数的非线性问题。这在计量经济学上也有明确的路径：需要联合估计效用函数的参数和贴现率，以确保贴现率的估计误差能正确地考虑参数的估计误差。换句话说，如果样本较少或参数识别情况较差，导致我们对效用函数的参数了解得不够精确，我们就必须使用一些方法来反映这种不精确性对贴现率估计值的影响。[21]

安德森等（Andersen et al.，2008a）就是这样做的，他们推断丹麦成年人口的贴现率远远低于假定线性效用函数的文献中的贴现率，如哈里森等（Harrison et al.，2002），他们估计相同目标人口的年化贴现率为 28.1%。考虑凹效用函数，他们得到了贴现率的点估计值为 10.1%，这明显低于相同样本假设线性效用函数时 25.2% 的估计值。这不仅证明了贴现率和边际效用递减在数学上可互替，因为两者都具有减少未来收益对当前效用影响的作用，它还告诉我们，从解释彩票选择任务的角度来看，这种凹效用函数的假设是合理的，因为贴现率的估计值更符合人们对市场利率的期望。[22] 为了评估经过调整的凹效用函数的统计显著性，我们可以检验这一假说：假设风险厌恶的贴现率估计值与假设线性效用函数的贴现率估计值是相同的。这个原假设很容易被拒绝。因此，边际效用递减对得到的贴现率有显著影响。

联合估计的必要性

我们可以写出被试所做选择的似然函数，并在式（16.1）中联合估计风险参数 r 和贴现率 δ。我们使用与霍尔特和劳里（Holt and Laury，2002）相同的随机误差模型，风险厌恶响应对总体似然值的贡献由式（16.5′）给出。

对贴现率的选择也采用了类似的模型。式（16.3）的两个子项在假设的贴现率下被每个子项的贴现效用所替代，式（16.4）是根据这些贴现效用而不是期望效用来定义的。选项 A 的贴现效用如下式：

$$PV_A = \frac{(\omega + M_A)^{(1-r)}}{1-r} + \frac{[1/(1+\delta)^\tau]\,\omega^{(1-r)}}{1-r} \qquad (16.8)$$

而选项 B 的贴现效用如下式：

$$PV_B = \frac{\omega^{(1-r)}}{1-r} + \frac{[1/(1+\delta)^\tau](\omega + M_B)^{(1-r)}}{1-r} \qquad (16.9)$$

其中 M_A 和 M_B 是被试参与的选择任务中的货币数额（如表 16.2 所示），假设效用函数是随时间平稳的。

在 r 和 δ 条件下，这些现值之间的差值可以定义为：

$$\Delta PV = \frac{PV_B^{1/\eta}}{PV_A^{1/\eta} + PV_B^{1/\eta}} \qquad (16.10)$$

这里 η 是关于贴现率的噪声参数，就像 μ 是关于风险厌恶的噪声参数。$\mu = \eta$ 这一点并不明显，因为这些是不同的认知任务。我们的猜想是，要完成风险厌恶任务是比较困难的，因为不同于贴现率任务只涉及两个结果，风险厌恶任务涉及四个结果的互相比较，所以我们认为 $\mu > \eta$。误差项是所有未知影响因素的总和，它们定义了模型的未知部分，我们设定误差项在风险任务和贴现率任务之间可以有所不同。

表 16.2　6 个月时间间隔的贴现率实验报酬

报酬选择	选择 A 的报酬（在 1 个月后支付以下款项，DKK）	选择 B 的报酬（在 7 个月后支付以下款项，DKK）	年利率（%）	有效年利率（%）	更偏好的报酬选择（圈 A 或 B）	
1	3000	3038	2.5	2.52	A	B
2	3000	3075	5.0	5.09	A	B
3	3000	3114	7.5	7.71	A	B
4	3000	3152	10.0	10.38	A	B
5	3000	3190	12.5	13.10	A	B
6	3000	3229	15.0	15.87	A	B
7	3000	3268	17.5	18.68	A	B
8	3000	3308	20.0	21.55	A	B
9	3000	3347	22.5	24.47	A	B
10	3000	3387	25.0	27.44	A	B

续表

报酬选择	选择 A 的报酬（在 1 个月后支付以下款项，DKK）	选择 B 的报酬（在 7 个月后支付以下款项，DKK）	年利率（%）	有效年利率（%）	更偏好的报酬选择（圈 A 或 B）	
11	3000	3427	27.5	30.47	A	B
12	3000	3467	30.0	33.55	A	B
13	3000	3507	32.5	36.68	A	B
14	3000	3548	35.0	39.87	A	B
15	3000	3589	37.5	43.11	A	B
16	3000	3630	40.0	46.41	A	B
17	3000	3671	42.5	49.77	A	B
18	3000	3713	45.0	53.18	A	B
19	3000	3755	47.5	56.65	A	B
20	3000	3797	50.0	60.18	A	B

在期望效用理论、CRRA 和指数贴现的模型条件下，给定 ω 的假设值和观测值，人们做出贴现选择的概率取决于 r、δ、μ 和 η 的估计值。[23] 如果我们忽略被试的无差异反应，条件对数似然值是：

$$\ln L(r,\delta,\mu,\eta;y,\omega,X) = \sum_i \{\ln\Phi(\Delta PV) \times \mathbf{I}(y_i = 1)$$
$$+ \ln[1 - \Phi(\Delta PV)] \times \mathbf{I}(y_i = -1)\} \qquad (16.11)$$

这里 $y_i = 1$ 或 -1 再次表示在贴现率任务 i 中选择 B 或 A，而 X 是描述个体特征的向量。于是，涉及风险厌恶与贴现率的观测值的联合似然可以写成：

$$\ln L(r,\delta,\mu,\eta;y,\omega,X) = \ln L^{RA} + \ln L^{DR} \qquad (16.12)$$

其中 L^{RA} 是由式（16.5′）定义的，而 L^{DR} 是由式（16.11）定义的，该表达式可以用标准的方法进行极大似然估计。

经验教训

在丹麦进行的风险偏好和时间偏好研究中，我们能够积累一些方法论和实践经验。这些都是我们多年来思考理论、实验设计和计量经济学如何相互影响和相互约束的经验总结。

人为实地实验的作用

哈里森和利斯特（Harrison and List，2004）不遗余力地指出，与传统的实验室实验相比，实地实验通常需要面对许多方面的变化。这些变化涉及被试构成、商品类型、环境、信息、经济激励大小、被试的文化程度等。我们的问题是，当在实地观察到的行为与在实验室中观察到的不同时，是哪些因素导致了这种不同呢？或者，实地实验环境中不同组成因素之间是否存在抵消效应？在有些情况下，出于特定的研究目的，我们并不关心这些因素，但通常情况下我们是非常关心的。原因在于，关于行为差异的"故事"或"叙事"与行为理论中的某些结构有关。例如，有些人认为在实地实验中被试会做出更理性的行为，而非理性行为主要局限于实验室实验中。[24]尤其是，他们认为被试会在实验室实验中表现出明显的利他主义，但这一点很少在实地实验中发现。或者说，现实中的"市场交互"解决了一切非理性的问题。这些说法有些夸张，但最近的一些文献中关于二者关系的观点与之很类似。

哈里森和利斯特（Harrison and List，2004）所提出的"人为实地实验"的关键作用是，它建立了一个从实验室到实地的桥梁，其最简单的步骤是这样的：从方便易得的大学生被试出发，逐步改变被试的组成。这一步骤虽然在概念上很简单，但实施起来并不总是简单的，特别是我们希望研究具有代表性的大量居民被试样本，而非那些可以方便地在贸易展或其他地点聚集出现的、具有显著特征的子样本。对我们来说，这些实验是应该被描述为实验室实验还是实地实验，并不是真正值得关注的问题，关键是要看到这类实验填补了从实验室到实地之间连续变化过程中的空白，有助于我们更好地理解人们的行为。

为了说明这个过程，我们需要考虑实地实验中的风险偏好。我们在"风险厌恶"部分回顾了在丹麦进行的实地实验，很好地说明了从实验室迈向实地的第一步所涉及的问题。但要走得更远，需要的不仅仅是"离开教室"和在大学环境之外招募被试。就被试构成而言，这意味着要找到在不同程度上面对不确定性的被试群体，并尝试衡量他们面对不确定性时的真正态度。此外，它还意味着研究者需要开发出更接近被试先前的实验体验，以便他们做出更真实的选择。它还意味着需要使用被试熟悉的语言沟通方式去讲解随机性。在这种情况下，人为实地实验与实验室实验的差别在于同时改变了被试招募、激励环境等几个方面，并在这些方面与实地实验保持一致。哈里森等

（Harrison et al., 2007）和菲奥里等（Fiore et al., 2009）在不同的变化程度上进行了这样的实验研究。从实验设计上讲，每一种变化都是局部的，这样人们就能更好地理解这些变化对行为的影响。毕竟，这就是变量控制的本质，也是我们所使用实验方法的本质。[25]

要了解从实验室实验进入实地研究需要考虑的问题，我们需要注意个人的"背景风险"对于测量特定"前景风险"的态度的重要性。在许多现实环境中，如果不考虑被试如何看待实验中的风险与其他现实风险之间的关联，就不可能人为地识别对某个风险源的态度。例如，各种职业的死亡风险往往与其发病率风险高度相关。这个令人沮丧的事实是说，那些没有直接杀死你的东西往往不会使你更强大，而是会伤害你。在实验中研究某种风险的高低水平时，没有与另一种风险的高低水平相关联，就直接询问被试对某种风险的态度是不合理的。一般来说，职业风险的问题不适合以受控的方式进行实地研究，尽管存在少数例外，如哈里森等（Harrison et al., 2007）所示。

类似地，有大量文献说明了如何使用实验室实验来校准假设的实地调查，以消除估值中的"假设偏差"，参见哈里森（Harrison, 2006）的综述。在这种情况下，实地实验和实验室实验互补的价值不在于我们可以在实验室实验中施加良好的人为控制，而在于这种互补能够解决实地实验中由商品的人为属性造成的问题。例如，当有人问你是否愿意支付100美元以降低全球变暖的风险时，你应该如何理解你实际支付购买的东西是什么？在这种情况下，根本无法在自然发生的实地实验中研究这种购买行为，或以任何一种完全清楚明白的方式来进行实地实验。因此，在完全不同的私人物品实验中，假设偏差的证据可以用来校准通过实地实验得到的反馈。例如，如果女性在假设和真实的实验室实验中总是做出相同的估值，而男性在实验室给出的估值却总是真实情况下的两倍，那么，如果知道被试的性别，就肯定有一些依据来调整实地实验的假设。布莱克本等（Blackburn et al., 1994）在这一领域引入了校准的概念，它正式明确了将实验室环境中获得的先验证据用于对实地调查进行调整的统计过程。

关于实验室实验与实地实验的争论

通过人为实地实验案例得出的必然结论是实验室实验和实地实验之间具有互补性。这个主题曾是哈里森和利斯特（Harrison and List, 2004）研究的前沿和中心，但似乎在随后的一些推广实地实验方法论的综述中被模糊化了。

这种互补性的一个例证来自我们的工作，并且受到理论模型、实验设计和计量经济学相互依赖观点的推动，从而产生了许多可以在实验室中进行最有效研究的假设。即使有人愿意这样做，完全在实地进行流程测试和干预通常也是笨拙且低效的。有效的组合是在实地实验中研究那些重要的干预组，并在实验室中研究不太重要的干预组。当然，这涉及对"重要"的判断，而我们则经常被经济理论、文献中的证据与计量经济学识别的需要所引导。我们在自己的工作中从一开始就小心翼翼地仔细考虑实验室实验和实地实验之间的平衡。我们期望许多其他人也会这样做，那些认为实地实验普遍优于实验室实验的错误想法将会得到改变。

在我们的工作中，还有几个例子能说明这种互补性。在一个案例中，我们使用实验室实验来评估我们在实地实验中引入的 iMPL 实验设计的性能。在实验室中，我们可以考虑将这种方法与其他方法进行对照比较，看看使用 iM-PL 会产生什么偏差（Andersen et al.，2006）。因为将所有这些偏差直接带入实地中将会造成很多问题。

在另一个例子中，我们关注的是风险偏好实验中样本自选择效应的可能性，即实验经济学文献中讨论过的所谓"随机化偏差"。[26]如果被试知道参与实验可能需要面对随机化选项，并且他们对风险的态度是异质的，那么人们就会有更大机会在实验中看到风险厌恶程度较低的被试。但在实验经济学中，我们可以用固定的、非随机的出场费来研究这种影响，那么净效应是什么呢？事实上，我们在进行上一代实地实验后才想到这一点，但可以用同样的方法快速评估实验室中那些关键的实验设计（Harrison et al.，2009）。为了找到样本自选择效应的证据，我们将在下一代实地实验中进行相关的实验设计以开展评估。

丹麦人偏好纯酸奶，而不是葡萄酒或奶酪

我们很清楚，对丹麦来说，政策结果同政策本身一样重要，也许这在方法论上也是重要的，但这些结论也许不能轻易地应用到其他国家的居民身上。就我们的工作而言，我们在丹麦以外的研究工作有许多涉及发展中国家，而这些国家之间的差异是巨大的。我们期望看到更大的异质性、更大的不稳定性，同时，我们也强调我们开发的工具依然可以得到普遍应用。

举一个重要的例子，考虑一下风险偏好的跨时间"稳定性"可能意味着什么。这是否意味着随着时间的推移，每个被试的风险偏好的无条件估计是

相同的？即使给定人群的总体分布保持不变，个体的风险偏好随着时间推移是否也会出现在分布的不同部分？或者说，即使风险偏好或分布是个体某些自然生活状态的固定函数，其可能也会随着时间的推移而改变？在后一种情况下，我们认为影响自然生活状态的因素是健康、婚姻状况和家庭组成等，风险偏好可能是这些状态的确定函数，但在无条件估计时，风险偏好却可能是不确定的。我们使用面板实验设计，在丹麦正好检验了这个问题（Anderson et al.，2008b）。我们发现，偏好总体上是稳定的，但需要注意的是，这个结论是仅仅对丹麦文化中"纯酸奶"偏好性质的反映，还是对其他国家风险偏好更普遍性质的反映？个人经验可能促使我们做出猜测，但只有来自新实验的数据才能证实这种猜测。重点是，面板方法以及关于自然生活状态的问卷调查方法，也是适用于丹麦以外其他国家居民的一般化研究方法。

风险偏好的非期望效用理论模型和贴现的非指数模型：菲斯汀·伦特（Festine Lente）

一些文献提出了关于风险偏好和时间偏好的实证证据，我们严重怀疑这些证据的普遍性和稳健性。许多实证证据是通过观察选择的"模式"得到的，而不是通过估计结构参数和统计检验得到的。根据某些无条件半参数检验，对选择模式的检验很有可能得到统计上的显著差异，但这与很多基础结构模型是一致的。当我们试图用"行为偏误"的故事来扩展这些模型时，情况尤其如此。举个简单的例子，在原始前景理论到累积前景理论的差别上，对一阶随机占优的违背在一定程度上可以用误差识别来解释。有人可能不愿意这样解释，我们也不提倡把它作为一般性的计量分析策略，但重点是，关于行为模式的推断与关于潜变量的结构模型的推断并不完全相同。

另一个问题是，大量的证据表明期望效用理论或指数贴现模型存在问题，这些证据来自使用大学生样本的实验室实验。由于从实地实验中收集的证据相对较少，因此我们使用不同的研究工具以及在被试的决策环境中更自然的研究方法（实地中的实验室实验），从人群中收集了更广泛的样本。我们并不否认"学生也是人"，只是指出他们有一系列独特的人口特征，这些特征对于政策推断（Anderson et al.，2010）具有重要意义。学生的特征也可能反映了与当前实验任务相关的不可观测的样本自选择效应，这一问题也许仅在使用大学生样本时出现。

此外，我们的工作对以前检验的一些推论性假设提出了怀疑。混合模型估计（该模型估计允许通过两个或多个数据生成过程来解释所观察到的行为）清楚地表明，任何常见模型都不能完全解释人们的行为。安德森等（Anderson et al.，2008a）考虑了指数贴现和双曲贴现的混合模型估计，发现72%的选择更适合用于指数贴现模型。[27]这项混合概率的模型估计在统计值上与0或50%都有显著差异。同样，哈里森和鲁特斯特朗（Harrison and Rutström，2009）在实验室环境中发现了对期望效用理论和前景理论大致相同比例的数据支持。哈里森等（Harrison et al.，2010）在印度、埃塞俄比亚和乌干达的人为实地实验中发现了对期望效用理论和秩相关效用模型大致相同比例的支持。科勒等（Coller et al.，2012）在实验室中发现了对指数贴现和拟双曲贴现的大致相同比例的支持。

混合模型的关键是改变看待数据的方式，从另一个角度提出新的研究问题。以前的计量经济学分析提出了一个问题：如果通过一个数据生成过程来解释这些数据，那么估计的参数值是什么？它们是否支持非标准模型识别？最简单的有限混合模型将此研究问题更改为：如果允许通过两个数据生成过程来解释数据，那么每个生成过程所占比例是多少？估计的参数值是多少？我们可以想象，如果人们只是想要一个"最佳"模型，那么前一个问题是不可避免的。单一模型限制了我们找到决策过程异质性的证据，而我们倾向于尽可能避免这种对研究的限制。[28]混合模型的具体实现和解释也存在一些问题，但这些问题与它们能提供的主要观点无关。[29]

通常会有一些简单的函数识别问题只能通过结构模型来研究。例如，当被试将一个未观察到的"自身参考点"带到实验任务中，而研究者试图推断出损失厌恶的衡量标准时，会发生什么？换句话说，如果被试理性地期望不仅仅是得到出场费，那会怎么样？答案是，一个人会根据自己的假设对损失厌恶的程度做出极其敏感的猜测，这一点很常见（Harrison and Rutström，2008）。在实地实验中这可能会是一个更加严重的问题，因为自身参考点会更加多样化。另一个例子是，关于期望效用理论的一些检验是建立在假设被试使用非常严格的函数形式的基础上的。格尼茨和波特（Gneezy and Potters，1997）对短视厌恶损失的检验就是基于这样的假说：CRRA 及其"违背期望效用理论"的模型可以简单地用一个允许随实验奖励大小而变化的风险偏好幂指模型来解释（Harrison and Rutström，2008）。所以最初的实验证据确实显示了对 CRRA 模型的违背，但这并不是一件令人兴奋的事情。

我们不想夸大标准模型的问题。在一些任务中，我们确实发现一些证据表明某些被试的行为与期望效用理论和指数贴现模型中通常假设的行为不同，只是证据并不像许多人所说的那样单一。

进行估计，而不是直接获取

当我们开始研究时，我们致力于设计能够更直接、更准确地测度风险偏好和时间偏好的实验工具。我们前面讨论过的关于 iMPL 的工作完全是出于这个目标：提升获取真实风险偏好或贴现率的精度。我们当然相信这些实验程序可以实现这一目标，但我们的目标很快就从"设计更好的捕鼠器"转向"了解老鼠本身"。也就是说，我们发现，这些问题要求采用结构估计，如果没有其他原因，应该能够对效用函数中的贴现率任务（风险偏好任务）进行条件推断。从经济学理论和计量经济学逻辑上讲，利用与效用函数估计中的误差项和贴现率估计中的误差项相关的全部信息进行极大似然估计只是一个案例，对联合估计的需求比这些例子要普遍得多。关于拍卖竞价的推断、关于从合理积分规则中获取的主观信念的推断、关于社会偏好的推断，以及关于带激励（定义为效用）博弈行为的推断，所有这些都需要考虑个体效用函数的设定。的确，越来越多的证据表明，如果仅考虑非线性的效用函数，推断结果就会产生巨大的差异。[30]那些通过实验任务设计就能精确地了解个人在实验任务中想什么的日子已经一去不复返了。

我们也看到，利用实验数据进行变量的结构模型估计与利用实验对理论进行比较静态的检验并没有矛盾。当我们进行后者而不是前者时，经济理论"起作用"的推论只是一个推论。[31]如果要理解某些比较静态结果的经济学意义，我们需要知道基础理论的哪些部分被错误地设定了，以及是否需要向理论中添加更多的"灵活"变量。如果模型推理不仅仅是黑盒子中的行为因素，那么除了从描述性角度了解比较静态之外，还需要用计量经济学的知识加以补充。

虚拟实验——实验室实验和实地实验间的桥梁

目前人们普遍认为，参与者的认知限制会影响他们的行为。尽管从传统经济学理论的角度来看，"认知框架"是非理性行为的根源（Kahneman and Tversky，2000），但实地指示和决策过程中的环境线索是不可缺少的要素，并且能够帮助克服这种认知限制（Ortmann and Gigerenzer，1997）。"生态理性"这一概念概括了一些学者的基本观点，他们认为启发式是有潜在价值的决策工具（Gigerenzer and Todd，1999；Smith，2003）。按照这种观点，认知是在特定的决策环境中演化形成的。若演化是由生态适应性推动的，那么所得到的认知结构，例如决策启发式，在这些环境中是有效而精确的。但当它们应用到新的环境中时，往往会出现问题。

至少有其他两个研究项目提出了类似的观点。格利姆彻（Glimcher，2003）继马尔（Marr，1982）之后描述了一个研究项目，该项目主张将人类的决策理解为一个完整的生物系统的功能，而不是一系列反应机制。作为一个生物系统，他认为决策功能的演化是为了适应特定的环境。克拉克（Clark，1997）从认知过程中使用的所有工具（包括身体内和身体外）的角度来定义，认为认知不仅是大脑的延伸，也是整个身体的延伸。现实环境中的线索可以视为这一认知过程的外在因素。在理解进行决策的被试与研究环境之间的互动关系时，行为经济学家应该关注这些研究环境及其互动的意义。也就是说，我们必须关注经验学习在特定领域、特定线索下的作用，以及它是如何影响决策的。

实地线索在认知中的作用为支持实地实验（而不是实验室实验）提供了论据（Harrison and List，2004）。除了在实地实验中，你还能在自然环境中利用决策者所依赖的现实环境的线索来研究他们吗？如果有人认为实验室环境是不可信赖的（Levitt and List，2007），那么我们实际上是在挑战这一观点。诚然，实验室实验传统上使用的是人为的和程式化的任务，并没有现实环境线索，但在为假设检验提供必要的控制方面，实地实验也有一些缺点，而事先认识到这些缺点同样重要（Harrison，2005）。最重要的是，在现实环境下，对实验进行必要控制的能力比在实验室有限得多，设定许多反事实场景的能力也是很有限的。此外，在实地实验中招募被试通常也难以避免对样本自选择效应的控制。实际上，在许多情况下，样本自选择的自然过程本身就提供了有趣的干预（Harrison and List，2008）。然而，实地实验意味着我们必须将样本与所有不可观察的变量混杂在一起，并假定它们与被度量的行为之间没有相互作用。另外，与实验室相比，实地实验生成数据的成本可能要高很多。

出于所有这些原因，我们再次将实验室实验和实地实验看作互补的，这是哈里森和利斯特（Harrison and List，2004）贯穿全文的主题。正确理解决策过程需要同时使用两者。虽然实验室实验更好地产生了内部有效性，同时对假设检验所必需的条件进行了控制，但实地实验更能产生外部有效性，包括了自然现实环境的线索。

菲奥里等（Fiore et al.，2009）提出了一种新的实验，即虚拟实验，它有可能同时产生实验室实验的内部有效性和实地实验的外部有效性。虚拟实验是一种在受控的实验室环境中进行的实验，使用典型的实验室或实地被试，使用虚拟现实技术生成的现实环境线索。该实验可以用于典型的实地被试，例如某些决策领域的专业人士，或典型的实验室样本，例如学生被试。虚拟实验能够很好地模拟理论模型的显性和隐性假设，从而提供严密的理论检验，产生内部有效性，它还能够复制过去的实验条件，对辅助假设或经验假设进行稳健性检验。虚拟实验也可以产生外部有效性，因为可以在模拟的现实环境中进行观察。此外，任何动态的场景都能以一种真实且物理上一致的方式呈现，使得交互对于参与者来说显得很自然。因此，虚拟实验在实验室和现实环境之间架起了一座桥梁，使研究人员能够顺利地切换，看看每种行为变化的特征是什么。虚拟实验是一种前沿的方法论，用以前不可能的方式整合实验室和实地研究，从而促进人们的理解达到新的水平。为了响应其他人对这种整合的呼吁，我们认为"研究必须在各种环境中进行，从人为实验室到自然实验室，再到自然环境本身"（Hoffman and Deffenbacher，1993）。

虚拟实验的潜在应用有很多。除了可以模拟实际政策，还可用于研究野外防火政策（Fiore et al.，2009）。它还可以用于模拟在大量实地数据分析中假设的环境。例如，估算环境商品的常见方法包括旅行成本法（Travel Cost Method，TCM）、房地产定价方法（Hedonic Price Method，HPM）和状态选择方法（State Choice Method，SCM）。为了模拟 TCM，我们为参与者提供不同的旅行选项，并观察在不同的自然环境下他们会做出哪些选择。为了模拟 HPM，我们可以为参与者提供不同的房地产选项并观察购买行为，或者仅仅观察不同的定价行为（Castronova，2004）。为了模拟 SCM，参与者可以通过自然模拟体验不同的选项。对于所有这些类型的场景，虚拟实验最强大的应用是对策略变化后的动态效果做出连续的展示。正确认识和体验长期影响，应该能够帮助改进那些具有长期影响的短期决策。

在野外防火政策的应用中，我们使用的是被试的实际选择，这些选择会产生实际的经济后果。参与者有两种选项：一种选项是延续目前的防火政策，另一种是增加计划性焚烧政策。参与者在每项政策下体验两个火灾季节的情景，然后在两者之间做出选择。在延续现行防火政策的情景下，火灾将会爆发，平均而言会造成更大的破坏，而且火灾强度也有很大的增加。因此，该选项向参与者提供的是预期价值较低的风险博弈。另一种选项提供了相对安全的博弈，具有更高的预期价值，但实施计划性焚烧政策会增加非随机成本。我们可以在虚拟实验中设置支付参数，以估计人们的支付意愿（Willingness to Pay，WTP），从而为实际的防火政策提供帮助。然后，可以将实验中的 WTP 值与通过常见的条件估值方法得出的估计值进行比较，以验证两种防火政策是否有显著的差异。另外，也可以操纵实验中的收益参数，获得实验数据后能使研究者估计选择模型的参数，如风险偏好、损失厌恶和概率。

综上所述，我们将虚拟实验作为实验经济学的一种新工具来使用，重点放在解决人们关于实验室实验和实地实验的方法论争议上。

结　语

我们热爱实验经济学，因为它具有一种独特的能力，使理论经济学家和计量经济学家可以直接面对他们感兴趣的实际经济行为。虽然理论模型声称在实际中有意义，但它们从未真正接近实际的情况，甚至在严格根据理论进行实验设计之后，也不能得出现实世界中那些真正值得关注的重要变量。这一研究需要对实验经济学家使用的工具进行适度的扩展：

（a）进行实验设计，使用实验任务来确定所有理论机制的"灵活"参数；

（b）使用被检验的结构模型，算出被试行为的似然值。在现代经济学中，这些都是可行且容易理解的做法。

所以，把实验室实验和实地实验结合起来是很自然的。在考虑研究的新领域时，如主观信念的获取和对不确定性厌恶的测度，我们之前从没想过要首先进行一项实地实验设计。事实上，实地实验同样适用于那些我们认为很难投入实际应用的旧研究领域，如"社会偏好"、"信任"和"损失厌恶"，但我们的这种认识显然并不完全正确。在任何情况下，研究的有效性都要求我们把实验室和现实环境结合起来。的确，实验室实验和实地实验可以被不同程度地替代，但是我们可以想象，很多经济学的研究领域都能从两者的结合中获益。

注释

史蒂芬·安德森（Steffen Andersen）和梅隆尼·沙利文（Melonie Sullivan）为这里讨论的研究做出了重要贡献。我们感谢美国国家科学基金会对项目 NSF/HSD 0527675 和 NSF/SES 0616746 提供的研究资助，我们感谢丹麦社会科学研究理事会对项目 24 – 02 –0124 和 275 –

08－0289 提供的研究支持。

1. 从 20 世纪 70 年代开始，在彼得·博姆（Peter Bohm）多年开创性工作的基础上，越来越多的文献报道了在大学实验室之外进行的实验。杜芬伯格和哈里森（Dufwenberg and Harrison，2008）对他的动机进行了评价："早在实验室实验成为经济学家的方法论武器之前，彼得就被吸引去进行了实地实验。正如一些实验主义者不理解人们为什么会问一些没有实际经济后果的问题，或者过于在意这些问题的回答一样，彼得开始进行实地实验，仅仅是为了回答他感兴趣的问题。他做实地实验，不是因为在实验室实验领域有任何挫折感，也不是因为对实验室实验的方法论有担忧。对他来说，实验有实地参照才有趣，这一点是显而易见的。他后来对实验室实验和实地实验之间的方法论差异产生了兴趣，这是在他发表了对实地实验领域具有开创性贡献的文献很久之后。"由于根据程序、情境和被试库的不同，实地实验的种类繁多，因此实地实验的术语已经得到了扩展，包括"人为"之类的修饰语。我们将只讨论两种实验：（a）传统的实验室实验，使用的是易得和成本低廉的学生样本；（b）使用不限于学生样本的人为实地实验。在（b）类实验中，任务与呈现给学生的实验任务类似，但通常必须根据被试库在认知和术语方面的需求进行调整。在这里，我们将简单地使用"实验室实验"这个标签来指代那些在学生样本上进行的实验，而用"实地实验"来指代那些基于更广泛样本的实验。

2. 参见德斯冯斯基等（Desvousges et al.，1999）。对信息的限制可能来自对行为或客观关系建模的固有困难，短时间框架下的模型必须得到进一步发展或应用，或者两者兼而有之。

3. 收入中性是根据实际政府收入来定义的，并不意味着福利中性。

4. 例如，如果将替代弹性的经验分布设定为正态分布（均值 1.3，标准差 0.4），则 95% 的随机抽取将在均值 $\pm 1.96 \times 0.4$ 之间。因此，在随机抽取的过程中，很少会看到替代弹性值大于 3 或 4。

5. 该范围由第 25 和第 75 百分位数定义，代表了围绕中位数的一半样本数量的观测值。

6. 哈里森等（Harrison et al.，2002）解释了计算这些补偿支付的方法。它对应的是一种程式化的政治性平衡行为，人们在设计这样的公共政策时经常会在幕后进行这种考虑。

7. 例如，如果对初始间接税较大产品的需求弹性高于默认需求弹性，那么对于任何给定的要素收入，家庭可以更容易地替代该产品，并且享受到更高的实际收入。

8. 在对样本自选择效应的统计分析中，我们控制了地区和被试招募场次的因素。与该国其他地区相比，哥本哈根大区的招募回应率更高。这些实验是在丹麦经济和商务事务部的主持下进行的，居住在哥本哈根大区以外的人可能会对政府雇员产生疑虑，因此较少回复我们的邀请函。

9. 第一个人患有痴呆症，不记得实验说明；第二个人是一个 76 岁的女人，她无法控制鼠标，最终放弃了；第三人刚刚在帆船比赛中获得了世界冠军，并且因忙于接受媒体采访而停留了两个小时；第四个人被送回家，因为他是在实验开始后到达的，我们已经有了一个意外"走进来的人"来填补他的位置。

10. 某些事件可能会导致一些被试的缺席，例如，在 2003 年 6 月 11 日晚上，有三名男子没有出现，但那时是丹麦国家足球队在欧洲杯资格赛对阵卢森堡队，我们选择实验日期的时候没有考虑这场比赛的日程。

11. 我们假设被试的效用函数仅仅与实验任务的奖励相关。我们将在下面讨论这个假设。

12. 也就是说，如果有人在某个阶段决定在概率 0.4 和 0.5 之间从选项 A 切换到选项 B，那么 iMPL 的下一阶段将提示被试在此区间做出更多选择，概率每行变化 0.01，一直从 0.40 增加到 0.50。iMPL 用计算机实现了对实验阶段的数量限制以确保选择超过某个先验的认知阈值（例如，概率变化为 0.01）。

13. 根据我们的经验，被试对计算机生成的随机数持怀疑态度。考虑到其他学科的许多实验者都有欺骗的倾向，我们尽可能避免使用计算机产生的随机化结果。

14. 在一个重要的方面，联合估计可以被看作全信息极大似然（FIML），因为它使用理论上的整套结构方程来定义总体似然值。

15. 我们对无差异选择的实验使用了由帕普克和伍德里奇（Papke and Wooldridge，1996）为分类因变量开发的模型。或者，我们可以效仿海伊和奥姆（Hey and Orme，1994）的做法并引入一个新的参数 t，以反映这样一种想法：当被试显示出对两种彩票偏好程度的差异潜变量绝对值低于某个阈值 t 时，某些被试表示两种彩票是无差异的。这是一个很自然的假设，尤其是在他们进行的实验中，实验对象被告知无差异选择的结果将由实验者来决定，但没有被告知实验者将如何决定。虽然它增加了一个需要被估计的参数，但这是有充分理由的。

16. 在全国实地调查中，聚类现象通常出现在抽样调查中，因为通常抽样调查的对象都是距离较近的家庭，这样可以节省时间和金钱，但也可能出现在更为简单的抽样程序中。例如，威廉姆斯（Williams，2000）指出，它可能最早来自牙科研究，即"从一组病人身上收集数颗牙齿的数据"或"在同一个人身上观察到的重复事件或重复测度"。聚类回归程序是指允许聚类之间和聚类内部的异方差，以及聚类内部的自相关性。它们与流行病学中面板估计的"广义估计方程"方法密切相关（Liang and Zeger，1986），并且推广了计量经济学中流行的"稳健标准误"方法（Rogers，1993）。伍德里奇（Wooldridge，2003）回顾了在面板效应中使用聚类标准误的一些问题，注意到很少的面板数据可能会带来严重的推断问题。

17. 如果我们分别重新解释图 16.2 和图 16.3 所示两种策略的期望（效用）收益的最优响应函数，那么在策略模型下，完全相同的直觉将把我们从纳什均衡引向随机响应均衡。这两个模型在极大似然估计方面的唯一区别是，均衡条件对两个或多个参与者观察某些选择的概率进行了限制。

18. 一些模型将误差设定于随机性彩票的最终选择上，即在被试决定哪一个彩票具有更高的期望效用上；有些模型将误差设定在完成选择前的个体偏好上；有些模型甚至将误差设定在每个彩票的期望效用上。

19. 瑞利（Reiley，2015）问道："在实验中，我们衡量的是关于实验收入的效用吗？是关于年收入的效用吗？还是不同家庭财富水平的效用？尽管在这项研究中没有明确假设这一点，但研究人员经常假设这些不同类型的风险偏好是相同的。我希望我们能更清楚我们所做的这些假设。"我们的讨论表明，相关文献实际上已经明确了这些问题，并且在检验不同的假设方面取得了进展。

20. 有关这一假设的明确表述，请参见科勒和斯特拉塞（Keller and Strazzera，2002）和弗雷德里克等（Frederick et al.，2002），这一假设通常隐含在应用工作中。我们偶尔会提到效用函数的风险厌恶和凹性，但凹性才是核心（对于非期望效用理论模型，这两者可能有所不同）。

21. 的确，我们必须依赖关于效用函数、概率加权函数和贴现函数的结构性假设，才能得出推论。这些假设可以在更灵活的情况下，甚至在非参数的版本下（Harrison and Rutström，2008）进行检验，并且这些假设已经得到验证。关于误差模型的结构性假设也引发了类似的争论，正如安格利斯特和皮斯科可（Angrist and Pischke，2009）的著作《基本无害的计量经济学》的书名所示。但这是一种很普遍的错觉，认为人们可以安全地忽视所有的结构性假设并进行计量推断，参见基恩（Keane，2010）和利默（Leamer，2010）对这种错觉的猛烈抨击。

22. 重要的是要认识到，对贴现率的估计来说，重要的不是风险偏好而是对边际效用递减程度的估计。这种设定可以使研究人员观察到人们对长期货币流的选择，从而对效用的贴现率进行条件推断。从具有风险偏好的彩票任务选择中推断效用函数的贴现率是很直接的想法。例如，瑞利（Reiley，2015）指出："……一个重要的观察结果是，对时间偏好的一致估计依赖于对个人风险偏好的测度。"他的意思是，风险偏好和时间偏好之间的联系是某种黑盒子中的行为联系。但事实上正相反，它是正确理论的直接反映（例如，贴现率是根据时间上的效用流来定义的）。我们设计实验来估计理论上正确的东西，理论决定了人们是在实验室还是实地进行什么样的实验研究。例如，如果风险偏好最好是用对偶的理论模型进行描述，其中效用函数是线性的，但决策者会低估小概率事件，结果会怎样？在这种情况下，风险偏好本身不会对贴现率的推论产生任何影响，无论是在理论上还是经验上都是如此。

23. 为了简单起见，我们假设安德森等（Andersen et al.，2008a）的 λ 参数等于1。这假设意味着延迟的实验收入在一天内全部花完。

24. 因此，我们可以放心地将行为主义者的观点视为实验室人为影响的产物而予以理会。即使我们不同意这个结论的原因，我们也可能同意这个结论本身（Harrison，2010）。

25. 瑞利（Reiley，2015）评论说，控制并不总是一件好事，实地实验的本质是在一定程度上降低实验室实验的控制能力。一个令人担忧的问题是，这种观点可以被实地实验人员用来作为借口，继续讲述一个看似可信的行为故事，却掩盖了本可以相对容易控制的混淆变量，哈里森（Harrison，2005）提供了一些例子。另一个担忧是，用于确保实验室或实地控制的人工干预方法本身可能会导致人们的统计推断出现更严重的控制问题。哈里森和利斯特（Harrison and List，2004）提供了几个例子，例如在实验室实验中使用实地情况的抽象化说明。

26. 随机对照方法的使用在发展中国家进行的实地实验中变得流行（班纳吉和杜弗洛（Banerjee and Duflo，2009），值得注意的是，它们起源于皮尔斯和贾斯特罗（Peirce and Jastrow，1885）一篇出色的论文，而费雪推广了其使用。这个早期的研究使用了芬克纳的数据，芬克纳将自己作为实验对象和研究人员，来区分精神和身体的感觉和刺激。这些数据以及芬克纳关于它的理论研究，演变成我们之前提到的"芬克纳误差"。具有讽刺意味的是，我们现在所看到的潜变量行为结构建模中的一个产生重要洞见的统计方法，有时被视为非结构的、非理论的数据收集工具。

27. 这些实验采用了延迟支付 30 天的设计，并不是为了检验准双曲模型而设计的。2009年底在丹麦完成的最新一系列实地实验，才是为了检验准双曲模型而进行的。

28. 越来越多的人对混合模型的应用感兴趣，对瑞利（Reiley，2015）所提出问题做出直接而有建设性的回应："尽管我们竭尽所能地估算给定模型的准确标准误差，我们也从未将标准误差夸大到我们对模型本身不确定性的怀疑……"事实上，现在的文献已经这样做了一段时间了，尽管当我们考虑混合模型时，特定参数的标准误差也可能会变得更大。同时，有一些值得注意的例子，如损失厌恶和前景理论概率加权的参数，通过混合模型方法得到的估计值明显会"更好"（Harrison and Rutström，2008）。

29. 例如，是将某个人或某个任务类型限制为只与一个数据生成过程关联，还是允许每种选择都来自某一个数据生成过程？是否考虑两种以上的数据生成类型，即使用一些理论标准来决定是否有 2 种、3 种或更多的数据生成过程？是否为每个数据生成过程设定一般化的模型，并检验它是否可简化到其中一种特殊情况，或者从一开始就明确指定有哪些竞争性的替代模型？在"自然"生成多状态似然函数的环境中，如何检验全局极大似然估计值？哈里森和鲁特斯特朗（Harrison and Rutström，2009）参考更久以前的文献讨论了这些问题。

30. 风险下的决策模型并没有刻意忽视线性效用函数以外的情况，这一点很普遍。

31. 瑞利（Reiley，2015）赞同这一论断，然后自己单独提出了一个观点，即对结构模型估计的一个检验方法是它们是否可以脱离现有背景和领域进行样本外预测。

参考文献

Abdellaoui, M. , C. Barrios, and P. P. Wakker. 2007. Reconciling Introspective Utility with Revealed Preference: Experimental Arguments Based on Prospect Theory. *Journal of Econometrics* 138: 356 – 378.

Andersen, S. , J. C. Cox, G. W. Harrison, M. I. Lau, E. E. Rutström, and V. Sadiraj. 2011. Asset Integration and Attitudes to Risk: Theory and Evidence. Working Paper 2011 – 07, Center for the Economic Analysis of Risk, Robinson College of Business, Georgia State University.

Andersen, S. , G. W. Harrison, M. I. Lau, and E. E. Rutström. 2006. Elicitation Using Multiple Price Lists. *Experimental Economics* 9 (4): 383 – 405.

Andersen, S. , G. W. Harrison, M. I. Lau, and E. E. Rutström. 2008a. Eliciting Risk and Time Preferences. *Econometrica* 76 (3): 583 – 619.

Andersen, S. , G. W. Harrison, M. I. Lau, and E. E. Rutström. 2008b. Lost in State Space: Are Preferences Stable? *International Economic Review* 49 (3): 1091 – 1112.

Andersen, S. , G. W. Harrison, M. I. Lau, and E. E. Rutström. 2008c. Risk Aversion in Game Shows. In *Risk Aversion in Experiments*, eds. J. C. Cox and G. W. Harrison. Greenwich, CT: JAI Press.

Andersen, S. , G. W. Harrison, M. I. Lau, and E. E. Rutström. 2010. Preference Heterogeneity in Experiments: Comparing the Lab and Field. *Journal of Economic Behavior & Organization* 74: 209 – 224.

Angrist, J. D. and J. S. Pischke. 2009. *Mostly Harmless Econometrics: An Empiricist's Companion.* Princeton, NJ: Princeton University Press.

Banerjee, A. V. and E. Duflo. 2009. The Experimental Approach to Development Economics. *Annual Review of Economics* 1: 151 – 178.

Barr, A. and T. Packard. 2002. Revealed Preference and Self Insurance: Can We Learn from the Self Employed in Chile? *Policy Research Working Paper* #2754, World Bank, Washington, DC.

Blackburn, M. , G. W. Harrison, and E. Rutström. 1994. Statistical Bias Functions and Informative Hypothetical Surveys. *American Journal of Agricultural Economics* 76 (5): 1084 – 1088.

Camerer, C. and T. H. Ho. 1994. Violations of the Betweenness Axiom and Nonlinearity in Probability. *Journal of Risk & Uncertainty* 8: 167 – 196.

Castronova, E. 2004. The Price of Bodies: A Hedonic Pricing Model of Avatar Attributes in a Synthetic World. *Kyklos* 57 (2): 173 – 196.

Chambers, R. G. and J. Quiggin. 2000. *Uncertainty, Production, Choice, and Agency: The State-Contingent Approach.* New York: Cambridge University Press.

Clark, A. 1997. *Being There.* Cambridge, MA: MIT Press.

Coller, M. , G. W. Harrison, and E. E. Rutström. 2012. Latent Process Heterogeneity in Discounting Behavior. *Oxford Economic Papers* 64 (2): 375 – 391.

Cox, J. C. and V. Sadiraj. 2006. Small-and Large-Stakes Risk Aversion: Implications of Concavity Calibration for Decision Theory. *Games & Economic Behavior* 56: 45 – 60.

Cox, J. C. and V. Sadiraj. 2008. Risky Decisions in the Large and in the Small: Theory and Experiment. In *Risk Aversion in Experiments*, eds. J. C. Cox and G. W. Harrison. Greenwich, CT: JAI Press.

Desvousges, W. H. , F. R. Johnson, and H. S. Banzhaf. 1999. *Environmental Policy Analysis with Limited Information*: *Principles and Applications of the Transfer Method.* New York: Elgar.

Dufwenberg, M. and G. W. Harrison. 2008. Peter Bohm: Father of Field Experiments. *Experimental Economics* 11 (3): 213 – 220.

Fiore, S. M. , G. W. Harrison, C. E. Hughes, and E. E. Rutström. 2009. Virtual Experiments and Environmental Policy. *Journal of Environmental Economics & Management* 57 (1): 65 – 86.

Frederick, S. , G. Loewenstein, and T. O'Donoghue. 2002. Time Discounting and Time Preference: A Critical Review. *Journal of Economic Literature* 40 (2): 351 – 401.

Gigerenzer, G. and P. M. Todd (eds.). 1999. *Simple Heuristics That Make Us Smart.* New York: Oxford University Press.

Glimcher, P. 2003. *Decisions, Uncertainty and the Brain.* Cambridge, MA: MIT Press.

Gneezy, U. and J. Potters. 1997. An Experiment on Risk Taking and Evaluation Periods. *Quarterly Journal of Economics* 112: 631 – 645.

Grether, D. M. and C. R. Plott. 1979. Economic Theory of Choice and the Preference Reversal Phenomenon. *American Economic Review* 69 (4): 623 – 648.

Hansson, B. 1988. Risk Aversion as a Problem of Conjoint Measurement. In *Decision, Probability, and Utility*, eds. P. Gardenfors and N. E. Sahlin. New York: Cambridge University Press.

Harrison, G. W. 1989. Theory and Misbehavior of First-Price Auctions. *American Economic Review* 79: 749 – 762.

Harrison, G. W. 1990. Risk Attitudes in First-Price Auction Experiments: A Bayesian Analysis. *Review of Economics & Statistics* 72: 541 – 546.

Harrison, G. W. 2005. Field Experiments and Control. In *Field Experiments in Economics*, eds. J. Carpenter, G. W. Harrison and J. A. List. Greenwich, CT: JAI Press.

Harrison, G. W. 2006. Experimental Evidence on Alternative Environmental Valuation Methods. *Environmental and Resource Economics* 34: 125 – 162.

Harrison, G. W. 2010. The Behavioral Counter-Revolution. *Journal of Economic Behavior & Organization* 73: 49 – 57.

Harrison, G. W. , S. J. Humphrey, and A. Verschoor. 2010. Choice Under Uncertainty: Evidence from Ethiopia, India and Uganda. *Economic Journal* 120: 80 – 104.

Harrison, G. W. , S. E. Jensen, L. Pedersen, and T. F. Rutherford. 2000. *Using Dynamic General Equilibrium Models for Policy Analysis.* Amsterdam: Elsevier.

Harrison, G. W. , J. Jensen, M. I. Lau, and T. F. Rutherford. 2002. Policy Reform Without Tears. In *Policy Evaluation with Computable General Equilibrium Models*, eds. A. Fossati and W. Weigard. New York: Routledge.

Harrison, G. W., M. I. Lau, and E. Rutström. 2007. Estimating Risk Attitudes in Denmark: A Field Experiment. *Scandinavian Journal of Economics* 109 (2): 341 – 368.

Harrison, G. W., M. I. Lau, and E. E. Rutström. 2009. Risk Attitudes, Randomization to Treatment, and Self-Selection Into Experiments. *Journal of Economic Behavior and Organization* 70 (3): 498 – 507.

Harrison, G. W., M. I. Lau, E. E. Rutström, and M. B. Sullivan. 2005. Eliciting Risk and Time Preferences Using Field Experiments: Some Methodological Issues. In *Field Experiments in Economics*, eds. J. Carpenter, G. W. Harrison, and J. A. List. Greenwich, CT: JAI Press.

Harrison, G. W., M. I. Lau, and M. B. Williams. 2002. Estimating Individual Discount Rates for Denmark: *A Field Experiment. American Economic Review* 92 (5): 1606 – 1617.

Harrison, G. W. and J. A. List. 2004. Field Experiments. *Journal of Economic Literature* 42 (4): 1013 – 1059.

Harrison, G. W. and J. A. List. 2008. Naturally Occurring Markets and Exogenous Laboratory Experiments: A Case Study of the Winner's Curse. *Economic Journal* 113: 822 – 843.

Harrison, G. W., J. A. List, and C. Towe. 2007. Naturally Occurring Preferences and Exogenous Laboratory Experiments: A Case Study of Risk Aversion. *Econometrica* 75 (2): 433 – 458.

Harrison, G. W., T. F. Rutherford, and D. G. Tarr. 2003. Trade Liberalization, Poverty and Efficient Equity. *Journal of Development Economics* 71: 97 – 128.

Harrison, G. W., T. F. Rutherford, D. G. Tarr, and A. Gurgel. 2004. Trade Policy and Poverty Reduction in Brazil. *World Bank Economic Review* 18 (3): 289 – 317.

Harrison, G. W. and E. E. Rutström. 2008. Risk Aversion in the Laboratory. In *Risk Aversion in Experiments*, eds. J. C. Cox and G. W. Harrison. Greenwich, CT: JAI Press.

Harrison, G. W. and E. E. Rutström. 2009. Expected Utility and Prospect Theory: One Wedding and A Decent Funeral. *Experimental Economics* 12 (2): 133 – 158.

Harrison, G. W. and H. D. Vinod. 1992. The Sensitivity Analysis of Applied General Equilibrium Models: Completely Randomized Factorial Sampling Designs. *Review of Economics and Statistics* 74: 357 – 362.

Hey, J. D. and C. Orme. 1994. Investigating Generalizations of Expected Utility Theory Using Experimental Data. *Econometrica* 62 (6): 1291 – 1326.

Hirshleifer, J. and J. G. Riley. 1992. *The Analytics of Uncertainty and Information.* New York: Cambridge University Press.

Hoffman, R. R. and K. A. Deffenbacher. 1993. An Analysis of the Relations of Basic and Applied Science. *Ecological Psychology* 5: 315 – 352.

Holt, C. A. and S. K. Laury. 2002. Risk Aversion and Incentive Effects. *American Economic Review*

92 (5): 1644 – 1655.

Kahneman, D. and A. Tversky (eds.). 2000. *Choices, Values and Frames*. New York: Cambridge University Press.

Keane, M. P. 2010. Structural vs. Atheoretic Approaches to Econometrics. *Journal of Econometrics* 156: 3 – 20.

Keller, L. R. and E. Strazzera. 2002. Examining Predictive Accuracy Among Discounting Models. *Journal of Risk and Uncertainty* 24 (2): 143 – 160.

Lau, M. I. 2000. Assessing Tax Reforms When Human Capital Is Endogenous. In *Using Dynamic General Equilibrium Models for Policy Analysis*, eds. G. W. Harrison, S. E. H. Jensen, L. H. Pedersen, and T. F. Rutherford. Amsterdam: North Holland.

Leamer, E. E. 2010. Tantalus on the Road to Asymptotia. *Journal of Economic Perspectives* 24 (2): 31 – 46.

Levitt, S. D. and J. A. List. 2007. What Do Laboratory Experiments Measuring Social Preferences Reveal About the Real World. *Journal of Economic Perspectives* 21 (2): 153 – 174.

Liang, K. Y. and S. L. Zeger. 1986. Longitudinal Data Analysis Using Generalized Linear Models. *Biometrika* 73: 13 – 22.

List, J. A. 2005. Scientific Numerology, Preference Anomalies, and Environmental Policy Making. *Environmental & Resource Economics* 32: 35 – 53.

Marr, D. 1982. *Vision: A Computational Investigation into the Human Representation and Processing of Visual Information*. New York: W. H. Freeman & Company.

Miller, L., E. David, and J. T. Lanzetta. 1969. Choice Among Equal Expected Value Alternatives: Sequential Effects of Winning Probability Level on Risk Preferences. *Journal of Experimental Psychology* 79 (3): 419 – 423.

Ortmann, A. and G. Gigerenzer. 1997. Reasoning in Economics and Psychology: Why Social Context Matters. *Journal of Institutional and Theoretical Economics* 153 (4): 700 – 710.

Papke, L. E. and J. M. Wooldridge. 1996. Econometric Methods for Fractional Response Variables with an Application to 401 (K) Plan Participation Rates. *Journal of Applied Econometrics* 11: 619 – 632.

Peirce, C. S. and J. Jastrow. 1885. On Small Differences of Sensation. *Memoirs of the National Academy of Sciences for 1884* 3: 75 – 83.

Rabin, M. 2000. Risk Aversion and Expected Utility Theory: A Calibration Theorem. *Econometrica* 68: 1281 – 1292.

Reiley, D. 2015. The Lab and the Field: Empirical and Experimental Economics. In *Handbook of Experimental Economics Methodology*, eds. G. Fréchette and A. Schotter. New York: Oxford University Press.

Rogers, W. H. 1993. Regression Standard Errors in Clustered Samples. *Stata Technical Bulletin* 13: 19 – 23.

Safra, Z. and U. Segal. 2008. Calibration Results for Non-Expected Utility Theories. *Econometrica* 76 (5): 1143 – 1166.

Saha, A. 1993. Expo-Power Utility: A Flexible Form for Absolute and Relative Risk Aversion. *American Journal of Agricultural Economics* 75 (4): 905 – 913.

Schubert, R., M. Brown, M. Gysler, and H. W. Brachinger. 1999. Financial Decision-Making: Are Women Really More Risk-Averse? *American Economic Review (Papers & Proceedings)* 89 (2): 381 – 385.

Smith, V. L. 2003. Constructivist and Ecological Rationality in Economics. *American Economic Review* 93 (3): 465 – 508.

Stern, N. 2007. *The Economics of Climate Change: The Stern Review*. New York: Cambridge University Press.

Wilcox, N. T. 2008. Stochastic Models for Binary Discrete Choice Under Risk: A Critical Primer and Econometric Comparison. In *Risk Aversion in Experiments*, eds. J. C. Cox and G. W. Harrison. Greenwich, CT: JAI Press.

Wilcox, N. T. 2010. "Stochastically More Risk Averse": A Contextual Theory of Stochastic Discrete Choice Under Risk. *Journal of Econometrics.*

Williams, R. L. 2000. A Note on Robust Variance Estimation for Cluster-Correlated Data. *Biometrics* 56: 645 – 646.

Wooldridge, J. 2003. Cluster-Sample Methods in Applied Econometrics. *American Economic Review (Papers & Proceedings)* 93: 133 – 138.

第 17 章

实验室实验：与实地实验、实证数据和经济学理论之间的关系

约翰·凯格尔 （John H. Kagel）

概　述

本书的既定目标是"正式开启关于实验经济学方法论的对话"。本章将讨论实验室实验与实地实验之间的关系，在更广泛的意义上，还包括经济学实证研究与经济学理论之间的关系。所有这三种经验性方法——实验室实验、实地实验和实证数据分析，在原则上是相互补充的，并且是在经济学理论指导下相互补充的。

另外，本章还将结合其他实验室实验、实地实验、实证数据和经济学理论的结果进行综合评估，这种方式对实验室实验的结果评估至关重要，也是决定实验室结果外部有效性的关键。我将通过两个熟悉的案例展开研究，一个有关拍卖，另一个有关劳动力市场的礼物交换。

在撰写这些有关研究方法的文章时，一定要记住两个问题：研究情境和研究背景。第一，做出实验中的行为通常需要一段相当长的学习时间，在现实环境中也一样。从这个角度，我多年来得到的最重要的见解之一就是，被试通过学习产生的行为通常取决于实验的情境因素，而且实验结论很难推广到那些实验情境不同的新环境中。这不仅是我从所报告的实验结果中得到的印象，而且也是我通过阅读那些设计明确的、研究学习过程的心理学文献发

现的结果。[1]第二点重要的见解是，同样的数据对不同的读者常常展示了不同的信息。也就是说，先有实验，再有对结果的解释——这些结果是激发实验研究的经济学问题。不需要为了"相信"实验结果而"相信"作者对结果进行的解释。实际上，对实验结果的解释往往是相互矛盾的，无论是最初的实验研究者，还是后来的实验研究者群体，对实验结果的解释都会引发新的实验和对相关现象的更好理解。这是健康的学术交流的一部分，也是研究过程的内在要求。

赢者诅咒

初步实验结果与理论、实验方法论的关系

赢者诅咒的故事始于卡彭等（Capen et al. , 1971）。三名石油行业专业人士声称，在早期的 OCS （Outer Continental Shelf，外大陆架）石油合约拍卖中，石油企业年复一年地承受着意想不到的低回报。OCS 拍卖是共同价值拍卖，其中地下石油储量的价值对所有竞价者来说基本相同。每个竞价者在出价时都有自己对（未知）石油储量价值的估计。即使这些估计是无偏的，竞价者也必须考虑赢得拍卖时所隐含的信息：赢得拍卖者对标的价值的估计是最高的。如果竞价者忽视了赢得拍卖时所固有的这种逆向选择效应，就会导致赢得拍卖者获取低于正常水平的利润甚至负利润。理性人的模型无法解释这种现象，这种逆向选择效应被称为赢者诅咒：你赢了拍卖，但是却亏了钱，这就是诅咒。[2]

关于赢者诅咒的类似说法也出现在许多其他场合：图书版权市场（Dessauer，1981）、职业棒球队员的自由转会市场（Cassing and Douglas，1980；Blecherman and Camerer，1998）、企业收购战（Roll，1986）、房地产拍卖市场（Ashenfelter and Genesove，1992）。这种说法历来遭到经济学家的怀疑，因为赢者诅咒暗示着竞价者会一再犯错，这违背了基本的理性观念。因为从长期来看，经济学家认为非理性是不可持续的。由于数据可靠性问题和其他变量控制的问题，用实证数据来支持赢者诅咒的说法是很困难的。[3]

实地数据分析固有的模糊性以及赢者诅咒的争议性，为运用实验室实验对赢者诅咒进行研究提供了动力。[4]巴泽曼和萨缪尔森（Bazerman and Samuelson，1983）首次进行了实验来演示赢者诅咒。他们在波士顿大学使用 MBA

学生作为被试，该实验是在课堂上进行的，学生们参加一系列的第一价格密封拍卖，竞价者对四类罐装商品的价值进行估计：罐子内包含了 800 个 1 美分硬币，或 160 个 5 美分硬币，或每个价值 4 美分的 200 个大纸夹，或每个价值 2 美分的 400 个小纸夹。被试并不知道每个罐子中物品的总价值都为 8.00 美元（被试只对罐装商品的价值进行出价，而不是商品本身）。除了出价之外，被试还被要求对商品的价值进行最优估计，以及最优估计值的 90% 置信范围。在每次拍卖中，估价最接近真实价值者可获得 2 美元的奖金。每次拍卖实验的竞价者规模在 4 人到 26 人之间变化。

所有四种商品的平均估价为 5.13 美元（比实际价值低 2.87 美元）。相比之下，赢得拍卖者的平均出价为 10.01 美元，导致这些赢家平均损失 2.01 美元，超过一半的拍卖都出现了赢家损失的现象。[5] 进一步的分析表明，赢得拍卖者比其他竞价者要积极得多，所以赢得拍卖的平均出价被少数几个严重虚高的出价拉高。

这个实验的结果表明，赢者诅咒很容易被观察到。然而，许多经济学家反对这样的事实，他们认为，被试并没有参加这种拍卖的过往经验，当然也没有从拍卖的决策结果中得到过任何反馈，因此，这些结果可被归因于完全没有经验的竞价者的错误行为。这些结果的稳健性更令人怀疑，因为统计结果对少数严重虚高的出价非常敏感，而人们可能会认为，由于破产或在较早的拍卖中蒙受损失，这些被夸大的出价在多期以后可能是不会存在的。事实上，正是这些反对意见激发了我和同事丹·莱文（Dan Levin）一起进行了最初的共同价值拍卖实验（Kagel and Levin，1986；Kagel et al.，1989）。

我们最初的实验室实验旨在纠正以下问题。首先，我们进行了一系列带有现金支付的拍卖，在此之前进行了两三次用于练习的拍卖程序，以解决竞价者缺乏经验的问题。其次，我们向竞价者提供了他们所竞拍（虚构的）商品的价值的无偏估计，以确保在共同价值拍卖中所依据的共同价值假设得到满足，并确保产生负利润的赢得拍卖者的情况不能归因于他对该商品的（无条件）期望价值的有偏估计（有别于有条件的有偏估计）。最后，在每次拍卖之后，我们向竞价者提供了所有出价对应的价值信号、拍卖标的的真实价值和赢得拍卖者获得的利润，旨在加快被试的学习过程并帮助其认识到逆向选择问题。逆向选择问题是指，赢得拍卖者对该物品的估值往往是最高的，或者至少是最高估值之一。

这项研究的原假设是，几轮拍卖之后，竞价者将在这些拍卖中收敛到预期的风险中性纳什均衡（RNNE）。然而，我们错了。缺乏经验的竞价者进行的拍卖普遍出现赢者诅咒（Kagel，1989）：前 9 次拍卖的平均利润为 –2.57 美元，而 RNNE 预测为 1.90 美元，而且实验中只有 17% 的拍卖有正利润。请注意，这是在竞价者已经获得完整的信息反馈之后出现的结果，因此这结果不能完全归因于缺乏经验。产生这些负利润既不是由于运气不好，也不是由于少数被严重夸大的竞拍出价，所有出价中的 59% 和 82% 的高出价都高于赢得该拍卖的条件期望值。此外，有 40% 参与这些拍卖的被试破产了。简而言之，即使我们努力创建一个新的实验，采纳了大多数主流经济学家的意见，赢者诅咒的实验结果依然存在。此后，其他一些人在类似的条件下也得到了同样的结果（Lind and Plott，1991；Cox et al.，2001）。[6]

为了不被这个结果吓到，我们再次使用参与过最初实验的、有经验的被试，并开始研究该理论的一些比较静态预测结果（Kagel and Levin，1986）。[7] 这样做的原因有两个：第一，也许我们的被试只是需要更多的经验；第二，也许被试只是被设定了错误的参数。尽管拍卖出价存在过高的情况，但理论的比较静态预测仍将得到满足。参数的错误设定对基础理论（至少在我们看来）的偏离，远小于单纯的拍卖出价过高带来的偏离。至少对小型竞拍的实验组来说，结果看起来相当不错，因为有 3 个或 4 个竞价者参加的拍卖平均每次能获得可观的 4.32 美元正利润（大大高于零，但仍然低于 7.48 美元的期望值）。但是，对于这些同样的竞价者，在较大的拍卖组内（有 6~7 个竞价者）进行竞拍的平均利润为 –0.54 美元，而 RNNE 的预测为 4.82 美元。请注意，从小拍卖组到大拍卖组的期望利润减少了 2.66 美元，而实际利润减少了 4.86 美元。因此，如果以出价是否超过赢得拍卖的条件期望值来衡量是否出现赢者诅咒，那拍卖中出现赢者诅咒的概率相当大。

与此同时，我们观察到了实验结果对基础理论比较静态关键预测的两个重大偏离。第一，回归分析表明，在其他条件相同的情况下，个人出价随着竞争对手数量的增加而增加，这一特征被认为是第一价格密封拍卖的实证数据中赢者诅咒的明显标志。第二，如果物品价值的最低私人估计值是公开信息，那在均衡状态下应该会增加卖家的利润（Milgrom and Weber，1982），在有 3~4 个竞价者的拍卖中就做到了这一点。但同样的公开信息在有 6~7 名竞价者的拍卖中产生了相反的效果，降低了卖家的利润。

我们根据这些结果得出了几个结论。第一，被识别为赢者诅咒的过高出价不仅仅是被试参数错误设定的问题，而且违反了理论比较静态的关键性预测。这还关系到一项重要公共政策的制定，即如果事先了解某些公共信息，就应该在出售具有共同价值特征的重要政府资产时利用这些信息来增加销售收入。

第二，当拍卖组规模从有经验的 3 ~ 4 个竞价者增加到 6 ~ 7 个竞价者，逆向选择效应增强，赢者诅咒再次出现。这表明，要消除赢者诅咒，关键是要影响学习过程的具体情境，而不是进行某种很容易推广到新环境的"理论构建"。后来人们以其他形式的研究对这些结论进行了验证，特别是在共同价值拍卖的研究中（Rose and Kagel，2008）。

第三，我们的实验结果与现实中的共同价值拍卖有重要的相似性，解决了实验室实验中一直存在的外部有效性问题：OCS 销售中计算出的合约数据显示，与勘探地块合约相比，相邻和非相邻的引流地块合约都获得了更高的回报率（Mead，1983，1984）。[8]勘探地块合约是一种没有钻井数据的合约，因此竞价者只可以根据地震波读数获得公开的储量信息。引流地块合约是指关于石油钻井相邻地块的合约，因此存在信息不对称，拥有附近地块的企业比其他企业拥有更优的储量信息。在这种信息结构不对称的均衡状态下，理论预测了相邻引流地块合约的平均收益将显著高于勘探地块合约，而非相邻引流地块合约的平均收益将显著低于勘探地块合约（根据包含"内幕"信息的共同价值拍卖的标准模型，基本为零利润）。[9]显然，实证数据与这一理论结果不相符。然而，一旦人们获知引流地块合约具有地下石油储量的大量公共信息，实证数据就与实验室的结果相一致了。[10]与实验室的结果类似，引流地块合约所带来的公共储量信息可能已经纠正了赢者诅咒，同时降低了勘探地块的相对回报率。但这不是唯一可能的解释，另一种解释是，勘探地块合约的低回报率反映了如果发现石油，竞价者计划在其相邻区域私有储量信息上实现的期权价值。然而，基于公共信息的解释是，赢者诅咒会增加竞价者的预期利润，这与卡彭等（Capen et al.，1971）最初的主张相一致。更直接的解释是勘探土地合约具有信息价值，这比竞价者准备在勘探合约上赔钱的解释要简单得多。如果在勘探地块发现石油，企业对周边引流地块进行开采的损失在几年之后就能得到弥补。

与外部有效性相关的深层问题——实地实验

经济学中的传统实验室实验通常将那些有赚钱动机的学生作为实验对象。对于这些易得的大学生被试库，一直存在的一个问题是：使用学生样本可能忽略了重要的自选择效应，而这种自选择效应会危及实验结果的外部有效性。学生可能在某种程度上是自选择而不是随机参与的，因此那些没有参与实验的潜在被试人群可能具有某些重要的行为决定因素。学生被试可能存在许多方面的问题，如对工作缺乏经验、普遍不成熟等，不具备相关"智慧"的学生个体在实验室的被试中非常常见。而在现实市场上，表现不佳的个体作为竞争过程的一部分会被市场淘汰。[11]

解决这个问题的一个可能方案是将具有经验的专业人士的行为与学生的行为进行比较。戴尔等（Dyer et al.，1989）报告了一个这样的实验，将经验丰富的商业建筑企业高管的出价与学生的出价进行比较。为了提高实验的生态有效性，实验采用了第一价格招标拍卖（最低报价赢得拍卖），与高管经常面临的竞争性招标环境相同。除此之外，其他实验程序与前面已经讨论过的采购拍卖相同。[12]

我们在建筑管理人员和学生之间发现了类似的结果：两者都赚取了负平均利润，出现了赢者诅咒的现象，赢得拍卖者的出价一直低于期望价值。此外，当公布高管们的最高私人成本信息时，平均出价在统计上会显著提高，而在均衡状态下，平均价格本应降低（这与前面的发现对应，即当竞价者遭受赢者诅咒时，公开信息会降低最高价格拍卖中的出价）。回归结果显示，高管们在有更多竞争对手的拍卖中出价略高，定性上与 RNNE 预测的方向一致，但变化的幅度并不大，不足以使竞价者避免更大的平均损失。这种由竞价者数量变化造成的行为变化，在方向上不同于最低价和最高价拍卖中学生的行为变化，而且很可能代表着这两个被试库之间的差异——这是高管们拥有经验所造成的。高管们在小规模拍卖市场经历了亏损（与有经验的学生在小规模拍卖市场获得了正利润相反）。对于这种现象还有另一种解释：随着竞价者数量的增加，单纯的生存压力就会要求这些高管减小出高价的力度，以避免破产和退出市场。

当然，研究者可以怀疑那些遭受赢者诅咒的高管没有认真对待实验中的激励。但数据表明，高管们在整个过程中都非常认真专注，并且出价函数的估计在单调性上与学生相似，即随着价值信号的增加，出价呈单调增加。

进一步的研究（Dyer and Kagel，1996）开始解决在实验室中遭受赢者诅咒的高管和那些在现实工作中明显获得成功的高管之间的差异问题。我们确定了两种可能性，而这两种可能性未必互相排斥。第一个可能性是，高管们已经学会了一套适用于特定情境的经验法则，这使得他们能够避免在现实的市场中遭遇赢者诅咒，但这些经验法则却无法在实验室中应用。例如，施工过程中的风险因素影响了业主的成本和建筑承包商的价格加成之间的比例，决定投标风险的重要因素还包括：①在工程建设过程中，建筑商/业主积极承认最初报价的错误（并要求改变工程预算）对其声誉的影响是正面还是负面的仍然是不确定的；②建筑商/业主是否愿意使用比最初规定更廉价的施工技术实现功能相当的施工成果。[13]毋庸置疑，在相对抽象的实验室实验情境下，承包商在出价时没有任何针对这些具体情况的规则可以参考。这一因素完全符合心理学家所确定的，以及我们在拍卖实验中所看到的学习的情境特异性。

第二个可能性是，在理论工作的基础上创造的实验室拍卖环境不能充分反映建筑行业所面临的环境。这里有两个原因：①重复进行实验，在曝出超低出价后，如果是"合理"的错误，允许其撤回出价而不受处罚；②与 OCS 拍卖相比，竞价者对建筑业的成本估算的误差要小得多，建筑行业的开销和预期的闲置资源量往往在确定低出价中起决定性作用，因此高管们并不具备在实验室实验中避免赢者诅咒所需要的重要影响因素。

对于第二个原因，我们可以参考将学生与专业人士进行比较的其他实验结果（Burns，1985；Garratt et al.，2012；Fréchette，2015），我非常确信，从这些研究中获得的主要结论是，我们能够识别现实情况和我们的模型之间那些出人意料的差异。

哈里森和利斯特（Harrison and List，2004，2008）提出的推论，至少在某些方面似乎显示了专业人员如何能够避免"人为实地实验"中的赢者诅咒，因为他们"建立了从一个问题领域'转移'到另一个问题领域的启发式方法"。[14]在下文中，我为这个结果提供了另一种解释，这更符合我关于特定情境学习的论证。哈里森和利斯特还报告了第二个实验的结果，在实验中，同样的专业人士在处理他们自己熟悉的商品——体育卡时，证明"……自然出现的市场是有效的，因为某些交易商使用启发式方法来避免出现赢者诅咒，这一假设得到了有力的支持"。关于第二个实验，我认为它对赢者诅咒的性质存在一些误解。更重要的是，它对于该如何看待我们的实验结果存在一些根本性的误解，即认为赢者诅咒与"成熟"市场的行为有关。

在一项实验中，哈里森和利斯特（Harrison and List，2008）使用上述相同的简化描述和诱导估值的实验程序，对体育卡交易商被试和非交易商被试的出价进行了比较。实验采用一种对称信息的实验程序，即其中所有竞价者对共同价值拍卖有相同的信息（从共同价值的均匀分布中抽出一个点），同时还采用一种非对称信息的实验程序，当所有其他竞价者从围绕真实价值的对称分布中得出信息信号时，其中一个被试（内幕人士）确定地知道拍卖物的真实价值。被试在参加至少 10 次（包括 4 名或 7 名竞价者）拍卖练习后，在一次正式拍卖中出价。[15] 交易商被试很少在对称信息实验组中受到赢者诅咒，因为他们通常以低于期望值的价格赢得拍卖。相比之下，非交易商被试则遭受了典型的赢者诅咒，即出价高于期望价值，赢得拍卖者的平均利润为负。在信息不对称干预中，交易商（作为"非内幕人士"）在所有轮次中有 24% ~ 30% 遭受了赢者诅咒，且无法拒绝"在担任非内幕人士角色时，交易商和非交易商的出价函数没有差别"这一原假设。简而言之，交易商在有内幕人士出现时的逆向选择效应比对称信息情况下更强。

哈里森和利斯特认为，具有对称信息交易商的卓越表现反映了其在类似环境中的交易经验，而且与建筑承包商不同，"特定情境下的经验似乎确实可以延续到类似的实验设定中，至少在这些类型的拍卖中是这样"。他们认为，在信息不对称的干预组中，赢者诅咒出现的频率大幅增加，是因为"当交易商扮演一个不熟悉的角色时，他们的表现相对较差"（Harrison and List，2008）。因此，他们的研究结果充其量为有限学习提供了证据：在具有对称信息的现实环境中，交易商已经适应了逆向选择效应，但当有内幕人士时，他们不会意识到会出现更大的逆向选择效应，而是屈从于赢者诅咒。

虽然这个结果与我关于特定情境学习的论点是一致的，但我相信对称信息干预的结果还有另一种解释。交易商购买体育卡时，必须以足够低的价格购入，这样出售才能赢利，而且交易商们肯定已经养成了这样的习惯。例如，利斯特和勒金 - 瑞利（List and Lucking-Reiley，2000）表明，在维克瑞（Vickrey）拍卖中，交易商对零售价为 70 美元的体育卡的报价不到 50 美元。因此，如果交易商采用如此大的折扣，而非交易商作为买方角色是不会有这样的习惯的，那么就可以很好地保护交易商们免受赢者诅咒。[16] 加勒特等（Garrat et al.，2004）的一项实验对这种解释有独立的证据支持，他们报告说，在 eBay 拍卖中有丰富卖方经验的被试在单个物品第二价格密封拍卖中的出价系统地低于它们的成本价值。[17] 根据这种解释，"从一个问题领域到另一个问题领域"的启发式过程让交易商学会了低买高卖，而在这种情况下他们可以避免受到赢者诅咒。[18]

在哈里森和利斯特（Harrison and List，2008）的第二次实验中，专业的体育卡交易商对他们熟悉的商品进行竞拍，这是一套未开封的 Leaf 体育卡

（包含 10 张价值不等的卡片，零售价在 9 美元到 10 美元之间随机）。在比较交易商被试与非交易商被试的出价时，交易商没有一单的出价超过 10 美元，非交易商只有少数高于 10 美元的出价。没有一个交易商的出价高于既定零售价，但是少数非交易商却给出了高于零售价的价格。[19]交易商赢得拍卖的平均价格约为 5 美元，非交易商赢得拍卖的平均价格略高于 8 美元。这些交易商的出价（永远不超过 10 美元）像在说明 "……天然存在的市场是有效的，因为某些交易商使用启发式方法来避免赢者诅咒造成的推断错误"。虽然我们同意 Leaf 体育卡拍卖是一种共同价值拍卖，但它不在赢者诅咒的范围内。这些体育卡具有众所周知的市场价值，这就可以根据对其价值的不同估计而排除任何逆向选择效应，特别是对于专业交易商而言。因此，至少对于交易商来说，这个实验相当于拍卖一张 9 美元或 10 美元的钞票，而且这些钞票还可以再次转售。

但这里有一个更宽泛的说法，即考虑到成熟市场中竞拍的效率较高，这些市场中可能不存在赢者诅咒。在实验室中，没有经验的竞价者身上会发生赢者诅咒，再加上关于赢者诅咒问题的实证数据（Capen et al.，1971），以及上述实证数据与实验室数据之间的相似性，我们确信，赢者诅咒存在于 OCS 拍卖的早期阶段，至少会在 OCS 拍卖的启动阶段表现得极其类似于共同价值拍卖。此外，如果我们对建筑施工承包商的研究具有代表性，那么赢者诅咒很有可能出现在这些市场的新进入者中，甚至是出现在进入新兴市场领域时经验丰富的交易商身上（Dyer and Kagel，1996）。但正如实验室实验所显示的那样，人们确实在学习，而且存在市场选择效应，因此不应该期望任何特定市场的老牌玩家身上会经常出现赢者诅咒。

劳动力市场实验中的礼物交换

与实地实验相对应，实验室中的拍卖实验通常被认为是一个相当好的模型，因为实验室的基础结构和目标环境是相似的，例如，实验室中的第一价格密封拍卖和与其对应的实地实验具有相同的规则。也就是说，实验室实验和实地实验对拍卖的概念和模型的解释非常相似。但可以肯定的是，两者之间仍然存在一些重要的差异。例如，对赢者诅咒的实验室研究通常采用已知数量的竞价者、单个标的物、纯共同价值的拍卖环境，而实地拍卖通常涉及共同价值和私有价值因素的混合、实际竞价者的数量未知、经常要对多个标的物进行拍卖。但是，如果在现实环境中有许多相互竞争的竞价者，且存在很强的共同价值特征，那么竞价者在这两种情况下都必须应对强烈的逆向选择效应。因此，在实验室中获得的关于行为的洞见可以并且已经为现实环境中的拍卖设计提供了见解：支持联邦通信委员会对频段使用权进行公开、升价拍卖的论据之一是"……允许竞价者对彼此的出价做出反应会减少赢者诅咒，即幼稚的竞价者倾向于把价格抬高到超出许可证实际价值的水平，而精明的竞价者倾向于谨慎地出价，以避免过高出价"（McAfee and McMillan，1996）。此外，在某种程度上，实验室实验被用作在现实环境中设计拍卖机制的实验台（Plott，1997；Ledyard et al.，1997），有理由认为，该实验提供了一个良好的模拟环境，因此，这样的实验研究结果也能够保证良好的外部有效性。

礼物交换实验帮助理解企业中的劳资关系：情境

在劳动力市场礼物交换的实验研究所依据的经济学模型与企业劳资关系的目标环境的对应关系上，学术界有相当大的争议（Bardsley et al.，2009）。在解决这个问题之前，我将提供一些关于这些实验原理的情境知识，并总结一些基本的实验室实验和相关实地实验的结果，以及这些研究中出现的一些方法论问题和解释性问题。

阿克洛夫（Akerlof，1982）首先提出了劳动力市场礼物交换的概念：由于低工资对员工士气有负面影响，所以企业会支付高于市场水平的工资，从而减少员工由于低工资、低士气而产生的推诿行为。除此之外，该模型还被用来解释，为什么在经济衰退失业率上升时，企业依然不愿削减名义工资。当然，有许多模型都试图解释后一种现象，参见比利（Bewley，2005）的综述。

将礼物交换模型用来解释员工对更高工资的反应这一想法已被广泛研究，这起源于费尔及其同事开创的一系列实验室实验（Fehr et al.，1993）。典型的礼物交换博弈是两阶段博弈。在第一阶段，企业向潜在雇员提供高工资。在第二阶段，员工决定接受或拒绝提议的工资，然后向企业提供有成本的"努力程度"，努力程度越高，雇员的成本就越高，企业的利润就越大。在大多数早期实验室实验中，企业和员工的配对是匿名的，并且实验的总轮次会提前告知被试。每轮实验都有不同的被试配对，所有实验都在两小时内完成，使员工没有机会提升个人声誉或改变其他在重复实验中起作用的个人特征。"努力程度"的定义是员工选择更高的成本数值，这会减少他们的实验收入，同时增加企业的收入。

由于已知的实验轮次是有限的，标准工资理论预测，所有时期的工资水平都将处于工资允许范围的最低水平，同时员工提供最低的努力程度。然而，工资和劳动水平之间通常存在明显的正相关关系，这可以带来帕累托改进的结果，使得企业和员工的收入都高于竞争均衡结果。这些结果似乎并不依赖于市场结构的细微改变（例如，是公开报价还是双口头报价，是一对一匹配还是随机匹配），并且结果对于在环境中所有需要真实努力的实验任务都具有很强的适用性。例如，格尼茨（Gneezy，2004）曾把解决迷宫问题作为实际努力的任务。

在这种情况下，员工和企业之间能够产生积极互惠和消极互损的相互作用是没有争议的。例如，费尔和福尔克（Fehr and Falk，1999）对高需求的双向拍卖市场中的礼物交换问题进行了研究。在这篇论文的一个干预组中，企业提供高于竞争均衡水平的工资，并拒绝员工压低这些工资的努力，因为企业不希望员工的努力程度降低。然而，在外部因素决定的努力程度下，企业只接受最低工资，工资被迫降至接近竞争均衡的水平。[20]他们对这些结果的解释是，企业的行为主要是由员工对更高工资的积极互惠预期所驱动的，并不是出于对"公平"的考虑而提高员工收入。[21]再举一个例子，查尼斯（Charness，2004）在一个典型的两阶段礼物交换实验中，比较了企业和员工一对一配对的努力程度。在这篇论文的实验干预组中，工资既可能是外生随机的，也可能是由企业确定的，且外生随机工资的分布被设定为与所观察到的企业确定工资的分布相一致。在较低的工资率下，外生工资下的努力程度高于企业决定的工资下的努力程度，在较高的工资率下二者没有差异。他把这解释为员工进行消极互损的证据，因为他们会对企业决定的低工资做出尽可能少的工作努力。他解释说，由于企业确定的高工资并没有带来更高的努力程度，因此这可作为拒绝积极互惠假设的证据。然而，这并不是唯一可能的解释，其他研究人员报告了在较高的工资率下积极互惠的证据（Owens and Kagel，2009）。[22]

可以肯定的是，在不同的实验中，报告的努力程度存在差异。例如，汉南等（Hannan et al.，2002）的报告显示在同一实验条件下，本科生和 MBA 学生之间在互惠性上存在显著差异。在同等工资水平下，MBA 学生的努力程度明显更高，而且平均工资也更高。他们推测，MBA 学生与本科生之间的差异是因为在礼物交换实验中，MBA 学生的工作经验发挥了重要作用，从而使 MBA 学生对现实工作中高工资所固有的互惠情境很敏感。相比之下，在美国，大多数大学生的工作是低工资的工作，而低工资的工作是没有或很少有互惠情境的。在随后的研究中，对于相同的被试，也有一些证据支持这一猜想。与专业工作经验时长中值以下的研究对象相比，专业工作经验时长中值以上的 MBA 学生提供了更高的平均努力程度（Hannan，2005）。汉南等（Hannan et al.，2002）也报告了，将高生产率企业和低生产率企业提供的工资进行比较时，员工的努力程度没有显著差异（高生产率企业发现提供高工资的成本比低生产率企业低）。[23]他们推测，这种对 MBA 学生和本科生都适用的 "反应能力不足"，是因为企业利润和生产率之间的关系是间接的，因此不太可能像实验室中的激励所造成的差别那样明显。在随后的经验中，查尼斯等（Charness et al.，2004）发现，礼物交换的程度对于回报呈现方式惊人地敏感。他们发现，通常情况下实验说明只提供报酬函数的形式和一组可供被试参考的例子，但是当将工资和努力程度与员工的回报和企业的收入相关联的综合回报表作为实验说明的一部分提供给被试时，本科生提供的努力要少得多。[24]然而，与通常报告的结果相比，类似的回报表对 MBA 学生的努力程度没有负面影响（Hannan et al.，2002）。

在实地实验中，格尼茨和利斯特（Gneezy and List，2006）对高工资率产生积极互惠的持久性提出质疑，他们设计了两项任务：在 6 个小时内对图书馆馆藏进行信息化的工作，以及在周末进行挨家挨户的筹款工作。实行礼物交换干预的办法是公布某一特定工资率，向两个干预组中的一个支付高于所公布的工资——例如，公布的图书馆工作每小时工资为 12 美元，一半的被试在参加工作时得到了每小时 20 美元的 "意外" 工资。

他们将数据分成两半，报告显示上午高薪工作组的努力程度略高，但在当天下午没有显著差异。根据锚定效应的心理学文献，他们认为经过一段时间，员工的参考点转移，他们开始以新的高工资作为公平工资参考点，从而导致了较低的努力程度。很明显，这并不是对他们这些结果的唯一可能解释：也许高工资的员工由于工作更努力而在下午感到疲劳，或者高工资的员工认为他们已经在上午提供了与广告上的高工资相适应的努力程度，下午就开始偷懒了。[25]

后来的实地实验表明，企业和员工之间的礼物交换是积极互惠的，在一些情况下，这种互惠随着时间的推移而增加。库贝等（Kube et al.，2013）在图书馆编目工作中考察了礼物交换的问题，重点是识别积极互惠和消极互损。他们雇用学生编图书目录，时长 6 个小时，招募时的电子邮件宣布的工资为每小时 15 欧元。抵达后，告知 1/3 的被试工资为每小时 20 欧元（积极干预组），告知另外 1/3 的被试工资是每小时 10 欧元（消极干预组），最后一组将获得每小时 15 欧元的工资（中性干预组）。随着时间的推移，这三种干预组的编目数量都在增加。消极干预组开始时比中性干预组的编目效率要低得多，并且始终低于中性干预组（每间隔 90 分钟进行统计），编目结果记录的差异在统计学上是显著的。积极干预组以与中性干预组相同的速度开始，但在开始后（每间隔 15 分钟进行统计）以更高的速度编目。然而，除了中间时段，积极干预组和中性干预组之间的差异在统计上并不显著。库贝等（Kube et al.，2006）得出结论，消极互损是一种比积极互惠更强大的力量，情况可能就是如此。但是该研究的小样本量（每个干预组中有 9 个或 10 个被试），以及在积极干预组和消极干预组之间观察到的时间趋势，这些不稳定的因素有可能拒绝在实地实验中存在的积极互惠的原假设。奥拜德利等（Al-Ubaydli et al.，2007）在一项针对临时工的实地实验中提供了有利于积极互惠的证据，在这一实验中，在基线组和积极礼物交换组中，努力程度都在不断提高。随着礼物交换干预的不同和时间的推移，在为期两天的实验结束时，两组在统计学上表现出了显著的差异。[26]最后要注意的是，与格尼茨和利斯特报告的时间模式相比，两个研究报告中的实验控制和礼物交换干预组的时间模式刚好相反，这与格尼茨和利斯特对其结果背后行为过程的解释相矛盾。

到目前为止的讨论说明了实验室实验和实地实验在这一课题上的优缺点。实地实验的被试并不知道自己在实验中，他们被要求执行的任务与他们通常执行的任务是类似的，而且在某些情况下，这些实验是在长期均衡关系的情境下进行的。[27]因此，这些实验应该与阿克洛夫等所设想的现实环境有更密切的关系。然而，这种人为实验的代价很高。在这些实验中有相当大的控制问题，因为我们既不知道付出努力对员工的成本，也不知道努力给企业带来的好处，更不知道员工认为自己在做出什么样的选择。在许多类似研究中，如何测算努力程度这个变量是一个问题，因为现实环境中的员工可以对多个维度的激励做出反应，因此实验者可能会忽略那些使员工对更高工资率做出反应的重要因素。此外，人们还必须考虑相对于竞争市场的基准工资水平，实地实验给予的高于正常水平的基准工资可能已经引起了强烈的礼物反应。正如科恩等（Cohn et al.，印刷中）所指出的，这种情况可能会导致努力程度上限的天花板效应，而使得礼物工资干预的反应出现向下的偏差。实地实验的基准工资与市场工资的关系并不总是像论文那样明确地报告给读者。

那么，这些实验能告诉我们哪些关于礼物交换和企业工资下降黏性的信息呢？

迄今为止，所有的实验研究都没有直接针对工资下降黏性在经济衰退时带来的失业问题。[28]此外，无论是实验室实验还是实地实验，这些实验的结构都无法模拟企业内部劳动关系的目标环境，更不用说模拟在经济衰退时的公司内部环境。此外，关于企业在经济衰退时通常不削减工资的调查研究中，至少有一位杰出的学生比利（Bewley，2005）严重质疑阿克洛夫（Akerlof，1982）和其他人（Solow，1979；Akerlof and Yellen，1988，1990）针对这种现实问题提出的工资刚性士气理论。比利这样质疑的理由是，"企业认为，努力程度或士气与工资水平之间没有多少联系，其不会随着工资水平的提高而提高"。他接着指出，该理论中准确的是企业避免削减工资，因为这样做会伤害士气。相比之下，提高工资本身影响不大，因为员工对其服务的市场价值通常没有什么概念，但不管工资有多高，他们很快就会相信自己有权享有现有的工资。

尽管如此，比利还是认为，本章所描述的礼物交换实验与工资下降黏性问题有相当大的相关性。他的理由是，在实验室实验中：

> 最重要的发现是互惠普遍存在……互利互惠的普遍意愿是士气高涨的本质。消极互损会带来减薪的侮辱效应，这是由于员工们认为企业违反了积极互惠而产生怨恨，员工们希望企业加薪而不是减薪，以换取自己的忠诚和努力。（Bewley，2005）

我们设计这些关于礼物交换问题的实验室实验，与劳动力市场上的现实情境有关，目的是提供对现实环境的深入了解。因此，尽管存在实验室实验和实地实验的设计不符合现实的情况，但这些实验的设计验证了互惠的普遍存在，这是工资下降黏性的核心原则。正是基于这一点，实验设计抓住了本质的问题，这才是实验与目标环境相关联的关键，进行完全符合目标环境的实验在任何情况下都不可能。

结　语

我已经讨论了实验室实验的使用及其与实证数据、实地实验和经济学理论的关系。我通过非常熟悉的两个例子进行了讨论：①共同价值拍卖与赢者诅咒；②实验室劳动力市场的礼物交换。我试图提出三个重要的实质性观点。

第一，学习是大多数实验研究所固有的，它往往依赖于特定的环境，并很难从一个环境迁徙到另一个环境。这完全符合心理学文献关于学习问题的描述，其中区分了近迁移（例如，懂得驾驶小轿车的人通常能驾驶轻型卡车）和远迁移（例如，懂得驾驶小轿车的人并不一定懂得驾驶半拖车，更不用说驾驶飞机或快艇）。这可以引申出很多东西。除此之外，如果说习惯了自己通常工作的现实环境的被试能够适应那些被剥夺了典型情境的实验室环境，或者能够适应这些自然现实环境以微小但重要的方式发生的变化，这都是不现实的。尽管在一个给定的经济环境中，实验中的被试已经趋近于均衡，但这并不一定意味着，在没有进行新一轮学习的情况下，人们在环境发生变化时仍能以理论所描述的方式做出反应。

第二，尽管我们都希望能就特定经济实验的"事实"达成共识，但在将其应用于更广泛的问题时，对这些事实的表述通常存在很大分歧。在这一点上，我提供了两个例子，分别针对我研究过的两个研究主题。我还可以在过往和现在任何一个活跃的实验研究领域提供更多的例子。我并不期待每个人都同意我对文献的解释，更不用说那些得出最初结论的文献作者了。事实上，正是这些对事实的不同解释促进了新的有趣的实验开展，从而进一步明确了我们在特定研究主题上所知道的和所不知道的事情。

第三，我试图表明，相对于人们头脑中浮现的现实环境，即使在实验室的环境显得相当抽象时，实验结果也可能与现实问题有很高的关联度。这里的诀窍在于，这个抽象的、似乎与目标环境有相当大差距的实验设计，需要抓住目标环境中的本质问题：真实的被试是否按照我们理论预测的方式和理论所支持的原因行动？回到我的第二个观点，毫无疑问，有些人也会不同意我对这个问题的解释。

注释

特别感谢我的长期合作者丹·莱文（Dan Levin）和戴维·库珀（David Cooper），因为这里的想法主要是与他们合作发展而来的。特别感谢纽约大学现代实验经济学方法会议的参与者，特别是我的讨论者戴维·莱利（David Reiley）。感谢美国国家科学基金会项目（SES－0452911、0851674 和 0924764）的支持。本章的任何观点、发现、结论或建议均为作者的观点，不反映美国国家科学基金会的观点。文中的错误和遗漏由作者本人负责。

1. 有一整套心理学文献表明在不同情境下进行一般性学习是困难的。例如，参见吉克和霍利约克（Gick and Holyoak，1980）、帕金斯和萨罗门（Perkins and Salomon，1988），以及萨罗门和帕金斯（Salomon and Perkins，1989）。

2. 不幸的是，许多经济学家尤其是理论经济学家，将赢者诅咒描述为：物品的有条件期望值与无条件期望值之间的差值。他们用这个术语来描述竞价者完全理性地考虑了这个差值，而不是因考虑不周而导致亏损。这可能会造成一些理解上的混乱。

3. 例如，亨德里克斯等（Hendricks et al.，1987）发现，在 OCS 合约销售的早期阶段，7 个或 7 个以上竞价者的拍卖平均利润为负。亨德里克斯等指出，对这一结果的可能解释是，更多竞价者会导致逆向选择问题更加严重。然而，他们指出，这些数据也可以由某一地块上竞拍企业数量的不确定性来解释（这是一个他们更喜欢的解释），这样竞价者就会由于较少的竞争对手数量（通常少于 7 家）以更低的价格赢得合约。由于未能准确预测竞争对手的数量，赢得拍卖者获得了负利润。这代表了一种与赢者诅咒不同的逆向选择效应。

4. 实证数据的问题是，一个特定的拍卖在多大程度上是由私有价值部分或由共同价值部分决定的。在实验室里，人们可以确保一个纯粹的共同价值拍卖或私有价值拍卖，或在两者之间进行一些有趣的组合。

5. 赢得拍卖的人从自己的钱包或其他拍卖的收益中支付了这些损失（Max Bazerman，个人意见）。

6. 与此同时，一系列类似的实验室实验表明，在企业收购博弈中存在稳健的赢者诅咒现象，萨缪尔森和巴泽曼（Samuelson and Bazerman，1985）最先发表了相关论文，凯格尔（Kagel，1995）及凯格尔和莱文（Kagel and Levin，2008）进行了综述，同时也可参见查尼斯和莱文（Charness and Levin，2009）的论文。

7. 奇怪的是，关于有经验竞价者的论文在早先就已经发表了，关于没有经验的竞价者的论文反而在后面发表，这只能用论文发表过程的变幻莫测来解释。

8. 亨德里克斯和波特（Hendricks and Porter，1992）得到的净回报率的估计与米德等（Mead et al.，1983，1984）的回报率非常相似。

9. 参见威尔逊（Wilson，1967）、维伍博克（Weverbergh，1979）、英格布雷奇 – 维金斯（Engelbrecht-Wiggans，1983）和亨德里克斯等（Hendricks et al.，1994）对标准模型的分析。

10. 库珀（Cooper，1998）讨论了一旦开始在某一区域进行钻探，竞争对手之间就会进行大规模的间谍活动，以防止钻探结果完全落入对方手中。

11. 这与被试的代表性问题截然不同，例如，人们希望将实验室实验作为衡量更多不同人群的实地偏好的可靠方法。参见安德森等（Andersen et al.，2010）、贝勒马尔等（Bellemare et al.，2007）的研究。

12. 根据哈里森和利斯特（Harrison and List，2004）提出的实地实验分类，这是一个"人为实地实验"，与"传统"实验室实验相同，采用抽象框架和实验规则但使用非标准被试库，将具有相关工作经验的专业人士作为实验被试，从而减小了与学生被试相关的一些潜在的选择效应。

13. 这一点非常重要，在实验中，至少有一位高管开玩笑地询问："谁是与这项工作相关的建筑师？"

14. 请参阅哈里森和利斯特（Harrison and List，2004）两个引号的部分（原文中的斜体）。

15. 实验中未向被试提供任何初始禀赋或出场费以弥补潜在的实验损失。然而，直到第一次实验完成后才宣布会有第二次实验进行，以确保每个人都获得正利润。

16. 在该实验中，利斯特和勒金－瑞利（List and Lucking-Reiley，2000）假设体育卡交易市场最接近私有价值拍卖。

17. 相比之下，具有 eBay 拍卖经验的购买者的出价通常会高于其价值！

18. 当然，人们应该问为什么这种相同的启发式方法对建筑承包商没有帮助。答案很简单。承包商一般不会以与体育卡交易商相同的方式买卖任何东西。相反，他们从大量分包商那里招标，然后加上自己估算的总承包商成本。

19. 我指的是 SIS 拍卖——交易商与其他交易商共同参与竞价，而非交易商与其他非交易商共同参与竞价。

20. 在竞争均衡中没有任何员工盈余/利润，但实际上员工工资比竞争均衡本身略高。

21. 另一种解释是，如果企业接受低工资的方案，它就会担心消极互损。

22. 在被试行为中，对于到底是积极互惠还是消极互损发挥更大作用仍在争论中。例如，可参见奥弗曼（Offerman，2002）和考克斯等（Cox et al.，2008）的对比性观点。汉南（Hannan，2005）提供的证据表明，公司利润降低导致工资降低后，员工的工作效率降低；公司利润提高使工资增加后，员工的工作效率提高。但同样的工资增减变化对应的工作效率变化不同，工资减少带来的工作效率变化更大一些。

23. 在公开招聘的劳动力市场上，工资报价与企业的生产率水平挂钩。

24. 请注意，在实验室礼物交换实验中，通常报告的努力程度与工资之间存在正相关关系；同时注意，有报酬表的平均工资和努力程度明显低于没有报酬表的平均工资和努力程度。

25. 许多学者都引用了亨尼格－施密特等（Hennig-Schmidt et al.，2010）的研究作为对格尼茨－利斯特的支持，亨尼格－施密特等的报告指出，在实验室实验和对应的实地实验中，都观察不到高于预期工资的积极互惠。他们的假说是，这种结果是由于缺乏明确的成本和利润信息，员工无法计算企业的盈余。另一项需要真实努力工作的实验室实验支持了这一假设。

26. 不幸的是，计量模型并没有包含时间趋势变量与干预效果的任何交互项，这些交互项可以揭示礼物交换干预下的产出水平是否随着时间的推移而显著高于对照组。计量模型也没有像格尼茨和利斯特（Gneezy and List，2006）那样将数据分为早期和后期两类。

27. 至少在有些时候，必须告知被试他们是本章讨论的那种实地实验的一部分，这是人类被试委员会的强制要求。

28. 我所看到的最接近这个研究主题的实验参见汉南（Hannan，2005）。

参考文献

Akerlof, G. A. 1982. Labor Contracts as Partial Gift Exchange. *Quarterly Journal of Economics* 97：543 – 569.

Akerlof, G. A. and J. Yellen. 1988. Fairness and Unemployment. *American Economic Review*：*Papers and Proceedings* 78：44 – 49.

Akerlof, G. A. and J. Yellen. 1990. The Fair Wage-Effort Hypothesis and Unemployment. *Quarterly Journal of Economics* 105：255 – 283.

Al-Ubaydli, O., S. Andersen, U. Gneezy, and J. A. List. 2007. For Love or Money? Testing Non-pecuniary and Pecuniary Incentive Schemes in a Field Experiment. Working Paper, University of Chicago.

Andersen, S., G. W. Harrison, M. I. Lau, and E. E. Rutström. 2010. Preference Heterogeneity in Experiments：Comparing the Field and the Laboratory. *Journal of Economic Behavior and Organization*.

Ashenfelter, O. and D. Genesove. 1992. Testing for Price Anomalies in Real Estate Auctions. *American Economic Review*：*Papers and Proceedings* 82：501 – 505.

Bardsley, N., R. Cubitt, G. Loomes, P. Moffatt, C. Starmer, and R. Sugden. 2009. *Experimental Economics*：*Rethinking the Rules*. Princeton, NJ：Princeton University Press.

Bazerman, M. H. and W. F. Samuelson. 1983. I Won the Auction But Don't Want the Prize. *Journal of Conflict Resolution* 27：618 – 634.

Bellemare, C., S. Kroger, and A. van Soest. 2007. Preferences, Intentions, and Expectations：A Large-Scale Experiment with a Representative Subject Pool. IZA DP No. 3022.

Bewley, T. 2005. Fairness, Reciprocity, and Wage Rigidity. In *Moral Sentiments and Material Interests*：*The Foundations of Cooperation in Economic Life*, eds. H. Gintis, S. Bowles, R. T. Boyd, and E. Fehr. Cambridge, MA：MIT Press.

Blecherman, B. and C. F. Camerer. 1998. Is There a Winner's Curse in the Market for Baseball Players? Mimeograph, Brooklyn Polytechnic University.

Burns, P. 1985. Experience and Decision Making：A Comparison of Students and Businessmen in a Simulated Progressive Auction, In *Research in Experimental Economics*, Vol. 3, ed. Vernon L. Smith. Greenwich：JAI Press.

Capen, E. C. , R. V. Clapp, and W. M. Campbell. 1971. Competitive Bidding in High-Risk Situations. *Journal of Petroleum Technology* 23: 641 – 653.

Cassing, J. and R. W. Douglas. 1980. Implications of the Auction Mechanism in Baseball's Free Agent Draft. *Southern Economic Journal* 47: 110 – 121.

Charness, G. 2004. Attribution and Reciprocity in an Experimental Labor Market. *Journal of Labor Economics* 22: 665 – 688.

Charness, G. , G. Fréchette, and J. H. Kagel. 2004. How Robust is Laboratory Gift Exchange? *Experimental Economics* 7: 189 – 205.

Charness, G. and D. Levin. 2009. The Origin of the Winner's Curse: A laboratory Study. *American Economic Journal: Microeconomics* 1: 207 – 236.

Cohn, A. , E. Fehr, and L. Goette. Fair Wages and Effort Provision: Combining Evidence from the Lab and the Field. Forthcoming in *Management Science.*

Cooper, Christopher. 1998. Oil Firms Still Relyon Corporate Spies to be Well-Informed. *Wall Street Journal* 7: 1, 23.

Cox, J. C. , S. Dinkin, and J. T. Swarthout. 2001. Endogenous Entry and Exit in Common Value Auctions. *Experimental Economics* 4: 163 – 181.

Cox, J. C. , K. Sadiraj, and V. Sadiraj. 2008. Implications of Trust, Fear and Reciprocity for Modeling Economic Behavior. *Experimental Economics* 11: 1 – 24.

Dessauer, J. P. 1981. *Book Publishing.* New York: Bowker.

Dyer, D. , J. H. Kagel, and D. Levin. 1989. A Comparison of Naive and Experienced Bidders in Common Value Offer Auctions: A Laboratory Analysis. *Economic Journal* 99: 108 – 115.

Dyer, D. and J. H. Kagel. 1996. Bidding in Common Value Auctions: How the Commercial Construction Industry Corrects for the Winner's Curse. *Management Science* 42: 1463 – 1475.

Engelbrecht-Wiggans, R. , P. R. Milgrom, and R. J. Weber. 1983. Competitive Bidding and Proprietary Information. *Journal of Mathematical Economics* 11: 161 – 169.

Fehr, E. and A. Falk. 1999. Wage Rigidity in a Competitive Incomplete Contract Market. *Journal of Political Economy* 107: 106 – 134.

Fehr, E. , G. Kirchsteiger, and A. Riedl. 1993. Does Fairness Prevent Market Clearing? An Experimental Investigation. *Quarterly Journal of Economics* 108: 437 – 460.

Fréchette, G. R. 2015. Laboratory Experiments: Professionals Versus Students. In *Handbook of Experimental Economic Methodology*, eds. Fréchette, G. R. and A. Schotter. Oxford University Press.

Garratt, R. , M. Walker, and J. Wooders. 2012. Behavior in Second-Price Auctions by Highly Experienced eBay Buyers and Sellers. *Experimental Economics* 15 (1): 44 – 57.

Gick, M. L. and K. J. Holyoak. 1980. Analogical Problem Solving. *Cognitive Psychology* 12: 306 –

355.

Gneezy, U. 2004. Do High Wages Lead to High Profits? An Experimental Study of Reciprocity Using Real Effort. Working Paper, University of Chicago, Graduate School of Business.

Gneezy, U. and J. List. 2006. Putting Behavioral Economics to Work: Field Evidence of Gift Exchange. *Econometrica* 74: 1365 – 1384.

Hannan, R. L. 2005. The Combined Effect of Wages and Firm Profit on Employee Effort. *The Accounting Review* 80: 167 – 188.

Hannan, R. L. , J. Kagel, and D. Moser. 2002. Partial Gift Exchange in Experimental Labor Markets: Impact of Subject Population Differences, Productivity Differences, and Effort Requests on Behavior. *Journal of Labor Economics* 20: 923 – 951.

Harrison, G. W. and J. A. List. 2004. Field Experiments. *Journal of Economic Literature* 42: 1013 – 1059.

Harrison, G. W. and J. A. List. 2008. Naturally Occurring Markets and Exogenous Laboratory Experiments: A Case Study of the Winner's Curse. *Economic Journal* 118: 822 – 843.

Hendricks, K. and R. H. Porter. 1992. Bidding Behavior in OCS Drainage Auctions: Theory and Evidence. Presentation, 1992 European Economics Association Meetings.

Hendricks, K. , R. H. Porter, and B. Boudreau. 1987. Information, Returns, and Bidding Behavior in OCS Auctions: 1954 – 1969. *The Journal of Industrial Economics* 35: 517 – 542.

Hendricks, K. , R. H. Porter, and C. A. Wilson. 1994. Auctions for Oil and Gas Leases with an Informed Bidder and a Random Reservation Price. *Econometrica* 62: 1415 – 1444.

Hennig-Schmidt, H. , B. Rockenbach, and A. Sadrieh. 2010. In Search of Workers Real Effort Reciprocity—A Field and Laboratory Experiment. *Journal of the European Economic Association* 8: 817 – 837.

Kagel, J. H. 1995. Auctions: A Survey of Experimental Research. In *Handbook of Experimental Economics*, eds. A. E. Roth and J. H. Kagel. Princeton, NJ: Princeton University Press.

Kagel, J. H. and D. Levin. 1986. The Winner's Curse and Public Information in Common Value Auctions. *American Economic Review* 76: 894 – 920.

Kagel, J. H. and D. Levin. 2008. Auctions: A Survey of Experimental Research, 1995 – 2008. Working Paper, Ohio State University.

Kagel, J. H. , D. Levin, R. Battalio, and D. J. Meyer. 1989. First-Price Common Value Auctions: Bidder Behavior and the Winner's Curse. *Economic Inquiry* 27: 241 – 258.

Kube, S. , M. A. Maréchal, and C. Puppe. 2013. Putting Reciprocity to Work—Positive Versus Negative Responses in the Field. *Journal of the European Economic Association* 11: 853 – 870.

Ledyard, J. O. , D. P. Porter, and A. Rangel. 1997. Experiments Testing Multi-object Allocation Mechanisms. *Journal of Economics and Management Strategy* 6: 639 – 675.

Lind, B. and C. R. Plott. 1991. The Winner's Curse: Experiments with Buyers and with Sellers. *American Economic Review* 81: 335 – 346.

List, J. A. and D. Lucking-Reiley. 2000. Demand Reduction in Multi-unit Auctions: Evidence from a Sports Card Field Experiment. *American Economic Review* 90: 961 – 972.

McAfee, R. P. and J. McMillan. 1996. Analyzing the Airwaves Auction. *Journal of Economic Perspectives* 10: 159 – 176.

Mead, W. J. , A. Moseidjord, and P. E. Sorensen. 1983. The Rate of Return Earned by Leases Under Cash Bonus Bidding in OCS Oil and Gas Leases. *Energy Journal* 4: 37 – 52.

Mead, W. J. , A. Moseidjord, and P. E. Sorensen. 1984. Competitive Bidding Under Asymmetrical Information: Behavior and Performance in Gulf of Mexico Drainage Lease Sales, 1954 – 1969. *Review of Economics and Statistics* 66: 505 – 508.

MilgromP. R. and R. J. Weber. 1982. A Theory of Auctions and Competitive Bidding. *Econometrica* 50: 1089 – 1112.

Offerman, Theo. 2002. Hurting Hurts More than Helping Helps. *European Economic Review* 46: 1423 – 1437.

Owens, M. F. and J. H. Kagel. 2009. Minimum Wage Restrictions and Employee Effort in Labor Markets with Gift Exchange Present. Working Paper, Ohio State University.

Perkins, D. N. and G. Salomon. 1988. Teaching for Transfer. *Educational Leadership* 46: 22 – 32.

Plott, C. 1997. Laboratory Experimental Test Beds: Application to the PCS Auction. *Journal of Economics and Management Strategy* 6: 605 – 638.

Roll, R. 1986. The Hubris Hypothesis of Corporate Takeovers. *Journal of Business* 59: 197 – 216.

Rose, S. L. and J. H. Kagel. 2008. Bidding in Almost Common Value Auctions: An Experiment. *Journal of Economic Management Strategy* 17: 1041 – 1058.

Salomon, G. and D. N. Perkins. 1989. Rocky Roads to Transfer: Rethinking Mechanisms of a Neglected Phenomenon. *Education Psychologist* 24: 113 – 142.

Samuelson, W. F. and M. H. Bazerman. 1985. The Winner's Curse in Bilateral Negotiations. In *Research in Experimental Economics*, Vol. 3, ed. V. L. Smith. Greenwich, CT: JAI Press.

Solow, R. M. 1979. Another Possible Source of Wage Stickiness. *Journal of Macroeconomics* 1: 79 – 82.

Weverbergh, M. 1979. Competitive Bidding with Asymmetric Information Reanalyzed. *Management Science* 25: 291 – 294.

Wilson, B. R. 1967. Insider Competitive Bidding with Asymmetric Information. *Management Science* 13: 816 – 820.

第 18 章

实验室实验：专业人士被试和学生被试的对比

纪尧姆·弗雷谢特 （Guillaume R. fréchette）

概　述

大多数经济学理论提出的是一般性的理论。这就是说，很少有经济模型以这样的假设开始：假设这些公司是韩国的野餐生产公司……因此，当想对理论模型进行检验和应用时，人们希望可以将结果扩展到其他数据集、环境、实验被试等。这种需求同样适用于实验数据，因为实验被试通常是本科生，而大多数经济活动是由非实验室被试的专业人士完成的。本章将回顾使用标准被试库和使用不常用的专业人士被试库进行的研究，来确定实验经济学中常用的大学生被试库造成的影响，于是立即产生了两个问题：①为什么要对被试库进行比较？②普通的学生实验被试库是什么样子？专业人士被试库又是什么样子？

所以，研究者为什么要研究非标准被试库呢？

第一，现实工作中的问题：在实验室外观察到某个特定群体的某些事实或现象，利用实验室来确定造成这种现象的原因。这方面的一个例子是涅德勒（Niederle）及其同事的研究工作，关于性别与竞争的关系，即性别因素对与工资、职业相关的其他因素的影响（Gneezy et al.，2003）。

第二，比较跨被试库的参数估计值。例如：专业人士投资者是否通常比实验被试更厌恶风险（Potamites and Zhang，2012）？风险厌恶在标准被试库和普通居民的代表性样本中有何不同（Andersen et al.，2009）？

第三，使用普通学生实验被试和专业人士被试来完成实验任务，会得出同样的预测结果吗？这方面的一个例子是凯奇（Kagel）及其同事的工作，他们研究了建筑行业的专业人士如何参与共同价值拍卖（与普通的实验被试进行比较）。特别是，专业人士是否也会成为赢者诅咒的牺牲品（Dyer et al.，1989）？

第四，使用动物做人体不能做的实验。这方面的一个例子是巴特里奥（Battalio）、凯奇（Kagel）及其同事所做的使用鸽子和老鼠的实验（Kagel et al.，1995）。

第五，不同于上述分类的其他案例。这里有两个例子：①比较儿童与成人；②比较男性与女性。关于前者，可参见哈博及其同事的研究（Harbaugh et al.，2001）。事后对实验数据的观察发现，子实验组之间具有行为差异，但这并不是研究的初始目的。关于后者，卡萨利等（Casari et al.，2007）在拍卖实验中观察到了男性和女性在出价行为上的差异。

对被试库差异问题感兴趣的读者可以参考鲍尔和切赫（Ball and Cech，1996），他们对这些问题有很好的研究。我们这一章是关于第三个问题的：研究者使用专业人士被试而不是标准的学生被试会得出同样的研究结论吗？[1] 不过，本章综述部分中所包括的论文可能是受到上文所强调的第二类问题的启发。

两类被试——学生和专业人士，是相当模糊的概念。谁是常用的典型被试？经济学实验的典型被试群是本科生——在许多情况下，主要是经济学和商科本科生（在某些情况下也包括研究生）。这主要是招募技术的结果，过去的招募技术面向大量的本科生群体。如今，通过电子邮件，面向更大的人群进行招募是可行的。然而，被试库几乎仍然完全由本科生组成。例如，在纽约大学，我们从所有学科领域招募被试，但只招收本科生。其他实验室（如匹兹堡的实验室）允许非学生当被试，但非学生人群仍然只是被试库的小部分群体。在本科生中招募意味着大多数实验都是在几个维度上由不具代表性的人群组成的，如性别、种族、受教育程度、（家庭）财富、年龄等。专业人士被宽泛地定义为从事实验研究问题相关行业工作的人。这个定义留有解释空间。例如，我曾犹豫过是否收录卡茨白和梅恩斯的文章（Cadsby and Maynes，1998a）到本章的综述中，该博弈是公共品供给博弈，专业人士是护士。虽然护士有时面对的情况类似公共品供给的问题，但我们不清楚为何护士是提供公共品的专业人士：护士所提供的工作是有报酬的，他们的工资可能使其工作的所有正外部性内部化。

综述中所包含的论文必须符合下列标准：它们必须包含一个典型学生被试的样本[2]和一个与实验任务相关的专业人士的被试样本；它们还需要遵循我宽泛地定义为"标准实验室程序"的东西[3]。也就是说，被试被招募来参与实验，而且被告知自己正在参与实验。[4]此外，被试得到的实验说明是用中性语言撰写的。[5]综述中的论文不仅比较了这两个实验组，而且是在旨在检验某些理论预测的环境中进行的比较。[6]虽然这种狭隘的关注排除了一些有趣的研究，但它允许我们关注一个非常明确的问题：在一个典型的实验环境中，专业人士的行为是否与标准实验被试库的学生的行为不同？如果有不同，这就意味着那些前期实验结果并不可靠，尤其是当我们更关心专业人士的行为而不是其他群体的行为时，这就可能是一个严重的问题。[7]如果没有不同，则表明被试库本身不会对标准实验的外部有效性构成威胁。然而，这与生态有效性不是同一个问题，二者是非常不同的。在有关生态有效性的概念得到更明确的定义之后，这些问题将得到澄清。

本章大致分为四个部分：亲社会性偏好、市场实验、信息信号发送实验和其他类型实验。这种划分对分析不重要，只是为了让综述更容易阅读。在每个部分中，论文按时间顺序排列。一般情况下，我们会对某一类实验的典型结果做出简要的描述。在回顾这些论文之前，我将定义一些方法论概念，并提出对综述结果的一些看法。

方法论概念上的定义

由于经济学家很少讨论方法论，我将定义一些概念，它们有助于理解本章所提出的问题。[8]坎贝尔（Campbell，1957）首先介绍了内部和外部有效性的概念，接着对有效性的四个方面进行了扩展（Cook and Campbell，1979）：统计有效性、内部有效性、结构有效性和外部有效性。有必要澄清的是，内部有效性在实验经济学词典中有着不同的含义。大多数（实验）经济学家使用内部有效性来表示生成数据的环境与正在检验的模型相关联的程度。这一点在概念上很明显地接近于结构有效性。为简单起见，在下文中，我们将引入 x 和 y，并且说明 y 是关于 x 的因变量。

统计结论的有效性与 x 和 y 是否相关，以及与这种相关性有多强有关。例如，任何增加 I 类或 II 类错误率的因素都会对统计有效性产生负面影响。

对方程估计的识别就是这个问题的根源之一。

内部有效性是指解释变量 x 导致被解释变量 y 发生变化的正确性，即因果关系的归属是否得到保证。违反内部有效性的一个例子是，在使用被试内实验设计时，总是设定干预的顺序完全相同，从而使得顺序效应与干预效应二者混淆了。

结构有效性是指实验的具体细节能够表示它们要研究的概念。例如，凯奇等（Kagel et al.，1995）通过让体重相对较大和相对较小的动物（体重由动物获得的食物数量控制）参与奖励和延迟时间不同的选择，研究了食物对大鼠时间贴现率的影响。在这里，将结果解释为食物较丰富的动物相比于食物较匮乏的动物具有更高或更低贴现率的可能性，这一解释是用重量和食物获取量来代表财富结构的有效性。经济学家对内部有效性的使用通常对应于此处定义的结构有效性。检验理论的实验较少受到结构有效性问题的影响，因为理论经济学家通常就是选择结构和定义环境的人。尽管检验模型的实验者通常只是简单地在实验中实现模型中定义的结构，但这并不意味着不存在结构有效性问题。举个例子，向被试解释各种变量定义的方式会影响研究的结构有效性，并且这与该研究是否检验了一个模型没有关系。如果理论经济学家写出一个模型，在这个模型中，公司被视为一个代理人，而实验者让一个被试来扮演那个代理人做出决策，那么，对于理论经济学家来说，将一个公司视为单一代理人来建模，其有效性问题似乎比实验者使用一个被试来作为该代理人更为严重。

外部有效性是指从 x 到 y 的因果关系可推广到一般的被试和环境情况上的能力。外部有效性不一定是指从实验中的被试或环境推广到实验室外的被试和环境的能力，它也可以是实验中的被试和环境变化后因果关系继续适用的能力。例如，结果是否同时适用于实验中的男性和女性？

经济学家有时将生态有效性与外部有效性相融合。然而，这两者是非常不同的。生态有效性与先前定义的四个概念的性质不同，它是一种方法，它尽可能地使实验中的参与者认为实验设置与现实环境相似。因此，一个研究与股票交易相关问题的实验者可以设计一个与纽约证券交易所完全相同的计算机界面，并从纽约招募专业交易员进行具有高度生态有效性的实验。然而，假设那个实验中建立的 x 与 y 的因果关系无法推广到其他国家的交易员身上，也无法推广到世界各地其他证券交易所，那么这种因果关系就没有什么外部有效性可言。

虽然本章谈到了生态有效性的问题，但我们对外部有效性的问题更感兴趣。

警告和注释

一方面，如果一个模型在使用学生作为被试时被拒绝，而它在使用专业人士作为被试时，由于专业人士更擅长处理这些工作，因而得到支持，那么这个研究显然没有结论上的外部有效性，但这是否意味着使用本科生被试的做法是错误的？模型通常不会以"一个擅长做……的专业人士"开头。这个模型设定了环境和动机，这就是实验所要重现的，而不管是否使用学生被试。因此，无论研究对象是学生还是专业人士，其中一类对象的预测失败已然表明模型预测的失败。的确，在某种程度上，模型是用来思考世界的。从这个角度来讲，在实验室之外，通常是专业人士在研究的目标环境中活动，那么，模型在学生被试中的失败可能没有什么意义。

另一方面，如果使用本科生被试的模型检验得到支持，而使用专业人士时被拒绝，那么，单就检验模型而言，可以说学生比专业人士的样本更好。[9] 专业人士的失败表明，相比于这些专业人士所在的现实环境，我们的模型中缺少一些重要的因素。

值得注意的是，这一点影响了我对所综述论文的看法，我对结果的比较静态和定性性质比对检验模型的点估计结果更感兴趣。为了表明我的想法，请思考以下假设示例。假设在最后通牒博弈实验中（提议者提议将总金额的一部分给回应者，回应者可以接受，在这种情况下双方都可以接受提议的分配额，或者也可以选择拒绝，但是拒绝的话他们什么也得不到），结果如下：提议者给回应者的平均提议金额为分配总额的 45%，95% 以上的回应者接受等于或高于总额 40% 的提议金额，而 85% 的回应者拒绝低于总额 40% 的提议金额。此外，当实验改为独裁者博弈时（提议者向回应者提议总金额的分配方案并且回应者只能接受），那么提议者所提供的分配额会减少到大约总额的 15%。对我们来说，有趣的结果是：在最后通牒博弈中，平均来说会给回应者很大一部分的分配额，而且会有非零的分配额被拒绝，而在独裁者博弈中，给回应者的分配额将大幅降低。在专业商务谈判者中进行类似的实验，发现了平均为总额 40% 的分配额，95% 的人接受相当于总额 35% 以上的报价，80% 的人拒绝低于总额 35% 的报价，而当博弈改为独裁者博弈后，则提议者所提供的分配额将减少到约等于总额的 10%。从这些结果中可以得出结论，即使上面提到的所有数字在统计学上对学生和专业人士来说都是不同的，但比较静态结果依然是可靠的。因此，在以下的综述中，即使两类被试存在数字上的差异，我有时也会认为两组的结果是相同的。如果两组结果被认为是不同的，则是这两组结果导致了对模型预测行为完全不同的解释。

关于被试库相关问题的更早期论文是约翰·凯奇 1987 年著作《经济学实验室实验：六个观点》中的一章，题为"老鼠和鸽子的经济学：我们学到了什么？我们希望学到什么？"该章的导言介绍了一个案例，说明为什么使用动物的实验可能对经济学有参考价值。我强烈建议那些对本综述中讨论的问题感兴趣的人阅读该章（即使他们对动物实验不感兴趣）。在阅读凯奇的章节时，人们可以很容易地将"动物"替换为"本科生"，将"人类"替换为"专业人士"，并且该章的许多论点仍然会引起共鸣。

最后我要指出的是，这里涉及的一些论文并没有将学生和专业人士进行比较，而另一些论文只是对研究结果的其他方面感兴趣，而我对研究结果的描述并不总是与相关论文的研究重点一致。

综　述

涉他偏好

讨价还价行为：成熟的工业人员与大学生的比较

福雷克等（Fouraker et al.，1962）研究了宾夕法尼亚州立大学男性本科生（42 个被试），以及通用电气公司工业销售运营部门的员工（32 个被试），并把他们在讨价还价博弈中的行为进行比较，他们称之为价格双边垄断。[10]

卖方（价格领导者）选择价格，然后由买方选择数量来进行交易。对于给定的数量，更高价格对卖方产生更多的利润，对买方产生更少的利润；对于给定的价格，增加数量刚开始会增加买卖双方的利润，后来会减少买卖双方的利润。买卖双方之间没有除价格和数量之外的交流。价格可以在 1 到 16 之间变化，数量在 0 到 18 之间变化。因此，（无效）均衡对应的价格是 9、数量是 10，而最优（有效）交易结果对应的价格是 4、数量是 15，这会产生博弈双方的等分利润（两者都高于均衡）。我们有两种干预方式：①完全信息，双方都知道彼此的利润；②不完全的信息，被试只被告知自己的利润。

虽然这个博弈的特殊性使得它不同于大多数的讨价还价实验，但公平地说，其核心的博弈策略与大多数双边讨价还价实验是相同的，即一方先行动，而均衡预测了一方的占优策略，例如在最后通牒博弈中就是这样。[11] 在这些博弈中，经常会观察到总额的分割比子博弈完美均衡（Roth，1995）预测的更接近双方平分。尽管这项研究比目前关于偏好的其他研究更早，但它们的直觉非常一致，即在不完全信息的情况下，均衡将会出现（因为被试无法知道它不公平或不有效），而在完全信息的情况下，结果将更接近公平的分割结果。

激励机制是这样的：在实验结束时，如果专业人士达到博弈均衡，他们将赚近 49 美元；如果他们实现等分结果，他们将赚略高于 54 美元。专业人士进行了 3 轮练习，然后进行了 11 轮带支付的正式实验。作者分别将这些轮次中的前 10 轮作为常规轮次分析，其中第 11 轮被认为是不同的，因为被试被告知这是最后一轮了。在这种情况下，这种告知是很有关系的，因为被试在整个实验过程中都是固定配对的，因此，重复轮次的各个方面都可能会受到影响。学生的报酬规则是，如果他们达到了博弈均衡，平均利润约为 5.06 美元，而平分均衡下的利润为 5.68 美元。他们进行了 3 轮练习，然后进行了 20 轮相同的带支付的正式实验，第 21 轮被宣布为最后一轮，并且第 21 轮的奖励是前 20 轮的三倍。对于专业人士和学生，他们都采用了被试间实验设计。对于这些激励措施，两位作者没有将它们与每一类被试的日常收入进行对比。

两组研究对象的结果（我们只关注实际支付报酬的轮次）都是开始时接近价格均衡，但在完全信息的干预组中，价格随轮次的增加而下降，趋向等分价格。在经过大约一半的轮次后（组间有所不同），在不完全信息情况下，价格稳定在无效的均衡水平；而在完全信息情况下，价格稳定在等分的有效价格水平。除了价格调整的速度，唯一的主要区别是，在最后一轮中，专业人士被试在完全信息情况下略微偏向无效的均衡价格（平均约为 1/4），而学生被试则不会出现这种情况。

总之，专业人士的结果与学生的结果是一致的，也就是说，他们表现出同一种倾向，即当他们拥有信息时，会出现双方回报相等的结果，反之则会出现使回报趋于均衡的结果。然而，在最后一轮中，专业人士确实表现出了学生没有表现出的行为策略。

不幸的是，这两项研究中实验方案的设计变化使我们很难得出强有力的最终结论。

　　在社会效率和搭便车均衡之间做出选择：护士与经济学及商科学生

　　卡茨白和梅恩斯（Cadsby and Maynes，1998a）研究了约克大学和圭尔夫大学经济学和商学的本科生及研究生（6 个场次标记为实验 E1 ~ E6，每个场次 10 个被试），并将他们的行为与四所医院、一所大学的注册护士在阈值公共品博弈（6 个场次标记为实验 N1 ~ N6，每个场次 10 个被试）中的行为进行了比较。

　　在每个轮次开始时，每个被试收到 10 个实验币。他们可以向公共基金贡献 10 个实验币中的任何部分。如果公共基金中被放入 25 个或更多的实验币，每个玩家将获得 5 个额外的实验币。如果没有达到这个阈值，那么收益是 10 个实验币，如果达到阈值，则收益为 15 个实验币。博弈重复 25 轮。

　　有两个纯策略纳什均衡：要么每个玩家贡献 0，或者该组贡献恰好足以达到阈值（这是帕累托最优）。存在无限数量的混合均衡策略。

　　目前还不清楚这种环境下的标准结果是什么。克罗森和马克斯（Croson and Marks，2000）在他们的综合分析中报告了其他三项具有类似设计的研究。这是一种无退还、无折扣、无讨论、被试具有相同初始禀赋的阈值公共品博弈，公共品的收益率为 2——公共品的总收益与总贡献阈值之比。三项研究的区别在于参与者的数量、初始禀赋和被试库（加拿大或美国）。在卡茨白和梅恩斯（Cadsby and Maynes，1998b）的论文中，公共品的贡献倾向于 0，而在马克斯和克罗森（Marks and Croson，1998）与克罗森和马克斯（Croson and Marks，2001）的论文中，公共品的贡献倾向于有效水平。根据综合分析，这种结果的差异来自不同的禀赋，因为参与者数量的影响应该是与以上结论的差别方向相反的（而国家的差别不被视为可能造成影响的因素）。

　　对于两种类型的被试，他们的激励都是一样的：每个实验币换算为 12 美分。因此，如果用他们得到两种均衡收益的平均值乘以 25 个轮次，那将是 31.56 美元，这大约是护士工作一个半小时的机会成本。

　　结果是，一方面，护士在实验开始时的贡献远远高于阈值，结束时接近阈值。另一方面，学生们在实验开始时的贡献接近阈值，但在结束时远远低于阈值。平均贡献如图 18.1 所示。在最后的 5 个轮次，作者报告说，学生和护士的贡献量与纳什均衡之间没有差别；也就是说，他们的贡献量与纳什均衡的贡献量没有统计学上的差异。

　　护士的贡献看上去似乎更大。然而，虽然他们提供公共品的频率高于学生，但在统计上并不显著。这就提出了一个问题，如果实验持续的时间更长，

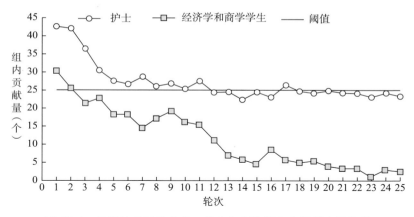

图 18.1 每期的组平均贡献：护士与经济学和商学学生的比较

这些差异还会继续出现吗？面对未达到的阈值，人们可能想知道护士做出贡献的行为会维持多长时间。

另一个悬而未决的问题是，如果一名护士参与到一组学生的博弈中，这位护士将会如何表现？同理，一名学生参与到一组护士的博弈中会如何表现？护士和学生表现的这种差异是由其他人的关注（或期望）驱动的，还是由内在差异驱动的？下降的趋势表明是前者造成了这种差异（他们不断对贡献量进行调整）。

尽管如此，这也确实表明，被试库对于各种情况下得出的结论很重要。另外，我们无法得出一组比另一组更接近理论预测的结论。

激励的隐性成本和回报——CEO 之间的信任和可信度

费尔和利斯特（Fehr and List，2004）在一个信任博弈中研究了来自哥斯达黎加大学的学生（126 个被试）和咖啡研磨行业的 CEO（76 个被试）。他们研究了两个版本的博弈。这两个博弈都有一个委托人和一个代理人匿名配对。委托人和代理人都获得了 10 个实验币。在信任干预组中，委托人将转移 $x \in \{0,1,2,\cdots,10\}$ 个实验币给代理人，并且宣布他期望得到的回馈 $\hat{y}$。然后，代理人收到 $3x$ 并交还给委托人 $y \in \{0,1,2,\cdots,3x\}$ 个实验币。在信任博弈的惩罚干预组（TWP）中，除了 x 和 $\hat{y}$，委托人还可以在 $y < \hat{y}$ 时选择实施价格为 4 个实验币的罚款。代理人根据 x、$\hat{y}$ 和 f 来选择 y。

在两个干预组中，$x = y = 0$ 是一个均衡，而在 TWP 干预组中出现了另一个均衡，即 $f = 4$，$y = 3$ 或 4。

学生的实验激励是 1 个实验币可兑换 0.20 美元。45~60 分钟的平均收入为 5. 65 美元。学生的平时收入是每小时 2 美元。专业人士的兑换率为 1 个实验币兑换 2. 00 美元，45 ~ 60 分钟的平均收入为 65 美元。

信任博弈的典型结果是委托人给予金钱，代理人返还金钱。然而，在通常情况下，平均而言，回应方返还的金额略少于发起方给予的金额（Berg et al. ，1995）。

适用于这两组的典型结果如下。委托人平均选择给予 $x > 0$（在两个干预组中），平均选择期望回馈 $3x > \hat{y} > 0$（在两个干预组中）。在两个干预组中，代理人平均返还 $3x > \hat{y} > y > 0$ 的金额。不同干预组的影响几乎可以忽略。更多的委托人倾向于选择 $f > 0$，而在 $f = 0$ 时返还的金额会更高。学生和专业人士之间的区别在于 CEO 委托人比学生委托人给予的资金更多。此外，CEO 代理人返还的资金比学生代理人多。最终，CEO 使用的罚款也比学生们少。

总之，从使用学生被试的信任博弈实验（和 TWP）中获得的主要结论，研究者在 CEO 实验中也得到了同样的支持。

社会偏好会提高生产力吗？富山湾渔民的实地实验证据

卡彭特和塞其（Carpenter and Seki，2005）在自愿贡献机制的实验中比较了日本大学生（26 名学生，分 2 个场次）和日本捕虾渔民（27 名被试，分 2 个场次）的行为。根据他们的日常工作模式，渔民也被分成两组，一组渔民被试在实际工作中分摊收入和经营费用（合伙人模式），另一组渔民被试没有进行分摊（非合伙人模式）。

实验分为两部分，共 10 轮。在整个实验过程中，他们被分成 4 个小组（由于小组的规模不是 4 的倍数，有些被试在几个小组中出现）。在第五轮的第一部分，被试需要参加一个标准的自愿贡献机制博弈。也就是说，每个被试拥有 500 日元的禀赋，他们可以把钱留给自己，也可以为公共品做出捐赠。所有对公共品的捐赠都会翻倍，并由这个团体的成员均分。接下来是 5 轮社会抗议干预组的实验。社会抗议干预组是对标准自愿贡献机制的一种修改。在标准自愿贡献机制中，被试在决定自己的捐款数额后，会被告知每位成员的捐款数额。在此之后，修改过的自愿贡献机制会对被试额外提问：如果需要自己支付 10 日元，他们是否愿意向其他团队成员发送抗议的信号？该信号在下一轮开始时展示给组内的每个人。

两个博弈的子博弈完美均衡（具有标准偏好）意味着贡献为 0。在社会抗议干预的情况下，均衡与没有抗议信号发送情况下的均衡没有区别。自愿贡献机制博弈实验的典型结果可归纳如下：实验开始时人们积极贡献，随着博弈轮次的增加，贡献会降到相对较低的水平，但稍微高于 0（Ledyard，1995）。

实验通常持续不到一小时。被试的平均收入为 73.19 美元。

总结所有 10 个轮次，渔民合伙人的贡献略高于渔民非合伙人，而他们合作的次数明显多于学生。然而，在标准自愿贡献机制下合伙人和非合伙人没有统计学上的差异，而社会抗议干预后的抗议率则明显不同。合伙人的总体抗议率最低，而学生最高，当然这部分是由不同的贡献水平造成的。从标准自愿贡献机制到社会抗议干预组，合伙人的贡献增加了，而非合伙人和学生的贡献都减少了。

因此，不同被试库的贡献水平各不相同，包括专业人士被试库的两种分组。干预导致的方向变化对于学生和非合伙人来说是相同的，但对于合伙人而言是不同的。

市场实验

这个标题下两个实验的侧重点不同。第一个是标准的口头双边拍卖（Oral Double Auction，ODA）实验的变体，第二个研究的是一个密封拍卖的市场结构（卖方报价）中的委托代理问题。然而，在 ODA 中，市场环境的极端力量能够带来"正确"的结果，即使面对极其有限的代理人也是如此（Gode and Sunder，1993）。可以说，在大多数情况下，ODA 会迅速恢复到均衡结果（Holt，1995）。然而，"公开报价市场趋向竞争性价格均衡的速度比可比的双边拍卖市场（DA）要慢，而且它们趋向于接近来自卖方的竞争性价格均衡，这意味着在价格调整过程中剩余从消费者转移到生产者"（Davis and Holt，1993）。

经验与决策：模拟渐进拍卖中学生与商人的比较

伯恩斯（Burns，1985）比较了二年级微观经济学本科学生和经验丰富的羊毛买家（平均 35 年经验的高级买家）在同质商品渐进式口头拍卖中的行为。

作者设置了 3 个实验组，有两组包含 9 个学生被试，一组包含 9 个专业人士被试（4 个是澳大利亚羊毛公司的官员，5 个是主要的羊毛经纪公司的代表）。同质化大宗商品的渐进式口头拍卖，接近羊毛买家所面临的市场结构。

在每个市场上，每个买家都有 2 个单位的需求，而且第二个单位的价值比第一个单位的更低。一共有 12 个单位的供给（出价者不知道）。每次出价都必须比之前的出价更高。如果 5 秒内没有出价，则该商品被声明已售出。

实验将对没有交易的单位进行罚款，这是刺激交易的一种方式，刺激交易者在羊毛市场上尽快满足全部的需求。

总共进行了 15 次拍卖（每周 5 次）。拍卖结构在几周内保持不变，但需求在几周内发生了变化。交易者被告知需求变化的方向，但没被告知需求变化的幅度。

口头双向拍卖实验的标准结果是交易的价格和数量迅速收敛到均衡价格（Holt，1995）。因此，需求和供给变化影响了交易数量和交易价格的变化，其变化方向与理论上的比较静态预测一致。

表 18.1 摘自这篇论文，并且给出了各个出价者的价值和理论预测的市场价值。市场关键预测是，在完全竞争条件下，第一周、第二周和第三周的市场出清价格分别为 96.5、90.5 和 98.5。

对学生的激励措施不同寻常，而且相当模糊。这次实验是课程练习的一部分，学生必须写一篇占期末成绩 10% 的作业，学生们不知道作业的主题，但是他们被建议"只有努力在拍卖中实现利润最大化，才能获得顺利完成作业所必需的知识"。对专业人士的激励也很不寻常。实验员向羊毛买家宣布，"最佳交易商将在交易结束时揭晓"。

结果总结如下。羊毛买家在第一单位拍卖时的出价高于他们的边际价值，然后在第二单位拍卖时，出价高于边际价值与罚金之和。在第一周的第一天，学生的行为与羊毛买家相似，在接下来的几天，价格变化曲线变得平缓（更多的交易达到或接近市场均衡预测）。在连续多个星期的交易中，出价越来越快地调整到利润最大化的价格水平，学生慢慢地把罚款纳入他们的出价中。因此，学生比羊毛买家赚的钱多得多。随着一周周时间过去，学生和羊毛买家的行为都发生了变化，价格朝着正确的方向调整。

表 18.1　商品价值

单位：澳元

买家	第一周			第二周			第三周		
	第一单位	第二单位	平均	第一单位	第二单位	平均	第一单位	第二单位	平均
	(1)	(2)	(3)	(1)	(2)	(3)	(1)	(2)	(3)
1	115	96	105.5	96	93	94.5	114	97	105.5
2	113	95	104	95	92	93.5	111	96	103.5
3	112	95	103.5	94	91	92.5	109	95	102

续表

	第一周			第二周			第三周		
	第一单位	第二单位	平均	第一单位	第二单位	平均	第一单位	第二单位	平均
买家	(1)	(2)	(3)	(1)	(2)	(3)	(1)	(2)	(3)
4	109	94	102.5	109	90	99.5	106	95	100.5
5	107	93	100	107	89	98	104	101	102.5
6	104	93	98.5	106	89	97.5	103	100	101.5
7	102	99	100.5	103	88	95.5	102	99	100.5
8	101	98	99.5	101	87	94	117	98	107.5
9	101	97	99	98	87	92.5	115	97	106
如果使用边际价值，期望市场价格（＝均衡价值）			96.5			90.5			98.5
如果使用平均值，期望市场价格（＝第三列的均衡值）			99.75			93.75			101.75
如果使用总价值出价，期望市场价格（＝估值为第 2 到第 13 次拍卖的均衡值）			103.25			97.25			105.25

资料来源：霍尔特（Holt，1995）。

对羊毛买家的讨论和研究表明，他们的行为是由在自己熟悉的市场中学到的行为所驱动的。更具体地说，他们的专业经验似乎与实验内容的一个具体方面相冲突，他们日常处理的商品是同质的。这意味着，这些专业人士不习惯注意日内商品价值的变化，因为这些变化可能代表不同质量的羊毛。羊毛交易价值由初级交易员记录，专业人士隔几天才从公司收到一次更改后的竞拍要求，这些更改反映了价格的趋势。结果是尽管每次拍卖的价格在交易过程中都大幅下跌，但 9 位专业买家中有 7 位表示没有注意到这种模式。基于经验，他们的另一种做法是：对不获利的单位也出价竞拍，以"诚实待人"。

一个悬而未决的关键问题是，如果这些专业人士有实验报酬，他们是否能够创造更高的收入？也就是说，他们是否会更少地依赖在日常环境中形成的条件反射，而更多地关注在实验中所面临新环境的具体细节？

在密封出价市场中使用商人作为被试

德琼等（Dejong et al.，1988）研究了艾奥瓦大学商学院的学生（一个场次有 7 个被试）和艾奥瓦大学会计系专业会计委员会的成员（一个场次有 5 名公务会计或审计合伙人和两名公司财务人员）在基本的委托代理博弈中的行为。

买方和卖方的初始禀赋分别为 1 美元和 6 美元。每个卖方向买方提交一份密封的报价，其中指定了服务质量和价格。买方决定接受哪个报价。根据服务质量按概率随机产生一个结果，以确定买方是否因其购买的服务而遭受了损失，或者相应的服务质量低于他所购买的服务。这些参数使得收益如表 18.2 所示。

表 18.2　市场中的参数

服务质量的水平 x	损失的概率 $P(x)$	损失的期望值[a] $P(x)l$	损失的概率变化 $\Delta P(x)$	损失的期望值的变化 $-\Delta P(x)l$	服务的成本 $C(x)$	服务的成本变化 $\Delta C(x)$	卖方的期望成本[b]	社会期望成本[c]
无购买	0.90	72[c]			0[c]		0[c]	72[c]
1[d]	0.60	48[c]	−0.30	24[c]	5[c]	5[c]	53[c]	53[c]
3[e]	0.20	16[c]	−0.40	32[c]	26[c]	21[c]	26c[c]	42c[c]
5	0.05	4[c]	−0.15	12[c]	53[c]	27[c]	53[c]	57[c]

注：a 损失（l）= 80 美分。

　　b 卖方承担损失责任时的预计成本为 $P(x)l + C(x)$。当买方对损失承担责任时，卖方的预期成本为 $C(x)$。在风险中性假设下，理论竞争市场中的费用 r 等于预期成本。

　　c 社会成本的期望为 $P(x)l + C(x)$。

　　d 卖方根据过失责任规则承担损失。

　　e 理论均衡价格和服务质量。这种服务对应了将期望社会成本最小化时的服务标准和服务水平。

规定的服务标准设定为 3。也就是说，如果卖方提供的质量等级低于 3，他就要对损失负责。在一个纯竞争的市场中，预期结果是提供高质量的服务，价格为 0.26 美元。

学生们的报酬是收入的总和，从 10 美元到 25 美元不等。专业人士则用不同的支付模式。他们为赢得更多分数而博弈，如果他们每个场次的分数比同样角色学生的平均分数更高，他们就会得到艾奥瓦大学的白镴纪念品，否则一无所获。

研究结果显示，学生和专业人士在各项服务的出价上并无统计学差异。在服务质量方面，学生比专业人士更容易提供规定的或超过规定的服务标准。然而，这种差异在统计上并不显著。同样的结论也适用于平均预期利润，对于专业人士和学生来说，它们在统计上没有什么不同（在 18 对实验组中，只有一对在统计上不同）。同样，在作者有关分配效率的比较中，在 18 对实验组中只有两对具有统计学差异。

因此，在这个实验中，学生与专业人士的行为非常相似，就像之前的研究一样，我们不知道这种不同的（对两组人来说是不同的）激励结构起了什么作用（如果有的话）。

信息信号

本部分包括两个信号博弈实验和一个关于信息级联的实验。所有这些模型都依赖于贝叶斯更新，而一般来说，人类被试并不擅长贝叶斯更新（Camerer，1995）。然而，信号博弈的模型在被试拥有足够的经验时得到了验证（Cooper et al.，1997）。对信息级联的研究也表明，许多模型的预测都可以被实验数据证实（Anderson and Holt，1997）。

激励制度下的管理者博弈：中国学生和中国管理人员的实验结果

库珀等（Cooper et al.，1999）将东华大学的学生（10 个场次）与管理人员（12 个场次）进行了比较。管理人员包括来自上海纺织工厂的资深管理人员（高级管理人员、中层管理人员和资深班组长，共 10 个场次）。此外，还有一些管理人员被试是东华大学本科毕业、正在攻读 MBA 且之前至少在工厂工作 5 年的年轻管理者，以及东华大学本科毕业并在纺织业工作至少 2 年的校友（2 个场次）。研究者比较了这些群体在棘轮效应博弈中的行为。

实验室的博弈是一个模型简化版本，模拟中央计划经济中典型的标准信号博弈：由中央计划者分配高生产目标给特定的高生产力企业，从而导致企业夸大虚报它们真正的生产力。

在开始之前，企业了解自己是属于低生产力还是高生产力（每种类型的概率为 50%），然后选择产出。无论对于哪种企业，如果中央计划者选择"容易"的生产目标，那么企业的收益就会比"困难"的生产目标更高。中央计划者可以看到在各种情况下的产出水平表，然后选择"容易"或"困难"的生产目标给企业。计划者的收益是由目标和企业类型所决定的函数。收益如表 18.3 所示。

约有一半场次使用中性语言的实验说明，另一半则使用背景语言的实验说明（简单合同、困难合同、高生产力企业等）。每个场次有 12～16 个被试，博弈重复 36 次，每 6 个轮次后角色进行一次轮换。

表 18.3　企业收益和中央计划者收益

企业收益					
低生产力企业的生产目标			高生产力企业的生产目标		
产出	容易	困难	容易	困难	产出
1	710	542	1108	815	1
2	730	561	1145	852	2
3	697	528	1230	937	3
4	527	357	1308	1015	4
5	273	103	1328	1035	5
6	220	48	1298	1005	6
7	190	15	1250	966	7

中央计划者的收益		
产出目标	面对的是低生产力企业	面对的是高生产力企业
容易	645	764
困难	528	820

　　该博弈有三个纯策略序贯均衡：在产出水平 1、2 或 3 上采用混同策略。

　　激励如下。学生有两种不同的报酬支付标准。在标准薪资案例中，产出水平为 2 的混同策略所对应的预期收益为 30 元人民币（3.75 美元），这相当于美国常见的实验收益。在高薪的情形下，实验报酬上升到 5 倍，即产出水平为 2 的混同策略所对应的预期收益为 150 元人民币。作为比较，当时大学副教授的月工资为 1200 元。管理人员与高报酬条件下的学生激励相同，值得注意的是，实验中绝大多数管理人员的每月收入不到 2000 元人民币。

　　结果如下。首先，我们把所有的干预组作为一个整体来看。企业的选择开始收敛到它们各自类型的完全产出信息上。对于选择 1~3 低产出的企业，中央计划者更倾向于给出"容易"的产出目标。随着经验的增加，高生产力企业增加了选择 1~3 产出的频率，最后收敛于 2 的产出。即使在最后的 12 个博弈轮次中，高生产力企业非均衡策略的频率仍是相当高的。其次，我们单独关注学生和激励变量的影响。起初，增大实验激励促进了企业的高产出。然而，这些差异最终还是消失了。增大实验激励对中央计划者的选择没有影响。最后，我们关注实验中职业模拟情境的影响。在带情境的场次中，学生在实验中担任公司管理者时，采取的行为与专业人士没有显著差异。对于学生来说，在带情境的场次中他们作为中央计划者时的选择错误减少了，但仅限于使用标准实验激励的场次。在带情境的场次中，专业管理者在担任公司角色时所采取的策略性选择在最后的几个轮次变得越来越多。作为中央计划者，专业管理者比学生有优势，他们在带情境的场次中获得了比普通场次中更高的目标收益率。

总之，我们在学生和管理者之间观察到相似的行为。但是，在关注情境的情况下管理者表现得更好。

专业人士和学生在游说实验中的专业行为准则和被试调查

波特和范·威登（Potters and van Winden，2000）在游说博弈中比较了阿姆斯特丹大学的本科学生（12 个场次，主要是经济学专业）和私人部门、公共部门的公共事务和公共关系官员（3 个场次）的行为。

博弈是具有发送者（S）和接收者（R）的信号博弈。R 在 B_1 和 B_2 之间决定，并且 S 和 R 的收益取决于随机状态变量（k），k 可取 2 个值（有 $\frac{2}{3}$ 的概率是 w，$\frac{1}{3}$ 的概率是 b）。S 看到 k 并决定是否发送信号。对 S 来说发送信号的成本是 c。两种干预为：低信息成本（L）；高信息成本（H）。具体的收益如表 18.4 所示。

表18.4　根据随机状态（颜色为白色或黑色）和接收者的选择（B_1 或 B_2），在两种干预设置中向发送者和接收者支付公司收益和计划者收益

单位：荷兰盾

S 和 R 的收益		R 的选择	
		B_1	B_2
低信息成本（$c = 0.5$）			
状态 k	白色（$P = 2/3$）	2，3	4，1
	黑色（$P = 1/3$）	1，0	7，1
高信息成本（$c = 1.5$）			
状态 k	白色（$P = 2/3$）	1.5，3	3.5，1
	黑色（$P = 1/3$）	1.5，0	5.5，1

每个场次有 10~12 个被试，持续进行 10 轮博弈。

博弈具有唯一的序贯均衡，可满足"全部"的子博弈精炼。在低信息成本干预组中：如果 $k = w$，S 将以 1/4 的概率发送信息；如果 $k \neq w$，则他一

定会发送信息。如果 R 没有得到信息，他将选择 B_1，否则他将以 1/4 的概率选择 B_2。在高信息成本干预组中，如果 $k = w$，S 将以 1/4 的概率发送信息；如果 $k \neq w$，则他一定会发送信息。如果 R 没有得到信息，他将选择 B_1，否则他将以 3/4 的概率选择 B_2。

对学生的激励是这样的：期望的均衡收入是每小时 20 荷兰盾（日常的打工收入是每小时 15 荷兰盾）。专业人士得到的报酬是学生的 4 倍，因此在均衡状态下，他们的报酬是每小时 80 荷兰盾（大约和他们的时薪相当）。

两个被试库的一致结果如下。S 参与有成本的信号发送，R 按理论预期方向做出回应。R 在高信息成本干预组中比低信息成本干预组中选择 B_2 的概率更高。当 $k = w$ 时，低信息成本干预组发送的信号比高信息成本干预组发送的信号多（这一结果理论没有预测到）。同时，两个被试库之间出现了两个差异。首先，与学生相比，专业人士在看到 w 后发送信号的频率更接近于预测的均衡（对比看到 b 以后）。其次，在扮演 S 角色的被试中，专业人士的收入略高于学生（论文中没有写明差异大小）。

结果只显示了微小的实质性差异。核心结论是，学生就像专业人士一样，能够理解这个博弈的核心策略。

信息级联：来自金融市场专业人士实地实验的证据

艾利维等（Alevy et al.，2009）在一场关于信息级联形成的博弈中比较了马里兰大学的学生（10 个场次，54 个被试）和芝加哥期货交易所的专业人士（10 个场次，55 个被试）。

博弈如下。自然状态（A 或 B）是通过掷骰子决定的，但不会事先显示出来。被试从一个密封的盒中抽取不同信号（a 或 b），被试按顺序根据信号做出选择，他们的选择将被显示给其他人。在对称干预组中，密封盒 A 包含两个 a 型球和一个 b 型球，密封盒 B 包含 2 个 b 型球和 1 个 a 型球。在不对称干预组中，在两个密封盒中都添加了 4 个 a 型球。干预组的另一个设计维度是，部分干预组被设定为正收益（正确猜测获得收益，错误猜测没有收益），另一些则被设定为负收益（正确猜测没有收益，错误猜测有损失）。每 5 人或 6 人一组，重复 15 轮。

表 18.5 列出了自然状态为 A 时的理论预测结果。

学生猜对一个则获得 1 美元，而猜错一个会损失 1 美元。专业人士每猜对一个获得 4 美元，猜错则损失 4 美元。这使得 30 分钟的报酬中位数超过 30 美元。

表 18.5　基于选择历史（a，b）的对称（上行）和非对称（下行，斜体）
干预组所有可能抽取序列的后验概率

		后验概率：对称盒（上行）和非对称盒（下行）						
a	b	0	1	2	3	4	5	6
0		0.500	0.330	0.200	0.110	0.060	0.030	0.020
		0.500	*0.330*	*0.200*	*0.110*	*0.060*	*0.030*	*0.020*
1		0.670	0.500	0.330	0.200	0.110	0.060	
		0.545	*0.375*	*0.231*	*0.130*	*0.070*	*0.036*	
2		0.800	0.670	0.500	0.330	0.200		
		0.590	***0.419***	*0.265*	*0.153*	*0.083*		
3		0.890	0.800	0.670	0.500			
		0.633	***0.464***	***0.302***	*0.178*			
4		0.940	0.890	0.800				
		0.675	*0.509*	***0.341***				
5		0.970	0.940					
		0.703	*0.554*					
6		0.980						
		0.749						

注：密封盒的先验概率为 0.5（0，0）。非对称盒行中以黑体字表示的是以计数方法和后验概率方法对状态做出不同预测的情况。

　　对于这两个被试库，大多数选择都与贝叶斯更新保持一致，并且实现了不可忽略的信息级联。不同被试库的收益和级联比率差异不大。不同之处在于，专业人士的贝叶斯均衡略少于学生，专业人士更少进入反向级联。虽然学生是否做出贝叶斯行为的关键在于他们是否处于损失组，但专业人士的贝叶斯行为则不受影响。因此，尽管细节上存在差异，但来自学生群体的主要结果可以推广到专业人士身上。

其他主题

共同价值拍卖中无经验竞价者与经验丰富竞价者的比较：实验室分析

　　戴尔等（Dyer et al.，1989）在一系列密封出价的共同价值拍卖中，比较了休斯敦大学经济学专业高年级本科生（实验场次标记为 1~3）和当地建筑公司高管（实验场次标记为 4）的行为。专业人士平均有 20 年的建造业经验，除 1 人外都有多年的竞拍经验。

博弈如下。被试有权参与竞拍以供应一个单位的商品，该商品的供应权以第一价格密封拍卖的方式给予最低出价者。在竞拍时，成本 C 是未知的。赢得拍卖者得到 $-C$，而其他人得 0。C 是从 [\$50，\$250] 的均匀分布上抽取的。每个竞价者收到在 $[C-\varepsilon, C+\varepsilon]$ 上抽取的个人成本信号 c_i。C、c_i、ε 和 N 的分布是公共信息。

实验场次 1~4 是从 4 个竞价者开始的。在实验场次 4 中，在 24 轮之后，1 名专业人士和 2 名"有经验"的学生被分配到不同干预组中，干预组之间的区别为是否告知最高成本估算 C_H。

理论预测成本的区间为 [\$50 $+\varepsilon < c_i <$ \$250 $-\varepsilon$]，对称的风险中性纳什均衡（SRNNE）为：

$$b(c_i) = c_i + \varepsilon - Y$$

其中，$Y = \left(\dfrac{2\varepsilon}{N+1}\right)\exp\left[-\left(\dfrac{N}{2\varepsilon}\right)(250-\varepsilon-c_i)\right]$。当 c_i 变动到（\$250 $-\varepsilon$）以下时，Y 将迅速减小。因此，在均衡情况下，出价对成本信号的加成接近 ε。

被试的奖励都是一样的（尽管实验 4 的轮次不同，拍卖的细节也不同）。初始禀赋为 10 美元，每一次拍卖的损失和利润都被计入初始禀赋。因此，在 SRNNE 下，实验 4 的初始禀赋大约为 100 美元，实验 4 持续了大约 3 个小时。

在共同价值拍卖的实验研究中，真正值得关注的是赢者诅咒的现象很难解释：长期以来人们在共同价值拍卖中的出价如此之高，平均而言会出现损失。结果显示，随着竞价者数量的增加，赢得拍卖者的损失也会增加，这在某种程度上是赢者诅咒的一个标志（Kagel and Levin，2002）。

根据他们的实验研究，作者还观察到，对于高管来说，负的或接近零的利润占主导地位。随着时间的推移，几乎没有任何证据表明存在学习效应。随着 N 的增加，亏损也在增加，这表明 C_H 提高了人们的出价，这与理论预测相反。

把高管和学生进行比较，会发现他们都成了赢者诅咒的牺牲品。无论是低信号成本者提交低报价的百分比、平均实际利润还是低报价导致平均损失的百分比，这些指标在学生和高管之间都没有表现出差异（在 10% 的显著性水平下）。只在 ε 变化的影响上存在一个很小的差异。与其他学生实验相比，N 变化的影响细节也有所不同。C_H 的影响与之前学生被试的实验一致。

因此，高管和学生的行为是相似的，他们都表现出了赢者诅咒，而且在其他许多方面也很相似，只在细节上有一些不同。这就出现了一个问题，这些高管是如何在他们的业务中取得成功的？基于与高管们的讨论，作者得出的结论是，高管们已经拥有应对一系列问题的经验法则，这使得他们能避免赢者诅咒，这在现实中可以运用但无法照搬到实验室里。戴尔和凯奇（Dyer and Kagel，1996）进行了更详细的讨论。

专业人士在实验室实验中的"最小化最大风险"选择

帕拉西奥斯－休尔塔和沃利吉（Palacios-Huerta and Volij，2006）研究了西班牙非经济学和非数学专业的男性大学生（160 名学生）和男性职业足球运动员（40 名球员和 40 名守门员）在两场零和博弈中的行为。[12]

第一个博弈是表 18.6 中的 2×2 零和博弈。表中的数字与点球成功的概率相对应。在实验中没有使用足球术语，研究对象进行了 15 轮练习和 150 轮带支付的实验，每轮报酬为 1 欧元。专业人士和学生的实验平均持续时间分别为 70 分钟和 81 分钟。

第二场博弈对应于表 18.7 中的零和博弈（O'Neil，1987）。给出的报酬是以欧元为单位，有 15 轮练习轮次和 200 轮带支付的正式轮次。专业人士和学生每场所用的平均时间分别为 61 分钟和 68 分钟。

表 18.6　点球博弈

		守门员	
		左边	右边
球员	左边	0.6, 0.4	0.95, 0.05
	右边	0.9, 0.1	0.7, 0.3

表 18.7　奥尼尔博弈

		2			
		红色	棕色	紫色	绿色
1	红色	0, 1	1, 0	1, 0	0, 1
	棕色	1, 0	0, 1	1, 0	0, 1
	紫色	1, 0	1, 0	0, 1	0, 1
	绿色	0, 1	0, 1	0, 1	1, 0

点球博弈中唯一的混合策略均衡是罚球者以 0.3636 的概率向左踢，守门员以 0.4545 的概率向左扑。奥尼尔博弈中唯一的混合策略均衡是，双方以 0.4 的概率选择绿色，而其他三种颜色的选择概率都是 0.2。

结果显然为足球运动员的最小化最大风险模型提供了数据支撑。也就是说，两种博弈中的平均选择概率要么与模型预测的结果没有差异，要么非常接近，以至于差异并不显著。此外，数据支持了被试的选择是独立随机产生的理论。另外，学生被试的研究结果与理论相去甚远。在点球博弈中，加总概率相差不大，然而，罚球者和守门员在选择概率上却没有足够的差异。此外，与足球运动员不同，学生被试不会生成"随机"序列。在奥尼尔博弈中，学生的总体行为与模型预测相似，但个体选择行为则与理论预测有很大的差异。在零和博弈中，非经济学和非数学专业的西班牙男大学生的表现与职业足球运动员不同。

学生和专业交易者的期权定价：一种行为调查

阿宾克和罗肯巴克（Abbink and Rockenbach，2006）招募了来自波恩大学的 108 名学生（6 个场次，主要是经济学院或法学院的学生）与 24 名来自"法兰克福一家有影响力的德国银行"的外汇、证券、期货、债权等部门的"决策者"（2 个场次），并在期权定价的个人决策实验中对双方的行为进行比较。他们还增加了一个来自埃尔福特大学的学生干预组，该校主要招收非自然科学领域的社会科学学生。特别是，在埃尔福特大学开设的任何课程中都没有期权定价内容，而在波恩大学，期权定价是金融学课程模块的一部分，而且还是经济学学生很喜欢的一个模块。

被试拥有 600 个单位的实验币，可以用于三种投资形式之一，即两种风险投资 X 和 Y，以及一种固定利率为 10% 的无风险投资。风险投资的回报取决于下一期才发生的状态变化：红色（概率 q）或蓝色 [概率（$1 - q$）]。实验被试首先提出以价格 P 购买或出售不超过 9 单位的 X，之后他们可以 100 每单位的价格购买、出售或保留 Y。但是他们只能交易有限的数量的 X 或 Y，以保证不会破产。每单位投资品交易的现金流量列于表 18.8。

在这种环境下，理性的投资者遵循的是一种分离价格为 20 的期权定价策略。也就是说，投资者在 P 小于 20 时买入 X，当 P 大于 20 时卖出 X。这个结果与状态为红色和蓝色的概率 q 无关。

表 18.8　投资概率

投资形式的现金流							
卖出时				买入时			
	当期	红色	蓝色		当期	红色	蓝色
X	+ P	− 62	− 2	X	− P	+ 62	+ 2
Y	+ 100	− 150	− 90	Y	− 100	+ 150	+ 90

注：现金的利率是 10%。

实验分别为被试设计了不同的 q 值，分别为 10%、20%、33%、50%、70% 和 90%。学生被试进行了 50 轮博弈，每轮价格 P 在 2 到 62 之间随机抽取。专业人士进行了 30 轮博弈，每轮价格 P 在 2 到 62 之间随机抽取。

实验币以不同的兑换率兑换成货币。学生的场次持续 1 ~ 2 小时，而专业人士的场次持续 1 小时。阿宾克和罗肯巴克（Abbink and Rockenbach, 2006）对专业人士的交易率做了如下表述："他们在实验中获得的实验币的交易率，与相应学生干预组中的交易率一致。"

可以明显得出四个结论。第一，学生对 q 的反应比专业人士更激烈。也就是说，随着 q 的变化，学生被试的分离价格变化更大。但在理论上，q 不应该影响分离价格。第二，相比于专业人士，学生平均分离价格的估计值更接近于理论价格。第三，随着时间的推移，学生越来越接近理论预测的分离价格，而专业人士则相反。部分结果见表 18.9（在学生和专业人士可以获得数据的情况下）。第四，专业交易员利用套利机会的频率低于学生，他们的行为意味着他们更少地利用了期望价值。

表 18.9　分离价格变化

实验阶段	专业人士		学生	
	干预，q（%）			
	20	70	20	70
1 ~ 15 轮	25. 17	38. 70	27. 48	36. 49
16 ~ 30 轮	18. 64	35. 89	32. 08	39. 35

在使用埃尔福特大学学生进行实验的干预组中（使用与专业人士相同的方案和干预参数），我们发现他们的行为更接近专业人士。

总的来说，专业人士的行为似乎比学生的行为更偏离理论的预测，尽管

学生对干预变量 q 的反应更激烈。

经验丰富的管理者如何克服协调失败的问题?

库珀 (Cooper, 2006) 将来自凯斯西储大学的 20 名本科生与该校维瑟海德管理学院 MBA 项目 19 名担任管理者的学生进行比较,他使用了扭转局面博弈。也就是说,管理者们在弱连结博弈 (也称为最小值博弈) 中设置奖金。该文详细讨论了两类被试的不同之处,专业人士的关键特点是他们至少有 10 年相关工作经验,其中至少有 5 年管理经验。他们大多来自制造业,也有来自医疗和服务行业的,平均收入为 12.2 万美元。

被试分为 5 组,一组为管理者,其余 4 组为员工。员工均为本科生,管理者因实验组而不同 (专业人士或学生)。在 10 轮博弈中,员工进行的最小值博弈如表 18.10 所示。管理者和员工都能看到群体选择的最小值。在接下来的 20 轮,管理者选择奖金 B (可以是 6~15 的任意整数),管理者可以在员工选择努力程度 E 之前将奖金信息发送给员工。员工奖金对于管理者是有成本的,且奖金的大小会改变员工的博弈选择,收益函数是:

$$管理者的收益 = 100 + \{[60 - 4B \times \min_{i \in \{1,2,3,4\}}(E_i)]\}$$
$$员工的收益 = 200 - 5E_i + [B \times \min_{i \in \{1,2,3,4\}}(E_i)]$$

表 18.10   当奖金为 6 时员工的收益

		其他员工的最低努力程度				
		0	10	20	30	40
员工 i 的努力程度	0	200	200	200	200	200
	10	150	210	210	210	210
	20	100	160	220	220	220
	30	50	110	170	230	230
	40	0	60	120	180	240

表 18.11 对应于奖金为 14 时员工的阶段博弈。

两组不同身份被试的激励是一样的。收益以实验币计算,并以 500:1 的比率转换为美元。因此,平均回报为 23.89 美元,包括 10 美元的出场费。此外,被试还被告知,他们将收到一份从大到小排列的收益表。实验设计的几个典型特点如下。首先,管理者和员工是分开参加实验的,值得注意的是管理者是在家通过互联网参与的。其次,随着时间的推移,为了应对专业人士在操作软件时遇到的困难，实验说明发生了少许的变化。最后，这些实验说明是中性的，但使用的词汇可能比一般的实验说明（作者称之为自然主义）更容易让被试理解。例如，员工被试被告知他们必须选择每周的工作时间。

表 18.11　当奖金为 14 时员工的收益

		其他员工的最低努力程度				
		0	10	20	30	40
员工 i 的努力程度	0	200	200	200	200	200
	10	150	290	290	290	290
	20	100	240	380	380	380
	30	50	190	330	470	470
	40	0	140	280	420	560

　　结果总结如下。到第 10 轮时，被试的努力程度就非常低了。这是最小值博弈的典型结果（Van Huyck et al.，1990）。第 10 轮的努力程度平均值为 3.08，在 39 组中有 31 组恰好为 0。通过奖金和沟通，两个组的被试都可以在更高的努力程度上进行协调，以此增加利润和提升努力程度。在第 10 轮和第 30 轮之间，努力程度约提升 5 倍，利润约增加 3 倍。在最后 10 轮，本科生和专业人士的平均最低努力程度基本上没有区别，奖金和利润也是如此。如果把注意力集中在第 10 轮最低努力程度为 0 的那些小组上，情况则更是如此。

　　然而，也出现了一些差异。首先，专业人士比本科生更容易提升努力程度和增加利润。从这篇论文的图表来看，大学生要想达到接近专业人士的利润水平，似乎需要 5 轮左右。其次，专业人士传达的沟通信息与本科生不同。特别是，专业人士更有可能要求一个具体的努力程度，他们不太会制订一个长期计划，更会进行语言鼓励，也更倾向于谈到信任。

　　因此，在这个实验中，通过专业人士和本科生的对比，我们会得出类似的结论，因为他们都学会了使用奖金和沟通，都通过提升员工努力程度来增加利润。

讨　论

　　因此，有 13 篇论文可以让我们在标准的实验室环境中比较学生和专业人士。在这 13 篇论文中，有 9 篇论文表明专业人士被试的行为与学生被试相似，与理论预测之间的距离大致相同，不同的被试库不会导致我们得出不同的结论。在剩下的 4 篇论文中，只有一篇论文发现专业人士的行为与理论的预测更加接近，这就是帕拉西奥斯 – 休尔塔和沃利吉（Palacios-Huerta and Volij，2006）的研究。另外，伯恩斯（Burns，1985）、卡彭特和塞其（Carpenter and Seki，2005）都发现专业人士和学生有不同的行为，但这种差异是相反的，也就是说学生的行为比专业人士更接近理论预测。在这两种情况下，差异的来源似乎都是因为专业人士的工作环境或偏好因素，这些因素导致了他们与学生的行为不同。卡茨白和梅恩斯（Cadsby and Maynes，1998a）表明，虽然专业人士和学生的行为都与理论预测有差异，但行为表现非常不同，以至于需要从不同的角度对其进行分类，这将改变我们对理论预测的看法。也就是说，尽管两组被试的结果与理论都有类似的差距，但通过研究这两组被试，我们得到的结论在定性上有很大的不同。

这样一篇综述揭示的问题是，在比较学生和专业人士时，很难有可比的实验激励报酬标准。例如，平均报酬应该是专业人士的平均机会成本，还是学生的平均机会成本，抑或每个群体应该有不同的标准？在这方面最彻底的方法可能是库珀等（Cooper et al.，1999）所采用的方法，其中专业人士的平均报酬是他们的机会成本，而学生被分成两组，其中一组使用与专业人士相同的激励，而另一组使用与学生机会成本相同的经济激励。

另一个困难是，就专业人士和学生之间的差异而言，尽管人们很容易将这些差异归因为专业人士的经验，但不容忽视的是这两个样本可能在其他方面存在差异，如性别、种族、年龄、社会经济背景等。这些因素可能导致的差异与一个群体是否由专业人士组成无关。在这方面，论述最仔细的是库珀，他试图厘清这些不同因素的作用（Cooper，2006）。

这也提出了一个问题，什么是最合适的被试群体？在那些被检验的模型中，到底哪些人才是模型关注的对象？日本渔民的合伙人是否比学生更适合做我们的研究被试？足球运动员呢？例如，在最后一种情况下，尽管足球运动员确实经常面临随机化的挑战，但他们的大脑运动损伤也比不踢足球的人要更多（Autti et al.，1997）。

我的观点是，这项研究综述允许我们比较专业人士被试和学生被试，尽管它确实表明，在某些情况下对学生被试的使用过于狭隘，但并不能提供压倒性的证据，证明使用标准的实验被试库得出的结论不能推广到专业人士群体中。有些问题无法通过研究本科生群体解决，而研究专业人士则被证明是非常有洞察力的方式。例如，中国管理者对情境的反应是非常有意义的（Cooper et al.，1999），职业管理者也能够利用不同的信息让员工更快地摆脱"不良"均衡（Cooper，2006），这也是学生被试无法立即学到的。尽管如此，从整体上看，在实验室里检验经济模型，无论是使用专业人士被试还是学生被试，结论都是一样的。

注释

感谢克洛·特吉曼（Chloe Tergiman）重新制作了书中的表格，感谢伊曼努尔·维斯帕（Emanuel Vespa）在研究方面提供的帮助，感谢戴维·库珀（David Cooper）的评论以及所有那些提供帮助的人。还要感谢美国国家科学基金会项目（SES - 0519045、SES - 0721111和 SES - 0924780）提供的支持，以及实验社会科学中心（CESS）提供的支持。

1. 鲍尔和切赫（Ball and Cech，1996）也对比较学生和专业人士的研究做了综述。然而，我的综述排除了其中的一些论文，因为它们不符合我的综述需求，但更重要的是，我还涵盖了他们综述中未提及的论文。

2. 如果被研究的学生群体主要由研究生组成，那么将专业人士与学生进行比较的综述就不包括这类研究。安德森和森德尔（Anderson and Sunder，1995）使用 MBA 学生。洪和普罗特（Hong and Plott，1982）使用工程、商业和法律专业的研究生。

3. 赖克的研究（Riker，1967）被排除在外，尽管作者设置了两组被试且一组比另一组更有经验，但不清楚是哪些人组成了更有经验的被试组。我们所知道的是，他们都是罗切斯特大学商学研究生院培训班的男学生，年龄从 25 岁到 55 岁不等，职业从管理培训生、邮差到当地最大工业工厂的部门主管。班克斯等（Banks et al.，1994）研究了信号博弈的改进版本，并将学生与喷气推进实验室的技术人员进行了比较。喷气推进实验室的工作人员必须具有高水平的技术和数学专业知识，但由于这些属性似乎并没有使他们成为信号博弈方面的专业人士，所以这项研究也没有被包括在内。

4. 一些研究被排除在外的原因是没有足够的实验程序的细节，或者是因为专业人士的实验干预与学生的实验干预有差异。其中包括梅斯特尔曼和芬尼（Mestelman and Feeny，1988）、史密斯等（Smith et al.，1988）和金等（King et al.，1992）的研究。学生和专业人士之间唯一允许的干预差异是与奖励和场次轮数有关的差异。

5. 我的综述包括了一些实验，用实验经济学标准来看，这些实验的激励方式并不常见，参见伯恩斯（Burns，1985）以及德琼等（Dejong et al.，1988）的研究。这些研究之所以被包括在内，主要是因为它们是一些最古老的研究。然而，在考虑结果时，应该牢记这些不同寻常的激励方式。根据中性实验语言的要求，本章放弃了阿拉塔斯等（Alatas et al.，2006）的研究。

6. 基于这最后一个标准，蒙特马库特等（Montmarquette et al.，2004）的研究没有被包括在内，尽管它满足所有其他标准。

7. 人们并不总是只关心专业人士的行为。首先，有些情况下没有明显的专业人士（例如，对慈善机构的自愿捐款）。其次，有时他们并不是唯一的利益相关者（例如，个人投资者的小规模投资行为）。最后，有些博弈人们在一生中只会遇到一次，因此他们在做相关的博弈时显然是没有经验的（例如，医学院学生进行住院实习的匹配博弈）。

8. 这里的大部分内容来自沙迪什等（Shadish et al.，2002）的研究。

9. 例如，专业人士即使不在实验的特定环境中，也会使用他们的思考方式以及他们的工作环境中重要的因素。

10. 福雷克等（Fouraker et al.，1962）对学生实验进行了更详细的分析。

11. 在最后通牒博弈中，提议者提供一笔钱的分割方式，回应者可以选择接受，在这种情况下双方都得到提议的分割金额。如果回应者选择拒绝，此时双方都无法得到任何东西。

12. 我的分析只是基于作者对数据的描述，但是伍德斯（Wooders，2008）通过重新分析帕拉西奥斯－休尔塔和沃利吉（Palacios-Huerta and Volij，2006）的数据得出了不同的结论。

参考文献

Abbink, Klaus and Bettina Rockenbach. 2006. Option Pricing by Students and Professional Traders: A Behavioral Investigation. *Managerial and Decision Economics* 27: 497 – 510.

Alatas, Vivi, Lisa Cameron, Ananish Chaudhuri, Nisvan Erkal, and Lata Gangadharan. 2006. Subject Pool Effects in a Corruption Experiment: A Comparison of Indonesian Public Servants and Indonesian Students. The University of Melbourne Research Paper Number 975. URL: http://www.economics.unimelb.edu.au/SITE/research/workingpapers/wp06/975.pdf.

Alevy, Jonathan E., Michael S. Haigh, and John A. List. 2009. Information Cascades: Evidence from a Field Experiment with Financial Market Professionals. *Journal of Finance* 62 (1): 151 – 180.

Andersen, Steffen, Glenn Harrison, Morten Lau, and Elisabet Rutström. 2010. Preference Heterogeneity in Experiments: Comparing the Field and Lab. *Journal of Economic Behavior & Organization* 73 (2): 209 – 224.

Anderson, Lisa R. and Charles A. Holt. 1997. Information Cascades in the Laboratory. *American Economic Review* 87 (5): 847 – 862.

Anderson, Matthew J. and Shyam Sunder. 1995. Professional Traders as Intuitive Bayesians. *Organizational Behavior and Human Decision Processes* 64 (2): 185 – 202.

Autti, T., L. Sipilä, H. Autti, and O. Salonen. 1997. Brain Lesions in Players of Contact Sports.

The Lancet 349 （19）: 1144.

Ball, Sheryl B. and Paula-Ann Cech. 1996. Subject Pool Choice and Treatment Effects in Economic Laboratory Research. In *Research in Experimental Economics*, Vol. 6. Greenwich, CT: JAI Press, pp. 239 – 292.

Banks, Jeffrey, Colin Camerer, and David Porter. 1994. An Experimental Analysis of Nash Refinements in Signaling Games. *Games and Economic Behavior* 6: 1 – 31.

Berg, Joyce, John Dickaut, and Kevin McCabe. 1995. Trust, Reciprocity and Social History. *Games and Economic Behavior* 10: 122 – 142.

Burns, Penny. 1985. Experience and Decision Making: A Comparison of Students and Businessmen in a Simulated Progressive Auction. In *Research in Experimental Economics*, Vol. 3. Greenwich, CT: JAI Press, pp. 139 – 153.

Cadsby, Charles Bram and Elizabeth Maynes. 1998a. Choosing Between a Socially Efficient and Free-Riding Equilibrium: Nurses Versus Economics and Business Students. *Journal of Economic Behavior and Organization* 37: 183 – 192.

Cadsby, Charles Bram and Elizabeth Maynes. 1998b. Gender and Free Riding in a Threshold Public Goods Game: Experimental Evidence. *Journal of Economic Behavior and Organization* 34: 603 – 620.

Camerer, Colin F. 1995. Individual Decision Making. In *Handbook of Experimental Economics*, eds. John H. Kagel and Alvin E. Roth. Princeton, NJ: Princeton University Press, pp. 587 – 703.

Campbell, Donald T. 1957. Factors Relevant to the Validity of Experiments in Social Settings. *Psychological Bulletin* 54 （4）: 297 – 312.

Carpenter, Jeffrey and Erika Seki. 2005. Do Social Preferences Increase Productivity? Field Experimental Evidence from Fishermen in Toyoma Bay. IZA DP No. 1697.

Casari, Marco, John C. Ham, and John H. Kagel. 2007. Selection Bias, Demographic Effects and Ability Effects in Common Value Auction Experiments. *American Economic Review* 97 （4）: 1278 – 1304.

Cook, Thomas D. and Donald T. Campbell. 1979. *Quasi-Experimentation: Design and Analysis Issues for Field Settings*. Rand McNally.

Cooper, David. 2006. Are Experienced Managers Experts at Overcoming Coordination Failure? *The B. E. Journal of Advances in Economic Analysis and Policy* 6 （2）.

Cooper, David J. , John H. Kagel, Wei Lo, and Qing Liang Gu. 1999. Gaming Against Managers in Incentive Systems: Experimental Results with Chinese Students and Chinese Managers. *American Economic Review* 89: 781 – 804.

Cooper, David J. , Susan Garvin, and John H. Kagel. 1997. Signalling and Adaptive Learning in an Entry Limit Pricing Game. *RAND Journal of Economics* 28: 662 – 683.

Croson, Rachel and Melanie Marks. 2001. The Effect of Recommended Contributions in the Voluntary Provision of Public Goods. *Economic Inquiry* 39 (2): 238 – 249.

Croson, Rachel T. A. and Melanie Beth Marks. 2000. Step Returns in Threshold Public Goods: A Meta-and Experimental Analysis. *Experimental Economics* 2: 239 – 259.

Davis, Douglas D. and Charles A. Holt. 1993. *Experimental Economics*. Princeton, NJ: Princeton University Press.

Dejong, Douglas V. , Robert Forsythe, and Wilfred C. Uecker. 1988. A Note on the Use of Businessmen as Subjects in Sealed Offer Markets. *Journal of Economic Behavior and Organization* 9: 87 – 100.

Dyer, Douglas and John H. Kagel. 1996. Bidding in Common Value Auctions: How the Commercial Construction Industry Corrects for the Winner's Curse. *Management Science* 42: 1463 – 1475.

Dyer, Douglas, John H. Kagel, and Dan Levin. 1989. A Comparison of Naïve and Experienced Bidders in Common Value Offer Auctions: A Laboratory Analysis. *Economic Journal* 99 (394): 108 – 115.

Fehr, Ernst and John A. List. 2004. The Hidden Costs and Returns of Incentives—Trust and Trustworthiness Among CEOs. *Journal of the European Economic Association* 2 (5): 743 – 771.

Fouraker, Lawrence E. , Sidney Siegel, and D. L. Harnett. 1962. An Experimental Disposition of Alternative Bilateral Monopoly Models under Conditions of Price Leadership. *Operations Research* 10 (1): 41 – 50.

Gneezy, Uri, Muriel Niederle, and Aldo Rustichini. 2003. Performance in Competitive Environments: Gender Differences. *Quarterly Journal of Economics* CXVIII: 1049 – 1074.

Gode, Dhananjay K. and Shyam Sunder. 1993. Allocative Efficiency of Markets with Zero-Intelligence Traders: Market as a Partial Substitute for Individual Rationality. *Journal of Political Economy* 101 (1): 119 – 137.

Harbaugh, William T. , Kate Krause, and Timothy R. Berry. 2001. GARP for Kids: On the Development of Rational Choice Behavior. *American Economic Review* 91 (5): 1539 – 1545.

Holt, Charles A. 1995. Industrial Organization: A Survey of Laboratory Research. In *Handbook of Experimental Economics*, eds. John H. Kagel and Alvin E. Roth. Princeton, NJ: Princeton University Press, pp. 349 – 444.

Hong, J. T. and Charles R. Plott. 1982. Rate Filing Policies for Inland Water Transportation: An Experimental Approach. *The Bell Journal of Economics* 13: 1 – 19.

John H. Kagel, Ray C. Battalio, R. C. , and Leonard Green. 1995. *Economic Choice Theory: An Experimental Analysis of Animal Behavior*. New York: Cambridge University Press.

Kagel, John H. 1987. Economics According to the Rats (and Pigeons Too): What Have We Learned and What Can We Hope to Learn? In *Laboratory Experimentation in Economics: Six Points of*

View, ed. Alvin E. Roth. New York: Cambridge University Press, pp. 155 – 192.

Kagel, John H. and Dan Levin. 2002. *Common Value Auctions and the Winner's Curse*. Princeton University Press.

King, Ronald R. , Vernon L. Smith, Arlington W. Williams, and Mark Van Boening. 1993. The Robustness of Bubbles and Crashes in Experimental Stock Markets. In *Evolutionary Dynamics and Nonlinear Economics— A Transdisciplinary Dialogue*. Oxford, England: Oxford University Press, pp. 183 – 200.

Ledyard, John O. 1995. Public Goods. In *Handbook of Experimental Economics*, eds. John H. Kagel and Alvin E. Roth. Princeton, NJ: Princeton University Press, pp. 111 – 194.

Marks, Melanie and Rachel Croson. 1998. Alternative Rebate Rules in the Provision of a Threshold Public Good: An Experimental Investigation. *Journal of Public Economics* 67: 195 – 220.

Mestelman, Stuart and David Feeny. 1988. Does Ideology Matter?: Anecdotal Experimental Evidence on the Voluntary Provision of Public Goods. *Public Choice* 57: 281 – 286.

Montmarquette, Claude, Jean-Louis Rullière, Marie-Claire Villeval, and Romain Zeiliger. 2004. Redesigning Teams and Incentives in a Merger: An Experiment with Managers and Students. *Management Science* 50 (10): 1379 – 1389.

O'Neil, Barry. 1987. Nonmetric Test of the Minimax Theory of Two-Person Zerosum Games. *Proceedings of the National Academy of Sciences* 84: 2106 – 2109.

Palacios-Huerta, Ignacio and Oscar Volij. 2006. Experientia Docet: Professionals Play Minimax in Laboratory Experiments. Working paper. URL: http://www. najecon. org/ naj/cache/12224700 0000001050. pdf.

Potamites, E. and B. Zhang. 2012. Measuring Ambiguity Attitudes: A Field Experiment among Small-Scale Stock Investors in China. *Review of Economic Design* 16 (2 – 3): 193 – 213.

Potters, Jan and Fransvan Winden. 2000. Professionals and Students in a Lobbying Experiment: Professional Rules of Conduct and Subject Surrogacy. *Journal of Economic Behavior and Organization* 43: 499 – 522.

Riker, William H. 1967. Experimental Verification of Two Theories About *n*-Person Games. In *Mathematical Applications in Political Science III*, ed. Joseph L. Bernd. Charlottesville, VA: University of Virginia Press, pp. 52 – 66.

Roth, Alvin E. 1995. Bargaining Experiments. In *Handbook of Experimental Economics*, eds. John H. Kagel and Alvin E. Roth. Princeton, NJ: Princeton University Press, pp. 253 – 348.

Shadish, William R. , Thomas D. Cook, and Donald T. Campbell. 2002. *Experimental and Quasi-Experimental Designs for Generalized Causal Inference*. Boston: Houghton Mifflin.

Siegel, Sidney and D. L. Harnett. 1964. Bargaining Behavior: A Comparison Between Mature Industrial Personnel and College Students. *Operations Research* 12 (2): 334 – 343.

Smith, VernonL. , G. L. Suchanek, and A. W. Williams. 1988. Bubbles, Crashes, and Endogenous Expectations in Experimental Spot Asset Markets. *Econometrica* 56: 1119 – 1151.

Van Huyck, John, Raymond C. Battalio, and Richard Beil. 1990. Tacit Coordination Games, Strategic Uncertainty, and Coordination Failure. *American Economic Review* 80 (1): 234 – 248.

Wooders, John. 2008. Does Experience Teach? Professionals and Minimax Play in the Lab. Working Paper. URL: http://www. u. arizona. edu/ ~ jwooders/Reexamination2006 2009202008. pdf.

第 19 章

实验室实验的外部有效性：对定量效应的误导性强调

贾德·凯斯勒 （Judd B. Kessler）

莉丝·维斯特兰德 （Lise Vesterlund）

概　述

　　实验室实验被用于解决经济学中的各种问题，包括行为是否与理论的预测和假设一致，以及各种机制和制度如何影响经济人的行为（Roth，1987）。实验室实验已经成为经济学领域不可或缺的一部分，并且，理论研究、实验室实验和实地研究之间正进行着意义重大的交流合作。

　　然而，莱维特和利斯特（Levitt and List，2006，2007a，2007b，2008）的一系列论文质疑我们可以从实验室研究中得到什么。莱维特和利斯特（Levitt and List，2007a）批评的核心是"对实验室实验的数据进行解释的关键假设是，从实验室数据中所获得的结论可以被推广到实验室之外的世界"，莱维特和利斯特（Levitt and List，2008）进一步认为"有许多理由怀疑这些实验室的研究结果可能无法推广到真实的市场中"，这表明关于实验室数据可以推广的关键假设可能并不成立。具体而言，几位作者强调了实验室与"实验室之外的世界"之间的 5 个关键差异。[1]他们虽然认为实地实验和自然实验数据也有外部有效性的问题，然而，他们声明"实地实验避免了实验室实验在外部有效性方面所面临的许多重要问题"（Levitt and List，2008），许多人认为他们的论文败坏了实验室实验的声誉，且试图将实地实验称为一种更优越的方法。

　　莱维特和利斯特的论文在实验经济学领域内外引起了不小的轰动。学者为实验室实验辩护的一种常见做法是对实地实验进行反击，他们认为实地实验与实验室实验面临着相同的问题，即缺乏外部有效性。[2]

　　在对莱维特和利斯特论文的回复中，卡默勒（Camerer，2015）跳过了实地实验的外部有效性，系统地解决了莱维特和利斯特（Levitt and List，2007a）认为导致实验室研究外部有效性低的 5 个问题。卡默勒（Camerer，2015）指出，相较于莱维特和利斯特（Levitt and List，2007a）所提出的观点，实验室不同于实地的那些因素对行为的影响较小。他评论说，如果担忧其中某个因素，可以有针对性地改变实验室研究的设计，以更好地反映与研究相关的外部环境。此外，他还比较了实验室实验和实地实验的优缺点，认为实验室实验更容易复制，而实地实验则不那么容易。[3]同时，卡默勒还提出了一个引人注目的观点，即考虑外部有效性会让一大批实验室研究分散注意力。他指出，虽然外部有效性对于旨在为政策制定提供信息的研究至关重要，但对于旨在理解一般行为原理的研究而言，外部有效性并不是必要的。卡默勒将前者称为"政策向视角"，将后者称为"科学向视角"，他认为，由于在科学向视角下进行的实验并不旨在预测特定外部目标环境中的行为，因此我们不应该过分关注这些实验室结果能否被推广到现实中（Camerer，2015）。

　　莱维特和利斯特的论文以及卡默勒的回复促成了许多早应进行的关于实验室实验对经济学贡献的辩论。不幸的是，大部分辩论都是针对外部有效性的假想对手（工具人）版本。虽然争论焦点集中于定量结果的外部有效程度，但我们认为，对于大多数实验室研究而言，定性结果是否具有外部有效性才是重要的。定量结果是指对效应的精确程度或大小进行估计，定性结果是指对效应的方向或符号进行估计。[4]有趣的是，辩论双方对于实验室研究的定性结果在多大程度上是外部有效的这个问题，分歧要小得多（甚至可能没有分歧）。

　　在"定量与定性的外部有效性"部分，我们解释了为什么对于大多数实验室研究而言，研究的定性或方向结果是否外部有效才是重要的。在"实验室研究有希望被推广到实地中吗？"部分，我们认为进行实验室研究旨在确定行为的一般化原理，因此保证了其外部有效性。在"实验室结果能否解释实验室外的世界？"部分，我们检验了实验室实验是否能满足这一要求。我们讨论了定性结果在实验室外能在多大程度上成立，以及当它们不成立时我们应该如何应对。我们将避免关于实验室实验或实地实验的外部有效性是强还是弱的争论。我们不认为这种辩论是有意义的，因为它假定各种方法是相互竞争的。和其他许多人一样，我们在结语中指出，实验室方法和实地方法是高度互补的，它们都为我们理解经济学奠定了重要的基础。[5]

定量与定性的外部有效性

在关于实验室研究是否"可推广"或是否具有"外部有效性"的辩论中，这些术语通常并没有明确的定义。实际上，外部有效性的各个正式定义之间差异很大。外部有效性的某些定义只是要求两个变量之间的定性关系在相似的环境中都适用。例如，瓜拉（Guala, 2002）指出："如果实验人员将效应 B 的产生归因于 A，而 A 确实是在实验干预组 E 中产生 B 的原因，那么实验结果是内部有效的；如果 A 不仅在 E 中引起 B，而且在 F、G、H 等一系列其他类似的情况下也引起 B，那么实验结果是外部有效的。"更多对外部有效性的严格定义还要求，在某一个实验中 A 变化一个单位对 B 的定量影响在其他类似环境中仍然成立。

莱维特和利斯特（Levitt and List, 2007a）表达了对实验室实验是否满足更高标准有效性的担忧。在他们的结论中，他们接受实验室实验符合外部有效性的第一个定义，并且认为（强调）："实验室实验注重定性的见解，这一点可以提供至关重要的初步理解，并在观察到某些数据模式时得出可能的潜在作用机制。"[6]然而，他们认为实验室实验未能达到更高的有效性标准，并质疑（补充强调）"实验结果是否能同等地描述整个世界"。更直接地，莱维特和利斯特（Levitt and List, 2007b）写道："那些令我们担忧的实验，即使定量的结果大小不能被推广，实验室的定性发现也可能是可推广的。"在随后对莱维特和利斯特的回应中，争论集中在定量的实验室结论在多大程度上是外部有效的。

然而，对于许多（或者大多数）实验研究而言，这种对定量外部有效性的关注是错误的，因为实验室研究的重点是确定效应的方向而不是其精确程度。事实上，通常用来推断显著性的非参数统计方法仅仅依赖于定性差异。很少有实验经济学家会争辩说，实验室中两个干预组之间的定量差异完全等同于现实环境或实验环境某个重要特征发生变化后发现的定量差异。[7]例如，在实验室中，英式拍卖和第一价格密封拍卖之间的收入差异大小并不意味着它代表其他任何一组英式拍卖和第一价格密封拍卖之间的收入差异大小。同样，尽管寻找外部有效结果的目标很明确，但各种设计出来用于测试美国联邦通信委员会（FCC）频段拍卖的实验，并不是为了计算出实地频段拍卖时成交价的大小。相反，他们运行实验的预期是，在实验室拍卖中得到的效应方向和行为的一般原理也将出现在实地拍卖中（Ledyard et al.，1997；Plott，1997）。

强调定性结果的部分原因是，所有理论和实证经验模型都需要简化假设。在构建这些模型时，我们消除了我们认为不重要的因素。对感兴趣的环境进行抽象的结果是，我们可能无法在这些抽象环境中得出效应的精确程度。[8]

由于大多数实验研究侧重于效应的方向，关于外部有效性的争论应该集中在定性而非定量预测上。福尔克和赫克曼（Falk and Heckman，2009）介绍了一个框架，我们可以用它来概念化这两种类型外部有效性之间的差异。考虑结果 Y 和由 $Y = f(X_1, X_2, \cdots, X_N)$ 定义的多个变量之间的关系，他们称之为全因素模型，因为它"包含了产生 Y 的所有可能的原因"，他们注意到 X_1 对 Y 的因果效应是在固定 $X^* = (X_2, \cdots, X_N)$ 的前提下改变 X_1 所产生的效应。[9]在莱维特和利斯特之后，福尔克和赫克曼也开始关注实验室的定量结果在什么条件下是外部有效的。他们表明定量外部有效性的实质要求是 f 在 X_1 中是可分的，而 Y 关于 X_1 是线性的。但请注意，确保定性效应满足外部有效性的要求是比较低的。为了使定性结果外部有效，我们只需要求 Y 关于 X_1 单调，并且其他的 X^* 的变化不会使得 X_1 与 Y 的相关性变成相反的相关性即可。

在全因素模型中，莱维特和利斯特提出了对外部有效性的担忧，他们认为在实验室中 X_1 的大小和 X^* 被控制的水平与实验室外的环境并非完全对应。实际上，如果我们关注的是定性效应是否具有外部有效性，那么只有当在两种环境中 X_1 与 Y 关系的方向相反时，我们才需要注意实验室和实地之间的差异。

以赢者诅咒为例，早期的实验证明，如果使用学生作为实验被试，我们会发现增加竞价者的数量会增加卖方收入，而提供有关拍卖项目价值的公共信息则会减少卖方收入（Kagel and Levin，1986）。由于经验可能会影响竞价者对不完全信息问题（赢者诅咒的核心问题）的理解，因此增加竞价者数量的效应或增加公共信息的效应在不同的被试库中可能会有所不同。然而，与被试库无关的是，随着竞价者数量的增加，不理解赢者诅咒的个人数量也会增加，因此我们预计卖方的收入会增加。对于那些不理解赢者诅咒的人，不完全信息会对其竞价行为有所影响，因此我们预计提供公开信息会减少卖方收入。在学生被试和石油公司高管被试之间，这些比较静态分析的幅度大小可能有所不同，但我们预计定性结果应该是相同的。[10]

实验室研究有希望被推广到实地中吗？

在关于实验室实验外部有效性的辩论中，学者们对外部有效性在哪些情况下比较重要这一问题存在分歧。莱维特和利斯特认为，"对实验室实验的数据进行解释的关键假设是，从实验室数据中所获得的结论可以被推广到实验室之外的世界"。施拉姆（Schram，2005）的陈述更为温和："外部有效性对于寻找经验规律的实验比对理论检验实验更为重要。"卡默勒（Camerer，2015）将这一论点更进一步阐述为外部有效性对于从政策向视角进行的实验很重要，但对于从科学向视角进行的实验则不然。[11]卡默勒（Camerer，2015）指出："因为我们的目标是理解一般原理，过分关注'从实验室研究中得出的结论是否能推广到实地'分散了研究的注意力，同时这个问题很难回答，而询问'实地中的问题是否能被纳入实验室研究'可能更有用处。"[12]

虽然对于实验室实验的定量结果是否具有外部有效性这一问题可能存在分歧，但我们认为，对于定性结果在多大程度上保证了外部有效性，我们不会有太多分歧。由于实验室实验的目的是揭示行为的一般原理，对外部有效性的担忧是有一定根据的。即使没有特定的外部目标，在实验环境中发现的一般行为规则也必须适用于具有类似特性的其他现实环境。[13]虽然实验室研究也许不能保证定量的外部有效性，但它们确实承诺了定性的外部有效性。人们感兴趣的问题应该是它们是否履行了这一承诺。

实验室结果能否解释实验室外的世界？

在辩论过程中，作者们提出了两种情况，在这两种情况下，我们可以将结论从实验室推广到其他相关的现实环境。福尔克和赫克曼（Falk and Heckman，2009）总结了这两种情况："当要解决的确切问题和被研究的人群在实验中得到反映时，从中得到的结果就可以是清晰且有意义的。否则，要将实验的发现推广到新人群或新环境中，就需要建立模型。"卡默勒（Camerer，2015）还强调，无论是实验室研究的被试群体和环境代表了一个新的现实环境，还是研究者使用以前的研究来解释实验室和实地之间的差异（意味着其已经有一个潜在的模型），一定的外部有效性都是有必要的。卡默勒（Camer-er, 2015）指出："平行性并不要求在一个旨在重现外汇交易的实验室环境中，学生被试表现得像交易大厅里的专业外汇交易员一样……保持平行的假设只是认为，如果这些差异可以保持不变（或在计量上能够控制），人们在实验室和交易大厅的行为应该是相同的。"莱维特和利斯特（Levitt and List, 2007b）也强调了模型在推断实验结果方面的价值，他们写道："即使是在实验室结果被认为几乎没有普遍性的情况下，如果使用适当的理论模型进行推断，得到某些结果（实验室数据估计的参数）仍然优于没有任何结果。"[14]

虽然反映特定的现实环境或使用模型进行推断似乎都很有趣，但我们要认识到这两者的前提条件是非常严格的。实验室研究难以完全反映我们所关注的外部环境。同时，认为我们可以找到一个模型，从而根据这个模型预测实验室和实地之间的差异如何影响在实验室里观察到的那些比较静态结果，这也是不现实的。如果找到这个模型对于外部有效性是必要的，那么实验室研究只能对实验室外的行为提供极其有限的参考。幸运的是，这个模型不是将实验室实验的定性结果推广到其他环境所必需的。如前所述，如果我们观察到的变量间的关系是单调的，并且在实地与实验室之间那些差异变量发生改变时，不会改变定性效应的方向，那么定性效应将是外部有效的。

在实验室实验中，研究者会向被试提供激励，旨在获取一般情况下进行经济决策的核心规律。实验人员脑海中有一个模型，该模型假定实验室环境与相关的现实环境在某个维度上没有区别，这个维度能够影响比较静态分析的符号。[15]只要这个模型是正确的，那么定性结果就应该是能够推广的。这在实践中意味着什么？当我们拒绝或不能拒绝实验室中的方向改变假设时，我们又能对实验室外的行为得出什么结论呢？

假设实验室结果否定了干预变量以某种方式影响行为的假设，这一发现能在多大程度上让我们推断出干预变量在实验室外环境中的作用？如果我们的假设在严格受控的实验室环境中被否定了，那么在更复杂的外部环境中被干预的变量也不太可能按那种方式去影响行为。[16]

相反，如果我们无法拒绝实验室中的原假设怎么办？这是否意味着该假设可能在具有类似特征的现实环境中得到支持？施拉姆（Schram, 2005）认为："在理论设计之后，对一架新飞机进行风洞测试是实验室实验的阶段。然而，即使飞机在这次实验中没有'坠毁'，它也不会立即被用来运送乘客。人们通常会在风洞中对极端情况进行进一步的测试。而且，进一步的测试会包括不搭载乘客的'真实'航班。"因此，寻找符合理论的实验室证据通常会导致对结果的进一步研究，在理想情况下，这些调查将在实验室和实地的各种压力测试条件下进行。然而，如果没有这些压力测试，我们是否有理由期望实验室中记录的比较静态分析也适用于实地呢？答案可能取决于我们先验信念的强度，但在实验室中确定一个比较静态的结果肯定会增加我们的后验信念，即比较静态分析在现实中也会成立。由于实验室被认为是研究行为的一般原理，我们希望这些原理在实验室内外都适用。

然而，与任何发现一样，我们在不同的环境中进行预测时需要谨慎。例如，在记录体育卡市场中对妇女的统计意义上的歧视时，利斯特（List，2004）没有发现女性总是会支付比男性更高的价格，或者女性总是被收取更高的价格，或总是存在两性间的统计意义上的歧视。也就是说，当存在对某一特定群体的统计歧视时，市场可能会以某种可预测的方式做出回应。例如，在秘鲁利马进行的一项关于出租车费用谈判的研究中，卡斯蒂略等（Castillo et al.，2013）试图证明统计歧视会导致对男性来说更高的收费，数据发现他们比女性更愿意支付较高的出租车费用。

那么，如果在实验室中发现了比较静态，但未能在实验室外找到比较静态的证据，我们应该怎么做?[17]在设计实验时，研究者假设实验室的干预抓住了相关环境的核心特征，并且定性结果在实验室之外也会成立。如果未能在现实中复制实验室研究的发现，这可能是因为研究者的模型未能抓住现实决策环境中的核心特征。也就是说，这并不是实验室未能发现行为一般规律的问题，而是实验室模型没有抓住相关外部环境特点的问题。这就好比一个结果在模型中成立，但是在实际中没有被观察到。在这些情况下，我们推断该模型具有不合理的假设，或者模型没有把重要的东西抽象出来。因此，未能在实地中复制实验结果应该使我们重新审视手头的实验设计，因为这可能表明实验室和现实环境在某个维度上存在差异，且这种差异在影响比较静态的结果方面起着重要作用。

例如，格里等（Goeree et al.，2005）的理论研究与恩格尔斯和麦克马纳斯（Engers and McManus，2007）、奥岑（Orzen，2008）、施拉姆和昂德（Schram and Onder，2009）的实验室研究都表明，全付拍卖产生的收入高于其他慈善筹款机制，而实地研究的比较静态结果与此相矛盾。卡彭特等（Carpenter et al.，2008）和奥登斯道等（Onderstal et al.，2013）都发现在全付拍卖中捐款减少了。有趣的是，实地研究也证明了为什么会出现这种差异。虽然理论和实验室实验都假设所有潜在参与者完全参与捐赠，但实地研究发现，潜在的捐赠者将选择不参与全付拍卖。因此，实验室和实地之间的不一致是由不正确的（和限制性的）完全参与假设造成的。[18]由于忽视了参与率的重要性，最初的实验室模型没有抓住慈善筹款内涵和外部环境的基本特征。

如果在某些实地实验中未观察到实验室实验的研究结果，则有必要确定实验室中的哪个假设未能成立。凯斯勒（Kessler, 2013）认为某些实验室环境可能无法获得实验室之外决策环境的核心特征，这可能是由方法论而产生的差异（例如，在实验室实验中，被试知道自己是某个实验的一部分，并自愿参与，这不一定是实地实验中的情况）以及由相关的经济环境（例如信息、激励、行动空间等）而产生的差异。这些经济差异可能因环境而异，而且可以由研究者进行操纵。

虽然我们很容易像莱维特和利斯特（Levitt and List, 2007a）那样得出结论：实验室实验和实地实验之间的不一致是方法上的差异造成的。但应该注意确定研究者在实验控制上的差异是否造成了这种不一致。凯斯勒（Kessler, 2013）旨在解释为什么礼物交换在实验室实验中比在实地实验中更常见。他用实验室实验表明，企业的相对财富和工人工作效率的差异对实验室实验和实地实验之间的结果差异有显著影响（研究者的选择，而不是方法论的差异）。另一个例子是荷式拍卖和密封拍卖的实验室实验和实地实验差异。考克斯等（Cox et al., 1982, 1983）的实验室研究发现，密封拍卖的收益高于荷式拍卖的收益，而勒金－瑞利（Lucking-Reiley, 1999）的实地研究则发现了相反的关系。虽然这些结果最初归因于实验室实验和实地实验在方法论上的差异，但卡托克和夸斯尼察（Katok and Kwasnica, 2008）随后的实验室研究表明，之前实验研究设计的选择可以解释不同的结果。具体来说，他们注意到勒金－瑞利的拍卖时钟速度比考克斯等人的慢得多，他们还发现，在较快的拍卖时钟速度下，荷式拍卖的收入明显低于密封拍卖，反之亦然。[19]由于最初的研究没有考虑时钟速度对收益大小的影响，所以模型的设定出现了错误，在实验室中较快时钟速度下看到的拍卖结果不能被推广到实地中较慢时钟速度的拍卖环境中。

注意，在这些例子中，我们未能在实验室实验和实地实验之间发现一致的结果并不是实验室方法论的失败，而是证明实验室实验和实地实验在决策环境的核心特征上存在差异。通过识别决策环境的哪些特征导致了不同的结果（哪些没有），我们就能够完善我们的行为模型。[20]

结　语

　　经济学研究的目的是告诉我们市场如何运作，以及经济人如何交互。人们期望经济行为的基本原理能适用于各种环境。我们期望经济学研究揭示的行为规律是可以推广的，也就是外部有效的。然而，这并不意味着干预效应的大小也能适用于一般外部环境。在许多情况下，包括实验经济学研究，我们期望的只是定性或方向性的结果是可推广的。用于确保内部有效性的简化假设导致了实验室研究观察到的效应的大小可能与其他环境中观察到的不同。有趣的是，学者对如下观点似乎有广泛的共识，即在实验室观察到的定性结果是外部有效的。据我们所知，本章讨论的实验室实验与实地实验的差异不能改变实验室实验中发现的那些方向性效应。

　　在强调定性结果的重要性时，我们忽略了在实验室中偏好参数的估计研究。其中一些研究的目的是进行比较静态分析，而另一些研究则强调对参数本身的估计。虽然其中一些参数估计可能被认为是可通用的和可以推广的，但其他参数估计则依赖于实验设计，因此不太可能推广。

　　当作者使用偏好参数来生成比较静态结果时，他们通常期望将比较静态结果而不是估计的偏好参数推广到其他环境。例如，虽然安德罗尼和维斯特兰德（Andreoni and Vesterlund，2001）估计了实验室实验中男性和女性对捐赠的需求函数，但他们只强调令人惊讶的比较静态结果，即女性对于捐赠额的大小不如男性敏感，并且这正是他们随后尝试进行推广的比较静态结果。他们首先注意到安德罗尼等（Andreoni et al.，2003）在研究年度捐赠如何响应个人的边际税率时，发现税率敏感度存在相同的性别差异。然后，利用柯林等（Conlin et al.，2003）关于支付小费的数据，他们发现男性对支付小费成本比女性更为敏感。因此，尽管估计了对捐赠的需求，但安德罗尼和维斯特兰德（Andreoni and Vesterlund，2001）并没有检验定量结果是否可以推广，而是使用定性结果来预测实验室外的行为。在一些关于个人风险偏好、时间偏好和亲社会性偏好的研究中，也能够看到对比较静态结果的强调，而这些研究的目的就在于确定一般原理，如损失厌恶、概率加权、时间贴现和不平等厌恶。

　　虽然我们希望根据偏好参数估计得出的比较静态结果能够推广，但是估计结果本身是否能够推广是值得怀疑的。例如，虽然关于亲社会偏好的实验室和实地研究有助于确定由这种偏好所导致的行为的一般特征，但是不太可能确定不同环境中此类效应的大小。考虑专业筹款人在募集资金方面投入的工作量，显然涉他偏好的行为在很大程度上取决于决策情境。我们无法通过个体的一项慈善行为预测他所有的慈善行为，而且，个体的每项慈善行为都有其特征。我们希望估计的捐赠偏好可以推广到所有环境，类似于希望可以根据消费者对一种商品的需求来预测其对所有商品的需求。

也许是因为涉他偏好非常复杂，揭示这一现象的成本特别高，所以我们不能忽略实验室研究的成本优势。实际上，实验室和实地研究在增进我们对捐赠原因的理解方面发挥了重要作用。如前所述，实地实验有助于我们了解全付慈善拍卖中的行为。实验室实验在帮助我们理解慈善捐赠方面发挥了重要作用，它提供了一个受控环境，使我们能够确定哪些机制可能会推动行为。

例如，实地研究一再表明，许多环境中的捐赠可能会受到前面捐赠者所做捐赠的信息影响（List and Lucking-Reiley，2002；Croson and Shang，2008；Frey and Meier，2004；Soetevent，2005）。虽然这些研究表明个体会根据其他人的贡献进行决策，但关于哪些机制可能推动这一结果，则没有提供相关信息。一种假设是，当组织者提供的慈善项目的质量存在不确定性时，其他人的捐赠信息可能会提供一些指导（Vesterlund，2003；Andreoni，2006）。虽然人们可以很容易地从理论上证明，连续的捐赠可以增加捐赠量，但发出信号是一项困难的行为任务，并且人们可能会质疑捐赠者能否利用他们的能力来发出关于慈善品质量的信号。不幸的是，信号模型并不容易在实地得到检验，因为很难控制慈善品的质量。然而，在实验室中进行这样的研究并不困难，实际上实验室的巨大吸引力就在于研究者可以很容易地对比多个假设。波特等（Potters et al.，2005，2007）研究了与公共品质量有关的序贯捐赠（公共品质量包括确定和不确定两种）。他们发现，当公共品的质量存在不确定性时，序贯捐赠会增加捐赠额。因此，这种行为与个人将大额初始捐款视为慈善项目质量信号的理论是一致的。这一结果与实地证据相符，即过去捐赠的信息对新捐助者的影响更大（Croson and Shang，2008），且慈善项目质量信息较少时影响更大（Soetevent，2005）。

实验室实验和实地实验均为我们理解经济行为做出了独特的贡献。讨论这两种方法孰优孰劣既没有根据也没有意义。相反，方法论探讨应该强调实验室实验和实地实验是互补的。在理想情况下，这些探讨将激发结合二者优势的新研究。

注释

感谢乔治·洛温斯坦（George Loewenstein）、杰克·奥克斯（Jack Ochs）、阿尔文·罗思（Alvin Roth）和提姆·赛门（Tim Salmon）有益和深思熟虑的评论，感谢纪尧姆·弗雷谢特（Guillaume Fréchette）和安德鲁·斯科特（Andrew Schotter）邀请我们撰写本章。

1. 他们讨论的 5 个因素分别为：关注度、缺乏匿名性、实验的背景、激励大小和被试库。

2. 在回应对实验室实验攻击的过程中，批评者认为实地研究的不同市场之间也可能存在很大差异，因此一项实地研究对其他的市场仅能提供有限的参考。并非巧合的是，利斯特（List，2006）研究的体育卡交易市场就是一个常见的例子。此外，实验室研究的支持者认为，实地实验在控制上的限制使得因果关系很难识别，因此实地实验缺乏内部有效性。最后，一些研究者对复制实地实验结果的难度也表示担忧。

3. 卡默勒（Camerer，2015）写道："然后我们考虑实验室实验的哪些核心特征可能会影响到其外部有效性。这些特性是所有实验室实验的必要组成部分吗？除了在实验室里进行的介入性观察（这是保护人类被试所必需的），答案是'不'。为了更好地匹配特定的现实环境，如果需要，在实验室实验中可以放宽可能限制其外部有效性的某些特征。"

4. 我们感谢乔治·洛温斯坦（George Loewenstein）指出，定性和定量的定义与其常见用途有本质上的不同，在它们的常见用途中，定性是指无法定量测量，我们使用这些定义是因为它们在这些辩论中经常被使用（Levitt and List，2007a）。

5. 罗思（Roth，2008）指出："实验室实验和实地实验不仅相互补充，而且与其他类型的实证和理论工作相辅相成。"福尔克和赫克曼（Falk and Heckman，2009）写道："实证数据、调查数据、实验（包括实验室和实地实验）数据以及标准的计量经济学方法，都可以改善社会科学的现状。"瑞利和利斯特（Reiley and List，2007）在他们关于实地实验的帕尔格雷夫（Palgrave）条目中写道："我们应该把各种数据方法看作强有力的补充，把每种方法的见解结合起来，这将能够使经济学家对我们的科学有更深的理解。"莱维特和利斯特（Levitt and List，2007b）指出："我们认为，有时在实验室实验和实地实验之间进行尖锐的二分法分割是错误的……每一种方法都有不同的长处和短处，因此将两者结合可能比单独使用任何一种方法都能提供更多的理解。"正如下面所讨论的，凯斯勒（Kessler，2013）强调了实验室实验和实地实验在产生新知识方面相互补充的具体方式。

6. 莱维特和利斯特（Levitt and List，2007b）还指出："实验室实验可以提出在观察某些数据模式时产生作用的潜在机制，并提供对在其他外部环境中可能发生的事情的见解。"

7. 虽然许多实地实验都是为了估计效应的大小而设计的，但作者大概并不打算将这种效应的大小推广到其他环境。例如，利斯特和勒金 – 瑞利（List and Lucking-Reiley，2002）发现，当他们将一个筹款目标的种子资金从 10% 增加到 67% 时，捐款增加了近 6 倍。

几乎没有人会预期将这一结果推广到其他慈善活动中。想必作者在摘要中报告这个结果不是为了说明其定量结果是可推广的，而是为了展示某种效应的大小，与论文中其他效应的大小进行比较，并揭示其经济显著性。

8. 只有我们假设的所有因素都与影响效应的大小无关时，我们才会描述模型的定量关系（而不是强调定性关系）。

9. 请注意，在许多实验研究中 X_1 是表示不同市场机制或环境的二元变量。

10. 戴尔等（Dyer et al., 1989）发现专业人士也会产生赢者诅咒的现象。参见弗雷切特（Fréchette, 2015）比较学生和专业人士行为的研究综述。在 13 项允许对专业人士和学生进行比较的标准实验室博弈研究中，他只发现了专业人员的行为更接近经济学理论预测的一个例证。

11. 卡默勒（Camerer, 2015）指出："如果实验目的是为特定的外部问题提供与政策相关的答案，那么关注实验环境与目标外部环境的相似程度肯定是有意义的。但实验经济学中很少出现这种情况。"

12. 关于美国联邦通信委员会频段拍卖机制的许多实验研究表明，政策制定者和业界通常对定性效应感兴趣。

13. 例如，普洛特（Plott, 1982）认为，实验室检验的市场也是真实市场，因此实验室证明的一般经济学原理也应该适用于其他市场。

14. 莱维特和利斯特（Levitt and List, 2007b）认为需要建立模型来预测实验室之外的环境："我们评估情境属性的方法是在理论和经验上探讨个体行为如何根据这些精心选择的因素（任务和被试类型）发生变化。任何关于行为一致性的论证都可能被认为是不成熟的，直到在实验室和实地之间建立了这座桥梁。"他们还指出，对这种模型的要求相当高，"除非我们进行实验室实验的方式发生了很大的变化，否则我们的模型所强调的相关因素很少会在实验室和实地中一致……我们所需要的是一个模型和一组实证估计来告知我们在什么时候以及什么情况下我们应该确定实验室里的行为与特定现实环境中的行为相似，以及什么时候我们应该预测两者之间有很大的差异"。

15. 如果已知实验室实验只能产生基于实验室的结果（而不是确定一般原理的结果），该结果的符号会在实验室外发生变化，那么我们认为研究者目前不应该费心进行这个实验。

16. 例如，施拉姆（Schram, 2005）写道："最重要的是，没有理由相信在实验室中被拒绝的一般理论会在实验室之外的世界成立。"当然这并不意味着被检验的理论是错误的，只是意味着它没有对实际行为很好地建模。

17. 当然，有些研究是在实验室进行的，因为它们根本无法在实地进行。例如，很难想象库珀等（Cooper et al., 1997a, b）实施的信号实验如何在实地进行。

18. 伊万诺娃 – 斯滕泽尔和萨蒙（Ivanova-Stenzel and Salmon, 2008）进一步说明内生的实验参与会影响不同拍卖机制下的收益大小。有趣的是，科拉齐尼等（Corazzini et al.,

2010）发现，当全付公共品拍卖的参与者禀赋不同时，实验室中进入拍卖的人数相应减少。

19. 加图克和夸尼卡（Katok and Kwasnica，2008）指出："考克斯等（Cox et al.，1982）的研究使用每秒钟下降拍卖品最大价值的 0.75% ~ 2% 的价格时钟；勒金－瑞利（Lucking-Reiley，1999）的实地研究使用每天下降拍卖品最大价值约 5% 的价格时钟……由于较慢的拍卖会给竞价者带来更高的观察成本和机会成本，并且不够刺激，因此时钟缓慢可能会导致竞价者提早结束报价过程。"我们感谢提姆·赛门举出的这个例子。

20. 事实上，如果介入性、决策背景或被试特征等因素以我们没有想到的方式影响比较静态结果，那么这种影响就意味着我们的模型是错误的。特别是如果我们遗漏了一个重要的影响因素，而这个因素对模型的预测非常重要。例如，如果只有女性对降低价格的激励做出反应，那么不考虑性别的需求模型将无法解释或预测价格对行为的影响。

参考文献

Andreoni, J. 2006. Leadership Giving in Charitable Fund-Raising. *Journal of Public Economic Theory* 8: 1 – 22.

Andreoni, J., E. Brown, and I. Rischall. 2003. Charitable Giving by Married Couples: Who Decides and Why Does It Matter? *Journal of Human Resources* XXXVIII (1): 111 – 133.

Andreoni, J. and L. Vesterlund. 2001. Which Is the Fair Sex? Gender Differences in Altruism. *Quarterly Journal of Economics* 116 (1): 293 – 312.

Camerer, C. 2015. The Promise and Success of Lab-Field Generalizability in Experimental Economics: A Critical Reply to Levitt and List. In *Handbook of Experimental Economic Methodology*, eds. Fréchette, G. R. and A. Schotter. Oxford University Press.

Carpenter, J., J. Holmes, and P. H. Matthews. 2008. Charity Auctions: A Field Experiment. *Economic Journal* 118: 92 – 113.

Castillo M., R. Petrie, M. Torero, L. Vesterlund. 2013. Gender Differences in Bargaining Outcomes: A Field Experiment on Discrimination. *Journal of Public Economics* 99: 35 – 48.

Conlin, M., M. Lynn, and T. O'Donoghue. 2003. The Norm of Restaurant Tipping. *Journal of Economic Behavior & Organization* 52 (3): 297 – 321.

Cooper, D. J., S. Garvin, and J. H. Kagel. 1997a. Adaptive Learning vs. Equilibrium Refinements in an Entry Limit Pricing Game. *Economic Journal* 107 (442): 553 – 575.

Cooper, D. J., S. Garvin, and J. H. Kagel. 1997b. Signalling and Adaptive Learning in an Entry Limit Pricing Game. *RAND Journal of Economics* 28 (4): 662 – 683.

Corazzini, L., M. Faravelli, and L. Stanca. 2010. A Prize to Give For: An Experiment on Public Good Funding Mechanisms. *Economic Journal* 120 (547): 944 – 967.

Cox, J. C. , B. Roberson, and V. L. Smith. 1982. Theory And Behavior of Single Object Auctions. *Research in Experimental Economics* 2: 1 – 43.

Cox, J. C. , V. L. Smith, and J. M. Walker. 1983. A Test that Discriminates Between Two Models of the Dutch-First Auction Non-Isomorphism. *Journal of Economic Behavior and Organization* 4: 205 – 219.

Croson, R. and J. Y. Shang. 2008. The Impact of Downward Social Information on Contribution Decisions. *Experimental Economics* 11 (3): 221 – 233.

Dyer, D. , J. H. Kagel, and D. Levin. 1989. Resolving Uncertainty About the Number of Bidders in Independent Private-Value Auctions: An Experimental Analysis. *RAND Journal of Economics* 20 (2): 268 – 279.

Engers, M. and B. McManus. 2007. Charity Auctions. *International Economic Review* 48 (3): 953 – 994.

Falk, A. and J. J. Heckman. 2009. Lab Experiments Are a Major Source of Knowledge in the Social Sciences. *Science* 326: 535 – 538.

Fréchette, G. R. 2015. Laboratory Experiments: Professionals Versus Students. In *Handbook of Experimental Economic Methodology*, eds. Fréchette, G. R. and A. Schotter. Oxford University Press.

Frey, B. S. and S. Meier. 2004. Social Comparisons and Pro-Social Behavior: Testing "Conditional Cooperation" in a Field Experiment. *American Economic Review* 94: 1717 – 1722.

Goeree, J. K. , E. Maasland, S. Onderstal, and J. L. Turner. 2005. How (Not) to Raise Money. *Journal of Political Economy* 113 (4): 897 – 918.

Guala, F. 2002. On the Scope of Experiments in Economics: Comments on Siakantaris. *Cambridge Journal of Economics* 26 (2): 261 – 267.

Ivanova-Stenzel, R. and T. C. Salmon. 2008. Revenue Equivalence Revisited. *Games and Economic Behavior* 64 (1): 171 – 192.

Kagel, J. H. and D. Levin. 1986. The Winner's Curse and Public Information in Common Value Auctions. *American Economic Review* 76 (5): 894 – 920.

Katok, E. and A. Kwasnica. 2008. Time Is Money: The Effect of Clock Speed on Seller's Revenue in Dutch Auctions. *Experimental Economics* 11: 344 – 357.

Kessler, J. B. 2013. When Will There Be Gift Exchange? Addressing the Lab-Field Debate With Laboratory Gift Exchange Experiments. Working Paper.

Ledyard, J. O. , D. Porter, and A. Rangel. 1997. Experiments Testing Multiobject Allocation Mechanisms. *Journal of Economics & Management Strategy* 6: 639 – 675.

Levitt, S. D. and J. A. List. June 2006. What Do Laboratory Experiments Tell Us About The Real World? Working Paper.

Levitt, S. D. and J. A. List. 2007a. What Do Laboratory Experiments Measuring Social Preferences

Reveal About the Real World? *Journal of Economic Perspectives* 21： 153 – 174.

Levitt, S. D. and J. A. List. 2007b. Viewpoint： On the Generalizability of Lab Behaviour to the Field. *Canadian Journal of Economics* 40： 347 – 370.

Levitt, S. D. and J. A. List. 2008. Homo Economicus Evolves. *Science* 319： 909 – 910.

Levitt, S. D. and J. A. List. 2009. Field Experiments in Economics： The Past, the Present, and the Future. *European Economic Review* 53： 1 – 18.

List, J. A. 2004. Substitutability, Experience, and the Value Disparity： Evidence from the Marketplace. *Journal of Environmental Economics and Management* 47 （3）： 486 – 509.

List, J. A. 2006. The Behavioralist Meets the Market： Measuring Social Preferences and Reputation Effects in Actual Transactions. *Journal of Political Economy* 114： 1.

List, J. A. and D. Lucking-Reiley. 2002. The Effects of Seed Money and Refunds on Charitable Giving： Experimental Evidence from a University Capital Campaign. *Journal of Political Economy* 110 （1）： 215 – 233.

Lucking-Reiley, D. 1999. Using Field Experiments to Test Equivalence Between Auction Formats： Magic on the Internet. *American Economic Review* 89 （5）： 1063 – 1080.

Onderstal, S. , A. J. H. C. Schram, and A. R. Soetevent. 2013. Bidding to Give in the Field. *Journal of Public Economics* 105： 72 – 85.

Orzen, H. October 2008. Fundraising Through Competition： Evidence from the Lab. Discussion Paper 2008 – 11, CeDEx, University of Nottingham.

Plott, C. R. 1982. Industrial Organization Theory and Experimental Economics. *Journal of Economic Literature* 20 （4）： 1485 – 1527.

Plott, C. R. 1997. Laboratory Experimental Testbeds： Application to the PCS Auction. *Journal of Economics & Management Strategy* 6 （3）： 605 – 638.

Potters, J. , M. Sefton, and L. Vesterlund. 2005. After You-Endogenous Sequencing in Voluntary Contribution Games. *Journal of Public Economics* 89 （8）： 1399 – 1419.

Potters, J. , M. Sefton, and L. Vesterlund. 2007. Leading-by-Example and Signaling in Voluntary Contribution Games： An Experimental Study. *Economic Theory* 33 （1）： 169 – 182.

Reiley, D. H. and J. A. List. 2007. *Field Experiments in Economics*. Working Paper Version of the Palgrave Chapter.

Roth, A. E. 1987. Laboratory Experimentation in Economics, and Its Relation to Economic Theory. In *Scientific Inquiry in Philosophical Perspective*. University Press of America.

Roth, A. E. 2008. *Laboratory vs. Field Experiments： What Can We Learn?* Comments on Levitt-List Paper by Al Roth Roundtable Discussion, ASSA Meetings, Boston, January 8, 2006.

Schram, A. J. , Onderstal, S. , May 2009. Bidding to Give： An Experimental Comparison of Auctions for Charity. *International Economic Review* 50 （2）： 431 – 457.

Schram, A. J. H. C. 2005. Artificiality: The Tension Between Internal and External Validity in Economic Experiments. *Journal of Economic Methodology* 12 (2): 225 – 237.

Soetevent, A. R. 2005. Anonymity in Giving in a Natural Context—A Field Experiment in 30 Churches. *Journal of Public Economics* 89 (11 – 12): 2301 – 2323.

Vesterlund, L. 2003. The Informational Value of Sequential Fundraising. *Journal of Public Economics* 87: 627 – 657.

第 20 章

实验室实验与实地实验：把现实与实验室连接起来的经济学

戴维·瑞利（David Reiley）

概　　述

　　我很感激有这个机会来反思经济学中实验研究的目标。凯格尔（Kagel）、哈里森（Harrison）、劳（Lau）和鲁特斯特朗（Rutström）邀请我对两篇文章发表评论。这两篇文章表达了一种与其他一些实验研究者相同的观点，即强调"控制"是实验经济学最重要的方面之一。相比之下，当提到实验时，我想到的是，它是数据的一种外生干预来源。

　　我的不同观点与我的背景和接受的训练有关。在我还是一名研究生时，我接受了作为实证经济学家的培训。近几十年来，应用计量经济学最重要的成就之一是对因果推断（使用观察数据来推断因果关系，而不仅仅是相关性）的困难有了深刻的理解。几十年来，实证劳动经济学家一直在为这一目标进行着自然实验研究。当我在 1995 年前后学习实验经济学的时候，我满怀热情地加入了实验研究的行列，并将其视为在我们没有足够运气让大自然提供一个自然实验的情况下创造外生冲击的手段。在过去的 15 年里，这个方向已经积累了数百个实地实验的研究案例，其中大部分是由像我这样接受过实证（观察值）经济学训练的人进行的。

　　相比之下，我观察到大多数实验室实验是由学习过经济理论和（或）实验室方法的学者进行的。我们实地实验经济学家对这些实验室实验感激不尽，因为这些实验为我们铺平道路并证明了经济学不仅仅是一门观察科学（如数十年来所假设的那样），而且也是一门实验科学。

实地实验经济学家现在正把这个重要的信息传递给其他实证经济学家。我们最重要的对话是与传统实证主义者的对话，向他们展示通过实验回答参数测度和因果推断等方面问题的可能性。哪种拍卖形式会给在 eBay 上出售收藏品带来更多收入？哪种筹款策略会为公共电台带来更多的收入？广告能增加销售额吗？汽水的需求价格弹性是多少？游乐园真的为公园内的汽水设定了垄断价格吗？对非裔美国求职者的种族歧视程度如何？销售人员的薪酬激励计划对生产率有什么影响？这些问题以前只能通过对观察数据的分析来回答，但仅仅如此通常是远远不够的。比如，美国林业局几乎不会改变木材拍卖的形式。在这种情况下，我们怎么知道拍卖形式与被拍卖木材的质量有没有关系呢？在我看来，经济学家在以前认为经济学纯粹是观察性科学，而实地实验是在这种情况下创造性地使用了实验。

"缺乏控制"是我最早听到的关于实地实验的抱怨之一。我同意：当然，实地实验提供的控制比实验室实验少。在拍卖的实地实验中，我们无法控制竞拍者对商品的估值，也不能直接观察它们的估值，而实验室不仅提供了操纵环境的条件，甚至还提供了观察环境的宝贵能力。实地实验经济学家知道我们放弃了宝贵的控制以增强现实感，例如我们让被试竞拍真实商品而不是根据诱导价值进行交易。

由于我对与实证经济学家进行交流很感兴趣，我并不总是将"控制"看作一件完全的好事。以下三个原因说明了为什么有时候控制并不需要。第一，许多经济决策需要更多时间才能完成，这大大超过了实验室实验的常规时间限制。第二，实验室实验中有严格的协议来防止沟通，但是被试在现实世界做出决策时经常会与他人交流。第三，我们不知道经济理论在其模型原假设中是否正确，例如将慈善作为公共品建模，或者将拍卖建模为私有价值拍卖。如果事实证明这些假设的细节对经济决策很重要，我们只能走出传统的实验室环境来了解真实的情况。

约翰·凯格尔："实验室实验"

约翰·凯格尔（John Kagel）的论文在两个重要的主题上对实验室实验与

实地实验的关系做了很好的总结：赢者诅咒和礼物交换。在赢者诅咒这一主题上，凯格尔从学生与专业竞拍者的比较实验中吸取了教训，并与现有的实地数据进行了比较。在礼物交换这一主题上，凯格尔将实验室实验与实地实验进行了比较，认为实地实验与实验室实验的不同之处在于前者会提供实验室之外的工作报酬。

关于赢者诅咒，凯格尔回顾了他自己的工作，这些工作可以追溯到戴尔等（Dyer et al., 1989）的研究，他们招募了专业建筑商竞拍者，来参加抽象的共同价值拍卖的实验室实验。这项极具创新性的工作是我所知道的第一个认真研究被试库在实验室实验中重要性的例子。

由于建筑商具有估算预期建筑成本和投标的专业经验，我们预期这些被试的行为与学生被试应该有很大差异。然而，实验表明，如果真要说有什么不同，那么就是专业竞拍者的出价甚至比学生更激进，总体上更容易成为赢者诅咒的牺牲品。

事后我们可以看到，实验室的抽象任务与专业建筑管理者在实践中面临的任务完全不同，如戴尔和凯格尔（Dyer and Kagel, 1996）所述。在现实世界中，许多其他的具体因素会影响管理者，但实验室的抽象环境却缺少这些因素。首先，管理者会对自己错误估算实际建筑工作成本的可能性有所了解，但他们没有在实验室共同价值实验中处理抽象"价值信号"的经验。其次，结果显示，在实际建筑业的拍卖中，实现拍卖结果后，显著低估建筑成本的竞拍者通常能够在不受惩罚的情况下撤回其投标，但抽象的实验室环境不会向竞拍者提供此类保护措施。最后，建筑拍卖中的共同价值部分（经过调查后）显得远不如理论经济学家所假设的那么重要，相比于建筑成本的不确定性，企业闲置产能的私人信息差异发挥着更大的作用。

正如凯格尔所指出的那样，对于将专业人员与实验室学生进行比较的研究项目而言，了解建筑业这个行业的特征有着重要的作用。这是实验经济学和实证经济学的关键作用。理论经济学家通常无法准确地说出他们的模型在现实世界的适用程度，特别是对于拍卖，因为很难知道在给定的拍卖市场中私人价值存在多少不确定性，因此很难知道私有价值模型或共同价值模型哪个更适用。理论经济学家普遍认为建筑业是一个具有重要共同价值特征市场的明显例子，但经过进一步的实证和实验分析后，这一点变得不那么明显了。我想强调收集有关市场和行为事实的重要性，并引用凯格尔等人的工作作为研究项目的一个主要例子。

　　我还想提醒读者注意背景在实验室实验中的重要作用。在抽象的实验室实验中，建筑业竞拍者对"赢者诅咒"的掌握程度并不比学生高。专业人员在实地的竞拍技能（我们认为专业人员有能力了解自己会低估成本）不一定能够推广到需要理解抽象概率分布的任务中。

　　也就是说决策的环境非常重要，当环境更具体、更熟悉时，人们更容易做出好的决定。这与心理学得出的相关结果是一致的（Wason，1966），具体细节能够使被试更容易理解逻辑谜题。莱维特等（Levitt et al.，2010）以及我和合作者都认为，尽管职业扑克选手和职业足球选手在利用混合策略以赢得重要比赛方面有着丰富的经验，但他们对混合策略纳什均衡的偏离程度与学生被试一样高。由于相信情境的重要性，我们开始复制帕拉西奥斯－休尔塔和沃利吉（Palacioss-Huerta and Volij，2008）的惊人结果，即职业足球运动员在抽象混合策略矩阵博弈中的表现恰好与纳什均衡相同。我们能够证明纳什均衡能够很好地预测混合策略的平均比率，但与帕拉西奥斯－休尔塔和沃利吉（Palacioss-Huerta and Volij，2008）不同的是，我们发现专业人士被试与学生被试对纳什均衡的偏离程度一样高。正如凯格尔所指出的那样："对于那些已经适应他们通常面对的现实环境的专业人士，人们不应该不假思索地希望他们能够适应没有典型背景线索的实验环境。"

　　这也是我在职业生涯中非常兴奋地推广实地实验的原因。通过在拥有真实商品和服务的真实市场中进行实地实验，我们可以确保被试有一个熟悉的环境，并且更有可能表现得自然一些。了解任何新环境的过程通常都非常缓慢。我可以很容易地从自己的生活中找到许多缓慢学习的例子，每一个例子都让我接受了数千美元的教训。我在房地产经纪人推荐的抵押贷款机构买了三套房子，然后我才想到应该去寻找利率最优惠的贷款机构。我低估了自己在第二次婚姻中从婚前协议中获得的好处，部分原因是我第一次离婚非常顺利。当我换了工作时，我买了一个最基本的健康保险计划，没有想到我的首选医生随后会放弃这个计划，因为这在财务上对他来说不够划算。当然，有一种假设是，我在理解新的经济决策问题方面的速度比较慢，因而不具有代表性。但我相信，有关环境重要性的实验数据，能够让我们否定这种假设。

　　凯格尔第二个关于实验室实验和实地实验之间相互作用的例子是礼物交换。我相信在这个领域，实验室实验已经非常有趣和重要，尤其是当研究与标准非合作博弈论不一致的互惠问题时。我认为，实地实验对于探索实验室实验结果的局限性非常重要，并且我还发现，在比典型实验室实验时间更长的情况下，积极互惠的行为会随着时间的增加而减少。凯格尔的评论让我相信，这个问题还远远没有得到解决，我们需要在这个领域更多的现实环境中进行更多研究。

凯格尔还对实验室实验的优点做了很好的总结。与实地实验相比，在实验室实验中可观察到的东西要多得多：努力的成本、提升努力程度对企业产生的价值，以及员工在博弈中的信念。在某种意义上，研究者的选择具有更大的灵活性，因为一旦被试进入实验室，由于不受法律原因（最低工资）或道德原因（IRB）的影响，我们就可以在实验室中采用现实中无法实施的"低"工资。我特别喜欢凯格尔的观点，即我们需要仔细考虑未来研究中的基准工资水平，甚至在我们以令人惊喜的"高"工资完成控制组的实验之前，高于正常水平的工资可能已经在实地实验的对照组中引起了正向互惠。

我也喜欢凯格尔的观察：与在实验室中不同，现实环境中的员工通常可以通过多个维度（质量、数量等）对工资报价做出回应。相对于实验室而言，凯格尔认为这是实地实验的缺点，但同时也可以被视为一个优点。如果现实世界中的员工能够在多个方面做出反应，那就可能发生很多事情。例如，相对于我们在实验室环境中观察到的正向影响，员工可能会有一些困惑并在某一个维度上做出积极的互惠行动，但结果却对企业没什么价值，从而降低了企业支付的"效率工资"。实验室的一个优点是能够创建简化的抽象环境，帮助我们分离出个人行为的影响。然而，现实世界的丰富性要求我们通过实地实验来补充实验室实验，这使得我们在复杂的现实世界中也能够估计因果效应。实验室实验能够在理论假定的简化模型中分离出对行为产生影响的精确因果关系，而实地实验能够检验理论模型是否抽象出了复杂现实最重要的方面。

我同意凯格尔的观点，即实验室实验证明了互惠在经济活动中的重要性，这为研究工资下降黏性的宏观经济模型的理论经济学家提供了有价值的信息。作为一名实证经济学家，我想更进一步，衡量现实经济中工资下降黏性的程度。格尼茨和利斯特（Gneezy and List, 2006）的实地实验在这方面做了第一次尝试。知道在礼物交换的实验室实验中有多少被试进行了积极或消极的互惠行为，并不能让我们在工资开始下降时，了解现实世界中劳动力需求会减少多少。

凯格尔对创造更加逼真的实验环境的前景持悲观态度，他声称"这些实验，无论是实验室实验还是实地实验，都无法模拟企业内劳动关系的目标环境",而且完全忠实于现实世界的环境"在任何情况下都是不可能的"。哈里森等（Harrison et al.，2015）也在不同背景下表达了类似的观点，"在这种情况下，根本没有办法进行自然发生的实地研究"。然而，我比较乐观。班迪拉等（Bandiera et al.，2005）已经在正在营业的企业中完成了一些非常好的关于员工薪酬的实地实验。更广泛地说，近年来，我们在利用实地实验方面取得了重大的、创造性的进展，在许多领域进行了现实世界的实验，这在 15 年前还被认为是不可能的，其中拍卖实验、慈善捐赠实验、激励性薪酬实验和经济发展政策实验就是几个值得关注的例子。如果聪明的研究人员能够设计出一个实地实验，让我们能够更好地测度真实世界的劳动力需求，我不会感到惊讶。我期待着更多的实地实验，它们或许能让我们更好地回答这个麻烦但重要的问题。

哈里森、劳和鲁特斯特朗：经济学理论、实验设计和计量经济学是相辅相成的

首先，请允许我郑重声明，我（长期）不同意这些作者使用的"实地实验"一词。实地实验一直是我职业生涯的激情所在。我花了相当大的精力来说服其他经济学家，让他们相信，在真实的市场上用真实的商品进行实验，是了解世界的一个重要手段。起初，让人们认真对待这项工作并不容易。普雷斯顿·迈克菲（Preston McAfee）（他最近把我招到了雅虎！）承认，当我在研究生院进行拍卖实地实验时，他和其他许多人认为我"只是在玩游戏"。他说，他花了好几年的时间才认识到实地实验的重要性，现在他非常欣赏这项研究技术。我感到欣慰的是，经济学家现在已经开始把实地实验作为经济学家工具箱的重要组成部分。

我不同意使用"实地实验"来指称在"实地"进行实验室实验，哈里森等称之为"实地实验"，我更愿意称之为"非学生被试库进行的实验室实验"，这与戴尔、凯格尔和莱维特在 1989 年使用建筑业竞拍者进行的实验风格相同。这种研究方式是有价值的，但这种命名法淡化了"实地实验"这个术语，我和其他一些人一直把"实地实验"定义为在自然市场中进行真实交易的实验。

我尊敬的同事约翰·利斯特十分赞同我的观点，他与哈里森共同发表了一篇很有影响力的论文，文中他们对实地实验的类型进行了分类（Harrison and List，2004）。据我所知，他们最初在如何定义实地实验的问题上存在严重分歧，但最终在实地实验的三种主要分类体系上达成了共识（或妥协）。我把他们说的"人为实地实验"（artifactual field experiments）称为便携实验室实验，而把"自然实地实验"（natural field experiments）称为实地实验，"框架实地实验"（framed field experiments）是介于两者之间的实验类型，比如在商业拍卖网站上竞拍由研究者人为设置待售物品价值的实验。

　　哈里森和利斯特对实地实验的分类有很大的影响，我现在看到许多发表的论文标题运用了哈里森和利斯特的"自然实地实验"命名法。然而，我并不认同这个命名法。首先，我认为"人为实地实验"和"自然实地实验"太烦琐了，我们可以很容易地用"便携实验室实验"和"实地实验"来替换它们。其次，我认为这两种研究策略有着根本不同的目的，用类似的术语来描述它们只会混淆问题。"自然实地实验"旨在进入现有市场，进行外生干预，为实证经济学家解决没有自然实验条件的问题。此类实验还包括各种政策实验（关于教育、犯罪、职业培训项目等的政策实验）。"人为实地实验"旨在利用实验室实验的设计和不同被试库以探索实验结果的稳健性和异质性。两者都致力于使用干预措施来产生有用的数据，但它们在技术和预期目的上有很大的不同。使用"实地实验"来描述这两种实验容易混淆，这就要求人们使用额外的词来避免混淆。不幸的是，"自然实地实验"也有与"自然实验"相混淆的风险，尽管它们有一个重要的区别，即自然实地实验是由研究人员人为地设置干预组，而自然实验则巧妙地利用了自然环境进行实验。

　　此外，我不同意仅仅进行三个类别的界定，并将这种界定作为对实地实验和实验室实验二分法的补充。我喜爱关于"框架实地实验"的讨论，因为它有明确的观察结果，即在实地实验和实验室实验之间存在多种中介变量：任务、背景、制度、诱导价值，以及被试是否知道他们正在参与实验。所有这些中介变量的各种功能都是值得探索的，因为在对现实和控制之间的权衡中，它们可以教给我们不同的东西。我不喜欢的是试图武断地划分中间实验类别的边界。例如，我倾向于把我的研究看作实地实验的典型例子，但哈里森－利斯特分类法要求将这项工作称为"框架实地实验"——它不完全符合"自然实地实验"的类别，因为麻省理工学院人类被试委员会要求所有在线拍卖的竞拍者都知道他们正在参与实验。实验被划分为"框架实地实验"类别的方式多种多样，这使得这些实验彼此之间非常不同，也使得这一类别没有什么用处。在我看来，实验室实验和实地实验之间连续而统一的概念是很有价值的，特别是当我们注意到连续统一体有多个维度时。试图把一些论文分类到一个精确的中间类别里是没有用的，因为这个类别里论文的差异比相似之处更多。这进一步混淆了实地实验的真正意义。

尽管哈里森－利斯特的分类方法被广泛接受，但我更愿意将我的实验称为"实地实验"（我的大部分工作）或"职业足球运动员参与的实验室实验"（Levitt，List and Reiley，2010）。对我来说，邀请足球运动员参与研究的重要性不是我们到实地和这些球员一起，在他们的球队更衣室里进行博弈，而是我们招募了一些具有特殊博弈经验的实验室被试。我关于拍卖、慈善筹款和广告等方面实地实验的重要特征是，我能够生成外生控制变量，然后以此估计各种现实世界政策变化的因果效应。出于这个原因，相比于"人为实地实验"，我认为"自然实地实验"与典型的实验室实验差异更大。回到"实地实验"和"实验室实验"之间的简单区分，在这个框架下，"实地实验"包括所有"自然实地实验"和大多数"框架实地实验"，而"实验室实验"包括大多数"人为实地实验"和小部分"框架实地实验"。用非学生的被试库进行的实验室实验或其他各种创新，都可以被称为实验室实验。中间会有一个灰色区域无法清晰分类，但在这些情况下，我不介意把它们称为实地实验或实验室实验。我这个提议的目的是使用简单、清晰和能引起共鸣的术语。我认为分类标签很重要，这样可以使这些分类更多地被使用。

尽管对分类法持不同意见，但我仍然可以找到与哈里森等人观点的共同点。比如他们说："对我们来说，这些最佳特征属于实验室实验还是实地实验并不是真正的问题，关键是要把实验类型（从实验室到实地）的划分看作连续统一的过程，以更好地理解行为。"我完全同意此观点。我认为可以使用更简单且不会模糊这个重要观点的分类法，这一点我是从哈里森和利斯特（Harrison and List，2004）那里学到的。我认为标签确实很重要且很有用。

回到论文的实质内容。首先，我非常喜欢使用度量风险偏好的 iMPL 工具。我认为这个迭代过程是先前方法（使用一组固定的彩票选择来推断风险偏好）的重大进步。假设被试在选择中具有相对一致性，这种技术使我们能够对个体风险态度进行更精确的度量。

其次，我认为一个重要的结论是，时间偏好的一致估计依赖于对个体风险偏好的度量。如果我们在估计时间偏好时假设风险中性（这是通常的做法），我们会发现人们比假设他们风险厌恶时更偏好现在的效用，我们使用彩票选择来估计他们的风险厌恶。顺便说一句，据我所知，这种依赖性只有一个方向：我们应该能够很好地估计风险偏好，而不必同时估计时间偏好。（我发现这篇论文在讨论这个问题时有些含糊。）论文还指出，正确估计时间贴现率的标准差需要对风险偏好和时间偏好的参数进行联合估计，这样，风险偏好的任何不确定性都会直接导致时间贴现率估计的更大不确定性。

当我们用实验来衡量风险厌恶时，我们真正衡量的是什么？我们是在衡量实验中收入带来的效用？年收入带来的效用？不同财富水平的效用？虽然在研究中没有明确假设，但研究人员经常隐含地假设面对不同金额的风险偏好是相同的。在政策问题上，我们关心的很可能是对永久性财富大幅变化的风险厌恶。但由于我们无法轻易地在实验室中操纵永久性财富变化，我们仅能根据实验室的收入进行推断，并假设我们估计的参数与我们所研究的问题相关。我希望能更清楚这些假设的本质。

我非常同意莉斯·维斯特兰德早些时候在会议上所做的评论：运用实验比运用点估计更容易验证经济理论的比较静态结果。因此，我认为假如可以使用实验得出的方法来回答重要的福利问题，哈里森等人可能会过于强调风险偏好的结构估计（点估计）。在相信福利估计之前，我需要确认必需的外部有效性是具备的。一种证据可以说服我，就是证明我们可以使用彩票选择实验中的估计结果来预测现实世界中任何类型的选择行为。我们可以使用这种风险偏好估计来预测人寿保险的购买吗？彩票购买呢？汽车保险政策中免赔额的选择呢？退休账户中的投资选择呢？我还没有看到任何证据表明可以使用实验室数据来预测真实世界的交易决策。如果可以收集到这些证据，我会对行为偏好度量的实验研究项目更有兴趣。

换句话说，哈里森等人致力于偏好参数的结构估计。我总是对结构估计持谨慎态度，因为在我看来，这类研究往往过于依赖特定参数模型。风险偏好的双参数幂指模型在某种程度上是错误的，因为它只是一个模型。我们不知道这个模型与事实具体有多接近。即使我们花了很大的力气来估计给定模型的准确标准误，我们也不知道该标准误与模型本身不确定程度的区别（可能是因为我们还没有很好的数学程序来合并识别各类不同的不确定性）。[1] 所有的结构参数估计都是基于对模型相当高程度的信任，因此我更倾向于对这些估计保持高度的怀疑。如果采用结构点估计，并通过检验样本外的预测结果来验证它们，那么我可以认为结构模型确实在估计正确的东西。在这种思路下，我们需要使用实验室实验的数据来对风险偏好和时间偏好进行结构估计，再使用风险偏好和时间偏好来预测保险选择、投资选择、教育选择等方面的行为。也许未来的一些研究项目将采用巧妙的实地实验（涉及自然交易的那类实验），对同一个人进行实验室实验的结构估计值进行验证，看看我们能多好地利用这些偏好来推断这个人其他类型的经济决策。

最终总结：理论检验、实验室测度和研究的互补性

实地实验对理论检验有何贡献？如上所述，实验室实验通常非常重视理论，严格设定理论的所有基本性质（独立私有价值、凸成本等），并研究行为是否与预测相一致。我相信实验室研究者有时会忽略这样一个事实，即理论是一个抽象的概念，而这个理论可能会漏掉决定预测结果的一些关键细节。举个例子，当慈善机构在慈善筹款中为一个门槛公共品（Threshold Public Good）筹集资金时，如果他们没有达到既定的筹款目标，他们真的会烧掉这些钱吗？拍卖理论是否准确地对 eBay 上的竞拍行为进行了建模，或者多个竞争性拍卖的存在是否会导致竞拍者以不同方式出价？在实地实验中，我们联合检验了理论的基本性质和决策过程，以了解理论预测在现实世界中的准确程度。

实地实验对效应测度和现实政策有何贡献？迈克尔·克里默（Michael Kremer）和艾丝特·杜弗洛（Esther Duflo）提出的发展经济学中有一个特别出色的想法，即随机提出政策干预方案，以便弄清楚哪些是真正促进健康、教育、收入等的有效工具。我很难想象经济学实验室实验能够可靠地研究为学生进行的药物驱虫对其受教育程度的影响（Miguel and Kremer, 2003），或者提供免费蚊帐在多大程度上可以改善儿童的健康状况（Cohen and Dupas, 2010）。

实地实验显然不能完全替代关于这些研究主题的实验室实验。但是，它们为研究重要的经济问题开辟了新的路径，这些问题很难通过实验室实验来回答。我可以想到许多这种类型的微观经济实例。例如，卷烟的最优税率是多少？广告对消费者的购买量有多大影响？消费者对最后一位数为 9 与最后一位数为 0 的价格是否会做出不同反应？劳动供给相对于工资的弹性是多少？

实验室实验和实地实验之间通常会有一些有效的互动，我自己的工作中就有一个这样的例子。在勒金－瑞利（Lucking-Reiley, 1999）的研究中，我使用在线实地实验来检验各种拍卖机制之间的收益等价性。与考克斯等（Cox et al., 1982）的实验室实验相反，我发现荷兰式（降价）拍卖中筹集的资金

多于第一价格拍卖。我的实地实验和其他实验室实验之间存在许多差异，并且不清楚是什么导致了这种收益差异。卡托克和克瓦斯尼卡（Katok and Kwasnica，2008）在随后的实验室实验中设法分离出其中一个差异因素并表明它可以解释上述结果。在我的在线拍卖实验中，为了适应市场的实际特征，我进行了非常缓慢的荷兰式拍卖：价格每天只降低一次，而不是之前在实验室中使用的 6 秒的时间间隔。卡托克和克瓦斯尼卡表示，他们可以通过减缓荷兰式拍卖的速度来扭转实验室中两种拍卖形式的收益差异。因此，实地实验产生了基于真实市场特征的新结果，实验室实验则能够分离出影响实地结果的重要因素。

最后，我要说明，我非常同意这两篇论文表达的一种非常重要的观点：实地实验与实验室实验是相辅相成的。实验室实验在检验理论时能够观察和控制更多的变量，而实地实验通过让被试参与真实世界的交易，帮助我们在更真实的环境中评估经济行为。

我相信，当我承认自己欠实验室研究者人情时，我是代表大多数实地实验研究者说话的，他们教会我们把经济学看作一门实验科学，而不仅仅是一门观察科学。我相信，实地实验有潜力让整个经济学学科从实地实验和实验室实验中学到更多的东西。一段时间以来，实验室实验已经成功地让理论经济学家探索了更为现实的决策过程。现在，通过证明在现实世界中产生外生干预的能力，实地实验正受到实证经济学家的关注。实证经济学家过去基本上忽视了实验，因为他们认为"真实的"经济学只是一门观察性科学。我强烈地感觉到，加强实验经济学家和计量经济学家之间的对话，将促进对经济行为更深刻的理解，我期待其他研究者能和我一起促进这种对话。

注释

1. 值得称道的是，作者通过对混合模型的分析放宽了他们理论模型的假设。但即使这样，混合模型也需要使用没有经过检验的结构性假设。我希望实验最终能够确定哪些结构模型可以被用作未来估计的理论工具，但我认为我们还没有达成这个目标。

参考文献

Bandiera, O., I. Barankay, and I. Rasul. 2005. Social Preferences and the Response to Incentives: Evidence from Personnel Data. *Quarterly Journal of Economics* 120: 917–962.

Cohen, J. and P. Dupas. 2010. Free Distribution or Cost-Sharing? Evidence from a Randomized Malaria Prevention Experiment. *Quarterly Journal of Economics* 125: 1 – 45.

Cox, J. C. , V. L. Smith, and J. M. Walker. 1982. Tests of a Heterogeneous Bidders Theory of First Price Auctions. *Economics Letters* 12: 207 – 212.

Dyer, D. and J. H. Kagel. 1996. Bidding in the Common Value Auctions: How the Commercial Construction Industry Corrects for the Winner's Curse. *Management Science* 42: 1463 – 1475.

Dyer, D. , J. H. Kagel, and D. Levin. 1989. A Comparison of Naïve and Experienced Bidders in Common Value Offer Auctions: A Laboratory Analysis. *Economic Journal* 99: 108 – 115.

Gneezy, U. and J. List. 2006. Putting Behavioral Economics to Work: Field Evidence of Gift Exchange. *Econometrica* 74: 1365 – 1384.

Harrison, G. W. and J. A. List. 2004. Field Experiments. *Journal of Economic Literature* 42: 1009 – 1055.

Harrison, G. W. , M. Lau, and E. E. Rutström. 2015. Theory, Experimental Design and Econometrics Are Complementary (And So Are Lab and Field Experiments). In *Handbook of Experimental Economic Methodology*, eds. G. Fréchette and A. Schotter, pp. 296 – 338. New York: Oxford University Press.

Harrison, G. W. , M. Lau, and M. Williams. 2002. Estimating Individual Discount Rates in Denmark: A Field Experiment. *American Economic Review* 92: 1606 – 1617.

Kagel, J. H. 2015. Laboratory Experiments. In *Handbook of Experimental Economic Methodology*, eds. G. Fréchette and A. Schotter, pp. 339 – 359. New York: Oxford University Press.

Katok, E. and A. M. Kwasnica. 2008. Time is Money: The Effect of Clock Speed on Seller's Revenue in Dutch Auctions. *Experimental Economics* 11: 344 – 357.

Levitt, S. D. , J. A. List, and D. Reiley. 2010. What Happens in the Field Stays in the Field: Exploring Whether Professionals Play Minimax in Laboratory Experiments. *Econometrica* 78: 1413 – 1434.

Lucking-Reiley, D. 1999. Using Field Experiments to Test Equivalence Between Auction Formats: Magic on the Internet. *American Economic Review* 89: 1063 – 1080.

Miguel, E. and M. Kremer. 2003. Worms: Identifying Impacts on Education and Health in the Presence of Treatment Externalities. *Econometrica* 72: 159 – 217.

Palacios-Huerta, I. and O. Volij. 2008. Experientia Docet: Professionals Play Minimax in Laboratory Experiments. *Econometrica* 76: 75 – 115.

Wason, P. C. 1966. Reasoning. In *New Horizons in Psychology*, ed. B. M. Foss. Harmondsworth: Penguin.

第 21 章
论经济学实验结果的外部有效性

奥马尔·奥拜德利 (Omar Al – Ubaydli)

约翰·利斯特 (John A. List)

概　述

我们研究中存在的问题来自未来与过去的不同，而解决问题的可能性则取决于未来与过去的相似之处（Knight，1921）。

15 年前，本章作者之一利斯特在一场学术演讲上详细阐述了学生在实验室中是否串谋，在多大程度上串谋，以及这对有意打击串谋的政策制定者有何帮助。他公开表示自己想知道，在实验室外的真实市场上，这种行为将如何在交易员身上体现出来。他天真地问，政策制定者是否应该担心实验室的环境与交易员通常所处的真实环境很不相同。而他的担心被认为太天真而被同行置之不理。

同年晚些时候，利斯特参加了一个会议，会上实验经济学家讨论了一项测度学生亲社会偏好的实验研究的价值。他问道，这种偏好是否会在自然环境下广泛存在，以及它们将如何影响均衡价格和均衡数量。没说多少话，他又被叫回到角落里坐下。会议结束后，另一名青年研究者走近正心烦意乱的利斯特："这些问题很好，但不能问。"利斯特问为什么，得到的回答是："事情就是这样的。"[1]

除了名词等其他一些变化，利斯特重述了奈特近 100 年前具有讽刺精神的一句话：使用实验室实验作为现实世界问题的解决方案，其令人瞩目的学术重要性取决于实验室和现实环境在行为关系方面的相似性。当年，利斯特这个研究新手对这个问题很感兴趣，但他发现其他人并不认同他的热情，甚至不认同这是个值得讨论的观点。

我们很高兴地发现过去一直期待的日子已经到来了。今天，经济学中最优秀的学者讨论实验方法的优点和实验结果的外部有效性已经不是什么稀罕事了。我们认为这些讨论很有成效，当莱维特和利斯特（Levitt and List，2007b）发表最初的文章时，一些批评者认为这篇文章"破坏了实验经济学领域"，我们对此感到费解。这些批评是非常短视的。事实上，只有当研究的受众包括我们研究范围之外的人时，我们的实验经济学领域才能可持续发展。否则，我们会有被蒙蔽的真正风险。理解我们实证结果的适用性，并进行公开讨论，可以让所有经济学家对实验工具的接受程度更高，还可以促进实验方法帮助我们更全面地理解经济科学。

更广泛地说，本书代表着一种变化的迹象——我们已经进入了科学探索的高潮，它允许我们对行为经济学家和实验经济学家所面临的最重要的问题进行严谨的检验：①实验室的哪些结论可以推广到实验室之外的世界？②市场互动或市场经验如何影响行为？③个体行为是否会对市场均衡产生重要影响，均衡又是如何影响个体行为的？

本部分的目的是讨论莱维特和利斯特最近的研究。在大多数情况下，本书中的评论家都理解莱维特和利斯特的贡献和假设，他们对这项工作进行了平衡而深思熟虑的评估。作为参考，莱维特和利斯特的贡献之一是提出了一个理论框架，并收集了实证证据，对经济学实验室实验提供的方向估计或点估计提出怀疑。作为讨论的重点，他们主要关注的是衡量社会偏好领域内的工作。莱维特和利斯特的总体观点包括：实验室更适合提供定性干预效应或比较静态分析结果，但不太适合提供复杂的结构参数或精确点估计。正如他们通过经济学和心理学实验的例子描述的，这些点估计成功的关键取决于环境的属性。

莱维特和利斯特认为实验室实验和实地实验是互补的，两种实验在研究过程中都发挥着重要作用。我们认为评论家完全同意这一观点。

在本章中，我们首先概述了经济学中的实验方法，重点关注每个方法对行为参数的估计。然后我们转向了对外部有效性的严肃讨论。原则上，在传统（非实验性）实证研究中的外部有效性问题不亚于实验研究，只是在非实验性研究中，外部有效性问题被更紧迫的识别问题（如何在没有随机化的情况下正确估计干预效应）掩盖了。

在本章的模型中，我们将"全因素"方法概括为一个更为连续的形式，其中研究者具有关于因果关系的先验假设，并基于数据更新这些假设。这种形式对于精确阐述实地实验的优势是必要的。然后，我们将理论置于一个实用的"持续更新"模型中，该模型显示了可复制实验的强大力量：仅仅几次成功复制就会极大地提高实验结果被接受且实际上为真的概率。倒数第二部分阐述了评论者提出的批评意见。最后，我们对未来几年的研究方向做了一些展望。

数据研究方法

社会科学中实证的黄金标准是估计一些行为的因果关系。例如，对于那些对因果关系感兴趣的科学家来说，衡量一项新的政府项目的效果，或者回答一项新的创新如何改变一家公司的利润率，都可以成为他们的研究问题。建立因果关系的困难之处在于，某种行动要么已经发生，要么还没有发生——我们无法直接观察到采取不同行动后会发生什么。此外，现实世界中还同时存在许多复杂变量，因此一些学者得出结论：在经济学领域，实验几乎没有希望。

这些想法反映了人们对实验方法如何识别和测度干预效应缺乏理解。事实上，难以解释或控制的复杂因素是实施实验的关键原因，而不是怀疑的方向。这是因为随机化本身作为一个工具变量，在控制组和干预组之间平衡了不可观测的各种因素。

为了说明这一点，我们发现更广泛地考虑实证方法是有益的。

例如，自然实验结果的识别来自双重差分（DD）回归模型，其主要识别假设是：与干预相关的结果变量不会受时间、个体特征变化的影响，并且是否受到干预与当时的个体特征无关。举例而言，假设研究者感兴趣的是增加最低工资对劳动力供给的影响，卡德和克鲁格（Card and Krueger, 1994）进行了著名的研究，他们比较了美国两个相邻州快餐店的劳动供给，其中新泽西州提高了最低工资水平，相邻的宾夕法尼亚州没有调整最低工资水平。尽管没有理由预先期望新泽西和宾夕法尼亚有相同的初始劳动力供给，但是使用 DD 回归模型的原理就是，在其他条件相同的情况下，研究者认为这两个州每年劳动力供给之间的差异非常小。

卡德和克鲁格利用新泽西州的政策变化来比较劳动力供给差异的变化，以了解最低工资法对劳动力供给的影响。然而，他们分析隐含的意思是，除了新泽西州最低工资法的变化之外，在干预发生的时间段内，没有其他因素影响宾夕法尼亚州的劳动力供给。此外，研究必须假设干预是随机发生于新泽西州而不是宾夕法尼亚州，否则我们不知道新泽西州是否有一些典型特征使其成为干预对象。

这种方法的有用替代方法包括罗森鲍姆和鲁宾（Rosenbaum and Rubin，1983）开发的倾向性得分匹配（PSM）方法。这种方法的一个主要假设被称为"条件独立假设"，它的直观含义是被干预与否只受那些可观测变量的影响。这意味着计量经济学家知道影响一个人是否参与就业的所有变量。在大多数情况下，这种假设是不现实的。其他流行的计量方法包括使用工具变量和结构模型。这些方法的假设条件都有充分的学术讨论（Rosenzweig and Wolpin，2000；Blundell and Costa Dias，2002），这里不再进一步讨论。

我们认为可以公正地说，这些方法可以很好地对自然产生的数据进行建模，但是现实世界很复杂，我们有时无法利用简单可靠的假设进行研究。我们不是第一个提出这种观点的人，因为已经有许多文献讨论了各种实证模型的局限性。因此，许多人认为，由于经济世界极其复杂，对自然产生的数据进行因果推断时必须非常谨慎。

实验室实验通常利用随机化来识别学生被试中产生的干预效应。在某些情况下，将结果推广到实验室之外可能会很困难，但为了在实验室中获得干预效应，唯一必要的假设就是恰当地随机化。

实地实验代表了在实验室之外生产数据的研究活动。20 年前，主要的数据生产者是实验室研究者。在过去 15 年里，实地实验生产数据的创新方式大量涌现。哈里森和利斯特（Harrison and List，2004）提出了 6 个因素可用于确定一个实验的实地背景：被试库、被试掌握实验任务的相关知识、商品、任务或交易规则、实验激励以及实验环境。利用这些因素，他们讨论出了一种分类方案，该方案有助于把实验室中的研究推广到实地中。

根据这种分类方案，与典型实验室实验差异最小的是人为实地实验，这类实验除了使用"非标准"被试，其他都与实验室实验一致。人为实地实验的被试都是非标准的，因为他们不是学生，而是来自与研究主题相关的市场参与者。正如弗雷谢特所探讨的那样，这种类型的实验代表了一种传统实验室研究之外的有用探索方式，人为实地实验已经在与金融学、公共经济学、环境经济学、产业组织理论以及博弈理论相关的研究中得到了有效的应用。

为了更接近自然产生的数据，哈里森和利斯特（Harrison and List，2004）表示，框架实地实验使用了与人为实地实验类似的实验形式，但被试参与的实验直接利用了现实环境中的要素，包括使用实地的商品、任务、收益或信息设置等。这种类型的实验很重要，因为有多种环境因素可能会影响行为。通过改变各种环境因素，人们可以了解这些因素是否以及在多大程度上影响了行为。

在过去 10 年中，框架实地实验代表了一种非常活跃的实地实验。社会实验和最近在发展经济学中进行的实验就是框架实地实验：被试意识到他们正在参与实验，并且在许多情况下他们了解所经历的实验干预正是研究目的之一。彼得·玻姆（Bohm，1972）是通过使用框架实地实验来区别于传统实验室方法的早期研究者。虽然他的研究工作在环境和资源经济学中引发了一系列有趣的新研究，但由于我们无法理解的原因，更广泛的经济学家并没有很快跟随，在实验室之外进行研究。这是发生在过去 10 年前后的事情。

自然实地实验与框架实地实验相同，它们都发生在被试日常承担这些任务的环境中，但被试不知道他们是实验的参与者。[2]这种研究是重要的，因为它结合了实验方法和自然产生数据这两者最具吸引力的元素：随机化和真实性。另外，如下所述，重要的是自然实地实验解决了其他类型实验并不经常讨论的样本自选择问题。

自然实地实验最近被用来回答经济学中的各种问题，包括各种偏好测度（List，2003）以及如何管理在线购物体验（Hossain and Morgan，2006）等。正如最近利斯特（List，2001a）所讨论的，慈善经济学已经见证了许多的自然实地实验。

正如我们将在下面论述的那样，自然实地实验代表了估计干预效应最干净的方式。从这个角度来看，经济学家无疑可以超越天文学家和气象学家的研究方式，并像化学家和生物学家那样检验理论。重要的是，当人们试图推广实证结果时，实地背景变量会非常重要。通过了解各种实验方法确定的行为参数，我们将能够讨论外部有效性，这是本章的重点。我们首先讨论实验的参数估计问题。

实验估计的参数是什么？

在不失一般性的情况下，将 y_1 定义为受到干预后的结果，将 y_0 定义为没有受到干预的结果。个体 i 的干预效应可以记作：$\tau_i = y_{i1} - y_{i0}$。然而，这里的主要问题是反事实造成的数据缺失——个体 i 不可能同时处于两种状态。我们假设 $p = 1$ 表示参与实验，而 $p = 0$ 表示不参与。也就是说，同意参加实验者的 $p = 1$，其他人的 $p = 0$。如果研究者对结果的平均差异感兴趣，那么实验中的干预效应由下式给出：

$$t = E(\tau \mid p = 1) = E(y_1 - y_0 \mid p = 1)$$

但是，根据我们关于实证研究的经验，政府项目（如儿童早教）、公司（非营利和营利公司）和不了解实验经济学的外行人通常报告的干预效应如下：

$$t' = E(y_1 \mid p = 1) - E(y_0 \mid p = 0)$$

这种效应代表了潜在的误导性结果解释，因为它正在比较两个可能完全不同人群的平均结果。只需从 t' 中加 $E(y_0 \mid p = 0)$ 再减 $E(y_0 \mid p = 1)$ 即可得到 t，即：

$$t' = \underbrace{E(y_1 - y_0 \mid p = 1)}_{t} + \underbrace{E(y_0 \mid p = 1) - E(y_0 \mid p = 0)}_{\delta}$$

其中 δ 是传统的自选择偏误。这种偏误是未干预状态下自行参与实验干预和不参与实验干预的结果差异造成的。

这个等式是有说明意义的，因为它清楚地显示了自选择偏误（文献中通常讨论的）与未干预状态下结果差异之间的关系。例如，如果更关心孩子教育的父母更可能报名参加儿童早教计划，那么相较于那些对自己孩子的教育结果不那么关心的父母，他们的孩子在非干预状态下也可能有更好的结果。在这种情况下，因为 $E(y_0 \mid p = 1) > E(y_0 \mid p = 0)$，这种自选择偏误会导致第二项大于 0，进而导致儿童早教项目的实验研究结果产生：①过于乐观的干预效应；②向上有偏的干预效应估计。在这种情况下，我们会系统地认为儿童早教的好处远远高于其真正的好处。在研究中，我们发现没有构建适当控制组的问题是非常常见的。

为了避免这种选择偏误，必要的是干预效应的随机化和识别恰好发生在 $p = 1$ 组，进而得到在 $p = 1$ 组中干预组和控制组之间平均干预效应的估计。设 $D = 1$ 或 0 表示随机分入干预组或控制组：

$$t = E(y_1 \mid D = 1, p = 1) - E(y_0 \mid D = 0, p = 1)$$

在这一点上，我们有必要思考如何解释这种干预效应的含义。首先，这是实验室实验以及人为实地实验和框架实地实验报告的干预效应，但不是自然实地实验报告的干预效应。如果随机化是适当的，这对 $p=1$ 群体来说是有效的干预效应估计。然而，为了将此效应推广到 $p=0$ 群体，还需要进一步假设。

例如，假设干预效应在 $p=1$ 和 $p=0$ 组之间没有差异。比如说，如果一个人具有与干预状态、结果变量相关的特征变量，这种推广就会失败。在我们的儿童早教案例中，就可能会出现这样的情况：相信儿童早教会对孩子产生积极影响的父母更有可能参加实验。在这种情况下，如果积极影响的信念实际上是正确的，那么将 $p=1$ 组的干预效应推广到 $p=0$ 组就是不合适的。

这种偏误被称为实验参与的自选择偏误，与文献中讨论和上文所示传统的自选择偏误完全不同。传统的自选择偏误与 $p=1$ 和 $p=0$ 组未干预状态（$D=0$）下的结果相关，而实验参与的自选择偏误与 $p=1$ 和 $p=0$ 组在干预状态（$D=1$）下的结果相关。

那么自然实地实验在识别方法上有何不同呢？由于被试不知道他们正在参加实验，自然实地实验自然地解决了任何偏差问题。在这种情况下，没有 $p=1$ 和 $p=0$ 组：被试甚至在不知情的情况下被随机地放入干预组或控制组中。该事实排除了文献中讨论的传统自选择偏误和实验参与的自选择偏误。事实上，它也使我们摆脱了其他偏误，例如随机化偏误和人们知道正在参与实验的任何行为影响。

参数估计方式的本质揭示了许多人声称实验室实验比实地实验提供更多"控制"时所犯的错误。每个环境中都有不可观测的因素，事先得出结论说某些不可观测因素（实地）比其他因素（实验室）更有害是错误的。这是因为随机化平衡了不可观测的因素：无论是无数个还是一个。因此，即使有人认为背景的复杂性在现实环境中比在实验室环境中更严重，也没有什么意义：一个不可观测的因素所造成的危害不亚于多个不可观测的因素。事实上，只要有一个不可观测的对象与结果相关联，这种方法就会有统计推断的问题。随机化背后的美妙之处在于它处理了那些不可观测的因素，并允许对感兴趣的因果关系进行清晰的估计。

外部有效性的模型

当我们第一次开始探索外部有效性时，发现缺乏理论和实证证据。[3]尽管我们提出了莱斯特和利维特的理论框架，但注意力仍然集中在实证证据上。

因此，这里我们集中讨论理论，欢迎感兴趣的读者仔细检查现存的文献，并对其所述内容提出睿智的意见。我们自己的观点是，现在就对有关研究工具的辩论得出结论还为时过早，但越来越多的证据支持莱维特和利斯特的假设。不过，像往常一样，我们把它留给读者来决定。

在全因素模型（Heckman，2000）中，研究者从一对他没有先验知识的因果关系开始。实证研究的目的是进行估计。在本节中，我们将把所有全因素模型推广到一种更连续的形式，其中研究者具有因果关系的先验知识，并根据数据对其进行更新。这种形式对于从理论上准确阐述实地实验所提供的优势是必要的，同时它也与我们在下面提供的实证补充相一致。

设　置

设 Y 为一个随机变量，定义为因变量，取值区间为 $S_Y \subseteq \mathbb{R}$；设 X 为一个随机变量，定义为自变量，取值区间为 $S_X \subseteq \mathbb{R}$；设 Z 为一个随机向量，定义为其他解释变量，取值区间为 $S_Z \subseteq \mathbb{R}^k$。此外，$Z$ 包含所有对 Y 有影响的解释变量（除了 X）。为了将我们的模型集中在外部有效性问题（而不是抽样/推理问题）上，我们假设 Z 是可观测的。这个模型可以很容易地推广到不可观测变量的情况下。

在全因素模型中，(X, Y, Z) 通过函数 $f: S_X \times S_Z \to S_Y$ 相关联。每个 $(x, x', z) \in S_X \times S_X \times S_Z$ 表示因果三元向量。函数 $g: S_X \times S_X \times S_Z \to \mathbb{R}$ 描述了在给定 $Z = z$ 的情况下将 X 从 x 改变为 x' 的因果关系，具体函数形式如下：

$$g(x, x', z) = f(x', z) - f(x, z)$$

令 $T \subseteq S_X \times S_X \times S_Z$ 为目标空间，它描述了实证研究者感兴趣的因果三元向量。一般来说，特别是在实验研究中，研究者仅仅想知道因果关系是否在一定范围内。令 $h: S_X \times S_X \times S_Z \to \mathbb{R}$ 是研究者感兴趣的因果关系函数。最常见的，尤其是在检验理论（而不是选择政策）时，函数形式为 $\bar{h}$：

$$\bar{h}(x, x', z) = \begin{cases} -1 & \text{如果 } g(x, x', z) < 0 \\ 0 & \text{如果 } g(x, x', z) = 0 \\ 1 & \text{如果 } g(x, x', z) > 0 \end{cases}$$

在开始一项新的实证研究之前，研究者关于 $h(x, x', z)$ 对每个 $(x, x', z) \in T$ 的值都有一个先验信念 $F^0_{x,x',z}: \mathbb{R} \to [0, 1]$。先验信念是基于现有理论和实证研究以及研究者思考的累积密度函数。

一个实证研究是一个数据集 $D \subseteq S_X \times S_X \times S_Z$。注意，$D$ 和 T 可以是不相交的，而且两者都可能是单点集。实际上，D 在实验室实验中通常都是单点集。研究者通常会在 $(X, Z) = (x, z)$ 和 $(X, Z) = (x', z)$ 处对 Y 重复采样，并使用它来获得 $g(x, x', z)$ 的估计值。假设结果 $R \subseteq D \times \mathbb{R}$ 是从不进行参数假设（没有外推或插值）的数据集 D 中获得的因果关系集合：

$$R = \{[x, x', z, g(x, x', z)] : (x, x', z) \in D\}$$

如上所述，我们先不讨论如何进行 $g(x, x', z)$ 的一致估计这个相当大的问题。实际上，这是大多数非实验性实证研究所面临的主要问题，例如小样本和内生性问题。在某种程度上，外部有效性是实证研究中的次要问题，因为实证研究使用自然产生的数据并且需要解决更紧迫的识别问题。

本章将忽略识别问题，而将注意力集中在外部有效性的问题上。关于样本大小和样本方差如何影响估计过程的问题被搁置一边，因为它们不影响研究的主要问题，尽管这个框架可以很容易地扩展到包含这些问题。因此，我们没有区分因果关系的 $g(x, x', z)$ 和实证估计的 $g(x, x', z)$。

在看到结果 R 之后，研究者为每个 $(x, x', z) \in T$ 更新其先验信念 $F_{x, x', z}^0$，形成后验信念 $F_{x, x', z}^1$。这个更新过程不一定是贝叶斯的。我们在下一节讨论后验信念的形成，特别是 $T \setminus D$ 的元素的形成。因此，我们假设先验永远不会完全对应事实，这意味着 $g(x, x', z)$ 的任何有效估计都将使得研究者能够更新其先验信念。

后验信念指的是实证研究的结论。为了用一个经济学实例来介绍后验信念的框架，我们考虑一个对拉弗曲线感兴趣的研究者，他想知道当一个城市的平均收入（Z）为 3 万美元时，销售税（X）从 10% 增加到 15% 是否会增加税收（Y）。简单起见，我们假设 Z 的唯一元素是城市平均收入水平。研究者只能在四个城市生成数据，其中两个城市的平均收入为 2 万美元，两个城市的平均收入为 3.5 万美元。这四个城市目前的销售税均为 10%。研究者随机选择每个收入对（两个收入相同的城市为一对）中的一个城市进行干预（销售税增加到 15%），并对每个收入对中的另一个城市进行控制（销售税保持在 10%）。然后，他收集有关税收的结果数据（每个城市有一个效应观察值就足够了，因为我们这里不解决识别中样本量的相关问题）。

研究者的先验信念是当平均收入为 3 万美元时，有 50% 的概率产生正向

X—Y 因果关系。他发现在两个平均收入水平上都有正向的因果关系，并且修正了先验信念，修改为平均收入为 3 万美元时，会有 60% 的概率产生正向 X—Y 因果关系。沿用上文的符号，我们有：

$$T = \{(10\%, 15\%, \$30000)\}$$

$$h(x, x', z) = \begin{cases} 1 & \text{如果 } g(x, x', z) > 0 \\ 0 & \text{如果 } g(x, x', z) \leqslant 0 \end{cases}$$

$$D = \{(10\%, 15\%, \$20000), (10\%, 15\%, \$35000)\}$$

$$R = \{(10\%, 15\%, \$20000, 1), (10\%, 15\%, \$35000, 1)\}$$

$$F^0_{10\%, 15\%, \$30000}(0) = 0.5, \quad F^1_{10\%, 15\%, \$30000}(0) = 0.4$$

外部有效性的分类

给定一组先验信念 $F^0 = \{F^0_{x, x', z} : (x, x', z) \in S_X \times S_X \times S_Z\}$ 和结果 R，可推广集 $\Delta(R) \subseteq \{S_X \times S_X \times S_Z\} \setminus D$ 是数据集之外的因果三元向量的集合，其中后验信念 $F^1_{x, x', z}$ 由于学习结果而更新：

$$\Delta(R) = \{(x, x', z) \in \{S_X \times S_X \times S_Z\} \setminus D : F^1_{x, x', z}(\theta) \neq F^0_{x, x', z}(\theta), \text{对于某个 } \theta \in R\}$$

当可推广集非空即 $\Delta(R) \neq \phi$ 时，结果是可推广的。当可推广集与目标空间 $\Delta(R) \cap T \neq \phi$ 相交时，研究者称之为外部有效。上述拉弗曲线案例中的研究者就是使用了外部有效性。注意，外部有效性集中在 $h(x, x', z)$，而不是 $g(x, x', z)$，因为先验信念集中于 $h(x, x', z)$。

如上所述，原则上，外部有效性要求对传统（非实验性）实证研究的信心不弱于对实验研究的信心。在非实验性研究中，这个问题被更加紧迫的识别问题所掩盖：由于缺乏随机化等原因，如何正确估计 $g(x, x', z)$ 是首要的问题。随机化的问题只会困扰实证研究，不会困扰实验工作。实际上，实验的美妙之处在于通过随机化解决了识别问题。

给定先验信念 F^0，如果其可推广集为空即 $\Delta(R) = \phi$，则结果 R 具有零外部有效性。零外部有效性是最保守的实证立场，相当于插值、外推或加法可分性等假设都不适用。

给定先验信念 F^0，如果 R 的可推广集包含 D 中任意小邻域内的点，则 R 的结果集有局部外部有效性：

$$(x, x', z) \in \Delta(R) \Rightarrow (x, x', z) \in B_\varepsilon(x, x', z), \text{对于某个 } \varepsilon > 0, (x, x', z) \in D$$

　　获得局部外部有效性最简单的方法是假设 $h(x,x',z)$ 是连续的（或者只有少数的不连续点），连续性意味着局部线性，因此允许局部的有效性。[4] 在上文拉弗曲线的案例中，假设因果关系在城市的平均收入水平上是连续的，研究者可以推广其结果，用以估计一个平均收入水平为 35100 美元的城市的因果效应。原则上，如果 (x,x',z) 的非局部变化会对 h 产生很大影响，会限制我们的推断能力。然而，只要我们不对 (x,x',z) 做出太大改变，并且 $h(x,x',z)$ 是连续的，那么 h 将不会发生太大变化，所以数据集 D 仍将提供该集合之外因果效应的信息。

　　由于连续性对于局部外部有效性是充分条件，所以不连续性对于零外部有效性是必要的。通常可能是这种情况，如果研究者不确定 $h(x,x',z)$ 内的连续性，那么他越保守，就越倾向于零外部有效性。[5]

　　给定先验信念 F^0，如果结果 R 的可推广集包含 D 中任意小邻域之外的点，则其具有全局外部有效性：

$$\exists (x,x',z) \in \Delta(R) : (x,x',z) \notin B_\varepsilon(x,x',z),\ 对于某个\ \varepsilon > 0,\ 对于所有(x,x',z) \in D$$

　　在上文拉弗曲线的案例中，研究者假设了全局外部有效性。从本质上讲，全局外部有效性是指假设 (x,x',z) 发生大的改变对 h 没有大的影响。

　　到目前为止，本部分（外部有效性的模型化）的简明摘要如下。

　　第一，在非参数世界中，结果可能没有外部有效性，也可能具备局部有效性或全局的外部有效性。

　　第二，局部有效性的充分条件是 $h(x,x',z)$ 的连续性。

　　第三，比较保守的研究者不太可能相信其结果能在全局范围内有效，因为这需要比连续性更强的假设。

　　我们现在可以正式讨论实地实验所具有的优势。

一种关于实地实验优势的理论

　　在其他条件不变的情况下，如果一个因果关系函数 $h(x,x',z)$ 不受研究者介入这一事实的影响，那么它是研究中性的。举例来说，假设我们正在研究需求曲线的斜率与市场盈利百分比的因果关系，如果这种效应是研究中性的，那么市场可以作为科学研究的结果，而不仅仅是在其他条件不变时自然产生的观测事实，同时也不会改变因果关系。我们假设因果关系是研究中性的。

　　我们将自然环境定义为三元向量 (x,x',z)，其在没有学术或科学研究的情况下可以正常存在。例如，如果一位科学家研究慈善机构员工使用电话募集慈善资金的效率问题，他设计了两种不同的薪酬模式——计件工资与固定工资，那么这是一种自然的环境，因为聘请员工来完成这些任务，使用计件工资或固定工资计划都是很常见的。相比之下，如果一个科学家有兴趣研究社会偏好的大小，并让一群学生进入实验室参与独裁者博弈，那么这不是一个自然的环境，因为学生几乎从未进入过包含这种具体特征的场景。

我们的主要假设是，作为经济学家，我们更有兴趣了解自然环境中的行为而不是非自然环境中的行为。这并未忽视在非自然环境中研究因果关系的价值，毕竟，几个世纪以来物理、化学和工学在非自然环境中进行研究的好处是不言而喻的。但是，这些学科要求在非自然环境中获得的结论能够推广到自然环境，这样它们才具有重要价值。与诗人形成鲜明对比，作为经济学家，我们对现实感兴趣。我们希望了解现实世界并对其进行改进，以更好地分配稀缺资源或为集体选择问题提出更好的解决方案。

从这个角度来看，实验室本质上代表了一种只有科学研究才能实现的环境。因此，实验室研究不是在自然环境中完成的。此外，许多实验室实验甚至完全不能在类似的自然环境中进行。这是因为若干变量必须进行大量改变才能从实验室环境转变为自然环境，例如介入的性质和程度、选择决策的背景和环境、参与者的经验以及莱维特和利斯特讨论过的几个其他因素。下面我们将详细说明其中这样一种因素：参与实验的决策。

福尔克和赫克曼（Falk and Heckman，2009）以及其他人（包括卡默勒，见本书第 15 章）质疑，从实验室环境推广到现实环境时出现的 (x, x', z) 非局部变化是否会对 $h(x, x', z)$ 产生很大影响。有趣的是，在提出论点时，他们忽略了最重要的一个问题：典型的实验室实验对选择集和选择时间施加了人为的限制。

无论他们讨论和未讨论的因素是什么，据我们所知，没有人质疑 (x, x', z) 的变化是非局部的这一命题。[6]事实上，对选择集和选择时间的人为限制是实验室和现实环境之间非局部差异特别引人注目的例子。如上文传统干预效应模型所示，实验室和自然现实环境之间另一个重要的非局部差异是自选择效应，下面将在我们的框架内进行讨论。

在这个背景下，我们提出三个命题，这些命题旨在总结当今经济学界的各种思想。我们可能无法把所有实验室实验统一归类到这些命题中的某一个中，而是相信实验室实验可以分别归类到三个命题中。

命题 21.1：在具有全局外部有效性的情况下，实地实验和实验室实验都没有明显优于对方。

这一观点对于将实验室的结果推广到实地是最乐观的。它的根源在于可推广集都是非空的，而且一般来说，两者都不包含对方。这样，实验结果就具有全局性。

以市场均衡为例，传统的经济学理论依赖于两个假设：效用最大化行为和瓦尔拉斯竞争机制。在放松机制约束的学术探索上，学者已经采取了多种途径，传统的经济工具在实证研究上的成功有限，部分原因是市场中多个因素会同时发生变化。弗农·史密斯（Vernon Smith，1962）通过实施双边口头拍卖对新古典主义理论进行了检验，从而显著地推进了这一探索。他的研究结果令人震惊：经过几个市场周期后，数量和价格水平都非常接近竞争水平。公平地说，这一结果仍然是当今实验经济学中最有力的发现之一。

利斯特（List，2004）展示了一个实地实验，将分析从实验室环境转移到参与者实际进行决策的自然环境。因此，该研究进行了一个实际市场的实地实验检验，在该市场中，多个被试在市场背景下进行面对面的持续双边讨价还价。[7]类似于史密斯（Smith，1962）的实验设置，利斯特设置的双边讨价还价市场也不是瓦尔拉斯市场。

然而，与史密斯（Smith，1962）不同，在这些市场中，被试根据自己的喜好设定价格，没有集中交易的机制。因此，利斯特的设计将实验任务从研究拍卖机制变为研究交易者，允许交易以分散的方式发生，类似于在实际自然市场中完成交易的方式。这样一来，市场结构将均衡稳定性问题重新定义为实际个体行为的问题，像一个心理学问题，而不是关于抽象和非个体的市场机制问题。

利斯特研究的一个关键结果是交易价格有收敛到新古典竞争模型预测结果的强烈趋势，特别是在对称市场中。这个例子精确地展现了莱维特和利斯特在原始模型中所预测的内容：很多实验室结果可以直接适用于实地。特别是当实验室实验满足以下条件时：①研究者没有将被试置于人为的极端情况；②没有道德上的介入性关注；③对参与者的计算能力要求不高；④非随机的参与者自选择问题不是一个重要因素；⑤经验不重要或能很快掌握；⑥研究者创造了一个实验室背景，反映了现实世界问题的重要方面。

我们的下一个命题对外部有效性进行了进一步的约束。

命题 21.2：在具有局部外部有效性［或者如果研究者确信 $h(x, x', z)$ 是连续的］的情况下，实地实验比实验室实验更有用。

这种观点遵循的思想是，结果在局部可推广。因此，无论数据是在实验室还是在实地生成，它都可以被推广到直接相邻的环境。而且，因为实地实验提供了来自自然环境和实验室实验（非自然环境）的信息，所以实地实验更有用。这是因为自然环境的邻域仍然是自然环境，而非自然环境的邻域则仍是非自然环境。

举个例子，考虑最近慈善经济学方面的研究。毫无疑问，该方向是现代经济中最具活力的方向之一。仅在美国，慈善捐款在过去十年就超过了 GDP 的 2%。增长也非常惊人：1968～2008 年，个人捐赠增长了近 18 倍，是标准普尔 500 指数增速的 2 倍。最近，一组实验室实验和实地实验让人们对慈善筹款的"需求面"有了更深入的了解。

伦多和利斯特（Rondeau and List，2008）运用实验室实验探究了不同的捐赠模式——如挑战捐赠模式（仅使用简单的公告实时公开最大一笔捐赠），或匹配捐赠模式（比如，如果被试捐赠 100 美元，我们将对其进行加倍）——是否会影响捐赠率。从实验室的证据很少观察到挑战捐赠的方式会增加筹集到的资金。

在同一篇论文中，伦多和利斯特还介绍了一个实地实验——为加拿大的塞拉俱乐部（Sierra Club）筹集资金。他们的自然实地实验是在塞拉俱乐部组织的典型筹款活动中进行的。一共 3000 名塞拉俱乐部的支持者，依据捐赠的不同大小和类型被随机分为四组。他们发现挑战捐赠模式在实地非常有效。这就意味着，筹款人在正式开始他们的慈善捐赠项目之前，私下寻找大额捐赠者，并在捐赠开始前公开这个最大捐赠额，这对使用挑战捐赠模式是很重要的。

现在有一个问题是：如果我是一名筹款人，我应该根据哪一组结果来指导我的决策，是实验室的还是实地的？

从命题 21.2 的角度来看，实地中为某项事业筹资的专业人员最好密切注意实地实验结果，因为这种结论是局部可推广的。实验室结果表明，挑战捐赠中预先筹集的大额捐赠不会有太大帮助，但这一结果不太可能推广到实验室范围之外。

这一结果表明，正如函数 $\bar{h}(x,x',z)$ 所概括的，经济学家通常只关心因果关系 $g(x,x',z)$ 的符号。在这种情况下，如果研究者确信 $g(x,x',z)$ 在 z_i 的某个范围 $[z_{i0},z_{i1}]$ 是单调的，那么 $\bar{h}(x,x',z)$ 几乎在任何地方都是连续的。这就可以导出局部外部有效性。

最后，进一步收紧约束引出第三个命题。

命题 21.3：在具有零外部有效性的情况下，实地实验比实验室实验更有用，因为它们是在自然环境中进行的。

这种谨慎观点源于这样一个事实，即没有什么可以推广到研究发生的特定环境之外。[8] 由于实地实验能帮助我们完善关于自然环境的先验假设，即实地实验本身所估计的因果关系，所以从这个角度来说实地实验更有用。相反，在这种保守主义的水平下，实验室实验并不能告诉我们任何关于自然环境的信息。

思考一下日益流行的社会偏好测度任务。完成这项任务的一个常用工具是独裁者博弈。经济学中第一个独裁者博弈的研究要归功于卡尼曼等（Kahneman et al.，1986）。他们给实验被试 20 美元初始禀赋，并允许他们与另一名学生平分 20 美元（每人 10 美元），或者不均匀分配（一人 18 美元，另一人 2 美元），不平均分对他们自己更有利。只有 1/4 的学生选择这种不平等的分配方式。随后许多带有真实报酬的独裁者实验研究也得出了同样的结果，报告称，超过 60% 的被试给另一位学生分配了大于零的金额，平均转移了大约 20% 的初始禀赋给另一名学生。

在亨里奇等（Henrich et al.，2004）的工作中也可以找到对这些研究结果的共同解释："在过去的十年里，实验经济学的研究已经明显地改变了教科书中对经济人的描述，数以百计的实验表明，人们不仅关心自己物质上的回报，还关心公平、公正和互惠。"事实上，这些实验给出的点估计甚至被用来估计社会偏好的理论模型（Fehr and Schmidt，1999）。

在命题 21.3 的极端观点下，这种研究结果的适用性有限，因为环境的属性使得我们只了解一个特定的情况，即实验室中的捐赠情况。简而言之，我们的模型告诉我们，在这样的环境中，将被试置于人为的极端情况，必然会限制我们对真实市场进行直接推断的能力。

作为比较，思考最近利斯特（List，2006a）对亲社会偏好的实地测度。正如下文更充分讨论的那样，本研究的目标之一是衡量声誉和社会偏好在自然产生的环境中的重要性。为了探索亲社会偏好在实地中的重要性，利斯特（List，2006a）进行了礼物交换的自然实地实验，其中买方向卖方提供报价，而卖方选择提供给买方的商品的质量水平。卖家提供优质商品的成本比低质商品的成本更高，但买家对优质商品的支付意愿更高。

利斯特（List，2006a）进行的人为实地实验的结果反映了使用其他被试库的典型的实验室研究结果：通过正向的价格和质量关系，可以观察到与社会偏好一致的强有力证据。利斯特（List, 2006a）提出，通过类似构造的框架实地实验也能得出相同的结论。然而，当环境通过自然实地实验转移到真实市场时（经销商不知道他们的行为被记录为实验的一部分），价格和质量之间几乎没有统计上的正相关关系。

从命题 21.3 的角度来看，本研究提供了三种社会偏好估计，三种估计仅适用于测度它们的三种特定环境。第一种估计使用来自该市场的实际交易者进行实验室实验。第二种估计使用来自这个市场的实际交易者进行实验，实验环境类似于他们自然参与的市场，但他们知道他们正在被观察。第三种估计使用来自这个市场的实际交易者进行实验，实验环境为他们平时自然交易的市场，并且他们不知道自己正在被观察和研究。因此，在命题 21.3 的极端观点下，我们至少从利斯特（List, 2006a）的数据中了解了某一种自然市场中的真实交易关系。

我们的三个命题在图 21.1 中得到了直观的总结。考虑因果三元向量（x，x'，z），我们改变其中 z 的两个维度。空间分为自然环境（虚线上方）和非自然环境（虚线下方）。组合（z_1，z_2）中一个是实地实验，另一个是实验室实验，每个组合都由图中的点描绘。

在保守的外部有效性假设下（内部，黑色圆圈），只有实地实验能够产生关于自然环境的信息。当假设不那么保守时，圆圈扩大（向外，灰色圆圈），两种类型的实验都产生了关于自然环境的不相交信息。因此，它们在研究中是互补的。

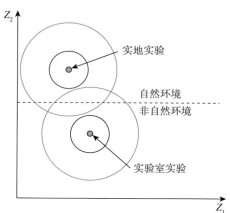

图 21.1 实地实验和实验室实验的外部有效性

在全因素模型的简单版本中，福尔克和赫克曼（Falk and Heckman，2009）声称外部有效性需要一个可加可分性的假设，这是一个武断的假设，而且他们认为实地实验并不比实验室实验更可信。然而，他们的主张只适用于全局外部有效性；当在连续性假设下进行局部推广时，可加可分性是不需要的，而且实地实验的优势尤为突出。

零外部有效性或局部外部有效性所需的统计分析是极其困难的，这是因为我们定义两者是高度不连续的：对于 T 的特定子集，在处理不相关的数据时，先验信念必须完全不变。在现实中，外部有效性应该有更加连续的测度。我们对外部有效性使用高度程式化、不连续的测度方法纯粹是为了简化说明，类似于直接得出其结论（接受或拒绝）来完成假设检验，而不是通过与检验统计相关联的 p 值来完成假设检验。但即使将外部有效性定义为更连续的概念，我们论证的本质也是不变的。

扩展模型：样本自选择效应

在前文，我们讨论了被试对参与的选择如何影响干预效应的估计这一问题。在本部分，我们使用正式模型来扩展先前关于样本自选择情况下干预效应的讨论。

考虑研究者想估计的一组因果三元向量 $\{g(x, x', z)\}_{z \in U_Z \subseteq S_Z}$，其中 z 是一维的。Z 可以被认为是可观测的个体特征，例如偏好或智商。在没有研究者的实验介入的情况下，个体能够知道 Z 的大小，并可以影响 X 的实现。为简单起见，假设以某个（可能很小的）成本可以保证控制值 $X = x$。我们假设它是控制变量而不是实验变量，因为实验变量通常对应着干预，而控制变量则对应着保持现状。在 Z 条件下，所有剩余的随机性都是外生的。假设在每个 $z \in U_z$，在每个控制组和干预组中都能观察到一定比例的被试：$\forall z \in U_z$，$0 < Pr(X = x \mid Z = z) < 1$ 和 $0 < Pr(X = x' \mid Z = z) < 1$。

此时，原则上不需要进行实验。在我们高度程式化的框架下，研究者可以简单地在每个 Z 值（控制组和干预组）上收集两个自然产生的观察结果，从而直接计算 $g(x, x', z)$。在实践中，研究者必然担心样本容量（我们在这里暂不考虑的问题），并且可能存在数据收集时间的严格限制，这两者都会促使研究者进行可以直接随机干预 X 值的实验。

在决定进行实验后，如果研究者选择隐蔽地进行实验（如在自然实地实验中所示），那么可以正常进行统计推断，并且估计变量之间的因果关系。研

究者对 X 值的事后控制掩盖了个体影响 X 的能力。

如果研究者公开其进行实验的意图，那么他就必须担心被试在知道实验的情况下对 X 进行事前控制。假设某个子集 $U'_z \subset U_z$ 决定自行对 X 进行控制，这意味着研究者无法估计该子集的因果三元向量。研究者对 X 有很大程度的控制权，但通常研究者不能强迫那些选择不参与实验的人。如前所示，对于其余组，$U_z \setminus U'_z$ 的推断仍然有效。

因此，研究者将被迫通过对 $U_z \setminus U'_z$ 进行推断或插值来更新与 U'_z 相关的因果三元向量的先验假设。在实践中，由于 Z 是不可观测的，这将产生更多的问题，这意味着研究者将被迫假设因果三元向量不受是否参与实验决定的影响。[9] 在 $U_z = \{z_1, z_2\}$ 的情况下，外推偏差 $U'_z = \{z_2\}$ 被称为干预后的自选择偏差，表示为：

$$B = g(x, x', z_2) - g(x, x', z_1)$$

具有讽刺意味的是，在某种意义上，自然实地实验为研究者提供了对环境的更多控制，因为它允许研究者绕过样本自选择的问题。这种观点与常见的批评观点完全相反，批评者认为实地实验的控制力较弱。

这个抽象的论点在上一节以儿童早教为例进行了说明：如果更关心孩子的父母更有可能参与儿童早教服务项目，那么相对于不太关心孩子的父母，他们的孩子在非干预状态下可能也有更好的结果。这种传统的自选择效应是研究者进行随机化实验的动力。研究者将公布随机化的实验方案并招募被试进行注册，创建两个组：$U_z \setminus U'_z$（参与者）和 U'_z 非参与者。但是，可能会出现这样的情况：相信儿童早教会对孩子产生重大影响的父母更有可能注册参与实验。在这种情况下，如果这种信念是正确的，那么将 $U_z \setminus U'_z$ 组的效果推广到 U'_z 组是不合适的，偏误项 B 将是负数。

这种偏误的另一个可能问题是随机偏误：对随机化分组不确定性的直接厌恶阻碍了人们的参与。这对于长期研究是一个有意义的关注点，随机化产生的事前不确定性可能导致预期成本的变化，因此具有确定性的不参与是一些人的首选。

更普遍的是，由于认知的局限性，人们在许多日常决策中不会积极决定自己所处的决策环境（干预），所以有进行隐蔽性自然实验的空间，例如货物在杂货店如何陈列，或商业广告在电视上如何表现。但是，一项随机对照实验的公开声明会揭示某个决定的重要性，并导致个体投入必要的认知资源来对是否参与实验进行全面掌控。如果你不喜欢看电视广告的干预方式，你可以直接关掉电视。

我们认为自然实地实验中隐含的隐蔽性是可取的，但有时是不可能的，尤其是在自然存在的目标人群中进行不存在的大型新项目时。例如，如果我们想要估计在几乎没有邻里监督计划的地区引入邻里监督计划的因果关系，参与的方式可能无法做到自然的存在，这种限制会与干预效应相互作用，并且不能通过隐蔽性实验来规避。

幸运的是，在许多研究领域，如重要经济领域的激励机制设计、慈善捐款、拍卖设计、市场营销、员工薪酬、组织结构等，使用隐蔽性实验都是可能的。

实验室实验的优点

尽管有命题 21.1 至命题 21.3，但我们的模型表明，实验室实验相对于实地实验也具有至关重要的一些优势。目标空间 T 和数据集 D 是外生的。在实践中，由于道德、可行性、成本等原因，很多因果三元向量都无法在实地实验中进行研究。比方说，在实验室中建立模拟经济体并随机操纵利率是直截了当的设计，可以用来衡量利率对通货膨胀的影响，而在自然实地中不可能进行这样的实验。

从这个意义上说，在自然实地实验中不能直接估计的因果三元组非常多，它们位于可估计的因果三元组局部可推广集之外。在许多环境中，实地实验和实验室实验自然而然地相互补充。[10]

考虑歧视的问题。人们很难找到一个像种族和公民权利一样能够引起国家分裂的问题。对于他们来说，经济学家已经提出了两个主要理论来解释为什么存在歧视：①某些人群对少数群体有一种"厌恶"（Becker，1957）；②统计歧视（Arrow，1972；Phelps，1972），即庇古（Pigou）定义的三级价格歧视：经销商使用可观测的变量对市场参与者的生产率或保留价值进行统计推断。重要的是，自然实地实验已经被用于衡量和揭示歧视的根源，参见 List（2006b）的综述。

现在考虑如何进行实验室实验。例如，如果人们有兴趣探究种族或性别是否以及在多大程度上影响买家愿意为二手车支付的价格，那么实验室实验就很难准确衡量二手车经销商（知道自己正在参与实验的）的歧视程度。我们希望在这种情况下，大多数人同意命题 21.2 或命题 21.3 成立。

这并不是说实验室实验无法帮助我们理解与歧视相关的重要问题，事实恰恰相反。参考尼勒和维斯特兰德（Niederle and Vesterlund，2007）最近的研究，他们用实验室实验来研究平权行动是否会改变竞赛参与者的性别结构。具体而言，他们考虑采用一个竞赛配额制度，要求比赛的两个赢家中至少有一名是女性。在自然实地实验中很难合法地实施这样的制度。有趣的是，他们的研究显示平权行动的引入将导致参赛者的构成发生重大变化。

这只是我们可以指出的许多研究中的一项，它可以说明，一旦从我们模型的视角看，如大多数人所猜想的那样，实验室实验和实地实验更有可能互相补充。

在我们的模型之外，实验室实验还有另一个重要优点：容易复制。可复制性是实验方法的基石，因此有必要简单讨论一下可复制性的力量。虽然曼雅提斯、图法诺和利斯特（Maniadis，Tufano，and list，2013）的论文最近已经介绍了可复制性的概念和模型，但我们仍然要在这里复述他们的讨论，因为对这个重要问题的讨论很少，而它有助于强调实验室实验的关键优势。

正如莱维特和利斯特（Levitt and List，2009）所讨论的，可复制性至少可以在三个层面运行。其中第一个也是最狭隘的一个层面是获取实验研究产生的实际数据并重新分析数据以确认原始结果。与其他几十位学者一样，卡默勒使用利斯特（List，2006a）的数据进行了上述工作。与所有其他学者类似，在分析数据时，卡默勒发现的结果与利斯特（List，2006a）报告的结果相同。

可复制性的第二个层面是运行一个实验，该实验遵循与第一个实验类似的设计方案，以确定是否可以使用新的被试生成类似的结果。第三个层面也是最普遍概念上的可复制性是使用新的研究设计来检验原始研究的那些假设。[11]我们展示了如何使用理论模型将可复制性和外部有效性联系起来，我们的实例是关于可复制性的第二个层面，即使用完全相同的实验设计能否产生类似的结果。然而，我们的基本观点同样适用于可复制性的第三种层面。

同样，研究者对实际行为中的因果关系有先验的知识，我们遵循曼雅提斯、图法诺和利斯特的可复制性模型。令 n 代表在特定领域中可能的因果关系数量。设 π 是这些关系中实际为真的比例。[12]α 表示实地中的典型显著性水平（通常 $a = 0.05$），$(1 - \beta)$ 表示实验设计的效力。[13]我们感兴趣的是先验结果为正确的概率（PSP），或者更具体地说，根据实验证据，我们有多大把握研究结果确实正确。

该概率可以通过如下方式找到：在 n 对关系中，πn 对关系将为真，而

$(1-\pi)n$ 对关系将为假。在真实的关系中，$(1-\beta)\pi n$ 对关系将被报告为真实的，而在虚假关系中，$\alpha(1-\pi)n$ 对关系将是误报，即使它们是假的也被报告为真。只需用所有被报告为真的因果关系数量来除真实的因果关系数量，就可以简单地找到 PSP：

$$PSP = (1-\beta)\pi/[(1-\beta)\pi + \alpha(1-\pi)] \tag{21.1}$$

很自然地，我们会问哪些因素会影响 PSP？曼雅提斯、图法诺和利斯特讨论了可能影响 PSP 的三个重要因素：①样本量如何影响我们对实验结果的信心；②独立研究者的竞争如何影响 PSP；③研究者偏误如何影响 PSP。

为了达到我们的目的，我们可以使用式（21.1）来确定实验结果的可靠性。我们在图 21.2 中将 PSP 绘制在三个效力水平下。

在比较 $\pi=0.5$ 的情况下最上面和最下面的面板时，我们发现高效力（0.80）情况下的 PSP 比低效力（0.20）情况下的 PSP 高近 20%。这表明，

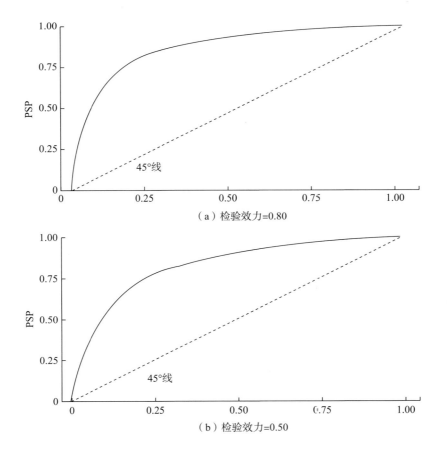

（a）检验效力=0.80

（b）检验效力=0.50

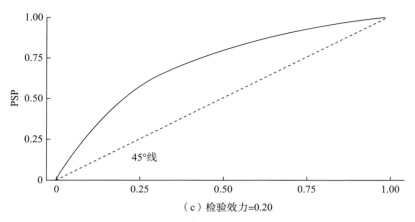

（c）检验效力=0.20

图 21.2   PSP 作为检验效力的函数

作为实验研究者，我们应该有近20%的把握认为，与低效力实验相比，高效力实验的研究结果确实是正确的。图21.2告诉我们的是，我们应该警惕实验的"意外"发现（当π值较低时出现的结果），因为如果考虑很低的PSP，它们可能不是正确的发现。在这种情况下，它们甚至在本身的研究环境中都不是真的，更不用说在研究者希望进行推广的现实环境中。

图21.2有力地说明了可复制性对我们科学工作的重要性。只要进行一些可复制性研究，社会就会对我们的研究结果更有信心。图21.2中的观点受到莫内辛格等（Moonesinghe et al.，2007）最近一项研究的启发。他们表明即使是少数的复制性研究也足以得出关于真正因果关系的正确推论。

当然，实验室实验还有其他几个重要优点，莱维特和利斯特（Levitt and List，2007a，2007b）指出了这些优点。最重要的是，他们还指出，除了在极少数情况下，即使复杂结构参数的外部有效性是令人怀疑的，实验室实验仍然是进行定性分析的有用工具。

关于讨论的进一步思考

本书邀请并收到了作者们关于外部有效性问题非常重要的讨论。我们钦佩所有作者的贡献。弗雷谢特（Fréchette，2015）的重要贡献是探讨了学生和相关领域专业人员在实验室实验中是否表现相似。其论文有助于我们理解跨群体的实验室干预是什么样的。他的文章还是一项伟大的学术综述工作，因为它提出了以下宝贵的问题：使用专业人员而不是本科学生这样的标准被试库，会得出类似的结论吗？

当考虑对不同被试库的行为进行比较时，会出现三个重要特征：偏好、参与实验的自选择效应以及参与实验的行为效应。为了说明为什么要考虑这三个特征，我们首先假设真实的干预效应 $\tau_i = y_{i1} - y_{i0}$ 在不同的被试库中是相同的。也就是说，使用自然实地实验可以获得相同的干预效应。

当我们将实验室实验与人为实地实验进行比较时，我们会发现什么？我们很可能会发现显著的群体差异。即使在学生和专业人员中的干预效应完全重叠的情况下，参与实验的自选择效应和介入效应也可能会使他们看起来不同。

同样，即使学生和专业人员的实验数据在统计上非常相似，这种情况也可能是因为自选择或介入性掩盖了真正的差异。如莱维特和利斯特所指出的，在比较不同人群的结果时，以下这些可能是需要考虑的重要方面：

> 研究被试库偏差的一种方法是检查专业人员或其他代表性人群和学生在实验室实验中的表现是否相似。费尔和利斯特（Fehr and List，2004）通过实验检验了哥斯达黎加的首席执行官（CEO）在信任博弈中的表现，并将他们的行为与哥斯达黎加学生的行为进行比较。他们发现 CEO 比学生更容易信任别人并表现出更高的可信度。这些行为上的差异可能意味着 CEO 在日常生活确实更加信任别人和可信，也可能是 CEO 对实验室更敏感以及前文所述的非匿名性效应，又或者是实验中设置的报酬对 CEO 来说非常少，以至于他们不愿意为了金钱牺牲道德。参见莱维特和利斯特（Levitt and List，2007b）。

这意味着，如果没有选择模型和行为模型的帮助，我们很难简单地通过比较专业人员和学生来解读数据中的差异。创建模型来预测行为何时出现差异、为什么出现差异以及哪些因素会加剧或减弱这些差异有助于我们探索一些问题，例如，学生（或专业人员）进入实验室后的行为是否能代表该领域专业人员有类似行为？在实验中，实验干预效应对被试的影响是否与它对更广泛人群的影响相同？归根结底，我们的研究目标是在自然环境中的行为方式。然而，在实验室中对重要参数空间进行实验可以帮助我们理解自然环境中的行为。弗雷谢特（Fréchette，2015）以非常受欢迎的方式将我们带到了这个方向。

凯斯勒和维斯特兰德（Kessler and Vesterlund，2015）也对实验做出了清晰且深刻的讨论。重要的是，当他们看到莱维特和利斯特最重要的被误解论点时，他们简明地指出：

> 虽然辩论集中于定量结果的外部有效程度，但我们认为，对于大多数实验室研究而言，仅询问定性结果是否具有外部有效性就可以了。有趣的是，在辩论的作者中，对实验室研究定性结果在多大程度上具有外部有效性的争论明显很少（也可能没有）。

莱维特和利斯特（Levitt and List, 2007a）的主要观点之一是实验室实验不能很好地测度复杂结构参数。也就是说，其质疑点估计的完整性。例如，在实验室研究中，63% 的人有强烈的利他倾向。原始论文讨论了各种博弈，最终得出的结论是：对博弈结果（例如独裁者博弈）的外部有效性是有问题的。总的来说，研究显示了这些结果的脆弱性。有趣的是，在 2006 年 1 月波士顿 ASSA 会议上关于莱维特和利斯特研究的早期辩论中，卡默勒和其他会议参与者强烈反驳了这一点。事实上，他们最近在发表的著作中总结了他们的信念，认为独裁者博弈是衡量社会偏好的有用工具，参见卡默勒和费尔（Camerer and Fehr, 2004）：

> 无论哪种模型最准确、心理上最合理且技术上最有用，对社会科学家来说，重点是一系列博弈可以用来衡量社会偏好，例如人们在多大程度上用互惠（或不平等厌恶）的意愿来制衡自己的自私自利，包括消极的（在最后通牒博弈中）、积极的（在信任博弈中）以及纯粹的利他主义（在独裁者博弈中）。

我们很高兴得知卡默勒（Camerer, 2015）似乎改变了主意，他现在的想法是：

> 诚然，许多早期讨论将独裁者博弈称为衡量"利他主义"的一种方式，与利己的提议者慷慨地发出最后通牒相比，独裁者博弈意在从战略上避免被拒绝（Eckel and Grossman, 1996; Camerer, 2003）。莱维特和利斯特（Levitt and List, 2007a）重复了这一标准观点，将独裁者博弈中给予的"社会性偏好解释"描述为"利他主义；对公平的偏好，例如对

不公平的厌恶"。20 世纪 90 年代中期，出现了这样一种观点：独裁者的给予不是纯粹的利他主义的结果。卡默勒和塔勒尔（Camerer and Thaler，1995）很早就注意到了社会形象账户，他们使用了"礼貌"一词。过去几年积累的学术证据也与学者对温情效应和社会形象动机的解释一致。

总而言之，这是一个好迹象，表明研究者正在考虑积累实证证据，并相应地逐渐改变他们的观点。总的来说，我们同意弗雷谢特（Fréchette，2015）、凯斯勒和维斯特兰德（Kessler and Vesterlund，2015）的主要观点。然而，在许多情况下，我们不同意卡默勒（Camerer，2015）对我们工作的解读和他对实验工作的更广泛的解释。简单起见，我们只关注最重要的分歧点。

卡默勒提出的第一点是，实验室的功能没有任何内在因素限制它们的外部有效性：

　　然后，我们思考了实验室实验的哪些共同特征可能会威胁到外部有效性。这些共同特征是不是所有实验室实验的必要部分？除了在实验室中进行的介入性观察——这是美国联邦政府规定的人类被试保护政策的必然结果（尽管不是在所有国家）——答案是"不"。因此，如果需要，可以放宽实验室实验外部有效性的限制性特征，以便更接近特定的现实环境。接着，我们要思考的是，实验室的典型特征是否必然会破坏所有现实环境的外部有效性，且无法补救。它们也不会。

如上所示，在两个不同的理论框架中，可以容易地看到这个陈述是不正确的。实际上，我们在文献中已经多次注意到自然实地实验提供的干预效应估计值与实验室实验、人为实地实验和框架实地实验提供的不同。事实上，在最近的一项研究中，利斯特非常直接地指出了这一点：

　　这些其他实验方法中，一个可能的偏误来源是，通常选择参与实验的是那些期望获得最大收益的被试（可能是因为他们认为可以从实验中获得好结果）。因此，从这些实验方法得出的因果关系估计虽然有效，但可能无法推广到其他目标人群。当然，偏误来源也包括在提供实验机会时没有自愿参加实验的那部分人（通常是大多数人）。

　　自然实地实验解决了这个问题。由于被试无法选择是否参与实验，所以在最佳情况下，自然实地实验获得的干预效应可以得到因果关系的外部有效性，奥拜德利和利斯特（Al-Ubaydli and List，2012）提供了一个正式的案例。简而言之，由于自然实地实验的参与者是目标人群中有代表性的、随机选择的、非自我选择的子集，从这种类型的实验中获得的因果关系是总体人群（而不是仅对于选择参与人群的非随机子集）的平均因果关系。（List，2011b）

因此，与卡默勒的观点形成鲜明对比的是，实验室实验（以及人为实地实验和框架实地实验）的某些典型特征威胁到外部有效性。我们希望本章和我们以前的工作能够最终澄清这个被误解的问题。

人们应该问，有没有重要的经验证据表明上述样本自选择效应是重要的。莱维特和利斯特在两方面都提供了一些证据，我们将进一步讨论这些研究。在我们自己的实地工作中，我们没有找到很多的证据表明样本自选择在我们的框架实地实验中很重要。但是，最近斯洛尼姆等（Slonim et al.，2012）的一篇创新性论文报告了强有力的证据，表明样本自选择问题是实验室实验中的一个重要问题。

斯洛尼姆等（Slonim et al.，2012）调查了经济学实验室实验参与者的代表性，作为检验和解释经济学实验室实验外部有效性研究议程的一部分。特别是，虽然许多研究通过观察对被试的相关测度研究了实验中亲社会行为和其他行为的差异，但较少对被邀请参加实验的群体与最终参与实验的群体进行比较。

斯洛尼姆等人从标准的劳动力供给角度研究经济学实验的参与，并使用期望效用框架，在多个不同的被试层面推导出一组假设。其中四个假设可以推广到所有实验室被试，具体如下（所有描述相对于未参与者）：实验室参与者收入较少，休闲时间较长，对实验室实验的兴趣较大，对学术的好奇心较强（特别是那些对经济学主题有兴趣的人），并在志愿服务方面有较强的亲社会性。[14]其余的假设取决于实验本身的参数。具体地说，实验收益的不确定性越大，实验室参与者的（相对）风险厌恶程度就越低。相反，相对于"随到随做"经济学实验，让被试通过预约参加实验会增加风险厌恶被试的参与。

为了验证这些假设，斯洛尼姆等人对初级经济学课程中的 892 名学生进行了研究，该课程包括由 22 位教师教授的 77 节课。在课程的第四周，学生被要求自愿完成 3 个激励实验和一份包括 20 个问题的调查问卷，96% 的学生被要求在他们的课程中完成。完成这些任务后，研究者向学生们随机提供一份宣传实验室实验的传单，学生可以在课程结束后的 7～13 天参加。斯洛尼姆等人还将参与要求随机化为以下"预约类型"进行处理：①通过预约参与实验；②通过"被安排"参与实验；③被试自行选择通过预约参与实验或者被安排参与实验。

从斯洛尼姆等人的主要预测结果来看，他们的四个主要假设都得到了强有力的支持，即实验室参与随着学生每周支出（学生收入的一个指标，控制了家庭收入和工作时间）的增加而减少，随着每周工作时间（用来估计可用于休闲的剩余时间）的增加而减少，随着对经济学的兴趣和做出一致决策的能力（两者都是衡量学术好奇心的指标）的增加而增加，以及随着个人每年参与志愿活动次数（虽然不是全部志愿服务时间）的增加而增加。[15]

此外，他们发现实验结果支持这样的假设：当可以选择是否参与时，风险厌恶程度更高的个人会选择预约参与，并且储蓄倾向（作为耐心的代理变量）也可以预测实验室参与情况。使用包含所有变量的模型，并假设上述特质在人群中是均等分布的，他们发现相对于代表性样本，参与者在相关收入、闲暇时间、知识兴趣和亲社会等特征方面，过度代表的比率超过 2∶1。

斯洛尼姆等人还讨论了一些优化实验设计的建议，以减轻非代表性样本的一些问题。例如，为了增加高收入被试的代表性，研究者可以增加实验支付或缩短实验的时长（对于那些不是通过家庭财富获得高收入，而是通过工作获得高收入的人）。同样，避免提及经济学或各种社会价值相关背景信息，可以帮助解决实验被试库中这些类型被试出现比例过高的问题。或者，研究者可以收集相关的变量数据，而不论其参与情况如何，然后在报告结果时对其进行控制。比方说，将个人添加到邮件列表以分发关于即将进行的实验的信息时，研究者可以要求潜在的被试完成一项完整的调查，以测度其可能产生偏误结果的特征变量。同时，人们仍然应该认识到，在参与者和非参与者之间，某些不可观测的特征变量也可能有所不同。

斯洛尼姆等人的重要贡献是，实验室实验中的干预效应可能具有欺骗性，因为从实验结果中归纳出来的干预效应，可能会与原有的干预效应有一定偏误。当研究仅限于实验内的平均干预效应，且这种特定的非代表性学生被试带来的影响独立于实验的干预效应，那么这种偏误只会在一定程度上造成问题。然而，当试图将实验结果推广到现实市场中的经济主体时，包括参与者和非参与者，如果是否参与实验的决策与某些个体特征相关，而这些个人特征又与独立于真实干预效应的结果测度相关，那么就会出现许多问题。

在对斯洛尼姆等（Slonim et al.，2012）的描述中，卡默勒自己也承认了这一点，他提出了三种补救措施：使用自选择模型、通过增加出场费来提高参与率以及研究那些事前具有很高参与率的被试群体。我们认为这些补救措施在经济学家研究的各种环境中都是无效的，特别是考虑到自然实地实验的一些优势时。

当然，参与者的类别不仅仅是一种实验室现象。德拉维尼亚等（Della Vigna et al.，2012）强调了在实地中进行对象分类处理的重要性。实际上，实地中的经济活动很少不涉及与之相关的参与性决策，最近的实地实验研究强调了将样本自选择考虑在内的重要性。例如，戈蒂埃和范德伍德（Gautier and van der Kaauw，2010）检查了游客在预订酒店之前是否知道酒店的付费方式是按需付费。事先知道酒店按需付费的游客支付的费用明显低于不知道的游客，这表明游客对酒店的信息了解程度可能也有区别。[16]

实证证据

最后一点是关于卡默勒对实验室实验和实地实验对比研究的讨论。在这里，情人眼里出西施，因为我们对自己的数据和其他人的数据的解读肯定与卡默勒的解读不同。无论是否喜欢利斯特（List，2006a）的研究，读者都会从卡默勒的研究总结中了解到，当在实验室实验和实地实验之间架起一座桥梁时，我们自己的数据有时具有良好的外部有效性，但有时实验室数据不能很好地为实地实验中的行为提供参考，特别是在研究定量效应时。我们现在详细介绍其中的一些研究，并讨论卡默勒综述的与我们自己密切相关的研究工作。

我们首先重新分析利斯特（List，2006a）的数据。卡默勒是要求获得利斯特（List，2006a）数据的许多学者之一，另一位要求彻底分析数据的著名学者是恩斯特·费尔（Ernst Fehr），许多研究生也索要过数据。他们中的每一个都实现了前文定义的第一层面的复制性：数据显示了利斯特（List，2006a）报告的内容。此外，除了卡默勒之外，所有人都对得出的结论感到满意（或者至少我们没有听说过任何不满）。为了避免对利斯特（List，2006a）的工作进行无聊的重复，我们将为卡默勒提供一个非常有针对性的回应，该回应假定读者对利斯特（List，2006a）有一定的了解。那些对更全面的数据处理感兴趣的人只需阅读原始论文（List，2006a），因为我们没有添加任何实质性的分析内容。

第一个事实（正如卡默勒所说）是，实地实验中提供的商品质量远低于实验室实验。即使是支付相同的价格，当经销商知道他们正在参与实验时，他们也会提供更高质量的商品。这是卡默勒的第一个发现，我们同意这是数据所表明的。即使反复尝试，这也是一个很难在数据中消除的显著趋势。我们可以在这里停下来，认为实验室实验和实地实验的外部有效性有区别：当一个人知道他在实验中时，他会提供更高的商品质量。但是，这份数据为我们提供了更丰富的信息。

本章其他分析结果的核心是，在实地实验中，本地经销商的声誉问题比非本地经销商小得多。在实地实验中，由于存在声誉问题，我们有以下不同的实验干预组：①没有评级，也没有宣布即将评级；②没有评级，但已宣布即将评级；③评级。因此，有六种实地声誉问题的实验设定：当地 vs 非当地，不评级 vs 宣布评级 vs 评级。关键假设是人们在每个干预组之间都无差异。

在实验室实验中，本地和非本地经销商展示了匿名下的互惠性。在实地的不同声誉组中，人们都观察到了礼物赠予为零的现象，支持了社会偏好为零（或弱）的说法。比较实地实验中不同声誉组的行为，当声誉关注程度偏高时，匿名赠予礼物的价值会偏高，而在某些组中，赠予礼物的价值非常高。这支持了这样的论点：经销商的实验室行为不是由亲社会偏好造成的，而且实际上也不可能消除实验室中的声誉关注问题。[17]

卡默勒对我们的结果不太满意，要求提供数据以便他可以进行自己的研究。他首先指出，在某些干预组中，实地的礼物赠予比实验室中的匿名赠予更多。[18]在阅读注释 17 和利斯特（List, 2006a）并理解实验设计和本章的解释后，尚不清楚卡默勒的发现有何价值：无论是利斯特（List, 2006a）还是我们都不会反驳这一新的"发现"，甚至我们认为无法把它看作一个结果。鉴于实验设计的维度，他的发现确实没有任何意义。

此外，没有任何迹象表明利斯特的结论是由统计检验中缺乏检验效力导致的：只需查看原始研究中的数字就能了解行为模式。尽管如此，卡默勒还是争辩说，在寻求检验的统计效力时，他想要丢弃大部分数据，只专注于一小部分数据。卡默勒还声称"这是实验室和实地实验最相似干预组的数据匹配"，再次误解了利斯特（List, 2006a）的观点。

卡默勒对这些数据进行了一些新的检验，发现如果使用一些相对非常规的检验（而不是利斯特使用的那些），一些结果会从统计显著变为边际显著，因此所有的结果都会改变。顺便说一句，我们复制了卡默勒所做的检验，三个检验中的两个获得了不同的结果，尽管他的主要论点并未受到实质性影响。

我们将其中两个检验（Epps-Singleton 检验和 Fligner-Policello 检验）描述为相对非传统的，因为在谷歌学术搜索卡默勒写的论文，这些检验的名称出现在他的一些论文中，搜索 Epps-Singleton 检验检索出四篇论文，搜索 Fligner-Policello 检验检索出一篇，而柯林·卡默勒已经发表了几十篇学术论文（他是一位多产的作者）。这尤其令人费解，因为他假设的理由是利斯特的数据是非正态性（高斯分布）的。当然，非正态性在卡默勒自己的数据中也经常出现，因为其数据大部分来源于实验产生的非连续数据，与我们自己的数据性质相同。

事实上，使用谷歌学术对《美国经济评论》（*American Economic Review*）的所有论文进行检索，发现了一篇使用 Epps-Singleton 检验的论文和零篇使用 Fligner-Policello 检验的论文，并且在《经济学季刊》（*Quarterly Journal of Economics*）、《计量经济学》（*Econometrica*）和《政治经济学期刊》（*Journal of Political Economy*）中都获得了类似结果（我们只检查了这四个期刊）。

鉴于与文献中使用的常规统计检验相比，卡默勒使用的这些检验都不常用，因此我们认为进行严格的蒙特卡罗模拟来比较检验效力是徒劳的。相反，我们推测，如果放弃使用部分数据并尝试各种各样的统计检验，那么经济学中大多数具有统计意义的结果，其显著性都将大大降低。

对于他不纳入分析的那些数据，卡默勒也选择了完全不评论。他认为它们是无用的数据吗？例如，卡默勒如何解释在没有任何评级公告之前，本地和非本地经销商展现出的零礼物赠与情况（List, 2006a）？这不是马后炮，这是利斯特（List, 2006a）研究的关键所在。实际上，利斯特（List, 2006a）实验设计的关键就在于它包含了几个不同干预组的结果比较，用于衡量行为的变化并将其与理论联系起来。考虑到原始设计的丰富性，放弃关注数百个观测数据而只关注少部分数据（如卡默勒所做的那样），是对原始数据的片面解读。

有越来越多的证据表明，利斯特（List, 2006a）研究中发现的关于外部有效性的主要结果是可复制的，并且在各个环境中都可以做到。魏肯和米泽（Winking and Mizer, 2013）设计了独裁者博弈的实验室实验和实地实验两个版本。与利斯特（List, 2006a）类似，目标是将实验中的介入性或参与告知作为两个版本之间唯一的区别。他们实验设计的特点意味着实验细节太多，不能在这里全面复述。然而，从卡默勒对利斯特（List, 2006a）评论的角度来看，发现几乎相同的结果是令人欣慰的：在独裁者博弈的实验室版本中，观察到的行为与现有大量实验室研究一致，即大量的捐赠。相反，在实地版本中，每个参与者都选择不做任何捐赠，而选择为自己保留所有金额。同样，约利等（Yoeli et al.，2013）使用一个自然实地实验来展示介入性效应："我们发现，实验中的介入性使参与这一公共品博弈的人数增加了3倍。这一效应比该公司此前25美元的经济激励产生的效应多了4倍以上。"他们接着指出："当人们的决策可以被关注到，且其他人可以做出相应反应时，人们会更加合作。"他们还引用了最近发表的20项研究作为进一步的证据。

归根结底，关于利斯特（List，2006a）的这些讨论与我们关于实地实验利弊的论证无关。但是，为了完成讨论，我们现在转向简要评论卡默勒综述的一些其他研究。我们对这里的反复争论不感兴趣，所以我们只简要评论这些研究工作。感兴趣的读者可以阅读与此相关的其他研究，如约利等（Yoeli et al.，2013）的工作以及其中的引文，并得出自己有见地的意见。

捐赠、渔民和足球

卡默勒讨论的一项相关研究（Benz and Meier，2008）实际上发表在利斯特作为编辑的《实验经济学》（*Experimental Economics*）实地实验特刊上。本兹和迈耶（Benz and Meier，2008）的研究允许研究者对跨领域结果的外部有效性进行新检验，并且得出了与利斯特（List，2006a）非常一致的结果。以下是利斯特在他的介绍中对该研究的概述，据我们所知，自该论文发表以来，数据结果并没有发生改变：

> 该研究利用了苏黎世大学的自然环境，要求学生向两个社会基金捐款。作者通过在实验室中设置捐赠实验进行了框架实地实验，该实验向学生提供了相同的实地任务，即向两个社会基金捐款，但他们知道他们正在参加实验，并且他们的捐赠（禀赋）由研究者提供。
>
> 因此，作者能够通过使用有关个人在实验室环境和实地进行慈善捐赠的面板信息来构建独特的数据集。在这方面，与埃克尔和格罗斯曼（Eckel and Grossman，2008）以及伦多和利斯特（Rondeau and List，2008）不同，本兹和迈耶能够在不改变被试的情况下改变环境的特征。
>
> 在对这些决策环境进行比较时，本兹和迈耶（Benz and Meier，2008）发现了各种决策环境之间结果正相关的重要证据，但最终发现实验室实验中的捐赠应被视为实地捐赠的上限估计：在过去从未做出捐赠的被试，将75%的初始禀赋捐赠给了实验室实验中的慈善机构。同样，那些在实

验室实验后从未捐赠给慈善机构的人将实验禀赋的 50% 以上捐赠给了实
验室实验中的慈善机构。（List，2008）

重要的是，在过去从未做出捐赠的被试，将 75% 的初始禀赋捐赠给了实
验室实验中的慈善机构。同样，那些在实验室实验后从未捐赠给慈善机构的
人将实验禀赋的 50% 以上捐赠给了实验室实验中的慈善机构。简而言之，这
些数据与利斯特在其体育卡经销商实验中观察到的情况非常相似，实验中的
介入性能够稳定地对行为产生影响。阿尔皮萨尔等（Alpizar et al.，2008）发
现实验中的介入性是亲社会行为的重要决定因素，其在最近的一项研究中发
现了上述结果。在公开场合进行的慈善捐赠增加了 25%，这也表明了关注的
力量。利斯特（List，2006b）对这一观点提供了更多示例的讨论。

由于斯托普等（Stoop et al.，2012），卡默勒还讨论了最近对渔民进行的
一项研究。作者提出了一系列巧妙的实验方法，以探讨渔民之间的合作率以
及合作产生和变化的原因。他们进行框架实地实验来测度渔民群体之间的合
作，他们仔细构建了拥有经典自愿贡献机制的环境。有趣的是，他们几乎没
有发现合作的证据，尽管他们在实验室结果中发现了很高的合作贡献率。

然而，他们并没有就此止步。为了了解出现偏差的原因，他们按照利斯
特（List，2006a，2009）的观点搭建了实证桥梁，以确定行为差异的原因。他
们排除了被试库和实验室环境作为行为差异的潜在原因。在他们的实验环境
中，导致行为差异的重要变量是实验任务的性质。实验任务性质的重要性与
格尼茨和利斯特（Gneezy and List，2006）以及哈里森等（Harrison et al.，
2007）所描述的一致。正如哈里森等（Harrison et al.，2007）所指出的：这
样的结果表明，在实验室环境中通常使用的控制方式，例如抽象任务的使用，
可能会导致被试采用与他们在实地中不同的行为规则。因为我们感兴趣的是
如何理解实地行为，如果这些控制导致了实验中的行为差异，那么它们的结
果本身就可能是无意义的。我们将在下面讨论哈里森等（Harrison et al.，
2007）的论文。

本章的重要之处在于，它为探索不同领域的行为提供了一个更广泛的观
点。它表明，具有相同范式的博弈可以产生不同的行为，并说明了当进行实
验室实验和实地实验之间的比较时，实验任务的区别有多重要。而斯托普等
（Stoop et al.，2012）在实验室和实地以同样的方式进行博弈实验时基本上能
够获得相同的结果（有较小的差异），但当改变博弈任务的性质时，他们发现

行为存在显著差异，即使这种改变的方式在理论上是无关紧要的。这意味着，这个特定的案例可以分离出导致实验室实验与实地实验差异的确切效应。

　　最后，卡默勒还认为，通过检验被试是否可以在零和博弈中使用独特的混合策略均衡来最小化最大损失，实验室实验促进了我们对博弈论的理解。最小化最大损失策略精确地预测了这类博弈的最优策略，但数十年的实验室实验（Levitt et al.，2010）发现，即使直接指示被试使用这种策略，他们也会继续偏离最优策略（Budescu and Rapoport，1992）。

　　帕拉西奥斯 - 休尔塔和沃利吉（Palacios-Huerta and Volij，2008）在一场 2×2 和 4×4 的博弈中检验了最小化最大损失策略，他们发现典型的实验室被试并不采取这种策略，而在人为实地实验中，有经验的被试（特别是在足球中踢罚球）会像最小化最大损失策略所预测的那样做。卡默勒选择帕拉西奥斯 - 休尔塔和沃利吉（Palacios-Huerta and Volij，2008）作为例子的尴尬之处在于，这项特别的研究发现，标准的实验室实验并不能很好地预测人为实地实验或实地实验的行为。事实上，帕拉西奥斯 - 休尔塔和沃利吉（Palacios-Huerta and Volij，2008）认为不符合博弈论预测结果的唯一样本是本科生。也就是说，他们发现不符合最小化最大损失策略的唯一群体是实验室实验中的学生。

　　尽管如此，我们应该非常谨慎地看待这一结果。帕拉西奥斯 - 休尔塔和沃利吉（Palacios-Huerta and Volij，2008）对我们理解实验室或实地行为的贡献还不清楚，因为随后尝试复制的研究都失败了。

　　特别是莱维特等（Levitt et al.，2010）检验了职业足球运动员、扑克专家和桥牌专家是否能将他们在各自领域的工作经验应用到实验室类型的环境中，结果没有人能做到这一点。莱维特等（Levitt et al.，2010）发现，无论是学生还是专业人士，他们进行实验室博弈时的行为都不符合最小化最大损失策略的预测。因此，即使专业人士真的在实地中采用最小化最大损失的策略，他们也不会在莱维特等（Levitt et al.，2010）所使用的实验室博弈中这样行动。

　　现实中的行为是否符合最小化最大损失策略的预测还不清楚，但似乎可以肯定的是，有必要进行更多的实验室和实地实验。也许如果有足够大的奖励和经验足够丰富的专业人士，就可以在简单的 2×2 博弈中产生证明最小化最大损失策略的存在性证据。

　　露天市场

　　利斯特（List，2009）将露天市场作为一个自然实验室，为类似市场的基本运作提供建议。该论文重新定义并扩展了均衡的稳定性问题，将其从一个抽象的理论概念转变为一个关于实际市场中个体行为的问题。实地实验的第一个关键结果是，价格趋于竞争性市场交易均衡理论的预测值。即使是在对新古典主义理论最严格的检验下，期望价格和数量水平在许多个市场回合中也能达到理论预测值。与上述关于市场实验的讨论相一致，这些结果表明，在成熟市场中不需要什么"典型"的市场假设（如瓦尔拉斯竞争或集中发生的公开双向出价）就能够预测实地中的均衡（List，2004）。

然而，此类市场也为价格操纵创造了机会。例如，在某些情况下，少数卖家提供的同质商品是从中间商处联合购买的，存在一定的进入壁垒，而且卖家之间的沟通是持续的。的确，在对新古典主义理论进行最初检验的过程中，利斯特了解到了这些市场中此类串谋的有趣细节。凭借关于鼹鼠（串谋者）的信息，他在实验室实验和实地实验之间架起了一座桥梁，有效地探索了实验被试在无串谋和有串谋环境下的行为。这种方法有双重益处，因为它提供了一个机会，将有关实验室实验中串谋的大量实验文献与实地的类似行为结合了起来，见霍尔特（Holt，1995）的优秀综述。

因此，利斯特按照一般的研究路径开始进行对照实验，其推测的核心因素是可识别且内生的。他从一个使用学生被试的受控实验室研究开始收集数据，逐步建立了一座通向现实市场的桥梁。这篇论文最开始使用来自露天市场的被试（以下称为市场被试），在完全相同的实验方案中收集数据，这些被试已在市场中担任了各种角色。然后，他进行了一系列干预和控制，慢慢地将环境从严格控制的实验室研究转变为自然实地实验研究。通过缓慢地从典型的实验室环境转移至自然产生的环境，确定被试的行为在实验室中和在实地中是否有所不同。如果答案是肯定的，那么这篇论文就能确定导致这种行为差异的重要因素。

实验设计中的比较包括：①实验室和实地中同质个体的行为；②来自相同被试库的被试在实验室和实地实验中的行为，但是在实验室中被试挑选规则可能与市场挑选专业人士的规则不同；③来自不同人群的被试参与实验室和实地实验的行为。

利斯特报告称，抽取自不同人群的被试显示出相当明显的迹象，表明即使是在严格控制的情况下也能保持串谋关系。当然，他们也存在一些行为上的差异。例如，学生受匿名性变化的影响更大，而市场人员受实验情境的影响更大。对于那些从市场人群中抽取出来，并被安排了参加实验室实验和实地实验的市场代理商，只有很少的证据表明有样本自选择效应。例如，比较那些同意参加实验和没有参加实验的人在自然实地实验中的作弊率①时，几乎没有证据表明两者存在明显差异。然而，我们应该强调的是，这个比较是基于 17 名同意参加受控实验室实验或框架实地实验的卖方样本和 5 名没有参与上述实验但不知情地参与了自然实地干预组的卖方样本。

最后，对 17 名在实验室和实地参与实验的个体卖家行为的研究支持了跨两类实验结果外部有效性的观点。莱维特和利斯特（Levitt and List，2007b）认为，作为实验的一部分，参与实验本身可能会诱发某些类型的行为。在当前例子中，一个假设是，在进行串谋干预的情况下，参加实验可能会诱使卖方更容易地维持其串谋承诺。总的来说，实验条件可能会诱导出某种行为倾向，而这种倾向在实地中根本不存在。

使用来自 17 个卖家的数据（其中 11 人在实验室环境组，3 人在实验室框架实地组，3 人在框架实地组），利斯特报告了在没有背景的实验室环境下和在其他环境下的作弊率之间的微弱关联。然而，在一个简单的回归模型中，卖家是否会在自然实地实验中作弊的最佳预测因素（个体层面），是他们在框架实地实验和实验室实验环境中的作弊率。

图 21.3 强调了利斯特结果的一个方面：跨实验领域的作弊率。虽然在严

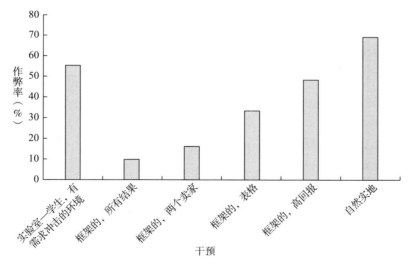

图 21.3 各种干预组交易中的作弊率

---

① 作弊是指私自背叛串谋后的价格。——译者注

格控制的框架实地实验中发现串谋率相当高，但他发现当卖家不知道他们是实验的一部分时，他们会更频繁地违反交易协议。在自然实地实验中观察到的作弊率高于在任何严格控制的框架实地实验中观察到的作弊率。然而，总的来说，这些数字表明，自然实地实验中作弊率的最佳预测因素（个体层面）是在中性语言实验说明下进行干净实验室实验中的行为。

其他工作

我们并不需要对这一领域发表的每一项研究进行综述就可以得出结论：一些实验室的研究工作表现出良好的外部有效性，而另一些则没有。我们应该继续探索实验研究的理论结构，例如上面提到的模型，以便更多地了解其根本原因。本着这种精神，我们的模型强调，在本次讨论中被忽视的一个领域是，实验室实验的典型环境对实验选择集和实验时间施加的人为限制。

这方面的一个例子是格尼茨和利斯特（Gneezy and List，2006）的工作，他们观察被试在两项工作中的努力程度，其中一些员工被随机分配到礼物干预组。通常每个实验场次不超过 1 小时，但劳动力供给决策一般不会在 1 小时内完成。格尼茨和利斯特发现，在整个 6 小时的工作过程中，收到礼物可以提高员工的工作效率，但到了第 4 小时的时候，收到礼物对行为的影响降为零。卡默勒（Camerer，2015）认为，第 1 个小时内实验室实验和实地实验礼物交换的相似性实际上证明了实地结果的外部有效性。

然而，这种更为真实的礼物交换实验与费尔等（Fehr et al.，1993）在论文摘要中所述的结论大相径庭，他们的结论是："因此，这些结果为非自愿失业的公平工资 – 努力理论提供了实验支持。"在实验室里做一个多小时真正努力的实验是有可能的，这个实验可以清楚地检验费尔等人的结果的稳健性，但没有人做这样的研究，这证实了费尔等（Fehr et al.，1993）的最初解释。

证明这个问题重要性的另一个例子是哈里森等的研究，他们的摘要讲述了完整的故事：

> 实验环境下的个体行为是否能为自然环境下的个体行为提供可靠依据？这是一个普遍的方法论问题，我们在对风险态度的研究中讨论了这个问题。实验环境中经常使用的控制，如彩票抽奖等，可能会导致被试采取与实际情况不同的行为方式。由于我们感兴趣的是现实行为，如果这些控制导致了行为差异，那么控制本身就会造成结果混乱。研究发现，当对应的自然事件具有极小的不确定性时，使用人为实验的报酬激励可

以提供对风险态度的可靠度量；而当对应的自然事件具有特定背景的风险时，则仅能提供不可靠的度量。当人为实验报酬激励或非金钱自然事件的不确定性极小时，被试的行为倾向于较低的风险厌恶程度，但当面对具有特定背景风险的非金钱自然事件时，同样群体的被试会更加倾向于较高的风险厌恶程度。这些结果与背景风险对风险态度影响的传统期望效用理论相吻合。（Harrison et al.，2007）

更重要的是，这些研究的重点表明，将实地的研究问题抽象到实验室并不容易，一般的实验室实验会遗漏在实地进行决策的一些关键要素，如工作时长或在实地中影响决策的行为因素。

这方面的另一个例子是达尔和德拉维尼亚（Dahl and Della Vigna，2009）的研究，他们比较了关于侵略和暴力电影的实验室实验和实地实验。之前的实验室实验研究未能考虑到的是，当有人去观看暴力电影时，他们会失去几个小时真正使用暴力的机会。这种时间使用效应会抵消实验室研究中经常发现的唤醒效应，这有助于重新解释最初的研究发现——再次强调了进行实验室和实地实验所固有的巨大互补性。

总而言之，全部的证据使我们对卡默勒的其他主要主张持怀疑态度：

> 声明：没有重复的证据表明，实验经济学的数据结果不能推广到由实地数据得出的重要实证结果上（当实验室特征与实地特征被刻意地设置成非常相似时）。

仅考虑本部分第一小节中的证据，利斯特（List，2006a）、班迪拉等（Bandiera et al.，2005）、本兹和迈耶（Benz and Meier，2008），以及阿尔皮萨尔等（Alpizar et al.，2008）都认为关注（介入性）是亲社会偏好的重要决定因素。上述每项实验研究都重复验证了同一个核心特征，即原始实验室研究与实地数据不能够完全匹配，实验室中亲社会偏好的力量被高估。这并不是否定这种亲社会偏好的存在，而是否认它们在实地经济环境中的重要性。莱维特和利斯特（Levitt and List，2007b）讨论了进一步的证据。当然，根据这一研究领域的证据，莱维特和利斯特在亲社会偏好领域进一步否认了这项声明。

最后，虽然我们不同意卡默勒（Camerer，2015）的所有批评性主张，但我们完全同意他的一个重要观点：我们需要做更多的工作，将实地实验和实验室实验的结果结合起来。只有少数论文使用人为实地实验、框架实地实验和自然实地实验在实验室实验和实地实验之间架起了一座桥梁，这实际上是完成这一讨论的黄金标准（List，2004，2006a，2009）。尽管如此，我们已经提出了强有力的理由来驳斥卡默勒对利斯特（List，2006a）的解读，强调了大量的实地实验已经证实了利斯特（List，2006a）在这场辩论中的重要结论：如果不进行自然实验，则很难理解如何将实验室中的研究结果与自然环境中的行为关联起来。

结　语

在实验经济学中，超越单纯的实验干预并科学地讨论外部有效性的重要性是一个非常宝贵的转折。尽管有助于阐明实验结果对其他方面外部有效性的实验证据开始增加，但理论上的进展却较少。在这项研究中，我们提出了一个理论模型，构建了关于外部有效性的重要框架，有助于进行学术辩论。在此过程中，强调了实地实验在研究过程中应发挥的重要作用。

莱维特和利斯特（Levitt and List，2009）讨论了经济学中三个不同的实地实验时代。费雪和内曼在 20 世纪 20 年代和 30 年代的工作是具有开创性的，因为它们有助于回答有关农业生产的重要经济问题，同时奠定了今天统计学的基础。第二个时期是 20 世纪下半叶，在此期间政府机构进行了一系列大规模的社会实验。在欧洲，早期的社会实验包括 20 世纪 60 年代后期的英国电力定价计划。美国第一波此类实验始于 20 世纪 60 年代后期，包括政府机构试图通过有意改变政策来评估项目。这些实验对政策产生了重要影响，在理论主义者和实验主义者之间引发了许多学术争论，并预示了最近在发展中国家进行的实地实验浪潮。

第三个时代是过去 10 年经济学实地实验的激增。最近的这一浪潮通过将实验室的严格控制带到实地来进行实地实验。尽管处于起步阶段，但在第三个时代经济学者已经进行了一些实地实验，包括：①测度理论检验的关键参数，在理论被否定后，收集足够的信息来为新理论提供支持；②为政策制定者提供建议；③为非营利企业和营利企业提供研究成果；④作为将实验室数据和非实验数据联系起来的方法论桥梁。我们相信，随着人们开始深入理解他们所估计的行为参数或所提出的科研问题，实地实验将代表一个强劲增长的研究方向。

人们经常说实验室实验的结果总是可以被复制，我们相信实地实验可以超越这一境界。这些说法类似于站在泰坦尼克号的船尾，并在船头已经沉入水面之后说它永远不会下沉。但是，现在是时候更全面地阐述外部有效性理论，并提出实证证据来检验这些理论。在实验室实验和实地实验之间架起一座桥梁是一个很好的起点。我们希望本书能够推动研究者使用人为实地实验、框架实地实验和自然实地实验，将从实验室获得的结论与从自然数据建模中获得的结论联系起来。

注释

我们要感谢柯林·卡默勒（Colin Camerer）、马可·卡斯蒂略（Marco Castillo）、罗伯特·钱伯斯（Robert Chambers）、大卫·艾尔（David Eil）和安德烈亚斯·奥特曼（Andreas Ortmann）的有益评论和讨论。亚历克·布兰登（Alec Brandon）和大卫·诺夫哥罗德（David Novgorodsky）提供了出色的研究帮助。

1. 在没有任何证据的情况下，我们怀疑，当彼得·玻姆（Peter Bohm）向欧洲的实验室研究者提出他的（开创性的）怀疑时，他也感受到了类似的排斥。

2. 这引出了知情同意的问题。有关此问题及相关问题的讨论，请参阅莱维特和利斯特（Levitt and List, 2009）和利斯特（List, 2008b）。

3. 很多人使用"外部有效性"一词。正如我们在哈里森和利斯特（Harrison and List, 2004）中所述，我们不喜欢"外部有效性"这一表达，因为"实验的有效性取决于对实验中观察到的行为中进行推断的理论框架。如果我们有一个理论（隐含地）提出头发颜色不影响行为，那么任何忽略头发颜色的实验从该理论的角度来看都应该是有效的。但是，如果没有理论框架中的一些先验假设，就无法确定哪些因素能使实验有效，这一理论框架正在进入'内部有效性'的讨论范畴。请注意，我们在此考虑的'理论'应该包括使用实验数据进行统计推断时所需的基本假设"。

4. 其参数子集的连续性保证了某个维度的局部外部有效性。

5. 这就是我们允许非贝叶斯更新的地方。如果外部有效性不存在的可能性很大，那么一位高度保守的研究者可能不愿意更新其先验假设。

6. 因此，当我们讨论本节中的实地实验时，我们隐含地提到了自然实地实验（Harrison and List, 2004），因为框架实地实验和人为实地实验不是每个维度上都满足自然环境的特征。然而，在命题 21.1 至命题 21.3 中，框架实地实验和人为实地实验将介于自然实地实验和传统的实验室实验之间。

7. 通过这种方式，利斯特（List, 2004）的实验设计更符合张伯林（Chamberlin, 1948）的设计，而不是史密斯（Smith, 1962）的设计。因为已经证明张伯林的原始结果不能被很好地复制，在讨论市场实验的实验室结果时，我们将他的实验结论视为一种反常。

8. 当然，更为极端的观点是：由于时间的流逝，我们无法从实证研究中学到任何东西。

9. 当然，通过样本自选择的模型可以降低实验参与偏误产生的影响。然而，除非研究者能够令人信服地提出一个完全确定的参与模型，或者参与模型的残差随机性与干预效应之间明显是外生的（两者都不可能），否则偏误仍将是一个问题。

10. 下面我们给出的重要案例明确说明了自然实地实验估计的效应在实验室中难以（甚至不可能）测度。

11. 这种分类法与卡特赖特（Cartwright，1991）提出的分类法一致。亨特（Hunter，2001）也定义了复制的三个层面，但他建议的第一个层面是原始研究在所有维度上的精确复制，而不是对原始研究结论的例行检查。他的另外两个层面与我们的大致相同。

12. 当执行原假设 H_0 的统计检验时，π 也可以被定义为备择假设 H_1 实际为真的先验概率，参见杜松等（Wacholder et al.，2004），也就是说，$\pi = Pr\{H_1\ 为真\}$。

13. 正如利斯特等（List et al.，2011）所强调的，统计效力分析对经济学家没有吸引力。原因是我们通常的思维方式与标准回归模型有关。如果零假设为真，考虑我们观察到的系数的概率，统计效力分析探讨了一个不同的问题：如果备择假设为真，那么当我们检验零假设时，估计系数位于置信区间之外的概率是多少？

14. 作者认为，这与货币决策方面的亲社会行为不同，初步研究结果表明是否参与实验与收入相关，并将收入上的权衡纳入了是否参与实验的影响因素。

15. 作者指出，鉴于该实验被宣传为"经济决策"任务，很难排除这种招募方法会提升某些群体的参与率。

16. 研究者已经开发出处理这种分类的方法，参见拉齐尔等（Lazear et al.，2012）的创新研究。

17. 卡默勒还提到了莱维特和利斯特（Levitt and List，2008）在《科学》上发表的论文。读者也不妨阅读该研究，因为它是关于使用行为经济学和实地实验的一页短文。该图的要点是表明当条件合适时，实验中的关注（介入性）将影响行为。我们本可以轻松地展示卡默勒如上所述的第一个事实。或者，我们可以轻松地展示部分的数据、第三方评估过的本地与非本地经销商的体育卡数据，或来自本地和非本地经销商的票根数据。但是，作为证据，我们展示了整个实验室和实地实验的非本地经销商的数据。他们都表现出相同的行为模式。卡默勒认为我们应该在整个实验室和实地实验展示本地的经销商数据。这非常令人费解。如果仔细阅读了利斯特（List，2006a）的论文，他就会知道这是整个研究的重点：本地经销商应该在实验室实验和实地实验中都显示出礼物交换的证据，而不应该在不同类型的实验间存在行为差异，声誉问题促使他们在实地中参与礼物交换（策略性互惠正在起作用）。

18. 请注意，这种特殊效应在经济学文献中仍然是一个悬而未决的问题。史密斯和沃克（Smith and Walker，1993）以及卡默勒和贺加斯（Camerer and Hogarth，1999）都发现了应该使用现金激励而不是假设的虚拟奖励来支付实验报酬的支持证据，但两者都受到了现有文献机会主义被试样本的影响。在赫特维格和奥尔特曼（Hertwig and Ortmann, 2001）的研究中可以找到一个值得注意的例外，其中，使用发布在 *Journal of Behavioral Decision Making* 上的 10 年研究样本，作者发现现金支付可以提高实验任务的效率并减少实验结果的方差，但也可以在未来的实验研究中，将使用现金支付作为明确的自变量来提供直接的实证检验。

参考文献

Al-Ubaydli, O. and J. A. List. 2012. On the Generalizability of Experimental Results in Economics. NBER Working Paper Series (No. 17957).

Alpizar, F., F. Carlsson, and O. Johansson-Stenman. 2008. Does Context Matter More for Hypothetical than for Actual Contributions? Evidence from a Natural Field Experiment. *Experimental Economics* 11 (3): 299 – 314.

Arrow, K. 1972. The Theory of Discrimination. In *Discrimination in Labor Markets*, eds. O. Ashenfelter and A. Rees. Princeton, NJ: Princeton University Press.

Bandiera, O., I. Barankay, and I. Rasul. 2005. Social Preferences and the Response to Incentives: Evidence from Personnel Data. *Quarterly Journal of Economics* 120 (3): 917 – 962.

Becker, G. S. 1957. *The Economics of Discrimination*, 2nd edition. Chicago: University of Chicago Press.

Benz, M. and S. Meier. 2008. Do People Behave in Experiments as in the Field? —Evidence from Donations. *Experimental Economics* 11 (3): 268-281.

Blundell, R. and M. Costa Dias. 2002. Alternative Approaches to Evaluation in Empirical Microeconomics. *Portuguese Economic Journal* 1 (2): 91 – 115.

Bohm, P. 1972. Estimating Demand for Public Goods: An Experiment. *European Economic Review* 3 (2): 111 – 130.

Budescu, D. V. and Rapoport, A. 1992. Generation of Random Series in Two-Person Strictly Competitive Games. *Journal of Experimental Psychology* 121: 352 – 363.

Camerer, C. 2003. *Behavioral Game Theory: Experiments on Strategic Interaction*. Princeton, NJ: Princeton University Press.

Camerer, C. 2015. The Promise and Success of Lab-Field Generalizability in Experimental Economics: A Critical Reply to Levitt and List. In *Handbook of Experimental Economic Methodology*, eds. G. R. Fréchette and A. Schotter. Oxford University Press.

Camerer, C. F. and E. Fehr. 2004. Measuring Social Norms and Preferences Using Experimental Games: A Guide for Social Scientists. In *Foundations of Human Sociality: Economic Experiments* and *Ethnographic Evidence from Fifteen Small-Scale Societies*, eds. J. Henrich, R. Boyd, S. Bowles, C. Camerer, E. Fehr, and H. Gintis. Oxford, UK: Oxford University Press, pp. 55 – 95.

Camerer, C. F. and R. M. Hogarth. 1999. The Effects of Financial Incentives in Experiments: A Review and Capital-Labor-Production Framework. *Journal of Risk and Uncertainty* 19 (1): 7 – 42.

Camerer, C. F. and R. H. Thaler. 1995. Anomalies: Ultimatums, Dictators and Manners. *Journal of Economic Perspectives* 9 (2): 209 – 219.

Card, D. and A. B. Krueger. 1994. Minimum Wages and Employment: A Case Study of the Fast-Food Industry in New Jersey and Pennsylvania. *American Economic Review* 84 (4): 772 – 793.

Cartwright, N. 1991. Replicability, Reproducibility, and Robustness: Comments on Harry Collins. *History of Political Economy* 23 (1): 143 – 155.

Chamberlin, E. H. 1948. An Experimental Imperfect Market. *Journal of Political Economy* 56 (2): 95 – 108.

Dahl, G. and S. Della Vigna. 2009. Does Movie Violence Increase Violent Crime? *Quarterly Journal of Economics* 124 (2): 677 – 734.

Della Vigna, S., J. A. List, and U. Malmendier. 2012. Testing for Altruism and Social Pressure in Charitable Giving. *Quarterly Journal of Economics* 127 (1): 1 – 56.

Eckel, C. C. and P. J. Grossman. 1996. Altruism in Anonymous Dictator Games. *Games and Economic Behavior* 16: 181 – 191.

Eckel, C. C. and P. J. Grossman. 2008. Subsidizing Charitable Contributions: A Natural Field Experiment Comparing Matching and Rebate Subsidies. *Experimental Economics* 11 (3): 234 – 252.

Falk, J. J. and A. Heckman. 2009. Lab Experiments Are a Major Source of Knowledge in the Social Sciences. *Science* 326 (5952): 535 – 538.

Fehr, E. and J. A. List. 2004. The Hidden Costs and Returns of Incentives—Trust and Trustworthiness Among CEOs. *Journal of the European Economic Association* 2 (5): 743 – 771.

Fehr, E. and K. M. Schmidt. 1999. A Theory of Fairness, Competition, and Cooperation. *Quarterly Journal of Economics* 114 (3): 817 – 818.

Ferh, E., Kirchsteiger, G. and Riedl, A. 1993. Does Fairness Prevent Market Clearing? An Experimental Investigation. *Quarterly Journal of Economics* 108 (2): 437 – 459.

Fréchette, G. R. 2015. Laboratory Experiments: Professionals Versus Students. In *Handbook of Experimental Economic Methodology*, eds. G. R. Fréchette and A. Schotter. Oxford University Press.

Gautier, P. A. and B. van der Kaauw. 2010. Selection in a Field Experiment with Voluntary Participation. *Journal of Applied Econometrics* doi: 10. 1002/jae. 1184.

Gneezy, U. and J. A. List. 2006. Putting Behavioral Economics to Work: Testing for Gift Exchange in Labor Markets Using Field Experiments. *Econometrica* 74 (5): 1365 – 1384.

Harrison, G. W. and J. A. List. 2004. Field Experiments. *Journal of Economic Literature* 42 (4):

1009 – 1055.

Harrison, G. W. , J. A. List, and C. Towe. 2007. Naturally Occurring Preferences and Exogenous Laboratory Experiments: A Case Study of Risk Aversion. *Econometrica* 75 (2): 433 – 458.

Heckman, A. and J. J. Falk. 2009. Lab Experiments Are a Major Source of Knowledge in the Social Sciences. *Science* 326 (5952): 535 – 538.

Heckman, J. J. 2000. Causal Parameters and Policy Analysis in Economics: A Twentieth Century Retrospective. *Quarterly Journal of Economics* 115 (1): 45 – 97.

Henrich, J. , R. Boyd, S. Bowles, C. Camerer, E. Fehr, and H. Gintis. 2004. *Foundations of Human Sociality: Economic Experiments and Ethnographic Evidence from Fifteen Small-Scale Societies.* Oxford, UK: Oxford University Press.

Hertwig, R. and A. Ortmann. 2001. Experimental Practices in Economics: A Challenge for Psychologists? *Behavioral and Brain Sciences* 24 (3): 383 – 403.

Holt, C. A. 1995. Industrial Organization: A Survey of Laboratory Research. In *The Handbook of Experimental Economics*, eds. J. Kagel and A. E. Roth. Princeton, NJ: Princeton University Press, pp. 349 – 435.

Hossain, T. and J. Morgan. 2006. Plus Shipping and Handling: Revenue (Non) Equivalence in Field Experiments on eBay. *Advances in Economic Analysis and Policy* 6 (3).

Hunter, J. 2001. The Desperate Need for Replications. *Journal of Consumer Research* 28 (1): 149 – 158.

Kahneman, D. , J. L. Knetsch, and R. Thaler. 1986. Fairness as a Constraint on Profit Seeking: Entitlements in the Market. *American Economic Review* 76 (4): 728 – 741.

Kessler and Vesterlund. 2015. The External Validity of Experiments: The Misleading Emphasis on Quantitative Effects. In *Handbook of Experimental Economic Methodology*, eds. G. R. Fréchette and A. Schotter. Oxford University Press.

Knight, F. H. 1921. *Risk, Uncertainty, and Profit.* New York: Cosimo.

Lazear, E. , U. Malmendier, and R. Weber. 2011. Sorting in Experiments with Application to Social Preferences. *American Economic Journal: Applied Economics* 4 (1): 136 – 163.

Levitt, S. D. and J. A. List. 2007a. Viewpoint: On the Generalizability of Lab Behaviour to the Field. *Canadian Journal of Economics* 40 (2): 347 – 370.

Levitt, S. D. and J. A. List. 2007b. What Do Laboratory Experiments Measuring Social Preferences Reveal About the Real World? *Journal of Economic Perspectives* 21 (2): 153 – 174.

Levitt, S. and J. A. List. 2008. *Science* 15 February 2008: 319 (5865): 909 – 910.

Levitt, S. D. and J. A. List. 2009. Field Experiments in Economics: The Past, the Present, and the Future. *European Economic Review* 53 (1): 1 – 18.

Levitt, S. D. , J. A. List, and D. Reiley. 2010. What Happens in the Field Stays in the Field: Professionals Do Not Play Minimax in Laboratory Experiments. *Econometrica* 78 （4）: 1413 – 1434.

List, J. A. 2003. Does Market Experience Eliminate Market Anomalies? *Quarterly Journal of Economics* 118 （1）: 41 – 71.

List, J. A. 2004. Neoclassical Theory Versus Prospect Theory: Evidence from the Marketplace. *Econometrica* 72 （2）: 615 – 625.

List, J. A. 2006a. The Behavioralist Meets the Market: Measuring Social Preferences and Reputation Effects in Actual Transactions. *Journal of Political Economy* 114 （1）: 1 – 37.

List, John A. 2006b. Field Experiments: A Bridge between Lab and Naturally Occurring Data. *The B. E. Journal of Economic Analysis & Policy* 5 （2）: 8.

List, J. A. 2008a. Introduction to Field Experiments in Economics with Applications to the Economics of Charity. *Experimental Economics* 11 （3）: 203 – 212.

List, J. A. 2008b. Informed Consent in Social Science. *Science* 322 （5902）: 672.

List, J. A. 2009. The Economics of Open Air Markets. NBER Working Paper 15420.

List, J. A. 2011a. The Market for Charitable Giving. *Journal of Economic Perspectives* 25 （2）: 157 – 180.

List, J. A. 2011b. Why Economists Should Conduct field Experiments and 14 Tips for Pulling One Off. *Journal of Economic Perspectives* 25 （3）: 3 – 16.

List, J. A. , S. Sadoff, and M. Wagner. 2011. So You Want to Run an Experiment, Now What? Some Simple Rules of Thumb for Optimal Experimental Design. *Experimental Economics* 14 （4）: 439 – 457.

Maniadis, Z. , F. Tufano, and J. List. 2014. One Swallow Doesn't Make a Summer: New Evidence on Anchoring Effects. *American Economic Review* 104 （1）: 277 – 290.

Moonesinghe, R. , M. J. Khoury, and A. C. J. W. Janssens. 2007. Most Published Research Findings Are False—But a Little Replication Goes a Long Way. *PLoS Med* 4 （2）: 218 – 221.

Niederle, M. and L. Vesterlund. 2007. Do Women Shy Away from Competition? Do Men Compete too Much? *Quarterly Journal of Economics* 122 （3）: 1067 – 1101.

Palacios-Huerta, I. and O. Volij. 2008. Experientia Docet: Professionals Play Minimax in Laboratory Experiments. *Econometrica* 76 （1）: 71 – 115.

Phelps, E. S. 1972. The Statistical Theory of Racism and Sexism. *American Economic Review* 62 （4）: 659 – 661.

Rondeau, D. and J. A. List. 2008. Matching and Challenge Gifts to Charity: Evidence from Laboratory and Natural Field Experiments. *Experimental Economics* 11: 253 – 267.

Rosenbaum, P. R. and D. B. Rubin. 1983. The Central Role of the Propensity Score in Observational Studies for Causal Effects. *Biometrika* 70 （1）: 41 – 55.

Rosenzweig, M. R. and K. I. Wolpin. 2000. Natural "Natural Experiments" in Economics. *Journal of Economic Literature* 38 （4）: 827 – 874.

Slonim, R. , C. Wang, E. Garbarino, and D. Merret. 2012. Opting-In: Participation Biases in the Lab. IZA Discussion Paper Series （no. 6865）.

Smith, V. L. 1962. An Experimental Study of Competitive Market Behavior. *Journal of Political Economy* 70 （2）: 111 – 137.

Smith, V. L. and J. M. Walker. 1993. Monetary Rewards and Decisions Cost in Experimental Economics. *Economic Inquiry* 31 （2）: 245 – 261.

Sonneman, U. , C. F. Camerer, C. R. Fox, and T. Langer. 2013. How Psychological Framing Affects Economic Market Prices in the Lab and Field. *PNAS* 110 （29）: 11779 – 11784.

Stoop, J. , C. N. Noussair, and D. van Soest. 2012. From the Lab to the Field: Cooperation Among Fishermen. *Journal of Political Economy* 120 （6）: 1027 – 1056.

Wacholder, S. , S. Chanock, M. Garcia-Closas, L. El Ghormli, and N. Rothman. 2004. Assessing the Probability that a Positive Report is False: An Approach for Molecular Epidemiology Studies. *Journal of the National Cancer Institute* 96 （6）: 434 – 442.

Winking, J. and N. Mizer. 2013. Natural-Field Dictator Game Shows No Altruistic Giving. *Evolution and Human Behavior* 34 （4）: 288 – 293.

Yoeli, E. , M. Hoffman, D. G. Rand and M. A. Nowak. 2013. Powering up with Indirect Reciprocity in a Large-scale Field Experiment. *PNAS* 110 （Supplement 2）: 10424 – 10429.

索　引

译后记

在经济学领域，国内与国际最高水平科研成果的显著差异是一直存在的，尤其是在方法论的发展上。国内的经济学研究者较为重视使用具体方法研究具体问题，而容易忽视对研究方法本身及其发展脉络的理解，这使得国内研究者在（计量、实验）研究方法等基础领域鲜有建树。更有甚者，由于没有从方法论的高度充分理解就匆匆运用"先进"方法，因此出现了研究方法的误用和错用。这本《实验经济学方法手册》由包括诺贝尔奖获得者在内的国际顶尖经济学研究者合著，从方法论的高度阐述了实验经济学在发展过程中的许多重大问题，尤其是明确提出实验经济学在经济学发展中不可或缺的地位，同时也为"多方法联合研究"的学科发展方向提出了中肯的建议。

翻译著作尤其是翻译国外学术工具书是一件吃力但不甚讨好的事情，不仅不算原创的"科研成果"，也很难在各种学术评审和学科评估中使用。作为国内自行培养的第一代和第二代"实验经济学"研究方向的博士，我与学生彭妍花费了大量时间和精力（包括但不限于 2019 ~ 2022 年所有的寒暑假时间）翻译《实验经济学方法手册》这本学术著作，就是为了把国际顶尖学者的思想准确地传递给国内研究者、青年学子、哲学社会科学领域的评价者和经济政策制定者，希望能够为国内经济学理论与实践在科学化、现代化的进程中添砖加瓦！

我于 2012 年在纽约大学实验社会科学研究中心进行博士生访学，导师即为本书主编安德鲁·肖特教授，本书另一位主编纪尧姆·弗雷谢特教授也是该研究中心的核心成员。虽历经 10 年，两位世界级顶尖教授的学术风度依然历历在目，本书中文版的翻译出版也是对这段难忘的学术经历的一个回顾与总结。

在本书翻译过程中，有许多老师和同学做了大量幕后工作。感谢清华大学郑捷老师（本书原版第 2 章作者之一）对中文版第 2 章做了校对工作。感谢我的学生李松、邢艳文、郭铱婷、朱博晨、白璐、李雨欣、刘泓、张晓咪、牟宇琪、唐宇飞在全书校对过程中付出的努力。感谢社会科学文献出版社编辑团队的辛勤工作。

当然，本书内容极具深度，由于译者知识水平有限，因此译本中必然存在疏漏不妥之处，请各位读者不吝赐教！译者联系邮箱为 ljwei@ whu. edu. cn。

魏立佳于珞珈山

2022 年 6 月 10 日

图书在版编目（CIP）数据

实验经济学方法手册／（加）纪尧姆·弗雷谢特，
（美）安德鲁·肖特（Andrew Schotter）主编；魏立佳，
彭妍译. —— 北京：社会科学文献出版社，2022.7
　书名原文：Handbook of Experimental Economic
Methodology
　ISBN 978 - 7 - 5228 - 0216 - 9

　Ⅰ.①实… Ⅱ.①纪… ②安… ③魏… ④彭… Ⅲ.
①经济学 - 研究方法 - 手册　Ⅳ.①F011 - 62

　中国版本图书馆 CIP 数据核字（2022）第 104290 号

实验经济学方法手册

主　　编／〔加〕纪尧姆·弗雷谢特（Guillaume R. Fréchette）
　　　　　〔美〕安德鲁·肖特（Andrew Schotter）
译　　者／魏立佳　彭　妍

出 版 人／王利民
组稿编辑／高　雁
责任编辑／颜林柯
责任印制／王京美

出　　版／社会科学文献出版社·经济与管理分社（010）59367226
　　　　　地址：北京市北三环中路甲 29 号院华龙大厦　邮编：100029
　　　　　网址：www. ssap. com. cn
发　　行／社会科学文献出版社（010）59367028
印　　装／三河市龙林印务有限公司

规　　格／开本：787mm × 1092mm　1/16
　　　　　印　张：30.25　字　数：517 千字
版　　次／2022 年 7 月第 1 版　2022 年 7 月第 1 次印刷
书　　号／ISBN 978 - 7 - 5228 - 0216 - 9
著作权合同
登 记 号／图字 01 - 2020 - 3321 号
定　　价／158.00 元

读者服务电话：4008918866